Mailmanagement mit IMAP

Mailmanagement mit IMAP

Dianna Mullet & Kevin Mullet

Deutsche Übersetzung von
Conny Espig und Dimitrij Surmeli

O'REILLY®

Beijing · Cambridge · Farnham · Köln · Paris · Sebastopol · Taipei · Tokyo

Kommentare und Fragen können Sie gerne an uns richten:
O'Reilly Verlag
Balthasarstr. 81
50670 Köln
Tel.: 0221/9731600
Fax: 0221/9731608
E-Mail: kommentar@oreilly.de

1. Auflage 2001

Die Originalausgabe erschien 2000 unter dem Titel
Managing IMAP im Verlag O'Reilly & Associates, Inc.

Die Deutsche Bibliothek - CIP - Einheitsaufnahme

Ein Titeldatensatz für diese Publikation ist
bei der Deutschen Bibliothek erhältlich.

Übersetzung und deutsche Bearbeitung: Conny Espig und Dimitrij Surmeli, Ilmenau
Lektorat: Christine Haite, Köln
Korrektorat: Oliver Mosler, Köln
Fachliche Begutachtung: Oliver Flimm, Köln
Satz: Tung Huynh, reemers publishing services gmbh, Krefeld; www.reemers.de
Umschlaggestaltung: Ellie Volckhausen, Pam Spremulli & Risa Graziano, Boston
Produktion: Geesche Kieckbusch, Köln
Belichtung, Druck und buchbinderische Verarbeitung:
Druckerei Kösel, Kempten; www.koeselbuch.de

ISBN 3-89721-285-4

Dieses Buch ist auf 100% chlorfrei gebleichtem Papier gedruckt

Inhalt

Prolog

Noch fast 10 Jahre, nachdem ich es erfunden hatte, wurde IMAP das »bestgehütete Geheimnis im elektronischen Nachrichtenverkehr« genannt. Dann aber, so um 1995, überzeugten sich einige wichtige Softwareanbieter für elektronischen Nachrichtenaustausch von seinen Vorzügen gegenüber dem älteren Post Office Protocol (POP), und IMAP breitete sich explosionsartig in diesem Industriezweig aus.

Bis heute hat sich IMAP zu einem ausgereiften, weitverbreiteten Protokoll entwickelt. Sogar langjährige Verfechter von POP haben den Sprung auf den IMAP-Zug geschafft. Immer mehr Benutzer verlangen nach IMAP, weil es das einzige Protokoll ist, das die notwendige Flexibilität aufweist, um ihren Bedürfnissen gerecht zu werden.

Diese Benutzer gehen mit dem wachsenden Trend, das Internet von einer Vielfalt unterschiedlicher Computer, Geräte und über verschiedene Zugriffsarten zu nutzen. An einem einzigen Tag können sie sich von zu Hause aus einwählen, im Bus, dem Zug oder der Fähre eine Funkverbindung aufbauen und schließlich im Büro eine ultraschnelle Internet2-Verbindung benutzen. Sie könnten auf Reisen einen Laptop und zu Hause sowie bei der Arbeit ein Desktopsystem einsetzen. Es könnte sich auch um Studenten handeln, die die gemeinschaftlichen Rechner in einem Computer-Pool benutzen, auf denen keine persönlichen Daten gespeichert werden.

Diese Benutzer stellen weitergehende Anforderungen an ihren Nachrichtenaustausch als eine einzige Eingangsbox, die von Zeit zu Zeit auf einen einzigen Computer heruntergeladen wird. Vielleicht haben Sie ein großes Nachrichtenarchiv in einer Vielzahl von Mailboxen verstaut, auf die Sie jederzeit und überall zugreifen können müssen. Oder Sie verwenden Bulletin Boards (elektronische Schwarze Bretter) oder andere gemeinsame Nachrichtensammlungen (z.B. eine Mailbox für einen gemeinsamen »Kundendienst«).

Sei es eines dieser Szenarien oder alle auf einmal: Der rote Faden durch diese Anwendungsbeispiele sind die sehr vielfältigen Mail-Zugriffsmethoden und die unterschiedlichen Bedürfnisse. Es ist aber völlig gleichgültig, wie viele verschiedene Computer, Netzverbindungen oder Mailboxen ein Benutzer einsetzt, IMAP bietet immer die Flexibilität, die für einen effektiven Zugriff gebraucht wird.

Der Trend ist klar. Immer mehr Benutzer elektronischer Post (E-Mail), die es noch nicht kannten, hören von den Vorzügen von IMAP. In Firmen und bei ISP-Mail-Anbietern wächst der Druck, ihren Service auf die Höhe der Zeit zu bringen. Viele Serveradministratoren, die sich jahrelang ausschließlich auf POP ausruhten, müssen nun die Aufholjagd beginnen.

Es kann zunächst sehr viel entmutigender sein, die Anforderungen dieser Aufgabe zu verstehen, als dann ihre Ausführung zu planen. Glücklicherweise klappt die tatsächliche Ausführung relativ schmerzlos, wenn der Weg erst einmal klar ist.

Kevin und Dianna Mullet leisteten herausragende Arbeit, als sie diese praktischen Informationen über die Installation, Konfiguration und Wartung eines IMAP-Serversystems aufbereitet haben. Beide frei verfügbaren Serverimplementierungen werden eingehend behandelt. Ich bin insbesondere beeindruckt davon, wie die Mullets nützliche Informationen aus den Erzählungen in Mailinglisten oder einer flüchtigen Erwähnung in der Dokumentation gezogen und diese dann aufgearbeitet haben.

Ein Buch wie dieses war lange überfällig. Es gehört in das Bücherregal eines jeden Serveradministrators.

– Mark Crispin
Seattle, Washington
1. Juli 2000

Vorwort

Dieses Buch ist sowohl ein Überblick über das IMAP-Protokoll als auch ein vollständiger Begleiter bei der Installation und Wartung der beiden führenden, auf Unix basierenden IMAP-Server. Der IMAP-Server der University of Washington, der vom IMAP-Vater, Mark Crispin, geschrieben wurde, ist ein leicht zu installierender Server, der viele Formen der Speicherung von E-Mails selbst erkennt und sich an jeden einzelnen Benutzer anpaßt. Der Cyrus IMAP-Server von der Carnegie Mellon University ist ein leistungsfähiger, erweiterbarer Server, den viele größere Einrichtungen einsetzen.

So wichtig IMAP für die Entwicklung von E-Mail auch ist, mußten wir zu unserer großen Überraschung doch feststellen, daß noch kein Buch über IMAP geschrieben wurde – wir konnten jedenfalls keines finden. Es gab eine Menge unzusammenhängender Informationen in verschiedenen Dokumenten da draußen im Netz, in der Dokumentation von Quellcode, auf Webseiten und vergraben in den Archiven von Mailinglisten und in Usenet-Newsgruppen, jedoch gab es sehr wenig konzentrierte Unterstützung für einen Systemadministrator, der Informationen über das IMAP-Protokoll, die Serveradministration, den Systementwurf und die Fehlerbehandlung brauchte, gebündelt an einer Stelle.

Dieses Buch richtet sich an Unix- und E-Mail-Systemadministratoren, die schon IMAP benutzen (oder darüber nachdenken), um E-Mail von ihrer zentralen Empfangsstelle zu den Mail-Clients ihrer Benutzer zu bringen. Ob Sie nun fünf oder fünfhunderttausend E-Mail-Benutzer haben, in diesem Buch beschreiben wir ein System, das Ihren Anforderungen gerecht wird. Ob alle Ihre Benutzer die gleiche Umgebung, wie zum Beispiel Microsoft Windows, Solaris oder Mac OS, verwenden oder ob keiner Ihrer Benutzer etwas anderes benutzen kann als einen Webbrowser, wir eröffnen Wege zu einem zuverlässigen, robusten, wartungsarmen und beständig leistungsfähigen E-Mail-Service für jeden Ihrer Benutzer.

Wir sind so tief überzeugt von IMAP, weil wir feststellen konnten, daß sich mit einem gut entworfenen IMAP-System der Frust der E-Mail-Benutzer ausschließlich auf den Inhalt ihrer E-Mail richtet, nicht aber auf die Qualität des Service.

Aufbau dieses Buches

Teil I, *Grundlagen*
: Die ersten drei Kapitel machen Sie mit IMAP bekannt. Sie erklären, was IMAP ist, wie es in die E-Mail-Welt paßt und wie es funktioniert. Der Rest des Buches ist in vier Teile gegliedert.

Teil II, *IMAP Mail User Agents (MUAs)*
: Die Kapitel 4 und 5 behandeln IMAP-Clients und webbasierte IMAP-Clients.

Teil III, *Der Cyrus IMAP-Server*
: Die Kapitel 6 bis 9 erläutern den Cyrus IMAP-Server.

Teil IV, *Der UW IMAP-Server*
: Die Kapitel 10 bis 12 erläutern den IMAP-Server der University of Washington (UW).

Teil V, *Andere Themen*
: Die Kapitel 13 bis 18 behandeln wichtige Themen, die bei der Wartung eines robusten und zuverlässigen IMAP-Servers von Bedeutung sind.

Teil VI, *Anhänge*
: Wir haben diesem Buch drei Anhänge gegeben: Anhang A, *Umstellung vom Berkeley-Mail-Format auf Cyrus: Werkzeuge*, ist eine Liste von Hilfsprogrammen, die bei der Umstellung von Berkeley Mail auf Cyrus behilflich sind. Anhang B, *Hinzufügen von SSL-Unterstützung zu IMAP*, dient den Lesern, die IMAP um eine SSL-Unterstützung erweitern wollen. Schließlich bietet Anhang C, *IMAP-Befehle*, eine Liste der IMAP-Befehle.

Typographische Konventionen

Kursivschrift wird eingesetzt für:

- E-Mail-Adressen
- Uniform Resource Locators (URLs)
- Programmnamen
- Protokollbefehle
- Dateinamen und Verzeichnispfade

`Nichtproportionalschrift` wird benutzt für:

- Computerausgaben in Beispielen und Text
- Quellcodebeispiele

`Fette Nichtproportionalschrift` wird verwendet bei:

- Befehlen zum Programmaufruf

Bücher zu verwandten Themen

sendmail, Bryan Costales und Eric Allman (O'Reilly)

UNIX System Administration, Æleen Frisch (O'Reilly)

Programming Internet Email, David Wood (O'Reilly)

Danksagung der Autoren

Wir möchten unserem Lektor Mike Loukides für seinen Enthusiasmus, seine Geduld und seine Voraussicht bei der Annahme dieses Projekts mit einem Paar unerfahrener Autoren danken. Wir möchten auch Amos Gouaux, Walter Wong, Jon Forrest und Mark Crispin, dem Vater von IMAP, für ihre wertvollen Durchsichten und Hinweise danken. Dieses Buch wäre unvollständig ohne ihre Hilfe und ihre scharfsinnigen Einblicke. Wir möchten auch Mark Crispin für das Angebot danken, den Prolog zu schreiben; wir sind sehr geehrt und glücklich über seinen Beitrag.

I

Grundlagen

1

Das Internet-Mail-Modell

IMAP steht für Internet Mail Access Protocol. Für den Großteil der E-Mail-Systemadministratoren im Internet steht es auch für Flexibilität, Geschwindigkeit und Leistungsfähigkeit. Diese Attribute erwachsen aus Fähigkeiten wie der zentralen Speicherung der gesamten E-Mail eines Benutzers, anstelle der Forderung, daß er auf jeder Workstation, von der er auf seine E-Mail zugreifen will, Kopien hält. IMAP-Benutzer können ihre E-Mail auch in einer beliebigen Anzahl von Mailboxen auf dem Server unterbringen, in die sie mit jedem beliebigen IMAP-Client Nachrichten ablegen oder herausholen können. Guckt ein IMAP-Nutzer in seine Mail, braucht der benutzte Client nur einige Header für jede Nachricht herunterladen, jedoch nicht die gesamte Nachricht. Sieht der Benutzer in seiner Kurzliste Nachrichten, die er sich ansehen möchte, kann er sich entscheiden, welche Teile einer dreizehnteiligen Nachricht er lesen möchte und welche nicht. Diese Funktionen stellt kein anderes standardisiertes Mail-Verwaltungsprogramm bereit.

Bevor wir uns jedoch in eine detaillierte Beschreibung von IMAP stürzen, sehen wir uns Internet-Mail im allgemeinen an. Der Großteil dieser Erläuterungen wird aus Definitionen von Begriffen bestehen. Bei der Definition dieser Begriffe erläutern wir jedoch auch die Sprache, die das Fundament der elektronischen Post im Internet darstellt.

Was ist das Internet-Mail-Modell?

Das Mail-Modell im Internet oder das Internet Mail Model (IMM) ist, wie das Internet selbst, eine Sammlung standardisierter Komponenten, die alle auf ein gemeinsames Ziel hinarbeiten. Bei E-Mail besteht das Ziel in der Bereitstellung eines Rahmens zum Transport elektronischer Nachrichten von einem Benutzer zum anderen. Jeder der Endnutzer kann völlig unterschiedliche Plattformen einsetzen. Ihre jeweiligen Einrichtungen können große geographische, technologische und soziale Unterschiede aufweisen. Diese Unterschiede machen einen Rahmen notwendig, der gleichzeitig robust und flexibel ist.

Der Rahmen des Internet für E-Mail besteht aus Agenten, Mail-Speichern und Standards. Vielleicht kann Ihnen Abbildung 1-1 in dieser Hinsicht beim Lesen des Kapitels behilflich sein. Die Abbildung zeigt, wie die Agenten, Mail-Speicher und Standards zusammenarbeiten.

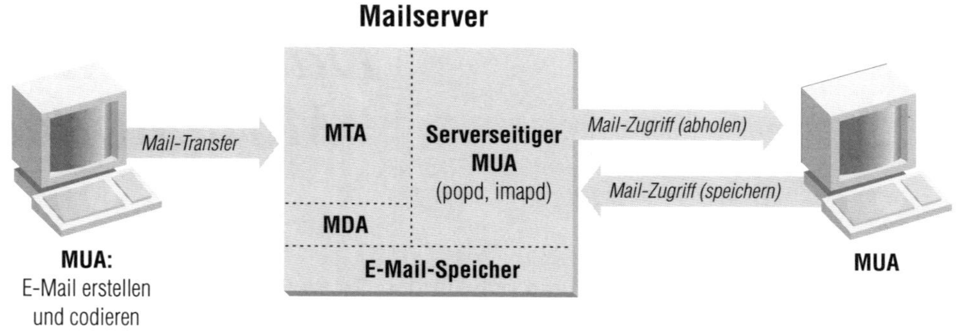

Abbildung 1-1: Lebenszyklus einer E-Mail

Die Agenten (MUA, MTA, MDA)

Die Programme, die Nachrichten im Internet bearbeiten, werden Agenten genannt. Es gibt drei Typen von Agenten: den Mail-Transportagenten (Mail Transport Agent, MTA), den Mail-Auslieferungsagenten (Mail Delivery Agent, MDA) und den Mail-Benutzeragenten (Mail User Agent, MUA).

MTA

Ein MTA (Abbildung 1-2) ist ein Programm, das zwischen Stationen Nachrichten übermittelt und empfängt. Der sendende MTA nimmt Nachrichten von der Software des Endnutzers an und leitet sie an einen empfangenden MTA weiter. Der empfangende MTA übernimmt die Nachrichten vom sendenden MTA, bestimmt, ob sich der Empfänger im lokalen Serversystem befindet, und leitet die Nachricht dann zum Empfang weiter. Befindet sich der Empfänger auf dem System das MTA, dann gibt der empfangende MTA die Nachrichten an einen Nachrichten-Auslieferungsagenten (Message Delivery Agent, MDA) wie zum Beispiel */bin/mail* weiter. Befindet sich der Benutzer nicht im lokalen System, dann verhält sich der empfangende MTA wie ein sendender MTA und übermittelt die Nachricht an den MTA eines anderen Systems.

Abbildung 1-3 zeigt einen typischen Header einer Internetnachricht. Jede Zeile, in der das Wort »Received« auftaucht, zeigt eine Übermittlung durch einen anderen MTA an. Die MTAs rühren den Mail-Speicher nicht an. Diese Arbeit überlassen sie den MDAs.

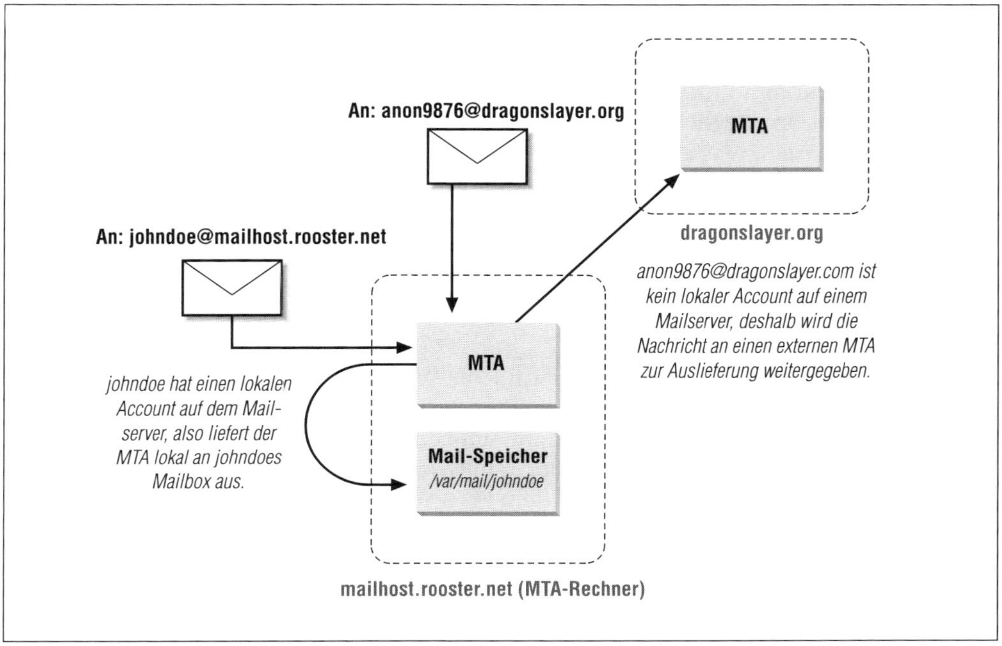

Abbildung 1-2: Der MTA

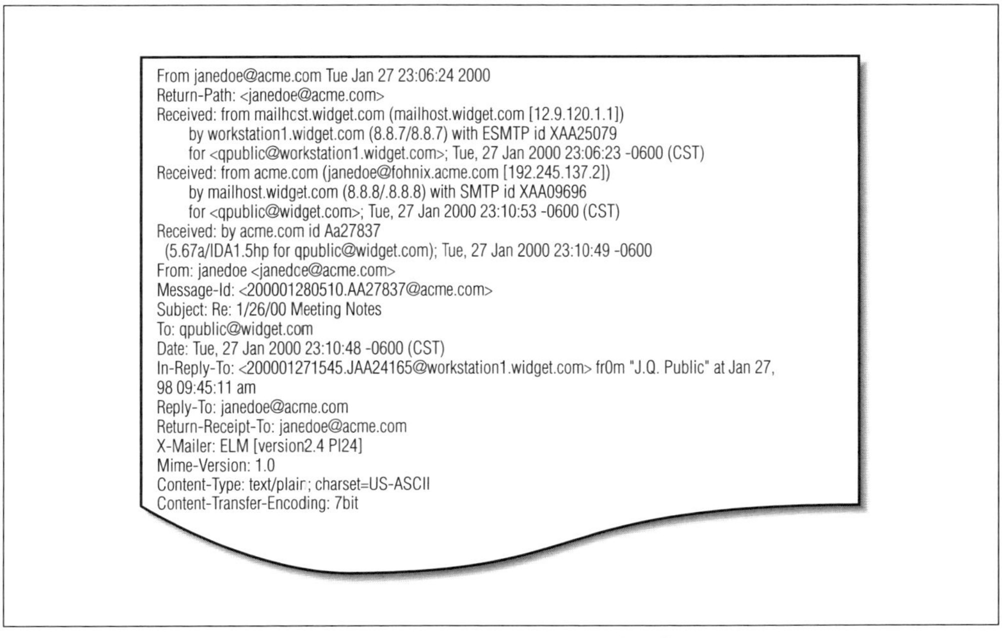

```
From janedoe@acme.com Tue Jan 27 23:06:24 2000
Return-Path: <janedoe@acme.com>
Received: from mailhcst.widget.com (mailhost.widget.com [12.9.120.1.1])
      by workstation1.widget.com (8.8.7/8.8.7) with ESMTP id XAA25079
      for <qpublic@workstation1.widget.com>; Tue, 27 Jan 2000 23:06:23 -0600 (CST)
Received: from acme.com (janedoe@fohnix.acme.com [192.245.137.2])
      by mailhost.widget.com (8.8.8/.8.8.8) with SMTP id XAA09696
      for <qpublic@widget.com>; Tue, 27 Jan 2000 23:10:53 -0600 (CST)
Received: by acme.com id Aa27837
  (5.67a/IDA1.5hp for qpublic@widget.com); Tue, 27 Jan 2000 23:10:49 -0600
From: janedoe <janedce@acme.com>
Message-Id: <200001280510.AA27837@acme.com>
Subject: Re: 1/26/00 Meeting Notes
To: qpublic@widget.com
Date: Tue, 27 Jan 2000 23:10:48 -0600 (CST)
In-Reply-To: <200001271545.JAA24165@workstation1.widget.com> fr0m "J.Q. Public" at Jan 27,
98 09:45:11 am
Reply-To: janedoe@acme.com
Return-Receipt-To: janedoe@acme.com
X-Mailer: ELM [version2.4 PI24]
Mime-Version: 1.0
Content-Type: text/plair; charset=US-ASCII
Content-Transfer-Encoding: 7bit
```

Abbildung 1-3: Typische Header-Zeilen in einer Internetnachricht

MDA

Der MDA ist der Stiefelknecht im Nachrichtendienst des Internet. Ein MDA weiß nur, wie er herausbekommt, für welchen lokalen Benutzer die E-Mail bestimmt ist, und wie er die Nachricht an die richtige Stelle im Mail-Speicher befördert. Tatsächlich ist das nicht unbedingt *alles*, was ein MDA weiß. Einige überspannte MDAs, wie zum Beispiel Procmail, sind ein wenig größenwahnsinnig, aber dazu kommen wir etwas später in diesem Buch. Im Augenblick reicht es aus zu wissen, daß der MTA dem MDA jede Nachricht übergibt, die für einen lokalen Nutzer bestimmt ist, und daß der MDA für die korrekte Ablage der Nachricht im Mail-Speicher verantwortlich ist.

MUA

Wie wir gesehen haben, ist der MTA, der für die Weiterleitung jeder vorstellbaren legalen Internetnachricht zuständig ist, der weitaus am besten ausgebildete Teil der Nachrichtenübermittlung. Der MDA ist die am schwersten arbeitende Komponente. Dem MUA wiederum fällt die Aufgabe zu, der schillerndste Teil des IMM-Rahmens zu sein. Der MUA ist die Schnittstelle zwischen dem MTA und dem unberechenbarsten Teil des IMM: dem Benutzer selbst. Strenggenommen holt der MUA die Nachrichten aus dem Mail-Speicher und sendet neue Nachrichten stromaufwärts an den MTA.

Normalerweise stehen dem MUA zum Abholen der Post aus dem Mail-Speicher drei Wege zur Verfügung: die Benutzung eines Zugriffsprotokolls wie IMAP oder POP, die Benutzung eines Protokolls zum Fernzugriff auf Dateien oder der Zugriff auf lokale Dateien. Im Falle von IMAP und POP ist die Arbeit des MUA auf zwei Programme verteilt: auf den Mail-Client und auf einen entsprechenden Prozeß auf dem Server, der zwischen dem Client und dem Mail-Speicher mit POP oder IMAP vermittelt (siehe Abbildung 1-4).

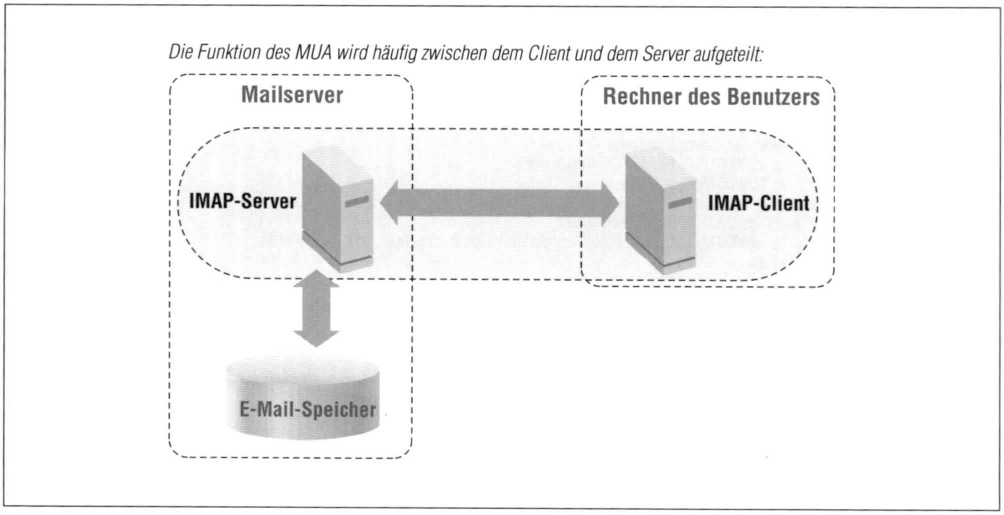

Abbildung 1-4: Arbeitsweise des MUA

Der Mail-Speicher

Der Mail-Speicher ist der Ordnerschrank des Mail-Systems. Wenn für einen Benutzer eine Nachricht eingeht, wird sie in seinem Fach des Mail-Speichers abgelegt. Um seine E-Mail abzuholen, verwendet der Benutzer einen MUA, um in sein Fach zu sehen und seine Nachrichten durchzuschauen. Vor nicht allzulanger Zeit bestanden die Mail-Speicher aus einer einzigen Textdatei pro Benutzer, die alle Nachrichten dieses Benutzers hintereinander enthielt. Heutzutage gibt es eine große Anzahl von Möglichkeiten für die Implementierung eines Mail-Speichers. Das Volumen der über das Internet verschickten E-Mails ist astronomisch angestiegen, was die Forderung nach einer effektiveren und leichter zugänglichen Speicherung von E-Mail laut werden ließ. Technologien wie IMAP, die eine hierarchische Organisation der E-Mails eines Benutzers in seinem Teil des Server-Mail-Speichers ermöglichen, führten zu Produkten, die den traditionellen flachen Datei-Mail-Speicher ablösten. Je nachdem, welches Mail-Programm Sie verwenden, kann Ihr Mail-Speicher aus einer Datei pro Nachricht oder aus einer hochleistungsfähigen Datenbank für alle Benutzer Ihrer Einrichtung bestehen, in der alle Nachrichten aufbewahrt werden. Die Internetstandards kümmern sich nicht um die Einzelheiten der Implementierung des Mail-Speichers – sie beschäftigen sich vorrangig mit dem Transport und mit Formaten.

Die Standards (RFC 822, MIME, SMTP/ESMTP, POP, IMAP)

Internetstandards werden in Dokumenten definiert, die Requests for Comments (RFCs, Aufrufe zu Kommentaren) genannt werden. Die Internet Engineering Task Force (IETF, Internetprojektgruppe) ist ein Verbund von Arbeitsgruppen, von denen jede aus Freiwilligen besteht, die zusammenarbeiten, um neue RFCs zu definieren oder vorhandene zu überarbeiten. Die RFCs sind die Produkte, die von den Arbeitsgruppen der IETF erstellt werden. Alle IETF-Standards sind RFCs, jedoch sind nicht alle RFCs auch Standards. Bei einigen RFCs handelt es sich um experimentelle Protokolle, andere wiederum sind Kommentare zu existierenden Verfahren. Einige stellen ziemlich durchsichtige Versuche dar, proprietäre Methoden zu veröffentlichen und die Internetgemeinschaft zu überzeugen, sie als Standards anzunehmen, und dann gibt es da noch die (meist am 1. April veröffentlichten) Beweise trockenen Hackerwitzes.

In diesem Kapitel werden wir jedoch im Schnelldurchlauf die Standards durchgehen, die die Internet-Mail betreffen. Wir fassen diese Standards in verschiedenen Kategorien zusammen: Formatieren und Codieren von E-Mail, ihre Übertragung und der Zugriff darauf.

Formatieren und Codieren von E-Mail

RFC 822 (Standard) – Standard für das Format von Textnachrichten im Internet

Dies ist der große Chef. Dieser RFC liegt jeglichem Nachrichtenservice im Internet zugrunde. Er definiert Nachrichten aus einfachem Text, die ihrerseits aus einem Header in einem gemeinsamen Format, einer einzelnen Leerzeile und einem Körper bestehen. Wenn der ASCII-Code die DNS der Nachrichtenübertragung im Internet ist, dann sind die RFC 822-Nachrichten die Chromosomen . . . oder vielleicht auch die Zellen . . . wie auch immer.

RFC 2076 (zur Information) – Gewöhnliche Header von Internetnachrichten
RFC 822 definiert ein Standardformat für Header von Internetnachrichten. RFC 2076 erläutert die Einzelheiten der speziellen Header-Zeilen, ihren Sinn und ihren individuellen Inhalt.

Multi-Purpose Internet Mail Extensions, multifunktionelle Erweiterungen für Internet-Mail
Der eigentliche Beweggrund für die Gründung der Arbeitsgruppe, die MIME hervorbrachte, war die Unterstützung von Zeichensätzen, die nicht mit ASCII dargestellt werden können, wie sie für E-Mail in anderen Sprachen als Englisch notwendig sind. Ein weiterer Antrieb war die Schaffung einer standardisierten Methode zum Versenden von Anhängen. Weniger wichtig, aber doch auch eine Triebfeder war das Bedürfnis nach einer Standardmethode zum Verschicken von Multimediainhalten. MIME entstand, als man erkannte, daß alle drei Probleme durch eine einzige Lösung behandelt werden konnten.

Abbildung 1-5 zeigt, wie eine Grafikdatei in grauer Vorzeit übertragen worden sein könnte, und daneben, wie das wahrscheinlich heutzutage mit MIME aussehen würde. Die Abbildung wird den Vorzügen von MIME jedoch nicht wirklich gerecht. Mit manueller Codierung konnten die Benutzer normalerweise gerade mal einzelne Dateien in ihren Nachrichten versenden. Mit MIME können die Benutzer Anhänge mit beliebigen Dateninhalten und beliebiger Länge verschicken. Nachrichten im MIME-Format können auf andere Dateien oder andere Daten außerhalb der E-Mail verweisen. Die einzige funktionale Einschränkung besteht darin, daß die MUAs an beiden Enden wissen müssen, wie sie den entsprechenden MIME-Typ behandeln müssen. Wenn Sie einer Kollegin einen Anhang vom Typ *application/postscript* schicken und ihr Client nicht weiß, was er damit anfangen soll, haben Sie gegenüber manueller Codierung wenig gewonnen.

Der Kern von MIME selbst wird in fünf RFCs festgelegt:

- RFC 2045 (Entwurf eines Standards) – MIME, Teil 1: Format des Körpers von Internetnachrichten
- RFC 2046 (Entwurf eines Standards) – MIME, Teil 2: Medientypen
- RFC 2047 (Entwurf eines Standards) – MIME, Teil 3: Erweiterungen des Nachrichten-Headers für Text, der nicht in ASCII codiert ist
- RFC 2048 (Entwurf eines Standards) – MIME, Teil 4: Registrierungsprozeduren
- RFC 2049 (Entwurf eines Standards) – MIME, Teil 5: Konformitätskriterien und Beispiele

Zusammen definieren diese RFCs die Nachrichten-Header, die Nachrichtenstruktur und die Datenbeschreibung, die es erlauben sollten, beliebige Rechnerdateien oder Datenströme über E-Mail zu übertragen, ohne zu große Ansprüche an die Zwischenstationen der Mail oder den empfangenden Client zu stellen.

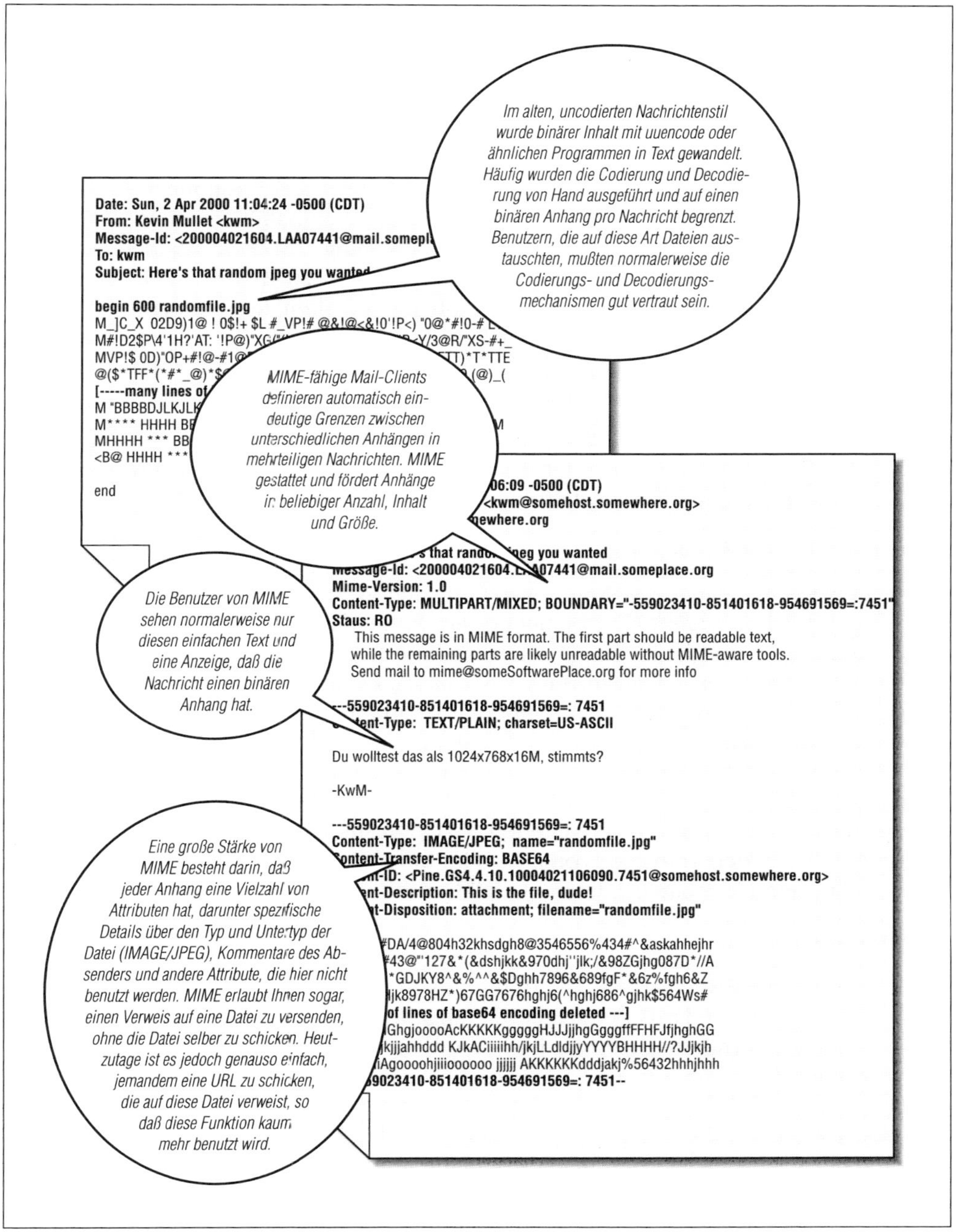

Abbildung 1-5: Transport mit MIME

MIME tauchte auf, bevor HTTP größere Verbreitung erfuhr. Kurz nach der Einführung von MIME wurde das WWW populär, und auf einmal mußten die Leute URLs über E-Mail verschicken. Das Verschicken einer URL anstelle der eigentlichen Datei ist weit verbreitet – anstatt eine Datei als Anhang zu versenden, schickt der Benutzer einfach einen Verweis auf die Datei. Große Anhänge an der E-Mail können Probleme verursachen. Viele ISPs setzen immer noch nur POP ein und implementieren es so, daß die Benutzer alle neuen E-Mails herunterladen müssen, ohne sich bestimmte Nachrichten aussuchen zu können. Nachrichten, die große Anhänge enthalten, machen das Herunterladen der E-Mails per POP schmerzvoll zeitaufwendig. SMTP-Server begrenzen oft die Größe von Nachrichten, die sie entgegennehmen (10 – 20 MByte pro Nachricht sind üblich). Sollte eine Nachricht einen großen Anhang enthalten, könnte der SMTP-Server die Annahme verweigern. Durch Verschicken der URL anstelle der eigentlichen Datei umgeht man dieses Problem. Daher ist die Popularität von URLs zur Übertragung von Informationen in großen Dateien nicht verwunderlich.

Ein verbreiteter Einsatz von MIME heutzutage (sehr zum Frust der Traditionalisten) ist das Verschicken von zwei Versionen Ihrer Nachricht: eine Version in *text/plain* und eine als *text/html*, die mehr Formatierungen enthält.

Übertragung von E-Mail

Die in den vorangegangenen Abschnitten erwähnten RFCs stellen den Rahmen zum Aufbau einer E-Mail bereit. Nun brauchen wir einige Standards, die beschreiben, wie diese Nachricht an andere Rechner im Internet übertragen wird. Davon ist der wichtigste RFC 821: Simple Mail Transfer Protocol (SMTP, Einfaches Mail-Übertragungsprotokoll). SMTP definiert, wie E-Mail von einer Stelle an eine andere übertragen wird, egal ob es sich um einen Transport von Ihrem MUA zum MTA oder zwischen zwei MTAs handelt. Abbildung 1-6 zeigt ein Beispiel für einen typischen SMTP-Austausch zwischen einem MUA und einem benachbarten MTA. Es gibt zusätzliche RFCs, die SMTP zum sogenannten Extended SMTP (Erweiterten SMTP) ausdehnen, aber RFC 821 bleibt der Kernstandard, der den Transport von E-Mail im Internet definiert. Eine Liste zusätzlicher RFCs finden Sie auf der Site des Internet Mail Consortium (*http://www.imc.org*).

Zugriff auf E-Mail

Wir haben uns die Standards zur Übertragung von E-Mail auf einen Server angesehen. Wir haben andere Standards betrachtet, die angeben, wie E-Mail formatiert sein sollte. Daher ist es nur vernünftig, daß wir nun Standards brauchen, die den Zugriff auf und die Verwaltung von Mails in einem Mail-Speicher festlegen. POP und IMAP sind zwei dieser Standards. Wir werden uns später noch sehr eingehend mit den einzelnen Unterschieden zwischen IMAP und POP befassen. Ein Mail-Zugriffsprotokoll ermöglicht es einem Mail-Client, Operationen mit Nachrichten auszuführen, die es schon bis in den Mail-Speicher geschafft haben. Beachten Sie, daß wir nicht nur vom »Lesen« der Nachrichten im Mail-Speicher sprechen. POP ist zwar ein Protokoll, das dem Lesen viel Aufmerksamkeit widmet, IMAP jedoch erlaubt den Benutzern, dem Mail-Speicher Nachrichten hinzuzufügen, sie zu verschieben und ihre Attribute oder aber die Art des Zugriffs zu ändern, den andere Benutzer auf die Nachrichten haben.

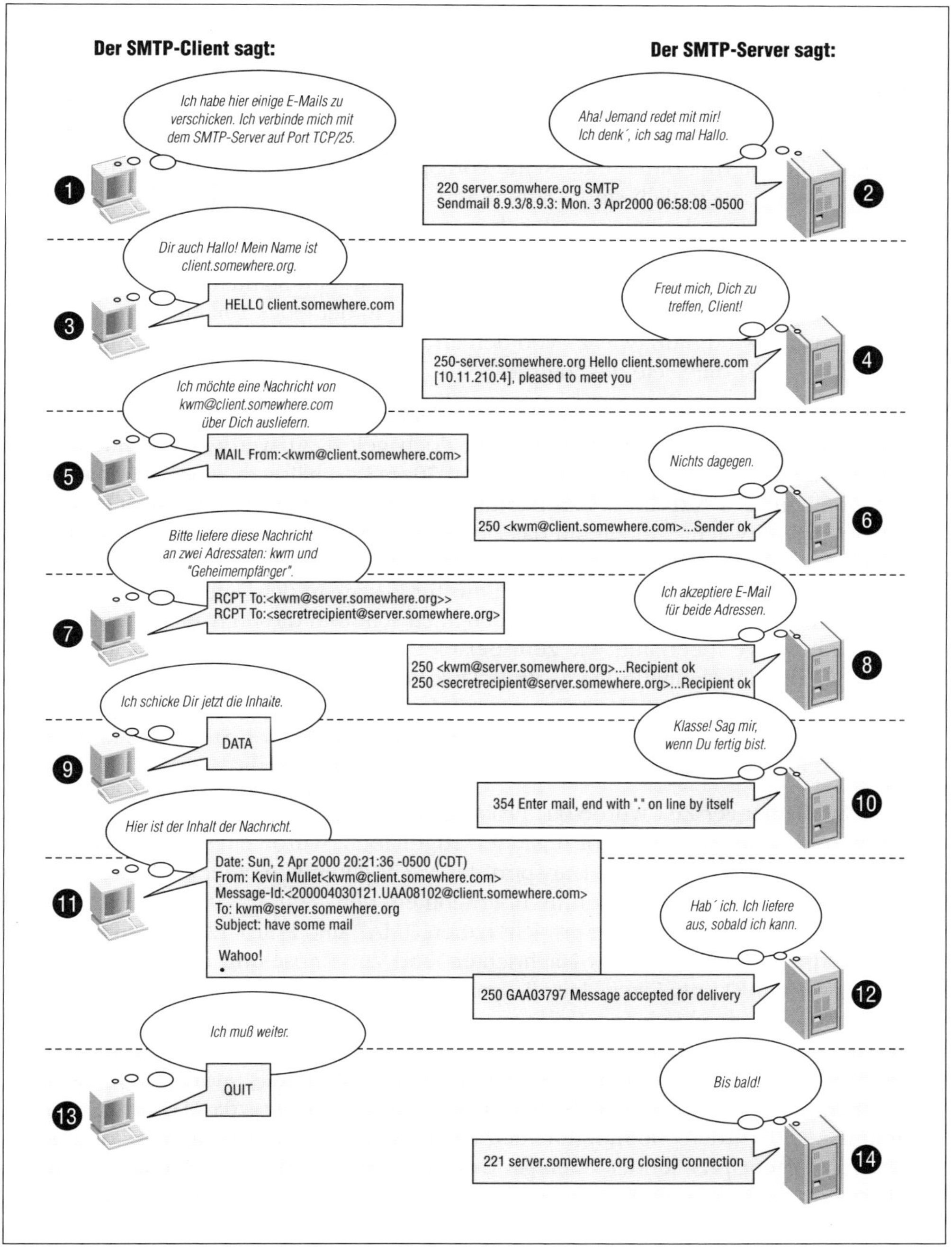

Abbildung 1-6: Unter der Motorhaube von SMTP

Warum sollte man dem Internet-Mail-Modell folgen?

Im Unterschied zu proprietären kommerziellen Mail-Systemen wird die Nachrichtenübertragung im Internet durch eine Reihe von Spezifikationen definiert, die frei verfügbar und für jeden zugänglich sind. Daher kann ein System zur Nachrichtenübertragung im Internet aus einer Vielfalt von Produkten unterschiedlicher Hersteller aufgebaut werden, wobei garantiert ist, daß jedes einzelne Produkt mit allen anderen zusammenarbeitet. Das ist besonders wichtig, da aufgrund der offenen Standards, die das Internet definieren, eine sehr komplexe Umgebung entsteht, in der jedes Teil eines Nachrichtenmodells genau wissen muß, was es von den anderen erwarten kann. Kommunikationsstandardisierung ist die Seele des Internet.

Das Internet hat wiederholt bewiesen, daß es kein Problem gibt, das zu groß wäre, um mit dem Prinzip »Teile und Herrsche« nicht doch gelöst zu werden. Ein Blick in die RFCs, die sich mit Nachrichten aus den frühen 70ern beschäftigen, zeigt, wie die damaligen Ingenieure des ARPAnet[1] sich bemühten, E-Mail zu versenden. Zunächst favorisierten sie das schwache Modell, an das sich auch heute noch viele proprietäre Lösungen klammern: E-Mail als ein Programm zum Kopieren von Dateien. RFC 469 (circa 1973) jongliert mit der Idee einer Infrastruktur für E-Mail, in der Dateien auf der Grundlage von FTP umhergeschickt werden. Doch auch schon in diesen frühen Diskussionen tauchten innovative Ideen auf, wie zum Beispiel die Idee der aktiven Links auf andere Dokumente, die der Umleitung in zentrale Dokumentenlager,[2] die Idee von permanenten Mail-Archiven und die Einbeziehung von Inhalten, die nicht aus Textquellen stammten. Diese Ideen zeigten die Notwendigkeit einer Hierarchie von Standards und Protokollen.

Nach nicht allzulanger Zeit wurde das Problem der besten Implementierung von E-Mail aufgeteilt und beherrscht. Wie wir uns überzeugt haben, wurde ein spezielles Protokoll (SMTP) entwickelt, das nur dem Transport der Nachrichten von einer Stelle zur anderen dient. Andere Protokolle wiederum übernehmen den Zugriff auf die Nachrichten, sobald sie den Ziel-Mail-Speicher erreicht haben (IMAP und POP). Es wurden Standards für das Format der eigentlichen Nachrichten und zur Kapselung der Nutzlast dieser Nachrichten (MIME) entwickelt. Mit diesen Standards ausgerüstet, wurde eine Zusammenarbeit für die verschiedenen Teile, aus denen das Internet besteht, eine leicht überschaubare Aufgabe, weil die entsprechenden Methoden breit diskutierte und weitverbreitete Serien von Industriestandards waren. Die Systemadministratoren brauchten sich nicht länger Sorgen zu machen, ob sendmail-, QMail- und Postfix-MTAs miteinander kommunizieren würden. Sie mußten auch nicht mehr darüber nachdenken, ob irgendein dem IMAP entsprechender Client in der Lage wäre, E-Mail von ihren UW IMAP-, Cyrus- oder proprietären IMAP-Servern zu holen.

1 Advanced Research Projects Agency network (R.I.P. 1970–1990).

2 Sechzehn Jahre vor dem WWW und achtzehn Jahre vor Gopher!

Nun haben wir eine ungefähre Vorstellung von den Hauptkomponenten der Internet-Mail und warum wir überhaupt dieses Modell verwenden. Lassen Sie uns nun ein paar reale E-Mail-Transaktionen ein wenig näher betrachten.

Beispiele

Die Bühne ist fertig, lassen Sie uns nun einige Akteure vorstellen.

Weiterleitung von E-Mail

Denken Sie kurz darüber nach, was passiert, wenn ein Benutzer an einem PC mit Netscape eine Nachricht an jemanden verschickt, der einen textorientierten und auf Unix basierenden MUA wie PINE verwendet. Wie in Abbildung 1-7 zu sehen ist, schickt der Absender (der Netscape-Benutzer) die Nachricht mit SMTP an den MTA, der auf dem Mailserver des ISP des Absenders läuft. Sobald die Nachricht den Mailserver erreicht, beauftragt der MTA den MDA, die Nachricht in einem lokalen Nachrichtenspeicher zu sichern. Wenn der Empfänger seine E-Mail liest, läßt er auf dem Server selbst PINE laufen, das seine INBOX als eine lokale Datei ansieht. Obgleich in dem Beispiel kein Mail-Zugriffsprotokoll zum Lesen der Mail eingesetzt wurde, können Sie sich in diesem Fall das Zugriffsprotokoll als eine Art der Nachrichtenkonvertierung in etwas vorstellen, das der Client versteht. Insofern ist das Zugriffsprotokoll als fest in den Client einprogrammiert zu verstehen.

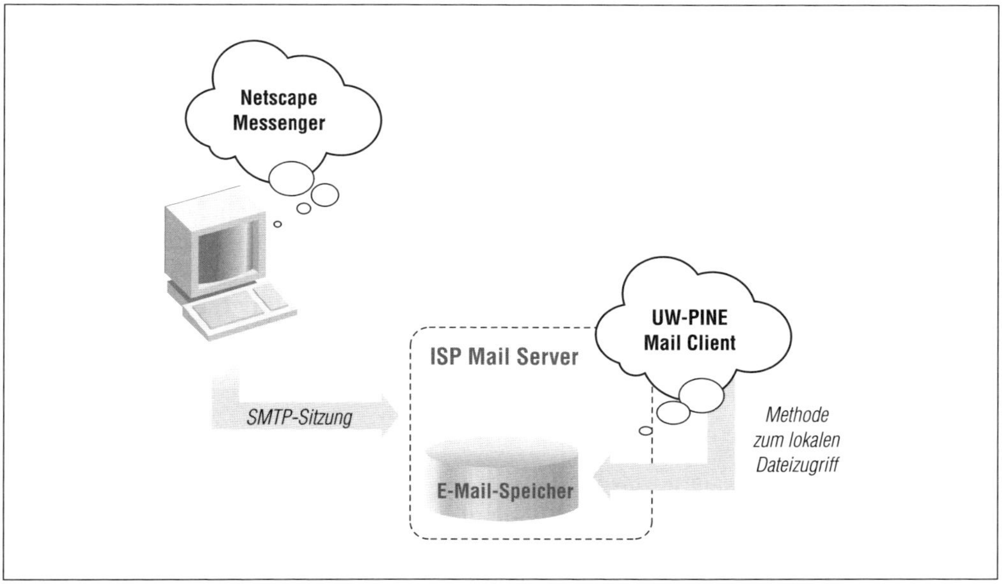

Abbildung 1-7: Beispiel zur Weiterleitung von E-Mail

Beispiele für Agenten

Ein Agent ist ein Programm, das für einen Benutzer eine Aufgabe ausführt, entweder direkt auf Anweisung des Benutzers oder indirekt unter Anleitung durch einen anderen Agenten. Normalerweise schließt sich eine Kette von Agenten zusammen, um die Information von ihrem Ursprung zu ihrem gewünschten Ziel zu bringen. Anders als in den vorigen Beispielen erfüllen Internetagenten ihre Pflichten öffentlich und zumeist mit vollem Einverständnis und der Unterstützung aller Teilnehmer. Es folgen Beispiele für einige der populäreren Internet-Mail-Agenten. Wir werden uns davon einige später noch genauer ansehen, es ist aber prinzipiell eine gute Idee, eine Theorie sobald als möglich durch Beispiele aus der realen Welt zu untermauern.

MTAs

Jede Diskussion über Internet-MTAs könnte leicht auch den Titel »Sendmail und einige Alternativen« tragen. Der alte Slogan, daß »noch nie jemand dafür gefeuert wurde, bei IBM gekauft zu haben«, könnte auch gut auf sendmail angepaßt werden. Die Internetgemeinde jedoch kann sich nicht mit etwas Gutem zufriedengeben. In letzter Zeit sind ernsthafte Konkurrenten aufgetaucht, zum Beispiel Qmail und Postfix.

sendmail ist für E-Mail das gleiche wie das Internet für Netze. sendmail entstand, als Eric Allman Delivermail schrieb, um E-Mail aus dem ARPAnet mit verschiedenen Mail-Systemen anderer Netze zu verbinden. Als von Delivermail verlangt wurde, immer mehr Typen von E-Mail weiterzuleiten, versah Allman es beim Umschreiben mit mehr Flexibilität und Einstellmöglichkeiten für den Benutzer, und sendmail war geboren. Die ständig wachsende Flexibilität, die es in seiner mehr als zwanzigjährigen Geschichte erworben hat, forderte den Preis einer komplexen Bedienung.

Sowohl Qmail als auch Postfix vertreten die Strategie, die Aufgaben eines MTA durch viele kleine Werkzeuge zu erledigen, von denen jedes einen kleinen Teil der Funktion des MTA erfüllt, statt durch ein einziges großes Programm. Beide wollen ein System mit einer einfacheren Konfiguration auf Kosten einer größeren Prozeßkomplexität erreicht haben. Beide behaupten, enorme Mengen von Nachrichten mit nahezu verschwindendem Hardwareaufwand zu übertragen. Welchem Programm Sie den Vorzug geben werden, ist vermutlich eine dieser Geschmacksfragen wie die nach Tee oder Kaffee – Sie müssen einfach beide ausprobieren und entscheiden, welches Ihnen besser gefällt.

Wir werden MDAs und MUAs später noch eingehender betrachten, wollen hier aber einige schon kurz beleuchten.

MDAs

Da er es ist, der die E-Mail in die Mailbox des Benutzers befördert, ist der MDA wahrscheinlich eines der meistbenutzten Programme auf Ihrem Mailserver. Während ein einziger MTA-Prozeß eine große Menge von E-Mail für eine Anlieferungsstelle bearbeiten kann oder aber eine große Anzahl von Nachrichten von einem Prozeß, lebt jeder MDA-Prozeß nur für die Bearbeitung von genau einer Nachricht.

MDAs sind zum Beispiel */bin/mail*, */usr/lib/mail.local*, *procmail* und Cyrus-*deliver*. Jedes dieser Programme nimmt sich einer Nachricht im RFC 822–Format aus der Standardeingabe an und liefert sie an eine Mailbox aus. Im Falle von *procmail* jedoch kann sich die Mailbox sowohl im lokalen Netz als auch außerhalb befinden, so daß man *procmail* als ein Beispiel ansehen könnte, das je nach Benutzung ein MDA, ein MUA oder beides sein kann.

MUAs

Als Benutzerschnittstelle zum Mail-System ist der MUA der wichtigste Teil in der Kette zwischen dem Absender und dem Empfänger einer E-Mail. Es entbehrt nicht einer gewissen Ironie, daß ein Versagen des MTA oder des MDA viel größere Auswirkungen hat als ein Versagen eines einzelnen MUA.

PINE, Eudora, Microsoft Outlook, Netscape Messenger und Mulberry sind alle MUAs. Zudem könnten sogar sendmail und *imapd* als MUAs angesehen werden. sendmail wird häufig als MUA benutzt, um Nachrichten aus Programmen heraus zu erzeugen. Sollten Sie einen sendmail-Prozeß wie den unten gezeigten starten, würden Sie sendmail als einen MTA verwenden. Der folgende Befehl startet sendmail als Hintergrundprozeß und veranlaßt, daß die Warteschlange alle 15 Minuten abgearbeitet wird:

```
% /usr/lib/sendmail -bd -q15m
```

Sollten Sie jedoch einen sendmail-Prozeß wie den folgenden anwerfen, würden Sie sendmail als einen MUA einsetzen:

```
% echo "Subject: Hey du!"|/usr/lib/sendmail -v kwmullet@yahoo.com
kwmullet@yahoo.com... Connecting to mx1.mail.yahoo.com. via esmtp...
220 mta220.mail.yahoo.com ESMTP
>>> EHLO security.unt.edu
250-mta220.mail.yahoo.com
250-PIPELINING
250 8BITMIME
>>> MAIL From:<kwm@security.unt.edu>
250 ok
>>> RCPT To:<kwmullet@yahoo.com>
250 ok
>>> DATA
354 go ahead dd
>>> .
250 ok dirdel
kwmullet@yahoo.com... Sent (ok dirdel)
Closing connection to mx1.mail.yahoo.com.
>>> QUIT
221 mta220.mail.yahoo.com
%
```

Jedes Mal, wenn Sie Ihren MUA einsetzen, um sich mit einem IMAP-Server zu verbinden, erzeugen Sie einen IMAP-Prozeß auf dem Server ganz allein zur Bearbeitung der IMAP-Befehle zwischen Ihrem MUA und dem Mail-Speicher. Dieser Prozeß wird auch als Teil des MUA angesehen – als ein Server-MUA. Um die MUAs auf dem Server und dem Client weiterhin zu unterscheiden, bezeichnen wir den MUA auf dem Client als MUA und den auf dem Server als Mail-Zugriffsagenten (Mail Access Agent).

Später werden wir viele Einzelheiten von MUAs und MDAs erläutern. Wir geben nicht so viele Informationen über MTAs, weil sie im Rahmen dieses Buches eher zur »SMTP-Klempnerarbeit« gehören.

2

Was ist IMAP?

In diesem Kapitel sehen wir uns an, was IMAP wirklich ist und was es von anderen Zugriffsprotokollen unterscheidet. Wir diskutieren kurz, wo sich IMAP jetzt befindet und wohin es sich entwickeln wird.

IMAP kurzgefaßt

IMAP ist eine Methode des Zugriffs auf elektronische Post, die auf einem zentralen Server gespeichert ist.

Diese Aussage stimmt natürlich, aber eigentlich steckt mehr dahinter. Genauer gesagt bietet IMAP eine Möglichkeit, Nachrichten aus einer oder mehreren Mailboxen von einem zentralen Server zu holen, ohne je eine einzige Nachricht auf der lokalen Festplatte speichern zu müssen. Die Nachrichten bleiben immer auf dem Server.

IMAP wurde mit dem Ziel entworfen, die gleiche Funktionalität für den Zugriff auf und die Verwaltung von Mailboxen und Nachrichten bereitzustellen, die bei Verwendung einer Mailbox auf der lokalen Festplatte existiert. Entsprechend verfügt IMAP über Serveroperationen, wie zum Beispiel »Suche in den Nachrichten mit diesen und jenen Kriterien«, wie sie normalerweise mit einem Mail-Client assoziiert werden.

Sie können sich leicht von den Vorzügen von IMAP überzeugen, wenn Sie von verschiedenen Rechnern aus arbeiten (etwa dem häuslichen PC, dem Rechner im Büro und dem Laptop). Mit IMAP müssen Sie sich nicht erst fragen, welchen Computer Sie benutzten, als Sie eine bestimmte Nachricht lasen. Sie wissen einfach, daß diese Nachricht sich immer noch auf dem Server befindet.

Mit dem richtigen IMAP-Client können Sie folgende Funktionen ausführen:

- Erfahren, wann neue Nachrichten in irgendeiner Ihrer Mailboxen eintreffen
- Ihre Mailboxen irgend jemandem oder allen zugänglich machen
- Nachrichten von einer Mailbox in eine andere verschieben

- Nachrichten mit Anmerkungen versehen (wie zum Beispiel »Wichtig«), die zwischen den IMAP-Sitzungen erhalten bleiben

Eine weitere Eigenschaft, die für IMAP spricht, besteht darin, daß nicht nur Ihre INBOX zentral gespeichert wird, sondern Ihre *Nachrichtenordner* (Mailboxen, in IMAP-Terminologie) ebenfalls an zentraler Stelle auf dem IMAP-Server gespeichert werden. Solange Sie über einen IMAP-Client verfügen,[1] können Sie nicht nur Ihre eingehende E-Mail von nahezu überall aus dem Netz lesen, Sie können auch alle Nachrichten, die in Ihren Mailboxen archiviert sind, bearbeiten.

Eine Eigenschaft, die IMAP von allen anderen Zugriffsprotokollen unterscheidet, ist, daß es nicht nur ein, sondern gleich *drei* Interaktionsmodelle unterstützt.

Die drei Interaktionsmodelle von IMAP

IMAP hat drei Modelle, wie Sie Ihre E-Mail bearbeiten können: Offline, Online und verbindungslos. Die drei Interaktionsmodelle sind die Herzstücke, warum IMAP aus eigener Kraft das leistungsfähigste und flexibelste Mail-Zugriffsprotokoll ist. Die Modelle sind in RFC 1733 (*Distributed Electronic Mail Models in IMAP4*) formell definiert. Lassen Sie uns die drei Modelle betrachten.

Das Online-Modell

Beim Online-Modell bleiben die Nachrichten auf dem Mailserver und werden mit Mail-Clients auf anderen, externen Rechnern bearbeitet. Die Clients halten für die Dauer der Sitzung eine Verbindung zum Server offen, das heißt, bis der Benutzer entscheidet, die Sitzung zu beenden.

Ob Sie dem Online-Modell den Vorzug geben, hängt sehr davon ab, wo Sie die Hauptlast an Ressourcen plazieren wollen: auf dem Client oder auf dem Server. Wenn Sie wie wir denken, daß Ressourcen am besten zentralisiert werden sollten, werden Sie vermutlich das Online-Modell vorziehen. Wenn Sie denken, daß zentrale Ressourcen nach Möglichkeit geschont werden sollten, auch wenn das eine größere Investition für den Benutzer bedeuten sollte, dann werden Sie wahrscheinlich das Offline-Modell vorziehen. Dabei müssen Sie jedoch beachten, daß hohe Ressourcenanforderungen an den Server die Aufmerksamkeit und Beobachtung durch einen Systemadministrator verlangen, damit die Dinge nicht außer Rand und Band geraten. Das Online-Modell kann den Speicher und den Prozessor stark belasten, wenn die Benutzer dazu neigen, mehrere Mailboxen geöffnet zu halten, oder die Mail-Clients mißraten genug sind, mehrere Sitzungen pro Benutzer zu erzeugen.

---

1 Tatsächlich brauchen Sie nicht einmal IMAP-Software auf Ihrem eigenen Rechner zu haben. Sie können einen Webbrowser benutzen, um auf Ihren IMAP-Mail-Speicher zuzugreifen; webbasierte Clients werden in Kapitel 5, *Webbasierte IMAP-Clients*, behandelt.

Wo immer sich viele Benutzer denselben PC teilen (zum Beispiel als Kiosk oder in einem Computer-Pool), ist das Online-Modell die einzig gangbare Alternative. Das gleiche trifft zu, wenn ein Benutzer seine Mail von vielen verschiedenen Rechnern aus liest.

Ein Vorteil des Online-Modells ist seine hervorragende Funktionsfähigkeit bei langsamen oder stark verzögerten Kommunikationsverbindungen. Nehmen wir einen IMAP im Online-Modus als Beispiel. Frühe IMAP-Tests wurden mit einem 2.400 bps Modem durchgeführt[2], und ein Entwurfsziel bestand darin, es so annehmbar benutzbar zu machen wie ein Programm auf dem Rechner, das über eine Einwahlverbindung bedient wird. Am Ende war IMAP besser als annehmbar, weil die Daten mit dem Client zwischengespeichert wurden (zum Beispiel holt der Leser seine Daten zum Auffrischen der Anzeige aus dem lokalen Speicher und nicht über den Draht). Sogar über eine langsame Internetverbindung kann ein Benutzer eine schockierende Menge von E-Mails verwalten. Nehmen wir an, ein Benutzer erhält eine große Anzahl an E-Mails und gefällt sich darin, alle zu behalten. Er könnte leicht einige tausend Nachrichten über mehrere hundert Mailboxen verteilt aufbewahren. Wenn sich dieser Benutzer bei seinem Internetdienst über eine 56-Kbps-Verbindung einwählt, will er auf keinen Fall alle seine E-Mails herunterladen, nur um eine bestimmte zu lesen. Mit dem Online-Modell würde er sich einfach mit dem Server verbinden und die Nachricht auswählen, die er haben möchte. Die einzig benötigte Zeit wäre die, die der Server braucht, um auf die Nachricht zuzugreifen und eine Kopie im Mail-Client anzuzeigen. Darüber hinaus kann man bei IMAP normalerweise *nach* dem Lesen der eigentlichen Nachricht entscheiden, ob man einen Anhang öffnen möchte.

Das Offline-Modell

Das Offline-Modell kann mit einer Poststelle verglichen werden. Man geht zur Poststelle, holt seine Post aus dem Postfach und hinterläßt ein leeres Postfach. Beim Offline-Modell holt der Mail-Client die Nachrichten vom Server, speichert sie auf dem Rechner des Benutzers und löscht dann die Nachrichten vom Server. Der Benutzer verbindet sich mit dem Mailserver, schaut nach neuer E-Mail, holt sich seine neuen Nachrichten und löst die Verbindung wieder. Die Nachrichten können dann in Ordnern abgelegt oder anderweitig bearbeitet werden, aber all das findet lokal und ohne Beteiligung des Mailservers statt.

Das Offline-Modell hat sowohl für Benutzer als auch für Systemverwalter Vorteile. Zunächst verringert es den Platzbedarf der E-Mail auf dem zentralen Mailserver. Zweitens verringert es die Zeit, die sich Benutzer mit einem geringen Mail-Aufkommen mit dem Server verbinden müssen. Das Offline-Modell eignet sich hervorragend für Benutzer, die immer den gleichen Rechner zum Zugriff auf ihre E-Mail benutzen und es vorziehen, eine primäre Kopie ihrer Nachrichten auf diesem Rechner aufzubewahren.

2 Radio war auch eines der frühen Entwurfsziele für IMAP. Amateurfunker sagen, daß IMAP ganz wunderbar über Funk funktioniert.

Die Nachteile des Offline-Modells sind in gleichem Maße einleuchtend. Da die gesamte Mail eines Benutzers auf seinen Rechner heruntergeladen wird, hat er schlicht Pech, wenn er seine Archive durchsehen will und sich nicht an dem Rechner befindet, auf den diese heruntergeladen wurden.

Ein anderer Nachteil des Offline-Modells besteht in seinem Skalierungsproblem, mit Benutzern mit erheblichem Mail-Aufkommen umzugehen, insbesondere, wenn diese Benutzer eine langsame Internetverbindung einsetzen. Das heißt natürlich, daß jeder Offline-Benutzer entweder mehr Plattenspeicher kaufen muß oder weniger E-Mail halten kann. Wenn ein Benutzer 5 oder 10 Nachrichten mäßiger Größe am Tag erhält, dann mag es ihn nicht stören, sie alle herunterladen zu müssen, um sie zu lesen. Erhält er aber 100 Nachrichten mit ziemlich großen Anhängen, wird er wünschen, nie von E-Mail gehört zu haben, bevor er sie alle heruntergeladen hat, nur um die ersten zwei lesen zu können. Das Offline-Modell kann auch im Hinblick auf den Speicher im Server teuer werden. Benutzer, die mehrere Kopien ihrer Mail an verschiedenen Stellen aufbewahren, richten den Server meistens so ein, daß die Mails nach dem Herunterladen vom Server nicht gelöscht werden.

Wie wir später bei der Erläuterung des Online-Modells sehen werden, hat es ein Benutzer viel leichter, wenn er nur einen Index seiner Mails herunterladen braucht.

Das verbindungslose Modell

Beim verbindungslosen Modell verbindet sich der IMAP-Client mit dem Mailserver, synchronisiert seine Liste von Nachrichten und Mailboxen mit dem Server, kopiert vielleicht die ersten paar Nachrichten in einen lokalen Zwischenspeicher und löst die Verbindung wieder. Bei diesem Modell werden einige Aufgaben in einer Warteschlange gespeichert und später auf einmal abgearbeitet.

Für den Gelegenheitsnutzer sollte kein Unterschied zwischen dem Online-Modell und dem verbindungslosen Modell bestehen außer dem, daß mitunter einige Operationen verzögert ausgeführt werden. Das verbindungslose Modell ergänzt das Online-Modell, und in der Realität erlauben die meisten IMAP-Clients den Benutzern, zwischen den beiden Modellen nach Belieben hin- und herzuwechseln. Die Zielgruppe des verbindungslosen Modells sind Benutzer, die keine ständige Verbindung zum Server halten können, aber trotzdem ihre Mail bearbeiten wollen. Verbindungslose Benutzer sind die Hauptgewinner. Das verbindungslose Modell ermöglicht ihnen die Bearbeitung ihrer E-Mail, wenn gerade kein Netz zur Verfügung steht. Zum Beispiel kann ein Benutzer auf dem Flughafen seine E-Mail abholen, in das Flugzeug einsteigen, seine E-Mail lesen und beantworten, sich dann wieder mit dem Server verbinden, wenn er angekommen ist, um seine Mailbox zu synchronisieren und seine Mail abzuschicken. Es gibt andere Situationen, in denen der verbindungslose Modus sehr hilfreich ist. Nehmen wir zum Beispiel drahtlose Anwendungen – besonders jene, bei denen leerlaufende Verbindungen Kosten auf Minutenbasis verursachen. Der verbindungslose Modus wurde geradezu maßgeschneidert für Verbindungen mit zeitgebundenen Kosten.

Am Ende kommt es darauf an, wo Sie Ihr Flaschenhalsproblem haben wollen. Beim Offline-Modell sitzt der Flaschenhals im lokalen Rechner. Beim Online-Modell ist der Server der Flaschenhals. Beim verbindungslosen Modell könnte das Netz zum Flaschenhals werden. Es hängt davon ab, wie schnell Ihr Server die Prozesse verteilen kann oder wieviel Bandbreite in Ihrem Netz frei ist.

Warum IMAP?

Kurz gesagt: Weil IMAP viele der Probleme löst, die herkömmliche Mail-Systeme mit sich bringen. Seit den frühesten Tagen der Netze haben sich die Besten und Schlausten der Computerbranche um immer bessere Wege bemüht, individuelle Korrespondenz in Dialogthemen zu organisieren, die leicht online zu benutzen wären. Dieser Abschnitt stellt IMAP in den Kontext verschiedener herkömmlicher Mail-Modelle und in den seines Konkurrenten POP, dem anderen Mail-Zugriffsprotokoll.

Hostbasierte E-Mail

Hostbasierte E-Mail war die ursprüngliche Vorstellung von E-Mail. Sollten Sie schon viele Jahre E-Mail nutzen, dann haben Sie vermutlich mit diesem Modell begonnen. Im hostbasierten Mail-Modell befinden sich der MUA, der MTA und der Mail-Speicher auf derselben physischen Maschine. Abbildung 2-1 illustriert das hostbasierte Mail-Modell.

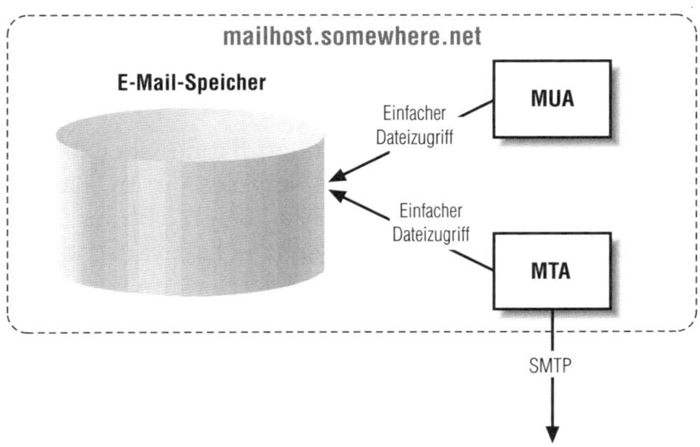

Abbildung 2-1: Hostbasierte E-Mail

Hostbasierte E-Mail ist ein Paradebeispiel für einzelne Ausfallpunkte. Da alle Funktionen auf einem einzigen System ausgeführt werden, verwischen die Aufteilungen der Funktionen zwischen den einzelnen Teilen des Systems. Sollte ein Teil versagen, besteht ein viel höheres Risiko, daß es den Rest des Systems ebenfalls zum Absturz bringt. Auf hostbasierten Mail-Systemen beeinflußt die Leistung einer jeden der drei essentiellen Komponenten (MUA, MTA und Mail-Speicher) die Leistungsfähigkeit jeder anderen Komponente. Hostbasierte Mail-Systeme sind sehr häufig auch Rechner zur allgemeinen Benutzung oder Internetserver. Die meisten Firmen-Mail-Systeme, die schon einige Zeit dabei sind, begannen mit diesem Modell, dessen Unzulänglichkeiten die Entwicklung eines standardisierten Mail-Zugriffsprotokolls notwendig machten.

Je nachdem, wie Sie es betrachten, ist hostbasierte E-Mail entweder das sicherste oder aber das unsicherste bekannte Modell. Einige könnten es für das sicherste Modell halten, da Sie mit einem einzigen Handstreich die Sicherheit des Mail-Speichers, die des Transferagenten und die des Benutzeragenten auf einmal festlegen können. Damit werden Sie natürlich Opfer des primären Firewall-Trugschlusses: Eine Firewall verleitet Sie zu dem Glauben, alles außerhalb der Firewall sei verseucht und alles innerhalb ihrer Grenzen sei in Ordnung. Obgleich Ihnen hostbasierte E-Mail ein Höchstmaß an Kontrolle darüber gibt, wer an Ihre Mail-Kronjuwelen herankommt, bietet sie Ihren Benutzern relativ wenig Schutz voreinander.

Gemeinsame Mail-Speicher

In den Frühzeiten der PC-LANs bedeutete E-Mail in den meisten Fällen ein exaltiertes Dateikopierprogramm wie Novell Mail, Quick Mail oder Word Perfect Office. Diese Programme kopierten die Nachrichtendateien zwischen allen möglichen Verzeichnissen eines gemeinsamen Dateisystems. Nach neuer E-Mail zu sehen erforderte die Benutzung eines Protokolls für gemeinsame Dateien auf einem entfernten Rechner, um nachzusehen, ob in einem bestimmten Unterverzeichnis neue Nachrichtendateien aufgetaucht waren, obwohl dieser Mechanismus üblicherweise der Beobachtung des Benutzers entzogen wurde. Eine Erweiterung eines solchen Systems verursachte tiefgehende Probleme.

Heutzutage mögen sich die Abkürzungen geändert haben, aber die Beziehungen zwischen dem Rechner des Benutzeragenten und dem Server des Mail-Speichers blieben grundlegend dieselben. In hostbasierten Mail-Systemen bleibt der Sproß zu Hause. Bei einem gemeinsamen Mail-Speicher geht der Nachwuchs zwar schon an die Uni, erhält aber noch jedesmal eine Unterstützung von den Eltern, wenn er danach fragt.

Probleme mit gemeinsamen Mail-Speichern

Das Modell mit gemeinsamem Mail-Speicher ist mit etlichen Problemen beladen, darunter den folgenden:

Dateisperre

Mit diesem Modell werden wir Zeuge, wie ein Fluch für Internet-Mail-Systemdesigner entsteht: die gefürchtete Dateisperre. Das Problem ist folgendes: Stellen Sie sich vor, Sie hätten zwei unterschiedliche Programme (den MUA und den MTA), die beide die gleiche Datei verändern können (die INBOX des Benutzers). Was passiert, wenn beide zur selben Zeit versuchen, die Datei zu verändern? Das Problem kann bei einem hostbasierten Mail-System relativ einfach gelöst werden, da man unter dem gnädigen Diktat des Betriebssystems jede einigermaßen kompetent geschriebene Software brav mit den Standardsperrmechanismen umgehen kann. Wird jedoch der Mail-Speicher von zwei Rechnern gleichzeitig benutzt, und diese müssen auf die Führung von solchen Einrichtungen wie einem Netzwerk-Kernel verzichten, dann werden sie unausweichlich ungültige Annahmen darüber treffen, wann sie in die Datei schreiben sollen.

Sobald Sie anfangen, Ihr eigenes Firmen-Mail-System aufzubauen, werden Sie vermutlich herausfinden, daß jedes Modell, sogar das hostbasierte, dem Modell der gemeinsamen Mail-Speicher vorzuziehen ist.

Synchronisation
Wenn ein Client Veränderungen am Mail-Speicher vornimmt, haben die anderen Clients keine Chance, diese Veränderungen mitzubekommen.

Plattformabhängigkeit
Kein großes Betriebssystem hat ein gemeinsames Protokoll zum Zugriff auf gemeinsame Dateien mit allen anderen großen Betriebssystemen. Wie Lincoln sich ausgedrückt haben könnte: Sie können zwar manchmal alle Dateisysteme gemeinsam nutzen oder einige Dateisysteme zu allen Zeiten, Sie können jedoch nie alle Dateisysteme jederzeit gemeinsam nutzen.

Nutzung der Bandbreite
Es ist ganz klar ineffizient, eine nicht-Client/Server-basierte Datenbank zu verwenden, die komplett geladen werden muß, um eine Anfrage auszuführen. Es ist gleichermaßen ineffizient, Ihren Mail-Client Ihre gesamte Mailbox herunterladen zu lassen, um eine Nachricht zu finden, die Sie irgendwann vor drei Monaten erhalten hatten. Ineffizienzen dieser Art vervielfachen sich, wenn Sie Ihre Mailbox über das Netz laden. Das ist jedoch genau das, was passiert, wenn Sie eine Operation in Ihrem Mail-Speicher ausführen, zum Beispiel eine einfache Suche, und dazu ein Protokoll zum gemeinsamen Dateizugriff auf einem entfernten Rechner einsetzen. Am besten sollte man eine solche Bandbreitenauslastung für jene Fälle reservieren, in denen Sie tatsächlich die ganze Datei benötigen, und ansonsten ein Client/Server-Schema für die Routineaufgaben mit E-Mail verwenden.

Beschränkungen des Mail-Speicherformats
Während es viele Standards gibt, die definieren, wie ein normaler Text auszusehen hat (zum Beispiel ASCII, RFC 822, ANSI und MIME), gibt es doch viele kleine Unterschiede darin, wie solche Textnachrichten auf den verschiedenen Plattformen gespeichert werden. Ein klassisches Beispiel ist der Unterschied, wie Microsoft Windows und Unix physische Textzeilen beenden. Sollten Sie sich schon einmal in dem Spiel über verschiedene Plattformen versucht haben, dann haben Sie zweifellos eine Datei von Ihrem Windows-Dateiserver in *vi* geöffnet und festgestellt, daß es vor `^M`'s nur so wimmelt. Sie könnten gleichfalls eine Unix-Datei in einem DOS-Editor geöffnet und verwundert festgestellt haben, daß der Text nun nur noch eine lange, verwirrende Zeile Text ist. Solche religiösen Probleme der Textformatierung verschwinden, wenn Sie das Protokoll für den entfernten gemeinsamen Dateizugriff durch ein standardisiertes Mail-Zugriffsprotokoll ersetzen.

Proprietäre Mail-Lösungen

Ob Sie es mögen oder nicht, proprietäre Mail-Lösungen sind ein wichtiger Bestandteil der Mail-Landschaft. Bei diesen Lösungen stellt ein Hersteller alles – von der Vorspeise bis zur Zigarre und dem Pfefferminzplätzchen – bereit. Der MUA, der Server und auch die Schnittstellen, um sie mit dem Rest da draußen in der Welt reden zu lassen, werden alle von einem Hersteller produziert. Dieser Hersteller entscheidet über die Funktionalität, die Sie einsetzen können. Dieser Hersteller entscheidet, wie Sie Ihr System erweitern können. Im Prinzip entscheidet dieser Hersteller über den Arbeitsfluß in Ihrem Unternehmen.

Das Faustische an diesen Nachrichtendiensten im Paket ist, daß sie für die Entscheidungsträger eine große Versuchung sind, weil sie eine Reihe von Eigenschaften mit irreführend geringer Komplexität bereitstellen. Sie geben jenen Entscheidungsträgern aber auch einen einzelnen Sündenbock, sollte etwas schiefgehen.

Ein anderes Problem dieser proprietären Lösungen ist, daß sie Sie auf ein Produkt festlegen. Sobald Sie es installiert haben, fangen Ihre Benutzer an, sich auf seine Eigenheiten zu verlassen. Sobald aber die Benutzer sich an etwas gewöhnt haben, wird es sehr schwer, von der proprietären Lösung zu einer Lösung zu wechseln, die auf den Standards basiert, aber diese Eigenheiten nicht aufweist.

Sie machen sich auch abhängig von dem Hersteller. Sollten Sie jemals gezwungen sein, den Hersteller zu wechseln (zum Beispiel, weil die alte Lösung sich nicht so erweitern läßt, wie es Ihr wachsendes Mail-Aufkommen verlangt, oder der Hersteller plötzlich vom Markt verschwindet), dann sitzen Sie fest. Andererseits erlauben Ihnen standardisierte Lösungen, die Hersteller mit dem Wandel Ihrer Bedürfnisse zu wechseln.

Das eigentliche Problem ist, daß niemand in einem Vakuum arbeitet. Viele proprietäre Lösungen stützen sich nicht auf die Standardprotokolle des Internet, sondern hängen von einer proprietären Schnittstelle ab, um mit dem Internet zu kommunizieren. Um Ihre Aufgaben zu erledigen, seien es Geschäfte, Ausbildung oder Forschung, müssen Sie mit Menschen außerhalb Ihrer Einrichtung per E-Mail kommunizieren können. Nebenbei bemerkt, erreicht oder übertrifft Open Source-Software zunehmend die Eigenschaften und die Leistungsfähigkeit proprietärer Lösungen.

Standardisierte Mail-Zugriffsprotokolle

In diesem Buch bezeichnet ein standardisiertes Mail-Protokoll eine Art der Kommunikation zwischen Mail-Client und Server, die auf gewissen Standards beruht. IMAP ist ein solches Protokoll. Diese Protokolle kümmern sich nicht um Plattformen, obwohl ihre Implementierung an dieser Stelle etwas zäh werden kann. Daraus entsteht ihr Wert. Daraus entsteht schließlich der Wert des Internet. Gültigkeit und Nutzen von Standards der IETF reichen weit über die eines Produkts eines beliebigen Herstellers hinaus. Ohne ins Predigen verfallen zu wollen – das Funktionieren dieser Standards ist der Grund, warum das Internet ein so kompaktes, zumeist gut funktionierendes Netzwerk ist.

Die Strategie bei der Benutzung von standardisierten Mail-Zugriffsprotokollen heißt »Teile und Herrsche«. Der Nachrichtendienst im Internet ist in Aufgaben eingeteilt, die leicht durch einfache Protokolle gelöst werden können. Die Vielfalt der Implementierungen für jedes dieser Protokolle gibt Systemadministratoren viel mehr Entscheidungsfreiheit beim Einrichten der Dienste für ihre Benutzer. Die Zugänglichkeit der Standardisierungsprozesse und die der Verteilung der meisten geschätzten Internetprogramme ist ein Garant dafür.

Die Benutzung standardisierter Mail-Zugriffsprotokolle gestattet es einer Einrichtung, den Zugriff auf die Mail-Schlange, auf den MDA und das Mail-Zugriffsprotokoll zu begrenzen. Dies wiederum kann Probleme mit Dateisperren einschränken oder ganz beseitigen.

Abgesehen vom Teilen und Herrschen, können standardisierte Mail-Zugriffsprotokolle auch gut weiterdelegieren. Da Ihr IMAP-Client zum Beispiel das Durchsuchen Ihres Mail-Speichers nach einer Nachricht mit einer bestimmten Betreffzeile an den IMAP-Server weitergeben kann, hat die Suche selbst so gut wie keine Auswirkungen auf die Netzbandbreite. Die Kosten für den geringen Netzeinfluß bestehen jedoch meist in einer größeren Prozessorlast auf dem Mailserver.

Standardisierte Protokolle befreien alle beteiligten Seiten davon, sich um die Einzelheiten des Datenaustauschs untereinander kümmern zu müssen. Probleme wie der Zeichensatz (ASCII oder Unicode), die Behandlung von Zeilenenden oder das Speicherformat (einheitliche Dateien oder separate Daten und Ressourcen-Forks) sind meistens schon gelöst. Fortgesetzte Anreize gehen von der besten Einbeziehung der verschiedenen internationalen Zeichensätze und der besten Codierung und Decodierung beliebiger binärer Dateien und Datenströme zur Verpackung in einer Nachricht aus. Verschiedene ISO-, ANSI- und IETF-Standards haben bereits viel Vorarbeit zur Lösung dieser Probleme geleistet. Das Werk ist jedoch noch nicht vollendet.

Alles in allem hoffen wir, daß Sie wie wir zu dem Schluß kommen, daß die Benutzung standardisierter Mail-Zugriffsprotokolle am erfolgversprechendsten und mit den wenigsten Fallstricken verbunden ist.

IMAP und POP: Ein Vergleich

Wenn Sie sich ansehen, welche Mail-Zugriffsprotokolle einen nennenswerten Marktanteil haben, dann finden Sie nur zwei Kandidaten: POP und IMAP. POP hat den Markt im wesentlichen etabliert. Es hat auch ein Bedürfnis nach einem Protokoll mit sehr viel mehr Fähigkeiten geschaffen. IMAP stillt dieses Verlangen.

POP

POP ist der Großvater aller standardisierten Mail-Zugriffsprotokolle. Obgleich Sie bis vor kurzem behaupten konnten, daß es mehr POP-Client-Programme als IMAP-Client-Programme gibt, können Sie heute nur noch sagen, daß es mehr gut implementierte

POP-Clients gibt als gut implementierte IMAP-Clients. Hierin liegt der beständige Wert von POP: in seiner Einfachheit. POP ist ein bescheidenes Protokoll. Es verwaltet keine Vielzahl von Nachrichtenzuständen, es läßt die Benutzer ihre Mailboxen nicht durchsuchen und unterstützt nicht einmal die Speicherung von Nachrichten in mehreren Mailboxen. Es macht nur eins: Es stellt dem Benutzer nach Aufforderung seine Nachrichten zum Herunterladen auf die lokale Maschine zur Verfügung.

Einige Benutzer kommen mit den Einschränkungen von POP gut zurecht. Sie verwenden einen und nur genau einen Rechner, um ihre E-Mail zu lesen, und laden dazu alle Nachrichten von ihrem Mailserver herunter und löschen sie auf dem Server. In den Anfängen von POP mußten Benutzer, die ihre Nachrichten von mehr als einem Rechner lesen wollten, Duplikate von allen ihren E-Mails auf jeden Rechner herunterladen, von dem sie sie lesen wollten. Irgendwann dachten sie, sie hätten alle Rechner auf den neuesten Stand ihrer E-Mail gebracht, und löschten sie vom Server. Glücklicherweise bieten die meisten POP-Server heute die Möglichkeit, die Mail auch auf dem Server zu lassen, nachdem sie heruntergeladen wurde.

Für Benutzer von POP bedeutet das Speichern von Nachrichten in Mailboxen die Verwendung von Mailboxen auf dem lokalen MUA-Rechner. Die meisten Internet Service Provider (ISPs) bevorzugen POP als ihr Mail-Zugriffsprotokoll, da es geringe Anforderungen an den Server stellt. POP verlangt nicht viel vom Server, weil die meiste tatsächliche Arbeit auf Ihrem lokalen Rechner erledigt wird. Der Mail-Speicher, die Mail-Suche und Ihre Adreßbücher sind meistens alles lokale Daten auf Ihrem Rechner.

Sollten Sie E-Mail über das Internet zu Hause, auf der Arbeit oder einigen anderen Orten nutzen, so werden Sie als POP-Nutzer mehrere Kopien Ihres persönlichen Mail-Speichers haben. Solch verteilte Kopien über mehrere Rechner sind nicht unbedingt eine schlechte Idee: Da Ihre POP-Mail nicht auf einem Server gespeichert und somit nicht in einem firmenweiten Datensicherungskonzept gesichert wird, sind mehrere Kopien Ihre Versicherung gegen Katastrophen wie Festplattenausfälle oder den Diebstahl von Laptops.

Es ist leicht einzusehen, daß POP-Nutzer mehr in die Leistungsfähigkeit ihrer Prozessoren und ihres Speichers investieren müssen, um POPs Schwächen abzufangen. POP bleibt für viele ISPs der ökonomischste Weg, ihren Benutzern Mail-Dienste zur Verfügung zu stellen. Allerdings scheinen die Tage der profitablen, kostengünstigen ISP POP-Dienste gezählt zu sein. Je mehr Nutzer sich an die Flexibilität und Leistungsfähigkeit von IMAP in ihrer eigenen Einrichtung gewöhnen, um so mehr fordern sie auch das gleiche von ihren ISPs.

Weitergehende Informationen über die aktuelle Version des Protokolls (POP3) finden Sie in RFC 1939.

IMAP

Einen Großteil seiner Popularität verdankt IMAP witzigerweise dem Frust langjähriger POP-Nutzer. Für die meisten Nutzer ist E-Mail weit mehr als einfache tägliche Korrespondenz. Sie bildet eine Datenbank von Projektverläufen, dient als Skizzenbuch für persönliche Beziehungen und als Datenbank von Prioritätenlisten. Wenn so viele der Funktionen von E-Mail mit Datenbanken zu tun haben, warum sollten wir dann diese Funktionen nicht einem Mailserver übertragen, auf dem es genügend Speicherplatz, Prozessorleistung und Sicherungskopien sowie Rund-um-die-Uhr-Service gibt? Mit IMAP haben die Clients nicht nur die Option, im Offline-Modus zu arbeiten (bei dem die E-Mail heruntergeladen und lokal bearbeitet wird), sie können auch mit den leistungsfähigeren Online- und verbindungslosen Modi operieren. Letztere erlauben das Speichern und Suchen auf dem IMAP-Server.

Als IMAP-Nutzer erhalten Sie plötzlich denselben Zugriff auf Ihre E-Mail von jedem beliebigen Rechner, der mit dem Internet verbunden ist und IMAP-Programme zur Verfügung stellt.[3] Ihr lokaler PC – eigentlich jeder Rechner, den Sie täglich benutzen – kann kaputtgehen und ausbrennen, aber Ihre E-Mail leidet kein bißchen darunter. Eines der ersten Dinge, die Sie feststellen werden, ist, daß Sie nun nicht mehr alle Ihre Nachrichten herunterladen müssen, nur um ihre Betreffzeilen einsehen zu können. Aufgrund der Integration von IMAP und MIME können Sie nun die Nachricht zu einem 50-MByte-Anhang herunterladen, ohne die 50 MByte selbst durch die Leitung quälen zu müssen.

Na also, wunderbar! IMAP hat alles, was ein E-Mail-Benutzer sich wünschen kann. Wer aber fragt nach den ISPs, die sich Sorgen machen, ihr Profit könne sich in Luft auflösen wegen der viel höheren Investitionen in die Hardware, nach der die höhere Belastung durch IMAP verlangt? Serverseitig können Einzelheiten der Implementierung den Festplattenbedarf verringern, wie zum Beispiel die »Einzelspeicherung« (bei der eine Nachricht, die an mehrere Nutzer geliefert wird, nur einmal auf der Festplatte gespeichert wird). Wir würden gerne in den Raum stellen, daß IMAP eher als alle anderen Alternativen eine Möglichkeit zur Umsatzsteigerung bedeutet. Anstatt mit dem Benutzer wegen der Speicherung alter E-Mails auf dem Mailserver zu schimpfen, können ISPs dem Benutzer nun soviel Plattenplatz vermieten, wie er braucht, um seinen Mail-Speicher zu verwalten.

IMAP-Kultur versus POP-Kultur

Wegen der vielen Funktionen des IMAP weisen die beiden Protokolle mehr Unterschiede als Gemeinsamkeiten auf. Jedoch sind ihre Ähnlichkeiten erwähnenswert. Sowohl POP als auch IMAP sind Mail-Zugriffsprotokolle entsprechend dem Standard. Ein Fernzugriff aus dem nächsten Zimmer und einer von der anderen Seite der Welt auf den Server stellen die gleichen Anforderungen.[4] In beiden Protokollen ist der MUA physisch vom Serverrechner getrennt.

Ein Schlüssel zur Entscheidung, welches Protokoll das richtige für Ihre Einrichtung ist, sind Ihre Benutzer. POP ist eine hervorragende Lösung für Benutzergruppen, die immer

3 Sollte Ihre Einrichtung einen webbasierten IMAP-Client anbieten (Kapitel 5, *Webbasierte IMAP-Clients*), dann können Sie von einem beliebigen Computer aus mit einem Webbrowser auf Ihre IMAP-Mail zugreifen.

4 Abgesehen von der Tatsache, daß weit voneinander entfernte Benutzer ihren Schriftverkehr verschlüsseln sollten.

von einem Rechner aus auf ihre E-Mail zugreifen. Sollte POP in einer Gruppe benutzt werden, in der die Benutzer auf ihre E-Mail von mehr als einem Rechner aus zugreifen, dann werden die Benutzer separate und duplizierte E-Mail-Archive auf jedem Rechner halten, von dem sie ihre E-Mail lesen. POP wurde auch in Umgebungen eingesetzt, in denen alle Computer, auf denen POP-Clients laufen, sich das gleiche Dateisystem teilen, aber dieses Herangehen verursacht die Probleme mit den Protokollen zur gemeinsamen Nutzung von Dateien auf externen Rechnern, die wir schon vorher in diesem Kapitel erwähnten. IMAP-Archive dagegen können von beliebigen entfernten Plattformen mit IMAP-Programmen benutzt werden. Sollte eine Webmail-Schnittstelle installiert sein, so trifft die Aussage auf beliebige entfernte Rechner mit einem Webbrowser zu.

Der größte Unterschied zwischen auf POP bzw. auf IMAP basierenden Mail-Systemen ist der Effekt der Belastungsprofile auf den Mailserver. Der Appetit von IMAP auf die Serverressourcen unterscheidet sich sehr von der Laisser-faire-Verwaltung der Mailboxen durch POP. In der IMAP-Welt werden üblicherweise sowohl die Mail-Archive als auch die eingehende Post eines Benutzers auf dem Mailserver des Providers gespeichert. Dieser Server wird jedesmal in Anspruch genommen, wenn der Benutzer eine Nachricht liest, egal ob alt oder neu. In der Praxis wird eine POP-Mailbox dagegen jeweils nur immer von einem einzigen MUA bemüht.

Es ist nicht ungewöhnlich, daß eine IMAP-Mailbox von mehreren IMAP-Clients auf mehreren verschiedenen Clients gleichzeitig angefordert wird. Zum Beispiel könnte ein Benutzer ein Programm (wie *biff*) benutzen, um seine Mailbox periodisch alle fünf Minuten auf neue E-Mail zu prüfen. Gleichzeitig könnte er mit PINE ständig in den IMAP-Server eingeloggt sein und seine Mail jeden Abend von zu Hause mit Outlook Express einsehen. Wir reden gar nicht erst von dem gelegentlichen Aufenthalt in einem Internetcafe, wo er mit Mulberry schnell während einer Kaffeepause nach seiner Mail sieht. Solch ein Ansturm von IMAP-Operationen auf die I/O-Ressourcen eines IMAP-Mailservers sollte als völlig normal angesehen werden.

Warum nicht POP und IMAP gleichzeitig?

Die ganze Diskussion über die relativen Vorzüge von POP und IMAP für verschiedene Benutzergruppen fordert die Frage heraus, warum nicht beide benutzt werden sollten. In der Tat ist das ein sinnvoller Vorschlag.

Sollten Sie einen UW oder Cyrus IMAP betreiben, so haben Sie Glück – beide Server enthalten einen POP-Server, der von Haus aus auf die gleichen Mail-Speicher zugreift wie der IMAP-Server. Eine andere Möglichkeit, beide zu nutzen, ist ein POP-zu-IMAP-Proxy (einer ist beim UW-Server dabei). Der Proxy kommuniziert nie direkt mit Ihrem Mail-Speicher. Er übersetzt nur das POP-Protokoll in einen IMAP-Stream, der dann an Ihren IMAP-Server gerichtet wird. Sollten Sie eine wirklich fest verwurzelte POP-ulation von Benutzern haben, die Sie auf IMAP umstellen möchten, so könnten Sie einfach Ihren laufenden POP-Server durch einen POP-zu-IMAP-Proxy ersetzen und Ihren Nutzern mitteilen:

»Wir haben übrigens auch IMAP, falls Sie es mal ausprobieren wollen.« Dies ist eine gar nicht unübliche Strategie. Der Nachteil eines POP-zu-IMAP-Proxy besteht darin, daß Sie am Ende sowohl POP- als auch IMAP-Clients unterstützen müssen.

Glücklicherweise sind POP- und IMAP-Clients immer öfter dieselbe Software – man muß sie nur unterschiedlich konfigurieren.

Vorteile von IMAP

Hier ist eine Liste der IMAP-spezifischen Vorteile.

Anhängen an Mailboxen

Wir haben es schon erwähnt, aber es soll noch einmal wiederholt werden: IMAP kann nicht nur benutzt werden, um Nachrichten von Ihrer entfernten Mailbox abzuholen, sondern auch, um sie ihr hinzuzufügen. Sie erinnern sich, daß IMAP mit der E-Mail umgeht, als wäre es eine Datenbank, wobei die Nachrichten die Einträge sind. Mit einem IMAP-Client kann ein Benutzer Nachrichten frei zwischen seiner INBOX und anderen entfernten Mailboxen, die er erzeugt hat, bewegen.

Unterstützung mehrerer Mailboxen

Die erste und offensichtlichste Anforderung an ein Internet-Mail-Zugriffsprotokoll ist ein Mechanismus zur Speicherung mehrerer Mailboxen auf einem Server. Viele Nutzer verwenden Filter zum Sortieren der eingehenden Mail in verschiedene Mailboxen. Indem IMAP es den Benutzern erlaubt, mehrere Mailboxen auf dem Server zu haben, ist es ihnen möglich, ihre archivierte E-Mail von jedem Rechner unabhängig von seinem Standort einzusehen.

Verwaltung entfernter Mailboxen

POP-Benutzer sind es gewohnt, auf ihre E-Mail in einer einzelnen, kompakten Mailbox zuzugreifen. Sobald sie heruntergeladen wurden, können die Nachrichten in den Mailboxen einer einzelnen MUA-Installation gespeichert werden. Bei IMAP ist das Äquivalent zu der POP-Mailbox eine spezielle Mailbox namens INBOX. Ein Benutzer kann Mailbox-Operationen aber auf mehr als nur seiner INBOX ausführen. Ein typischer IMAP-Benutzer hat mehrere Mailboxen, die er auf dem Server erzeugt hat, von denen er jede umbenennen oder löschen kann. Er kann auch bestimmte Aspekte der Mailbox ändern, wie zum Beispiel die Zugriffsliste auf die Mailbox (sofern der Server so etwas zuläßt), um anderen Benutzern den Zugriff auf die Mailbox einzuräumen.

Unterstützung lokaler Mailboxen

Ein Benutzer mit einem bestimmten Client, der im Offline-Modus arbeitet, kann sich dafür entscheiden, einige Nachrichten in Mailboxen auf seinem lokalen Rechner zu sichern. Ein anderer Nutzer mit demselben Client, der gerade im Online-Modus arbeitet, kann sich entschließen, seine Nachrichten in einer entfernten Mailbox zu sichern. Die meisten IMAP-Clients unterstützen sowohl den Offline- als auch den Online-Modus. Die

Entscheidung darüber, wo die Nachrichten gesichert werden sollen, hängt gleichermaßen von den Benutzerpräferenzen, der Administration der Einrichtung und den verfügbaren Ressourcen des Servers ab wie von den Eigenschaften des Protokolls.

Mailboxhierarchien

Die meisten IMAP-Server lassen hierarchische Mailboxen zu, in denen eine oder mehrere Mailboxen unter einem anderen Namen gruppiert werden. Das bestärkt die Benutzer darin, ihre Mailboxen besser als nur in einer flachen Liste zu organisieren. Es ist durchaus vorstellbar, ein Arrangement von Namen an der Spitze (wie zum Beispiel »1999«, »2000«, »2001«, »Arbeit«, »Angestellte«, »privat«) und unterhalb davon weitere Mailboxen zu haben (zum Beispiel »Jan«, »Feb«, »Mar« usw. unter dem Namen »2000«).

Auf einigen Servern können auch die oberen Hierarchieschichten Mailboxen sein; zum Beispiel könnten sowohl »2000« als auch »2000/Jan« Nachrichten enthalten. Andere Server beschränken die oberen Ebenen darauf, »nicht anwählbar« zu sein, das heißt, sie sind »Verzeichnisse« von Mailboxen und keine eigenen Mailboxen. Dies variiert von Server zu Server und mitunter auch zwischen verschiedenen Mail-Speichern auf demselben Server.

Entfernte Mailboxen auf mehreren Servern

IMAP-Clients ermöglichen Ihnen normalerweise, Mailboxen zu verwalten, die auf mehreren Servern zu Hause sind. Neben dem Verschieben von Nachrichten von einer Mailbox in die andere auf demselben Server erlauben die Clients oft auch den freien Transfer zwischen unterschiedlichen Servern.

Beständige Zustandsmarken für Mailboxen

Ein Aspekt der IMAP-Mailbox hat keine direkte Entsprechung in POP: die Flags. Wie die Dateiattribute in einem Verzeichnis enthalten die Flags Zustandsinformationen über die Nachricht, die über eine bestimmte Sitzung hinaus gültig sind. Diese Marken können vom IMAP-Client unbeschränkt verändert werden. Eine Nachricht kann eine Standardmarke erhalten, wie zum Beispiel »important« (»wichtig«) oder »answered« (»beantwortet«), oder auch als »draft« (»Entwurf«, zur späteren Bearbeitung) gekennzeichnet sein. IMAP läßt auch benutzerdefinierte Marken zu, wie zum Beispiel »persönlich«, »Arbeit« oder »Das-wäre-gut-fürs-IMAP-Buch«.

Änderungen des Mailboxzustandes, die vom Server veranlaßt werden

IMAP nimmt an, daß Sie immer wissen wollen, wenn Sie neue Mail erhalten haben oder wenn ein anderer IMAP-Client die Marken einer Nachricht ändert oder eine Nachricht aus der Mailbox entfernt. Jedes Mal, wenn Sie eine Operation mit einer Mailbox ausführen, kann der Server seiner Antwort an den Client Hinweise hinzufügen wie zum Beispiel: »Im übrigen haben Sie jetzt N Nachrichten« oder »Übrigens hat Nachricht M jetzt diese und jene Marken«. Unter eingeschränkten Bedingungen kann der Server auch anmerken: »Nebenbei bemerkt, die Nachricht M wurde gelöscht«.

Begleitende Konfigurationsprotokolle

Eines von zwei Protokollen wird üblicherweise für entfernte Speicherung und ortsunabhängigen Zugriff auf die Konfigurationsoptionen für IMAP-Clients eingesetzt: IMSP oder ACAP. IMSP (Internet Message Support Protocol) ist das ältere der beiden und ausschließlich auf das Speichern von IMAP-Konfigurationen und persönlichen Adreßbüchern zugeschnitten. ACAP (Application Configuration Access Protocol) ist der Neueinsteiger und wurde zur Speicherung von Daten und Konfigurationen von Internetanwendungen entwickelt. Es kann nicht nur die Client-Konfiguration und Adreßbücher speichern, sondern auch andere Anwendungsdaten wie die Lesezeichen für Ihren Browser. ACAPs Flexibilität macht es für IMAP interessant, und es kann auch zu anderen Zwecken gebraucht werden. IMAP und ACAP werden in Kapitel 17, *Externe Ablage von Konfigurationsinformationen*, genauer betrachtet.

IMAP -Erweiterungen

Auch wenn IMAP keine anderen Eigenschaften hätte als diese eine, so hätte es dennoch das Grundgerüst eines robusten und populären Mail-Zugriffsprotokolls. Dieses Grundgerüst gestattet es einem Client, von jedem IMAP-Server, mit dem er kommuniziert, eine Liste von Fähigkeiten anzufordern. Es garantiert IMAP auch eine sehr viel höhere Nutzungsdauer als POP, da überholte Eigenschaften abgeschafft und neue nach Bedarf geschaffen werden können.

Leistungsvorteile

IMAP stellt mehrere Methoden bereit, mit denen der Benutzer die Zeit verringern kann, die zur Verwaltung der E-Mail aufgewendet werden muß. Die wahrscheinlich am häufigsten benutzte Einsparung ist die Suche auf dem Server. Bei IMAP hängt die Geschwindigkeit der Suche von den Ressourcen des Servers ab, jedoch nicht von der verfügbaren Bandbreite und den Ressourcen des Client.

Ein anderer Grund, der beim Benutzer den Eindruck einer guten Organisation erweckt, besteht darin, daß der IMAP-Server jede Nachricht nicht als eine einzelne RFC 822-Blase ansieht, sondern als eine Sammlung von Headern, der eine Sammlung von MIME-Körpern folgt. Jede Sammlung kann wie ein Verzeichnis ausgegeben werden, so daß der Benutzer die Möglichkeit hat, jede MIME-Komponente nach Bedarf herunterzuladen. Das heißt, wenn der Benutzer mitten am Tage die Nachricht von Onkel Erwin mit den 12 MByte an digitalen Fotos erhält, kann er erstmal nur die Nachricht lesen und die Anhänge später herunterladen. Die Fähigkeit, die Nachrichtenstruktur unabhängig von der eigentlichen Nachricht herunterzuladen, macht IMAP zum Freund der Reisenden. Obwohl Kurt Meier im Büro eine schnelle Internetanbindung hat, kann er auf Reisen maximal eine Verbindung über ein 56 Kbps-Modem erwarten.

IMAP unterstützt Daten, die keine E-Mail sind

IMAP kann für Usenet-News oder Diskussionen auf Bulletin Boards benutzt werden. Viele IMAP-Server kümmern sich nicht darum, wo sie ihre Daten herbekommen. Diese

Daten müssen nicht einmal aus einer IMAP- oder SMTP-Lieferung stammen. Es reicht, wenn sie RFC 822/MIME entsprechen.

Gemeinsam benutzte Mailboxen

Eine der produktivsten Eigenschaften, die IMAP beisteuert, ist die Fähigkeit, die Lese- und Schreibrechte für jede beliebige Mailbox zu verteilen. Das heißt, daß die Mailbox, die die E-Mail für *hilfe@ihreorganisation.net* verwaltet, von allen Menschen in Ihrem Callcenter gleichzeitig geöffnet werden kann und jeder sehen kann, welche Nachrichten schon abgearbeitet wurden.

Ein anderes beliebtes Einsatzgebiet für gemeinsame Mailboxen sind globale Bekanntmachungen. Rundschreiben wie »Eine große Chlorwolke bewegt sich auf den Campus zu« können in eine Mailbox für Bekanntmachungen für die gesamte Belegschaft abgelegt werden, die die Benutzer abfragen können, wann sie wollen. Diese Funktion wird häufig mit einer Speicherung der Client-Konfiguration mit IMSP oder ACAP kombiniert, so daß der Administrator die Benutzer als Abonnenten dieser Ankündigungsmailbox anmelden kann.

Die gemeinsame Nutzung von Mailboxen verringert auch einen weiteren Fluch für Systemadministratoren: die gemeinsame Nutzung eines Accounts. Wenn die Benutzer E-Mails und andere Daten einfach austauschen können, indem sie die Zugriffsrechte auf eine Mailbox ändern, haben sie weniger Grund, ihr Paßwort anderen zu verraten, um Daten gemeinsam nutzen zu können.

Schließlich können Mailboxen auch anonym gemeinsam benutzt werden. So werden einige Archive von Mailinglisten im Internet archiviert, womit IMAP-Benutzer eine eingebaute Weiterleitung, eine Benachrichtigung über neue E-Mails und Suchfunktionen erhalten, die sie normalerweise in den Archiven der Mailinglisten nicht finden.

Liste der Funktionen

Tabelle 2-1 vergleicht die Funktionen von IMAP und POP.

Tabelle 2-1: Verzeichnis der Funktionen von POP und IMAP

Funktion	IMAP	POP
Hauptarbeitsmodus	Online/ verbindungslos	Offline/ verbindungslos
Offenes Internetstandardprotokoll	✓	✓
Verfügbare kostenlose bzw. offene Serverimplementierungen	✓	✓
Clients für verschiedene Plattformen, darunter Mac, PC und Unix	✓	✓
Unterstützt alle drei Modelle: Online, verbindungslos und Offline	✓	✗

Tabelle 2-1: Verzeichnis der Funktionen von POP und IMAP (Fortsetzung)

Funktion	IMAP	POP
Unterstützt von Haus aus den Zugriff auf die gleiche Mailbox von unterschiedlichen Rechnern aus	✓	✗
Unterstützt interaktiven Zugriff auf mehrere Mailboxen auf verschiedenen Servern	✓	✗
Unterstützt gleichzeitige Schreib-/Lesezugriffe auf gemeinsam genutzte Mailboxen	✓	✗
Unterstützt den Zugriff auf andere Daten als E-Mail (z.B. NNTP)	✓	✗
Anhängen an Mailboxen wird von der Speicherung, nicht nur dem Lesen von Nachrichten unterstützt	✓	✗
Beständige Nachrichten-Flags (z.B. »important«, »seen« oder »answered«)	✓	✗
Beständige Nachrichten-IDs	✓	✓
Minimiert Serverspeicher	✗	✓
Minimiert Verbindungszeit	✗	✓
Sendet abgehende Nachrichten via SMTP	✓	✓

Gegenwart und Zukunft von IMAP

In der jüngeren Vergangenheit wurde IMAP zumeist als viel zu komplexe Methode der Verwaltung von E-Mails angesehen, und POP wurde als ausreichend betrachtet. Andererseits verspricht heute nahezu jeder, IMAP zu unterstützen, oder tut es gar. Damit liegen die Investitionen in die Entwicklung von IMAP auf dem zweiten Platz hinter HTTP. Man sollte annehmen, das sei gut. Wie Sie jedoch später lesen werden, finden Sie zumindest auf der MUA-Seite einige schlampige Implementierungen.

Am Ende wiederum ist das eine *gute* Sache. Je mehr Benutzer in einem Markt mit offenen Standards die ein oder zwei marktbeherrschenden Anwendungen ablehnen und eine aus den Myriaden der kleineren Anwendungen vorziehen, um so vielfältiger ist der Markt. Einige der besten IMAP-Implementierungen finden gegenwärtig in Firmen statt, von denen Sie wahrscheinlich noch nie gehört haben. Hätten ein oder zwei der Marktführer ihre Anteile nicht aufgegeben, dann wäre der IMAP-Markt heute so streng aufgeteilt wie der für PC-Betriebssysteme.

Mit der größeren Komplexität von IMAP kommt größere Flexibilität. Mit der Flexibilität kommt eine größere Basis von Technologien, auf der IMAP implementiert werden kann. Diese reicht von interaktiver Sprachsteuerung bis hin zu drahtlosen persönlichen Assistenten (PDAs). In gewisser Hinsicht kann der Erfolg eines Standards an der Anzahl verwandter Standards gemessen werden, die durch ihn angeregt wurden.

Die großen Tage von IMAP beginnen gerade erst. Hier ist eine kurze Übersicht, wo wir zum Zeitpunkt der Drucklegung stehen:

- Es gibt Dutzende von IMAP-Implementierungen für nahezu jede PC- und Serverplattform.
- IMAP wird als Motor webbasierter Mail-Schnittstellen benutzt, was weiter zu seiner Allgegenwart beiträgt.
- Der Markt der IMAP-Clients für PDAs, besonders Palm OS und Windows CE, entsteht gerade mit einer Handvoll Clients für jede der beiden Plattformen.
- Obwohl die Benutzer ihre ISPs nicht mit direkten Anfragen nach IMAP bestürmen, paßt die Reihe der von ihnen verlangten Funktionen genau auf IMAP.
- Kommerzielle Produkte für Internetnachrichten enthalten nun IMAP als Kernfunktion.
- Nachrichtenumgebungen an Universitäten betrachten IMAP als Standardverfahren.
- IMAP wird bereits auf Architekturen wie Handys angeboten, jedoch ist noch nicht klar, wie nützlich es in solchen Umgebungen ist.

Viele zukünftige IMAP-Nutzer werden vermutlich keine Ahnung haben, daß IMAP ihr weites Nachrichtenumfeld erst möglich macht. Hier ist die Zukunft von IMAP:

- Mit der größeren Verteilung von Kommunikation auf verschiedene Geräte gewinnt IMAP eine zentrale Rolle bei der Koordinierung der gleichzeitigen Zugriffe auf die Benutzer-Mailboxen von vielen Geräten aus. POP kann da einfach nicht mithalten.
- Einen unerwarteten Schub bekam die Entwicklung von IMAP durch seinen Einsatz als Protokoll für webbasierte Mail-Schnittstellen (siehe Kapitel 5, *Webbasierte IMAP-Clients*). Die Bedeutung von IMAP teilt sich wahrscheinlich gleichmäßig auf die Unterstützung webbasierter Mail-Schnittstellen und die direkte Interaktion mit den Benutzer-Clients auf.
- Wenn die Aktivitäten rund um die Entwicklung von Erweiterungen zu IMAP irgendein Maßstab sind, dann können wir uns auf ein langes, produktives Leben für IMAP freuen, das das von POP bei weitem übertrifft.
- Abschließend, während das Internet den Zeiten zustrebt, da immer weniger Benutzer etwas über IP-Adressen, Netzmasken und Mail-Zugriffsprotokolle wissen müssen, könnte IMAPs Bestimmung im Dasein als »Mann hinter den Kulissen« liegen.[5]

5 Eine Anspielung auf *The Wizard of Oz* (Der Zauberer von Oz).

Serverimplementierungen mit frei verfügbaren Quellen

Für nahezu ein Jahrzehnt gab es nur zwei nennenswerte IMAP-Server mit freiem Quellcode: den Server der University of Washington und Cyrus von der Carnegie Mellon University. Beide sind robust, über Jahre von den Benutzern getestet und verfügen über so viele Installationen, daß sie es mit jeder kommerziellen Alternative aufnehmen.

Wir werden später die Einzelheiten der interessanten Geschichten und speziellen Funktionen der beiden Server unter die Lupe nehmen, wollen hier aber schon einmal einen kurzen Blick riskieren.

Der IMAP-Server der University of Washington

Der Server der University of Washington ist die Referenzimplementierung für IMAP. Er wurde von Mark Crispin, dem Erfinder von IMAP, geschrieben. Er wurde 1988 an der Stanford University als Reimplementierung des originalen Interlisp-Client und DEC-20-Assembler-Servers in C begonnen. Als Crispin 1988 an die University of Washington ging, nahm er das IMAP-Projekt mit.

Der IMAP-Server der University of Washington bemüht sich um Kompatibilität mit vorhandenen Unix-Systemen. Sollten Sie Ihre E-Mail über die letzten paar Jahrzehnte in einem bestimmten Format auf einem Unix-System gespeichert haben, kann der UW-Server das Format vermutlich direkt lesen.

Der UW-Server hat eine Reihe interessanter experimenteller Erweiterungen, wie zum Beispiel die Möglichkeit, mehrere Nachrichten gleichzeitig einer Mailbox anzufügen und Sortierung und Themenzuordnung auf dem Server. Der UW-Server unterstützt auch eine lange Liste internationaler Zeichensätze.

Der UW-Server ist sehr modular aufgebaut – es ist einfach, eine Unterstützung für ein anderes Mailbox-Format oder eine SASL-Authentifizierung hinzuzufügen, indem man ein Codemodul schreibt und neu linkt.

Der Cyrus IMAP-Server der Carnegie Mellon University

Der CMU Cyrus Server ist Teil eines Projekts, das »Project Cyrus« genannt wird.[6] Das Cyrus-Projekt wurde 1994 begonnen, als der Verwaltungsaufwand für das bestehende proprietäre System zu hoch wurde. Die CMU konnte besonders mit der Entwicklung der Clients nicht mithalten und wollte kommerzielle Clients von der Stange einsetzen. Project Cyrus wurde ins Leben gerufen, um ein Nachrichtensystem der nächsten Generation zu schaffen, das sich stark auf Internetstandards stützte und sowohl gut skalierbar als auch modular war, einen verbindungslosen Modus ermöglichte und herkömmliche Architekturen ersetzte. Cyrus lehnte die Auffassung von E-Mail als einem Softwaresy-

6 *http://asg.web.cmu.edu/cyrus/.*

stem, das nur Dateien durch die Gegend kopiert, ab. Historisch gesehen, wird der Mangel an Zuverlässigkeit solcher Systeme nur durch ihren Mangel an Skalierbarkeit übertroffen.[7]

Obwohl das Herzstück des Cyrus-Projekts der Cyrus IMAP-Server ist, entwickelte die CMU die verwandten Protokolle IMSP und ACAP sowie Implementierungen dieser Protokolle für ihren IMAP-Server. Die Protokolle IMSP und ACAP ermöglichen die externe Speicherung der persönlichen Einstellungen eines Benutzers für einen Client. Die Bibliothek SASL stellt für alle standardbasierten Internetapplikationen (Client oder Server) eine Methode zur Verfügung, um eine normale Internetauthentifizierung durchzuführen. Der Cyrus IMAP-Server von CMU implementiert dazu auch noch die serverseitige Filtersprache SIEVE.

Sein Reichtum an Funktionen ist vermutlich das herausragendste Merkmal von Cyrus. Mit dem richtigen Client können Benutzer solche Funktionen wie IMAP-Quotas und Zugriffskontrollisten für Mailboxen nutzen. Der Server der University of Washington ist reich an Unterstützung für verschiedene Speicherformattypen für E-Mail. Sollten Sie Ihre E-Mail über die letzten paar Jahrzehnte in einem bestimmten Format auf einem Unix-System gespeichert haben, kann der UW-Server das Format vermutlich direkt lesen.

Der Unterschied zwischen UW und Cyrus kann wie folgt zusammengefaßt werden: UW ist der Generalist, und Cyrus ist ein Spezialist.

Der UW-Server wurde so gebaut, daß er vollständig kompatibel zu Unix-Mail ist. Er geht vom schlimmsten Fall aus: einer Einrichtung, an der der Mailserver auch als interaktiver Login-Server für alle agiert und auf der einige Benutzer ihre E-Mail auch mit hostbasierten Clients bearbeiten. Der UW-Server verursacht keinen zusätzlichen Verwaltungsaufwand – alle Quotas und die Zugriffskontrolle werden durch den Kernel verwaltet (z.B. mit den Datei- und Verzeichnisrechten von Unix).

Cyrus wurde entworfen, um auf sogenannten »Black-Box«-Servern zu laufen, auf denen die E-Mail eines Benutzers von keiner anderen Software als dem Cyrus-Server gelesen wird. Cyrus bietet reichhaltige Unterstützung für IMAP-Quotas und Zugriffslisten und eine Vielfalt an IMAP-spezifischer Verwaltung. Cyrus gewinnt auch einen beträchtlichen Leistungsvorteil, indem er nicht mehr zu uralter E-Mail-Software kompatibel ist.

Mittlere bis große IMAP-Sites, die sich für UW entscheiden, verändern ihn meistens auf verschiedene Arten, um ihn mehr zu einem Spezialisten wie Cyrus zu machen. Eine Reihe großer IMAP-Sites verwendet UW; üblicherweise handelt es sich dabei um große Einrichtungen, die den Verwaltungsaufwand von Cyrus umgehen wollen.

7 Trotzdem lernen die Leute nicht. Viele populäre LAN-basierte proprietäre E-Mail-Systeme sind, bei Lichte besehen, nicht viel mehr als Dateikopierer. Internet-Mail-Standards sind übermächtig.

Standards und Dokumente zu IMAP

Alle Standards und verwandten Dokumente in diesem Abschnitt sind RFCs (Request For Comment, Anfragen nach Kommentaren). Es gibt eine Unzahl von Internetentwürfen zu IMAP (Standards, die noch bestätigt werden müssen), aber diese ändern sich so schnell, daß sie hier nicht erwähnt werden. Jeder hat sein persönliches Lieblings-RFC-Archiv. Dies sind unsere. Von jeder dieser URLs können Sie das geographisch nächstgelegene Archiv auswählen, von dem Sie Ihre Dokumente holen:

- Internet-RFC-Dokumente (*http://www.nexor.com/info/rfc/index/rfc.htm*)
- Internetentwürfe (*http://www.nexor.com/info/internet-drafts/id.html*)

Noch ein Wort zu diesen Dokumenten – sie sind der Inbegriff von Dokumenten mit »fliegendem Start«. Sie sollen die jeweils behandelten Probleme auf den Punkt bringen und sind dabei knapp und enggefaßt wie ihre Vettern, die Manpages in Unix. Ungeachtet ihres lockeren Namens, sind RFCs die kanonischen Standarddokumente des Internet. Wenn Sie mit jemandem gewettet haben und eine unbestreitbare Quelle brauchen, um den Streit zu entscheiden, wenden Sie sich an die RFC.

Tabelle 2-2 ist ein Schnappschuß der aktuellen RFC-Standards zu IMAP. Eine ausführlichere Liste erhalten Sie durch eine Datenbanksuche nach »IMAP« unter einer der obengenannten URLs. Das wichtigste Dokument in Tabelle 2-2 ist das *Internet Message Access Protocol Version 4rev1*, RFC 2060, von Mark Crispin. Sie können es als das definitive Dokument der Kernfunktionen von IMAP ansehen. Gleich danach kommt RFC 2683 (*IMAP4 Implementation Recommendations*), das wichtig ist, um die Legenden um IMAP zu verstehen.

Tabelle 2-2: RFCs und Entwürfe zu IMAP

RFC-Nummer	Autoren	Titel
1731	J. Myers	IMAP4-Authentifizierungsmechanismus
1732	M. Crispin	IMAP4-Kompatibilität mit IMAP2 und IMAP2bis
1733	M. Crispin	Verteilte Modelle elektronischer Mail in IMAP4
2060	M. Crispin	Internet Message Access Protocol Version 4rev1
2061	M. Crispin	IMAP4-Kompatibilität mit IMAP2bis
2086	J. Myers	IMAP4-ACL-Erweiterung
2087	J. Myers	IMAP4-QUOTA-Erweiterung
2088	J. Myers	Literale, die IMAP4 nicht synchronisieren
2095	J. Klensin, R. Catoe, P. Krumviede	IMAP/POP-Erweiterung AUTHorize für einfache Anforderungen und Antworten
2177	B. Leiba	IMAP4-Befehl IDLE
2180	M. Gahrns	IMAP4-Praxis der mehrfach angesprochenen Mailboxen
2192	C. Newman	IMAP-URL-Schema

Tabelle 2-2: RFCs und Entwürfe zu IMAP (Fortsetzung)

RFC-Nummer	Autoren	Titel
2193	M. Gahrns	IMAP4-Mailbox-Referenzen
2195	J. Klensin, R. Catoe, P. Krumviede	IMAP/POP-Erweiterung AUTHorize für einfache Anforderungen und Antworten
2221	M. Gahrns	IMAP4-Login-Referenzen
2342	M. Gahrns, C. Newman	IMAP4-Namensraum
2359	J. Myers	IMAP4-UIDPLUS-Erweiterung
2595	C. Newman	Einsatz von TLS mit IMAP, POP3 und ACAP
2683	B. Leiba	IMAP4-Implementierungsempfehlungen

3

Anatomie einer IMAP-Sitzung

Dieses Kapitel versucht, einen Mittelweg zu finden zwischen dem Verständnis eines Laien über das IMAP-Protokoll und einer vollständigen Behandlung, wie sie in RFC 2060 enthalten ist. Dieses Kapitel wird genügend Informationen zur Verfügung stellen, um Sie auf die Lösung der meisten IMAP-Probleme vorzubereiten und die meisten Clients einzuschätzen, jedoch nicht genug, um Ihre eigenen Clients zu schreiben oder aus den wirklich haarigen Dilemmas herauszukommen. Für solche Situationen sollten Sie lieber die RFC 2060-Dokumentationen benutzen und die RFCs für die Erweiterungen, von denen Ihr Server behauptet, sie zu benutzen.

Konzepte einer IMAP-Sitzung

In diesem Abschnitt wird erklärt, wie ein Client mit einem Server kommuniziert, die Details einer IMAP-Sitzung werden erläutert und wie wir diese Informationen in unserem Netz gespeichert haben.

IMAP ist zeilenorientiert

Es mag Ihnen mitunter auffallen, daß IMAP als ein »zeilenorientiertes« Protokoll bezeichnet wird. Das bedeutet jedoch nur, daß die Kommunikationselemente zwischen dem IMAP-Client und dem -Server als Zeichenketten übertragen werden, die mit CRLF beendet werden. Zeilenorientierte Protokollsitzungen lassen sich leicht verfolgen. Ein Befehl wird als Textzeile an den Server gesandt, und der Server antwortet mit einer Textzeile. Genau aus diesem Grund sind zeilenorientierte Protokolle leicht zu erlernen und zu verstehen.

Tatsächlich sind die Befehle, aus denen ein zeilenorientiertes Protokoll besteht, häufig so leicht verständlich, daß ein Benutzer die Befehle verwenden kann, um sich als IMAP-Client auszugeben. Denken Sie beispielsweise an irgend jemanden, der Zugriff auf eine Version von *telnet* hat, bei der man den Ziel-Port angeben kann. Definitionsgemäß benutzt das Telnet-Protokoll TCP-Port 23, aber die meisten Telnet-Programme kann man auch auf alternative Ports umleiten. Das heißt, daß sich ein User über *telnet* mit dem TCP-Port 25 verbinden kann und einen SMTP-Server dazu überlisten kann, mit ihm zu reden, als ob er ein SMTP-Client wäre. Es ist genauso einfach für einen Benutzer, sich über *telnet* mit dem TCP-Port 143 zu verbinden und mit dem IMAP-Server zu interagieren, als wäre der Benutzer ein IMAP-Client.

Warum aber erzählen wir Ihnen das alles? Zeilenorientiertes Protokoll-Spoofing ist neben einem weitverbreiteten Hacker-Tool auch ein hilfreiches Problemlösungswerkzeug. Sollten Sie Schwierigkeiten mit der Kommunikation zwischen einem gegebenen Client und einem Server haben, so wäre eine Herangehensweise, den Client einfach aus dem Problem herauszunehmen. Wenn Sie IMAP mit einer *telnet*-Sitzung überlisten, können Sie die Befehle, die vom Server und an den Server gesendet werden, direkt beobachten und die Probleme entweder als Client- oder als Serverprobleme klassifizieren.

Der hauptsächliche Unterschied zwischen IMAP und anderen zeilenorientierten TCP-Protokollen, wie SMTP, NNTP und POP3, besteht darin, daß jeder Befehl vom Client mit einer kurzen alphanumerischen Zeichenkette, die *Tag* genannt wird, beginnt. Der Tag soll dem IMAP-Client helfen, die Antworten den Befehlen zuzuordnen. Sobald eine Verbindung hergestellt wird, müssen alle Tags, die der Client erzeugt, einmalig sein, bis die Verbindung wieder geschlossen wird. Wenn der Server auf einen Befehl antwortet, fügt er das Tag, das der Client gesendet hat, seiner Antwort hinzu, wie es in Abbildung 3-1 dargestellt wird.

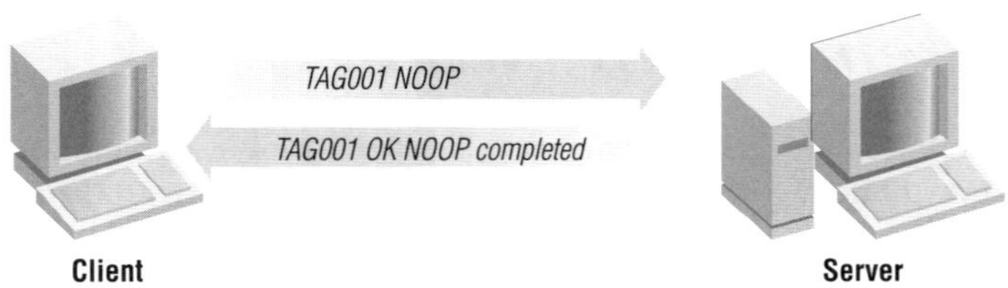

Abbildung 3-1: Befehle und Antworten mit Tags

Wir erwähnten, daß nur das Abschlußresultat des Servers mit einem Tag versehen ist. Tatsächlich gibt es zwei Klassen von Serverantworten – eine *Antwort mit Tag* und eine *Antwort ohne Tag*. Antworten ohne Tags übertragen Daten. Unter Umständen stellen sie eine Reaktion auf einen Befehl des Client dar. Eine Antwort ohne Tag kann man sich als eine Art Aufforderung des Servers an den Client vorstellen, daß er den Zustand des Client erneuern soll. Wie der Name schon sagt, beginnt eine Antwort ohne Tag nicht mit einem Tag. Statt dessen beginnt sie mit einem »*«.

Ablauf einer IMAP-Sitzung

inetd erwartet IMAP-Anforderungen auf TCP-Port 143.[1] Strenggenommen läuft der IMAP-Server auf Ihrem Server erst, wenn sich der erste Client mit Ihrem Server auf dem IMAP-Port in Verbindung setzt. Für jede neue Verbindung von einem IMAP-Client erzeugt *inetd* einen neuen IMAP-Serverdämon (*imapd*). *inetd* akzeptiert die Anforderung des Client nach einer Verbindung und übergibt den I/O-Strom an den IMAP-Server. Der Client sendet weiterhin Befehle durch den Port 143 an den IMAP-Server.

Es soll jedoch erwähnt werden, daß der IMAP-Server nichts über IP, TCP oder Netze weiß. Er weiß nur etwas über Kommunikation durch STDIN und STDOUT und wie man auf lokale Mailboxen zugreift. Vom Anfang bis zum Ende einer jeden Verbindung wird der IMAP-Server auf beliebige Befehle reagieren. Obgleich es völlig zulässig ist, daß sich ein Client verbindet, einen Befehl ausführt, die Verbindung wieder löst, sich wieder verbindet, noch einen Befehl ausführt usw., ist das furchtbar ineffizient. Wir kennen keinen Client, der so verschwenderisch ist. Normalerweise (zumindest im Online-Modus) verbindet sich der Client, führt aus, was er ausführen muß, und löst die Verbindung erst dann wieder, wenn entweder der Benutzer den Client beendet oder das Zeitlimit des Servers erreicht ist.

Der verbindungslose Modus funktioniert ein wenig anders. Im verbindungslosen Modus verbindet sich der Client mit dem Server, holt die neue Mail ab, die angekommen ist, verschiebt die Post zwischen den verschiedenen Mailboxen, wenn der Benutzer es so wünscht, und löst die Verbindung so bald als möglich, um die Online-Zeit minimal zu halten.

IMAP-Komponenten

An dieser Stelle erläutern wir die Komponenten von IMAP, um die detaillierte Behandlung des Protokolls später in diesem Kapitel vorzubereiten.

Modi

Wie wir in Kapitel 2, *Was ist IMAP?*, gesehen haben, kann ein IMAP-Client in einem von drei Modi arbeiten – *offline*, *online* oder *verbindungslos*. Während Sie zwischen dem Client und dem Server keinerlei IMAP-Operationen finden werden, die sagen: »Ich bin in einer Online-Sitzung« oder »Ich bin in einer Offline-Sitzung«, sind diese Modi ein ziemlich wichtiger Teil von IMAP.

Zustände

Zunächst einmal kann sich die Sitzung in einem von vier Zuständen befinden. Die meisten Befehle und Antworten sind nur in bestimmten Zuständen zulässig (Sie können

1 Die kommende Version 2.0 des Cyrus IMAP-Servers verwendet kein *inetd*, sondern läuft als Dämon.

keinen Befehl senden, um eine Mailbox auszuwählen, wenn Sie nicht in einem authentifizierten Zustand sind). Obgleich zwei oder mehr Sitzungen mit einer bestimmten Mailbox in jeweils verschiedenen Zuständen sein können, kann keine einzelne Sitzung in mehr als einem Zustand gleichzeitig sein. Wenn sich beispielsweise Ihr Client zunächst mit dem Server verbindet und Sie sich in einem nicht-authentifizierten Zustand befinden, dann authentifizieren Sie sich erfolgreich, verlassen den nicht-authentifizierten Zustand und beginnen nun in einem authentifizierten Zustand. Ein Diagramm der Beziehungen zwischen den Zuständen wird in Abbildung 3-2 gezeigt.

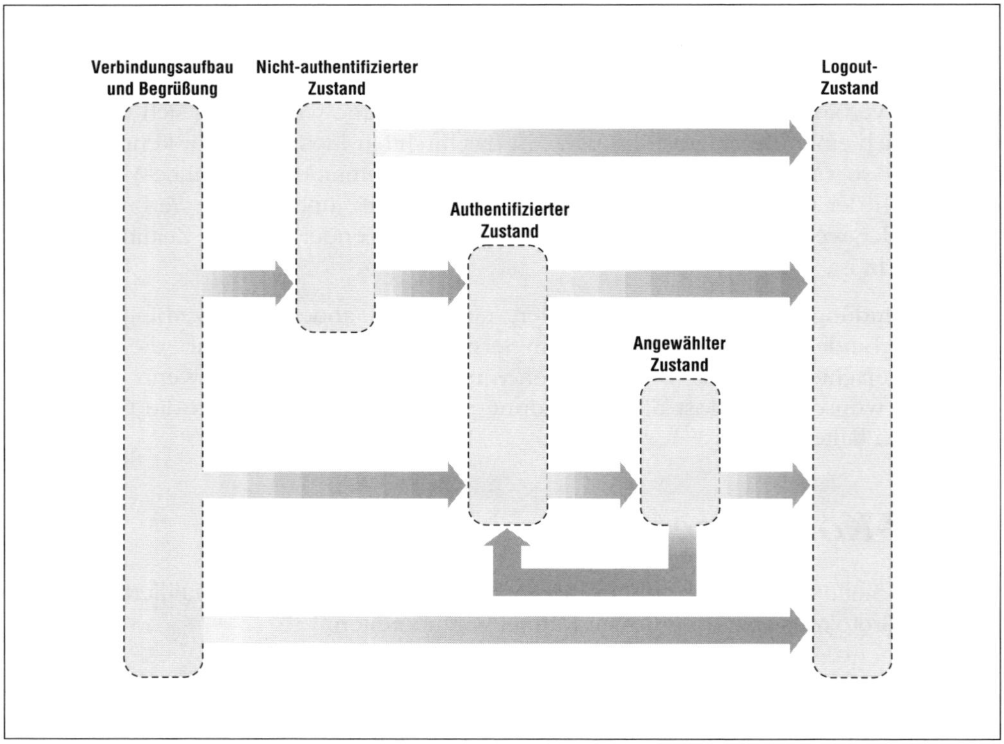

Abbildung 3-2: Zustandsdiagramm für IMAP

Nicht-authentifizierter Zustand
Der nicht-authentifizierte Zustand beginnt sofort, nachdem eine Verbindung beginnt.

Authentifizierter Zustand
Der authentifizierte Zustand beginnt, wenn sich ein Client erfolgreich authentifiziert. Er kann auch beginnen, wenn ein Fehler bei der Auswahl einer Mailbox aufgetreten ist.

Angewählter Zustand
Der angewählte Zustand beginnt, sobald eine Mailbox erfolgreich gewählt wurde.

Logout-Zustand
Der Logout-Zustand beginnt, wenn ein Client den LOGOUT-Befehl sendet oder der Server einseitig beschließt, die Verbindung zu kappen (wenn die Sitzung das Zeitlimit für Inaktivität erreicht). Der LOGOUT-Zustand dauert gerade lange genug, damit der Server die TCP-Verbindung lösen kann.

Mailboxen

Obgleich es Erweiterungen gibt, die Mailboxen mit Attributen versehen (wie etwa Zugriffskontrollisten, ACLs), verbindet der Kern des IMAP-Protokolls alle interessanten Attribute mit den eigentlichen Nachrichten, jedoch nicht mit den Mailboxen.

Nachrichten

Eine E-Mail besteht aus viel mehr als ihrem Inhalt. Die Attribute können grundsätzliche Werte wie Nachrichtennummern und Header enthalten, aber auch Erläuterungen zum MIME-Inhalt, der sich in der Nachricht befindet.

Nachrichtensequenznummer
Nachrichtensequenznummern beginnen mit 1 und setzen sich fort bis zu der Anzahl der Nachrichten in der Mailbox. Die Sequenznummern können während einer Sitzung neu zugewiesen werden. Wenn beispielsweise eine Nachricht gelöscht und entfernt wird, dann wird jede Sequenznummer, die höher ist als die gelöschte Nachricht, um 1 herabgesetzt.

UIDs
Der UID (Unique Identifier, eindeutiger Bezeichner) ist ein 32-Bit-Nachrichtenkennzeichner, den es in einer Mailbox garantiert nur einmal gibt. UIDs werden zwischen den Sitzungen gespeichert und werden eingesetzt, um es einem Client, der im verbindungslosen oder Offline-Modus operiert, zu ermöglichen, seinen Zustand mit dem Server zu synchronisieren. Die Nachrichten-UIDs werden den Nachrichten in aufsteigender Reihenfolge zugeordnet, unterscheiden sich jedoch von Nachrichtensequenznummern darin, daß UIDs nicht notwendigerweise kontinuierlich ansteigen. Obwohl wir UIDs der Vollständigkeit halber erwähnen, sind es die Nachrichtensequenznummern, die Sie tatsächlich benutzen, um IMAP-Sitzungen zu testen und Probleme damit zu lösen. Später in diesem Kapitel werden Sie eine Erwähnung von UIDVALIDITY finden. UIDVALIDITY ist der eindeutige Identifier, der mit einer Mailbox, jedoch nicht mit einer Nachricht verbunden wird. UID ist an eine Nachricht gekoppelt.

Flags
Jede Nachricht in einer IMAP-Mailbox kann keine oder mehrere Flags enthalten. Flags sind kleine Token, die Informationen über die Nachricht enthalten und normalerweise eingesetzt werden, um die Attribute der Nachrichten zwischen ver-

schiedenen IMAP-Sitzungen zu speichern. Es sind mehrere Flags definiert. Die von IMAP definierten Nachrichten-Flags sind in Tabelle 3-1 aufgeführt.

Tabelle 3-1: Nachrichten-Flags für IMAP

Flag	Bedeutung, wenn gesetzt
\Answered	Die Nachricht wurde beantwortet.
\Deleted	Die Nachricht wurde zum Löschen vorgesehen.
\Draft	Die Nachricht wurde teilweise geschrieben und zur späteren Durchsicht vor dem Absenden gespeichert.
\Recent	Die Nachricht tritt »erstmalig« auf. Die aktuelle Sitzung ist die erste Sitzung, die diese Nachricht zu Gesicht bekommt. Die Nachricht wird in folgenden Sitzungen nicht mehr als »erstmalig« gekennzeichnet.
\Flagged	Die Nachricht wurde als »wichtig« markiert.

Internes Datum
: Das interne Datum enthält das Datum und den Zeitpunkt, zu dem die Nachricht vom IMAP-Server empfangen wurde. Es handelt sich nicht um das gleiche Attribut wie beim Datumswert im Header von RFC 822.

Größe
: Die Größe der Nachricht, ausgedrückt in der Anzahl von Oktets (8-Bit-Bytes) in der Nachricht, angegeben im Format von RFC 822.

Rahmenstruktur
: Die Rahmenstruktur enthält eine komprimierte Darstellung des Headers nach RFC 822.

Inhaltsstruktur
: Die Inhaltsstruktur enthält eine komprimierte Darstellung der MIME-Informationen, die in der Nachricht enthalten sind.

Einzelheiten einer IMAP-Sitzung

In diesem Abschnitt zeigen und beschreiben wir eine wirkliche IMAP-Sitzung in allen Einzelheiten. Unser Ziel ist es, Sie mit den am weitesten verbreiteten IMAP-Operationen bekannt zu machen. Das Wissen über diese Operationen hilft Ihnen bei der Lösung von Problemen – ganz unabhängig von dem Client oder dem Server, mit dem Sie arbeiten.

In unseren Beispielen benutzen wir das Programm *tcpflow* (siehe Kapitel 18, *IMAP-Werkzeuge*, das weitere Informationen darüber enthält, wo man sich *tcpflow* besorgen kann), um die Interaktion zwischen IMAP-Client und -Server zu untersuchen. *tcpflow* ist ein spezielles Programm zur Protokollanalyse, das es Ihnen gestattet, die Kommunikation zwischen einem Client, der auf TCP basiert, und einem Server zu beobachten. *tcpdump* oder Ihr Lieblingsanalyseprogramm für Protokolle könnte genausogut funktionieren.

Unsere Sitzung wurde mit einer Telnet-Sitzung auf dem IMAP-Port eines Servers erzeugt.

```
% telnet localhost imap
```

Die Befehle werden im Fettdruck dargestellt, die Antworten des Servers als normaler Text.

```
A00001 CAPABILITY
* CAPABILITY IMAP4REV1 MAILBOX-REFERRALS LOGIN-REFERRALS AUTH=CRAM-MD5
A00001 OK Completed
```

Jeder Befehl beginnt mit einem zufälligen Tag. Wie wir vorhin schon erwähnt haben, ist das Tag eine zufällige Zeichenkette, mit der der Server seine Antworten kennzeichnet. Dadurch soll dem Client dabei geholfen werden, die Antworten den jeweiligen Befehlen zuzuordnen. Anhang C, *IMAP-Befehle*, enthält eine komplette Liste der IMAP-Befehle. Die in der Beispielsitzung verwendeten Befehle sind größtenteils selbsterklärend. Sie werden trotzdem für alle Fälle in der Erklärung, die dem Beispiel 3-1 folgt, erläutert. Das Beispiel zeigt die Kommunikation zwischen Client und Server während einer tatsächlichen IMAP-Sitzung und behandelt jede einzelne Anforderung und Antwort.

Beispiel 3-1: Einfache IMAP-Sitzung

```
ROOT@Server # tcpflow -c 'host Client and port 143'
tcpflow[3000]: listening on le0
Server: * OK Server Cyrus IMAP4 v1.5.19 server ready

Client: 00000000 CAPABILITY007
Server: * CAPABILITY IMAP4 IMAP4rev1 ACL QUOTA LITERAL+ NAMESPACE UIDPLUS \
        X-NON-HIERARCHICAL-RENAME NO_ATOMIC_RENAME UNSELECT
        00000000 OK Completed

Client: 00000001 LOGIN dianna "xxxxxxxx"
Server: 00000001 OK User logged in

Client: 00000002 SELECT INBOX
Server: * FLAGS (\Answered \Flagged \Draft \Deleted \Seen)
        * OK [PERMANENTFLAGS (\Answered \Flagged \Draft \Deleted \Seen \*)]
        * 1 EXISTS
        * 0 RECENT
        * OK [UNSEEN 1]
        * OK [UIDVALIDITY 929804083]
        00000002 OK Completed

Client: 00000003 NOOP
Server: 00000003 OK Completed

Client: 00000004 FETCH 1 FLAGS
Server: * 1 FETCH (FLAGS ())
        00000004 OK Completed
```

Beispiel 3-1: Einfache IMAP-Sitzung (Fortsetzung)

```
Client: 00000005 FETCH 1 UID
Server: * 1 FETCH (UID 26888)
        00000005 OK Completed

Client: 00000006 FETCH 1 (ENVELOPE BODY.PEEK[HEADER.FIELDS \
        (Path Message-ID Newsgroups Followup-To References)] INTERNALDATE \
        RFC822.SIZE FLAGS)
Server: * 1 FETCH (FLAGS () INTERNALDATE "5-Mar-2000 10:58:50 -0600" \
        RFC822.SIZE 853 ENVELOPE ("Sun, 5 Mar 2000 11:00:52 -0600 (CST)" \
        "Testing" ((NIL NIL "drm" "nec.unt.edu")) \
        ((NIL NIL "drm" "nec.unt.edu")) ((NIL NIL "drm" "nec.unt.edu")) \
        ((NIL NIL "dianna" "europa.acs.unt.edu")) NIL NIL NIL \
        "<Pine.GS4.4.10.10003051100260.3034-100000@nec.unt.edu>") \
        BODY[HEADER.FIELDS (Path Message-ID Newsgroups Followup-To References)] \
        {70} Message-ID: Pine.GS4.4.10.10003051100260.3034-100000@nec.unt.edu

        )
        00000006 OK Completed

Client: 00000007 FETCH 1 (BODYSTRUCTURE FLAGS)
Server: * 1 FETCH (FLAGS () BODYSTRUCTURE ("TEXT" "PLAIN" \
        ("CHARSET" "US-ASCII") NIL NIL "7BIT" 29 2 NIL NIL NIL))
        00000007 OK Completed

Client: 00000008 FETCH 1 BODY.PEEK[HEADER.FIELDS (Resent-Date Resent-From \
        Resent-To Resent-cc Resent-Subject)]
Server: * 1 FETCH (BODY[HEADER.FIELDS (Resent-Date Resent-From Resent-To \
        Resent-cc Resent-Subject)] {2}

        )
        00000008 OK Completed

Client: 00000009 FETCH 1 BODY[1]
Server: * 1 FETCH (FLAGS (\Seen) BODY[1] {29}
        This is the message body.

        )
        00000009 OK Completed

Client: 0000000a STORE 1 +Flags (\DELETED)
Server: * 1 FETCH (FLAGS (\Deleted \Seen))
        0000000a OK Completed

Client: 0000000b NOOP
Server: 0000000b OK Completed

Client: 0000000c EXPUNGE
Server: * 1 EXPUNGE
        * 0 EXISTS
        * 0 RECENT
        0000000c OK Completed
```

Beispiel 3-1: Einfache IMAP-Sitzung (Fortsetzung)

```
Client: 0000000d NOOP
Server: 0000000d OK Completed

Client: 0000000e LOGOUT
Server: * BYE LOGOUT received
        0000000e OK Completed
```

Es folgt eine Beschreibung der einzelnen Interaktionen im vorangegangenen Beispiel. Wir benutzen die IMAP-Befehls-Tags, um die verschiedenen Teile des Listings zu kennzeichnen:

Tag 00000000
: Der Client fragt den Server mit dem Befehl CAPABILITY nach seinen Fähigkeiten. Der Server antwortet mit seinen Fähigkeiten.

Tag 00000001
: Der Client loggt den Benutzer »dianna« mit dem Paßwort »xxxxxxxx« in Klartext unter Benutzung des LOGIN-Befehls ein. Der Server antwortet, daß der Benutzer erfolgreich eingeloggt wurde.

Tag 00000002
: Der Client wählt die INBOX aus. Der Server antwortet mit mehreren Informationen:

- den Flags und ständigen Flags, die für die Mailbox definiert wurden (*\Answered*, *\Flagged*, *\Draft*, *\Deleted* und *\Seen*)
- der Anzahl der Nachrichten, die seit dem Beginn der Sitzung eingegangen sind, hier keine (0)
- der Anzahl der Nachrichten in der Mailbox (1)
- der Anzahl der noch nicht eingesehenen Nachrichten (1)
- der UIDVALIDITY (929804083)

Schließlich gibt der Server das Befehlsresultat zurück (OK), was bedeutet, daß die INBOX erfolgreich ausgewählt wurde und daß die Mailbox sowohl gelesen als auch geschrieben werden kann.

Tag 00000003
: Der Client sendet ein NOOP, vermutlich etwas, das er von Zeit zu Zeit tut, um den Server zu veranlassen, die Zeitmessung für Inaktivität zurückzusetzen, und um sicherzustellen, daß die Verbindung nicht wegen Zeitüberschreitung beendet wird.

Tag 00000004
: Der Client benutzt den Befehl FETCH, um eine Liste von Flags anzufordern, die für die Nachricht gesetzt wurden, die der Sequenznummer 1 entspricht. Der Server antwortet, daß hierfür keine Flags gesetzt wurden.

Tag 00000005
: Der Client benutzt den Befehl FETCH nochmals, diesmal, um die UID-Nummer der Nachricht anzufordern, die der Sequenznummer 1 entspricht.

Tag 00000006

Der Client bittet den Server, einige der Informationen aus dem Header der Nachricht Nummer 1 zu senden (die RFC 822-Felder Path, Message-ID, Newsgroups, Followup-To und References, das interne Datum der Nachricht, die Größe entsprechend RFC 822 und die Flags, die für die Nachricht vereinbart wurden).

Der Server gibt, nicht unbedingt in der gleichen Reihenfolge, die angeforderten Daten zurück. Jede einzelne Information wird zur Verarbeitung durch den Client entsprechend gekennzeichnet.

Tag 00000007

In dieser Sequenz verschafft sich der Client einen Überblick über den Inhalt der Nachricht. Eigentlich ist das Holen der Daten von BODYSTRUCTURE eine der mächtigeren Eigenschaften von IMAP. Sie gestattet es dem Client, die Struktur einer Nachricht zu ermitteln, ohne die Nachricht selbst holen zu müssen. Dadurch kann der Client sich den Luxus erlauben, nur einige Teile der Nachricht herunterzuladen, wie etwa einen kurzen *text/plain*-Teil, andere jedoch nicht, wie etwa den sehr großen *video/mpg2*-Teil.

Tag 00000008

In dieser Sequenz prüft der Client offenkundig, ob die Nachricht »zurückgesendet« wurde. Sollte das der Fall sein, würde er mehrere »Resent«-Header-Zeilen haben. Das ist jedoch hier nicht der Fall, und daher antwortet der Server mit leeren Werten in den angeforderten Header-Feldern.

Tag 00000009

Der Client fordert den Inhalt der Nachricht mit der Sequenznummer [1] an. Der Server erfüllt die Anforderung, ohne viel Aufhebens darum zu machen.

Tag 0000000a

Der Client löscht Nachricht Nr. 1, was das Setzen des Flags *\Deleted* für die Nachricht beinhaltet. Das Flag wird mit dem Befehl STORE gesetzt. Der Server antwortet, daß das Flag erfolgreich gesetzt wurde und daß die Nachricht entsprechend nun als »gelöscht« markiert wurde.

Tag 0000000b

Der Client sendet noch einen Befehl NOOP, um die Verbindung aufrechtzuerhalten und den Server nach neuer Mail zu fragen.

Tag 0000000c

Der Client entfernt oder löscht permanent alle Nachrichten, die als »gelöscht« markiert wurden, mit dem Befehl EXPUNGE. Der Server antwortet mit der Nachrichtensequenznummer jeder entfernten Nachricht (in diesem Fall Nachricht Nummer 1, die einzige Nachricht in der Mailbox). Er teilt auch mit, daß die Anzahl der Nachrichten in der Mailbox (EXISTS) nunmehr 0 ist und daß die Anzahl der Nachrichten, die noch nicht gelesen wurden (UNSEEN), ebenfalls 0 ist.

Tag 0000000d

Der Client sendet noch ein NOOP, und der Server antwortet mit OK.

Tag 0000000e
: Schließlich sendet der Client den Befehl LOGOUT. Der Server antwortet, indem er »BYE« sagt und die Verbindung schließt.

Eine POP3-Sitzung zum Vergleich

Veteranen der Nachrichtenübermittlung im Internet werden Beispiel 3-2 auf den ersten Blick erkennen. Vor langer Zeit wurden alle E-Mails mit POP3 geholt. Zum Vergleich sehen Sie hier nun eine POP3-Sitzung.

Wie schon in Kapitel 2 erwähnt, ist POP sehr viel einfacher als IMAP und bietet daher auch weniger Eigenschaften. Hier ist eine Liste der Unterschiede zwischen POP und IMAP, die im Vergleich der POP3-Sitzung (Beispiel 3-2) mit der IMAP-Sitzung (Beispiel 3-1) offensichtlich werden:

- POP arbeitet nur im Offline-Modus.
- Es gibt nur eine Mailbox pro Benutzer, daher gibt es in POP keinen Befehl SELECT.
- POP hat keine Erweiterungen wie Quota oder ACL.
- Es ist in POP nicht möglich, die Struktur einer Nachricht zu ermitteln – alle Nachrichten sind einzelne, kontinuierliche Einheiten. Der gesamte Inhalt muß heruntergeladen werden.
- POP gestattet das selektive Herunterladen des Headers und des Inhalts einer Nachricht unabhängig voneinander, und die meisten Server unterstützen diese Option. Es ist jedoch ungewöhnlich, daß Clients diese Option auch benutzen. In unserem Beispiel wird es nicht getan.
- POP behandelt keine neue E-Mail, die empfangen wurde, während eine POP-Sitzung schon geöffnet war. Die neue Mail steht nicht zur Verfügung, bis die aktuelle Sitzung geschlossen und eine neue eröffnet wird.

Beispiel 3-2: Einfache POP3-Sitzung

```
ROOT@Server # tcpflow -c 'host Client and port 110'
tcpflow[3829]: listening on le0
Server: +OK POP3 Server v7.59 server ready

Client: USER drm
Server: +OK User name accepted, Paßword please

Client: PASS XXXXXXXX
Server: +OK Mailbox open, 1 message

Client: STAT
Server: +OK 1 1031

Client: LIST
Server: +OK Mailbox scan listing follows
1 1031
.
```

Beispiel 3-2: Einfache POP3-Sitzung (Fortsetzung)

```
Client: RETR 1
Server: +OK 1031 octets
        Received: from Mercury.acs.unt.edu (mercury.acs.unt.edu [129.120.220.1])
        .by security.unt.edu (8.8.8/8.8.8) with ESMTP id FAA03831
        .for <drm@nec.unt.edu>; Sun, 27 Feb 2000 05:57:28 -0600 (CST)
        Received: from venus.acs.unt.edu (venus.acs.unt.edu [129.120.220.72])
        .by Mercury.acs.unt.edu (8.8.8/8.8.8) with ESMTP id FAA25269
        .for <drm@nec.unt.edu>; Sun, 27 Feb 2000 05:55:35 -0600 (CST)
        Received: from SUNFLOWER (rooster.themullets.net [209.223.13.243])
        .by venus.acs.unt.edu (8.8.8/8.8.8) with ESMTP id FAA25103
        .for <drm@nec.unt.edu>; Sun, 27 Feb 2000 05:55:35 -0600 (CST)
        Date: Sun, 27 Feb 2000 05:54:43 -0600
        From: Dianna Mullet <dianna@unt.edu>
        To: drm@nec.unt.edu
        Subject: This is subject.
        Message-ID: <2443111424.951630883@localhost>
        Originator-Info: login-id=; server=
        X-Mailer: Mulberry (Win32) [1.4.4, s/n U-301284]
        MIME-Version: 1.0
        Content-Type: text/plain; charset=us-ascii
        Content-Transfer-Encoding: 7bit
        Content-Disposition: inline
        Content-Length: 28
        Status:

        This is the message body.


        .

Client: DELE 1
Server: +OK Message deleted

Client: QUIT
Server: +OK Sayonara
```

Es gibt zwei Gründe dafür, bis auf das Niveau des Protokolls hinabzutauchen. Zunächst gibt es nichts, das hilfreicher wäre zur Bewertung und zum Vergleich von IMAP-Produkten, als sie gegeneinander zu testen und zu beobachten, was im Netzwerk passiert. Als Clients und vielleicht sogar Server damit begannen, IMAP zu unterstützen, wurden einige IMAP-Funktionen ihren POP-Servern hinzugefügt. Hinzu kommt, daß IMAP ein Protokoll ist, das nicht in einem 5-Minuten-Überblick über den RFC verstanden werden kann, so daß einige Hersteller den kurzen und mit Fehlern beladenen Weg ausprobieren und versuchen, eine Übereinstimmung mit IMAP vorzutäuschen. Sie werden ohne jeden Zweifel auf solche Produkte stoßen.

Der andere Grund ist, daß, wenn Sie einmal Ihr IMAP-Produkt gewählt haben und es anfangen zu benutzen, immer wieder einmal ein Problem auftauchen wird. Oft resultiert es aus einer fehlenden vollständigen Übereinstimmung mit IMAP entweder auf dem Server oder meistens auf dem Client. Wenn Sie nicht über mehrere Wochen das Spiel der gegenseitigen Schuldzuweisungen mit Ihrem Softwarehersteller spielen wollen, ist der einzige Weg, den wahren Schuldigen zu finden, eine Analyse des IMAP-Verkehrs auf Ihrem Netzwerk. Dabei können Sie herausfinden, ob das Problem beim Server oder beim Client liegt und was genau das Problem ist.

II

IMAP Mail User Agents (MUAs)

4

IMAP-Clients

Einen IMAP-Server zu haben ist ja ganz schön, aber es hilft Ihnen wenig, wenn Sie Ihre E-Mail nicht auch *lesen* können. Hier kommt der Client ins Spiel.

Eine mikroskopische Untersuchung der Vorzüge und Schwächen eines jeden IMAP-Clients auf dem Markt würde den Rahmen dieses Buches sprengen und sprengt auch den Publikationszyklus eines Buches. Wir bewegen uns momentan an der Schwelle einer IMAP-Explosion in der Industrie der Internet-Nachrichtendienste. Die Eigenschaften und Fehler eines jeden gegebenen IMAP-Clients verändern sich mit den Phasen des Mondes. Trotz alledem präsentieren wir hier unsere Version einer Blitztour der besten frei verfügbaren (oder zumindest frei demonstrierbaren) Clients.

Eigenschaften von Clients

Dieser Abschnitt beginnt mit einer Liste und einer Beschreibung von Eigenschaften, wie sie der ideale IMAP-Client aufweisen könnte. Diese Eigenschaften wurden anhand populärer IMAP-Clients überprüft.

Betrachtete Eigenschaften

Wir behandeln Windows-, Mac- und Unix-Clients unabhängig voneinander. Die Resultate der Bewertung werden in Tabelle 4-1 dargestellt. Bei jedem der Clients suchten wir nach den folgenden Eigenschaften. Wir betrachteten ausschließlich, ob die Eigenschaft existiert und tatsächlich funktioniert oder nicht – nicht, wie gut sie funktioniert.

Kostenlos
: Ist der Client völlig kostenlos verfügbar?

LDAP
: Unterstützt der Client externe Suchen in Verzeichnissen über LDAP?

ACAP
: Unterstützt der Client die Speicherung und Wiederherstellung von Client-Optionen mit ACAP?

IMSP
: Unterstützt der Client die Speicherung und Wiederherstellung von Client-Optionen mit IMSP?

NNTP
: Unterstützt der Client das Lesen von Usenet-News per NNTP?

MIME
: Kann der Client MIME-Anhänge behandeln? Mit anderen Worten: Wird ein MIME-Anhang als gültiger Anhang angezeigt und ist sein MIME-Untertyp (zum Beispiel *text/plain*, *application/postscript* oder *audio/basic*) zu erkennen?

SSL
: Unterstützt der Client SSL-IMAP-Sitzungen? Das ist natürlich nur sinnvoll, wenn Sie eine Unterstützung für SSL in Ihren IMAP-Server eingebaut haben.

Kerberos v4
: Unterstützt der Client eine Authentifizierung über Kerberos?

CRAM MD5
: Unterstützt der Client Message-Digests mit CRAM?

Verbindungslos
: Unterstützt der Client den verbindungslosen Modus? Diese Angabe sollte mit Vorsicht genossen werden. Einige Clients behaupten, den verbindungslosen Modus zu unterstützen, einfach basierend auf der Tatsache, daß sie es einem Nutzer erlauben, seine E-Mail zu lesen, während er nicht mit dem Server verbunden ist. Sie gestatten es jedoch nicht, andere grundlegende Aktionen (z.B. Nachrichten zu löschen) auszuführen, während der Benutzer nicht verbunden ist. In solchen Fällen vergaben wir ein »Nein« an den Client bezüglich dieses Punktes. Die Kriterien, die bestimmen, ob ein Client tatsächlich den verbindungslosen Modus unterstützt oder nicht, schließen folgende ein:

- Der Benutzer kann Nachrichten lesen, während er nicht mit dem IMAP-Server verbunden ist.
- Veränderungen werden automatisch synchronisiert, wenn der Benutzer sich wieder verbindet.
- Der Benutzer kann Veränderungen vornehmen, wie beispielsweise Nachrichten löschen oder Ordner anlegen, während er nicht verbunden ist.
- Der Client merkt sich Nachrichten, die beantwortet oder weitergeschickt wurden, wenn er die Verbindung löst.

Clientseitige Filter
: Unterstützt der Client die Verteilung von eingehender E-Mail auf Ordner, basierend auf Filterparametern, die im Client definiert wurden?

Lokale Adreßbücher
: Kann der Client E-Mail-Adressen lokal speichern?

Externe Adreßbücher
: Kann der Client E-Mail-Adressen auf einem externen Server speichern?

Abonnieren und Abbestellen
: Kann der Client einen Ordner darstellen oder verstecken, indem dem Benutzer gestattet wird, den Ordner zu abonnieren oder abzubestellen?

Geschachtelte Ordner
: Kann der Client Ordner innerhalb von Ordnern auf dem Server erzeugen?

Betreff-Ordnung
: Kann der Client Nachrichten geordnet nach ihrem Betreff anzeigen?

Gemeinsam nutzbare Ordner
: Ist es dem Client möglich, auf dem Server Ordner zu erzeugen und sie auch anderen Benutzern zugänglich zu machen, vorausgesetzt, der Server unterstützt gemeinsam nutzbare Ordner?

ACL
: Schließt der Client einen ACL-Betrachter und/oder -Editor ein? Das ist vorrangig für Einrichtungen von Interesse, die den Cyrus IMAP-Server benutzen.

Warnungen
: Unterstützt der Client ALERT-Meldungen nach RFC 2060, die es Systemadministratoren gestatten, durch IMAP-ALERTs die Systembenutzer von Besonderheiten wie geplanten Ausfällen oder sonstigen Änderungen des Services in Kenntnis zu setzen?

Quota-Berichte
: Verfügt der Client über einen eingebauten Mechanismus, um die Ausnutzung der Quotas zu prüfen? Dies ist vorrangig von Interesse für Einrichtungen, die den Cyrus IMAP-Server benutzen.

Sicherung ausgehender E-Mail
: Ist es möglich, den Client so zu konfigurieren, daß er eine Kopie jeder ausgehenden Nachricht automatisch *auf dem IMAP-Server* speichert? Einige Clients sichern Kopien ausgehender Nachrichten nur auf der lokalen Maschine.

Suche in den Nachrichten-Headern
: Unterstützt der Client die Suche nach einer Zeichenkette in den Nachrichten-Headern?

Suche nach einem Ordnernamen
Unterstützt der Client die Suche nach einem Ordnernamen, der mit einer bestimmten Zeichenkette übereinstimmt?

Externe Konfigurationsspeicherung
Kann die Konfiguration des Clients auf einem externen Server gespeichert werden?

Tabelle 4-1: Eigenschaften der IMAP-Clients

Eigenschaft	**PINE** 4.21	**StarMail** 5.1	**Outlook Express** 5.0	**Netscape Messenger** 4.61	**Mulberry** 2.0	**Eudora** 4.3
Windows	✓	✓	✓	✓	✓	✓
Macintosh	✗	✗	✓	✓	✓	✓
Unix	✓	✓	✓	✓	✗[a]	✗
Kostenlos	✓	✓	✓	✓	✗	✓
LDAP	✓	✓	✓	✓	✓	✓
ACAP	✗	✗	✗	✗	✓	✓
IMSP	✗	✗	✗	✗	✓	✗
NNTP	✓	✓	✓	✓	✗	✗
MIME	✓	✓	✓	✓	✓	✓
SSL	✗[b]	✓	✓	✓	✗	✗
Kerberos v4	✓	✗	✗	✗	✓	✓
CRAM MD5	✓	✗	✗	✗	✓	✓
Verbindungslos	✗	✓	✓	✗	✓	✓
Clientseitiges Filtern	✓	✓	✓	✓	✓	✓
Lokale Adreßbücher	✓	✓	✓	✓	✓	✓
Externe Adreßbücher	✓	✓	✓	✓	✓	✓
Abonnieren und Abbestellen	✗	✓	✓	✓	✓	✗
Geschachtelte Ordner	✓	✓	✓	✓	✓	✓
Sortieren nach Betreff	✓	✓	✓	✓	✓	✓
Gemeinsam nutzbare Ordner	✓	✗	✗	✗[c]	✓	✗
ACL	✗	✗	✗	✗[d]	✓	✗
Warnungen	✓	✗	✓	✓	✓	✗
Quota-Berichte	✗	✗	✗	✗	✓	✗
Sicherung ausgehender E-Mail	✓	✓	✗	✓	✓	✓
Suche in den Nachrichten-Headern	✓	✓	✓	✓	✓	✓

Tabelle 4-1: Eigenschaften der IMAP-Clients (Fortsetzung)

Eigenschaft	PINE 4.21	StarMail 5.1	Outlook Express 5.0	Netscape Messenger 4.61	Mulberry 2.0	Eudora 4.3
Suche nach einem Ordnernamen	✓	✗	✗	✗	✓	✓
Externe Konfigurationsspeicherung	✗[e]	✗	✗	✓	✓	✓

a. Mulberry 2.08 gibt es auch für Solaris und Linux.
b. SSL wird zur Zeit nur von PC PINE unterstützt, wird aber auch ab PINE 4.30 für Unix verfügbar sein.
c. Netscape Messenger gestattet die gemeinsame Nutzung von IMAP-Ordnern durch Setzen der ACL für jeden einzelnen Ordner, jedoch ist der ACL-Mechanismus proprietär und funktioniert nur mit Netscapes Mailserver.
d. Nur ein ACL-Betrachter.
e. Externe Konfigurationsspeicherung wird ab PINE 4.30 unterstützt.

PINE und PC PINE

PINE (Program for Internet News and E-Mail)[1] ist ein populärer textbasierter IMAP-Client. PINE wurde an der Universität von Washington entwickelt, die auch IMAPs Zuhause ist. PINE ist für nahezu alle Unix-Plattformen verfügbar. Es ist auch in einer Version für Windows-Rechner verfügbar, die PC PINE heißt. PINE wurde für den einfachen Gebrauch entworfen. Obgleich es die Einfachheit seiner Bedienung über viele Entwicklungsjahre erhalten hat, ist es auch zu einem äußerst konfigurierbaren und robusten Client herangewachsen, der sich sowohl für Anfänger als auch für fortgeschrittene Benutzer eignet. Es soll nicht unerwähnt bleiben, daß es auch andere textbasierte IMAP-Clients für Unix gibt. Jedoch werden diese hier nicht erwähnt, da keiner dem Reichtum an Eigenschaften von PINE auch nur nahe kommt. Das Programm ELM wurde wegen seiner einfacheren Bedienung vormals PINE gegenüber vorgezogen. Obgleich es IMAP unterstützt, wird es mittlerweile als ein Überbleibsel der guten alten »Unix der alten Schule«-Tage angesehen.

Die Windows-Version von PINE, PC PINE, hat all die Eigenschaften von Unix-PINE, läuft jedoch unter Windows oder DOS. PC PINE hat den zusätzlichen Vorteil, Ihnen zu erlauben, Dateien anzuhängen, die sich auf der Festplatte Ihres lokalen Computers befinden, ohne diese Dateien erst auf einen anderen Rechner herüberladen zu müssen. PC PINE, obgleich es auf den ersten Blick gar nicht so aussieht, unterstützt tatsächlich das Drag-and-Drop von Anhängen (versuchen Sie einmal, ein Dokument in das Fenster zu ziehen, in dem Sie die Mail schreiben).

Die Homepage von PINE finden Sie unter *http://www.washington.edu/pine/*.

1 Manche sagen auch, PINE stehe für »PINE is not elm«.

Eigenschaften

PINE unterstützt folgende Internetprotokolle und Spezifikationen: IMAP4, SMTP (Simple Mail Transport Protocol), NNTP (Network News Transport Protocol) zum Lesen von Usenet-News mit PINE und MIME (Multipurpose Internet Mail Extensions). PINE kann optional auch LDAP und Kerberos unterstützen, wenn es mit den entsprechenden Bibliotheken kompiliert wurde. Anweisungen zur Integration von LDAP und Kerberos sind in der Online-Dokumentation von PINE enthalten.

PINE bietet viele Funktionen:

- persönliche Adreßbücher
- kontextssensitive Online-Hilfe
- einen Befehl, um eine Adresse aus einer Nachricht herauszuholen und sie in das Adreßbuch einzufügen
- eine Entwurfskomponente mit einem einfachen voreingestellten Editor mit einer eingebauten Rechtschreibhilfe. Der Composer vervollständigt Adressen, während sie eingegeben werden, und bietet direkten Zugriff auf das Adreßbuch.
- unterstützt sowohl lokale als auch entfernte Ordner
- eine robuste Funktion zur Suche und Auswahl von Nachrichten
- Möglichkeit der Ausführung von Operationen auf mehreren ausgewählten Nachrichten gleichzeitig.

Die Versionen 4.2.0 und höher unterstützen E-Mail-Filter auf der Client-Seite. PINE unterstützt keine Urlaubsnachrichten (»vacation«).

Unterstützte Plattformen

PC PINE ist für Windows NT, Windows 95, Windows 98 und Windows 2000 verfügbar.

Unix-PINE gibt es sowohl als binäre als auch als Quelldistribution. Die binäre Distribution ist für viele unterschiedliche Unix-Varianten verfügbar, einschließlich AIX, HPUX, Digital Unix, Linux, NeXT, SGI, Solaris, Sun OS und Ultrix.

Zusätzlich zu den Plattformen, für die eine binäre Distribution von PINE verfügbar ist, wurde PINE auf viele andere Unix-Plattformen portiert, kompiliert und getestet. Einige dieser Plattformen sind FreeBSD, NetBSD, SCO, Ultrix, DG/UX und SVR4. Die vollständige Liste finden Sie unter *http://www.washington.edu/PINE/overview/ports.html.*

Konfiguration von PINE für IMAP

Die Syntax von PINE zur Definition von IMAP-Optionen ist schwieriger als die der meisten anderen Clients. In diesem Abschnitt stellen wir einige Beispiele vor, die die Verwirrung ein wenig auflösen sollen.

PINE für Unix

Unix-PINE räumt dem Systemadministrator einige Kontrolle über die Client-Optionen ein, indem er globale Default-Optionen einstellen kann. Jede globale Option kann geschützt werden, so daß sie nicht von den persönlichen Optionseinstellungen eines Benutzers geändert werden kann.

PINE für Unix hat drei Konfigurationsdateien:

/usr/local/lib/pine.conf
: Die Datei *pine.conf* enthält systemweite globale Konfigurationsoptionen (der Ort kann konfiguriert werden). Die Optionen in *pine.conf* werden durch die Optionen in der persönlichen Benutzerdatei *~/.pinerc* überschrieben.

/usr/local/lib/pine.conf.fixed
: Die Datei *pine.conf.fixed* enthält systemweite Optionen, die im Grunde genommen »nur lesbar« sind und nicht überschrieben werden können.

~/.pinerc
: *~/.pinerc* ist die persönliche Konfigurationsdatei eines Benutzers. Die Optionen, die in dieser Datei definiert werden, überschreiben die Optionen, die in der Systemdatei *pine.conf* festgelegt sind.

Die Benutzer können PINE entweder über ein Menüsystem mittels des Setup-Befehls konfigurieren oder direkt, indem sie die Datei *~/.pinerc* editieren.

Größere Einrichtungen, die PINE und IMAP benutzen, sollten allgemeingültige Optionen in der Datei *pine.conf* einstellen, um die Arbeit zu reduzieren, die ihre Benutzer leisten müssen, um PINE einzeln zu konfigurieren. Es wird auch empfohlen, daß große Einrichtungen bestimmte Optionen »festsetzen«, wie z.B. den ausgehenden SMTP-Server, den Domänennamen, den Pfad zur INBOX des Benutzers und den vollen Namen des Benutzers.[2] Diese Prozedur macht PINE nicht nur für den Endbenutzer einfacher benutzbar, sondern verhindert auch mögliche Probleme, die auftreten könnten, wenn der SMTP-Server falsch angegeben wird oder wenn der Benutzer mit seinen Namen flunkert. Beispiel 4-1 zeigt eine *pine.conf*-Datei, die in einer größeren Einrichtung, welche IMAP und PINE benutzt, eingesetzt werden könnte. Beispiel 4-2 zeigt die Datei *pine.conf.fixed*, die in derselben Einrichtung verwendet werden könnte.

Beispiel 4-1: pine.conf

```
#       /usr/local/lib/pine.conf -- systemweite PINE-Konfiguration

# Folgende Optionen sind "nur lesbar" in pine.conf.fixed

personal-name=
user-domain=
smtp-server=
```

2 Das Sperren des vollen Benutzernamens macht die Verwendung von »Rollen« unmöglich, die einige Benutzer nützlich finden.

Beispiel 4-1: pine.conf (Fortsetzung)

```
inbox-path=

# Folgende Optionen wurden eingestellt, können aber in .pinerc überschrieben werden

nntp-server=newserv.unt.edu
incoming-folders=Announcements {imapserv.unt.edu}user.announce.Internet_News
folder-collections=Folders {imapserv.unt.edu}inbox.[],~/mail/[]
editor=/usr/ucb/vi
speller=/usr/local/bin/ispell
image-viewer=/usr/local/bin/X11/xv
bugs-fullname=Helpdesk
bugs-address=helpdesk@helpserv.unt.edu
suggest-fullname=Helpdesk
suggest-address=helpdesk@helpserv.unt.edu
local-fullname=Helpdesk
local-address=helpdesk@helpserv.unt.edu
forced-abook-entry=help|Helpdesk|helpdesk@helpserv.unt.edu

global-address-book=/data/abook/pine.abook,
    /data/mercury/pine.abook.A-C,
    /data/mercury/pine.abook.D-F,
    /data/mercury/pine.abook.G-I,
    /data/mercury/pine.abook.J-L,
    /data/mercury/pine.abook.M-O,
    /data/mercury/pine.abook.P-R,
    /data/mercury/pine.abook.S-U,
    /data/mercury/pine.abook.V-X,
    /data/mercury/pine.abook.Y-Z

feature-list=enable-8bit-esmtp-negotiation,
    enable-8bit-nntp-posting,
    enable-aggregate-command-set,
    enable-alternate-editor-cmd,
    enable-bounce-cmd,
    enable-flag-cmd,
    enable-full-header-cmd,
    enable-goto-in-file-browser,
    enable-jump-shortcut,
    enable-lame-list-mode,
    enable-mail-check-cue,
    enable-tab-completion,
    print-formfeed-between-messages,
    quell-dead-letter-on-cancel,
    save-will-quote-leading-froms,
    signature-at-bottom,
    use-sender-not-X-sender

# Ab hier werden die Standardwerte von PINE verwendet

news-collections=
incoming-archive-folders=
pruned-folders=
```

Beispiel 4-1: pine.conf (Fortsetzung)

```
default-fcc=
default-saved-msg-folder=
postponed-folder=
mail-directory=
read-message-folder=saved-messages
signature-file=
address-book=
initial-keystroke-list=
default-composer-hdrs=
customized-hdrs=
viewer-hdrs=
saved-msg-name-rule=
fcc-name-rule=
sort-key=
addrbook-sort-rule=
goto-default-rule=
character-set=
composer-wrap-column=
reply-indent-string=
empty-header-message=
use-only-domain-name=no
printer=lp
personal-print-command=
standard-printer=lp
bugs-additional-data=
kblock-passwd-count=
sendmail-path=
operating-dir=
display-filters=
sending-filters=
alt-addresses=
addressbook-formats=
index-format=
viewer-overlap=
scroll-margin=
status-message-delay=
mail-check-interval=
newsrc-path=
news-active-file-path=
news-spool-directory=
upload-command=
upload-command-prefix=
download-command=
download-command-prefix=
mailcap-search-path=
mimetype-search-path=
tcp-open-timeout=
rsh-open-timeout=
new-version-threshold=
```

Optionen, die nicht explizit eingestellt sind, wie z.B. `news-collection=`, erhalten einen durch PINE vorgegebenen Wert, wenn kein Wert in *pine.conf.fixed* definiert wurde.

Beispiel 4-2: pine.conf.fixed

```
personal-name=
user-domain=
inbox-path={imapserv.unt.edu}INBOX
smtp-server=smtpserv.unt.edu
use-only-domain-name=
feature-list=enable-lame-list-mode,
    no-use-sender-not-x-sender
```

Im vorangegangenen Beispiel wurden `personal-name`, `user-domain` und `use-only-domain-name` nicht eingestellt – PINE wird diese Optionen nachsehen und sie zur Laufzeit einstellen. Die Einstellung dieser Optionen durch PINE festlegen zu lassen hilft Ihnen, Tricks mit E-Mail zu vermeiden. Um eine Eigenschaft zu aktivieren, sollten Sie sie in die `feature-list` schreiben. Um eine Eigenschaft zu deaktivieren, sollten Sie ihr ein »no-« (z.B. `no-use-sender-not-x-sender`) voranstellen und sie in die Liste der Eigenschaften aufnehmen. Die Eigenschaften werden durch Komma getrennt.

Es soll auch erwähnt werden, daß die Syntax zur Definition von IMAP-Optionen in den beiden globalen Konfigurationsdateien und in der persönlichen PINE-Konfigurationsdatei identisch ist.

Einem Benutzer steht es frei, Optionen direkt durch Editieren seiner *~/.pinerc*-Datei einzustellen. Er darf jedoch auch jede zulässige Option aus dem PINE-Konfigurationsmenü heraus einstellen. Einstellungen in bezug auf die Mailbox für eingehende IMAP-Mail und für andere Ordner werden im Konfigurationsmenü für Einstellungen von PINE festgelegt. Starten Sie PINE, und wählen Sie »Setup« und »Config« aus dem Hauptmenü. Sie werden ein Menü sehen, das ungefähr so aussieht wie das in Beispiel 4-3.

Optionen, bei denen »Value is Fixed« steht, sind schreibgeschützte Optionen, die in der Datei *pine.conf.fixed* durch den Systemadministrator eingestellt wurden und nicht durch den Benutzer verändert werden können. In dem Beispiel sind `personal-name`, `user-domain` und `smtp-server` festgelegt. Die Einstellung `inbox-path` teilt PINE mit, nach der IMAP-INBOX auf dem Server *imap.unt.edu* zu suchen. Um die Option `inbox-path` oder jede andere Option, die nicht festgelegt wurde, zu verändern, drücken Sie C (für Change Value), geben den neuen Wert ein und drücken Return zur Änderung. Drücken Sie E, um das Konfigurationsmenü für Einstellungen zu verlassen – PINE fragt Sie, ob Sie Ihre Änderungen speichern möchten oder nicht. Eine bejahende Antwort (Yes) speichert Ihre Änderungen dauerhaft.

Beispiel 4-3: PINE-Konfigurationsmenü

```
PINE 4.20    SETUP CONFIGURATION       Folder: INBOX  192 Messages

personal-name             = <Value is Fixed: using "John Doe">
user-domain               = <Value is Fixed>
smtp-server               = <Value is Fixed>
```

Beispiel 4-3: PINE-Konfigurationsmenü (Fortsetzung)

```
nntp-server                = <No Value Set: using "newserv.unt.edu">
inbox-path                 = {imapserv.unt.edu}INBOX
incoming-archive-folders = <No Value Set>
pruned-folders             = <No Value Set>
default-fcc                = <No Value Set: using "sent-mail">
default-saved-msg-folder = <No Value Set: using "saved-messages">
postponed-folder           = <No Value Set: using "postponed-msgs">
read-message-folder        = <No Value Set: using "saved-messages">
form-letter-folder         = <No Value Set>
signature-file             = <No Value Set: using ".signature">
feature-list               =
            Set    Feature Name
            ---  ----------------------
            [ ]  allow-talk
            [ ]  assume-slow-link
            [ ]  auto-move-read-msgs

? Help  E Exit Setup   P Prev   - PrevPage A Add Value  % Print
        C [Change Val] N Next spc NextPage D Delete Val W WhereIs
```

PINE unterstützt mehrere IMAP-Accounts. Über das Menü-Interface von PINE ist die Einrichtung mehrerer Accounts ziemlich umständlich, und aus diesem Grund zeigen wir Ihnen, wie mehrere Accounts durch Editieren der Datei *~/.pinerc* konfiguriert werden können. Im nächsten Beispiel möchte der Benutzer *johndoe* drei IMAP-Accounts einrichten. Hier sind die Informationen über die Accounts, die benutzt werden, um die Datei *~/.pinerc* von *johndoe* zu konfigurieren:

Arbeit
: Der Account Arbeit ist eine Sammlung von IMAP-Ordnern, die sich innerhalb von *johndoe*s IMAP-Account auf dem offiziellen IMAP-Firmenserver befinden, wo er arbeitet. Der Name dieses IMAP-Servers ist *imap.someplace.org*.

Privat
: Die Zusammenstellung der privaten Ordner befindet sich auf *johndoe*s Account auf seinem persönlichen IMAP-Server, der auf seinem Linux-Rechner in seiner Garage zu Hause läuft. Der Name dieses IMAP-Servers ist *imap.johndoe.net*.

Cyrus-Archiv
: *johndoe* möchte E-Mail in CMUs Cyrus' Mailinglisten-Archiv lesen und sich dazu anonym einloggen. Das Archiv der Mailinglisten befindet sich auf einem IMAP-Server namens *cyrus.andrew.cmu.edu* in der Hierarchie *archive* der Mailbox des Benutzers *cyrus* auf diesem Server.

Beispiel 4-4 zeigt, wie die Option `folder-collections` in *johndoe*s Datei *~/.pinerc* eingestellt werden sollte, um seine Anforderungen für drei IMAP-Accounts zu erfüllen.

Beispiel 4-4: Einstellung von pinerc folder-collections

```
folder-collections=Arbeit {imap.someplace.org}inbox.[],
                   Privat {imap.johndoe.net}inbox.[],
                   Cyrus-Archiv {cyrus.andrew.cmu.edu/anonymous}archive.[]
```

PC PINE

Die Konfiguration von PC PINE ist identisch zu der von PINE unter Unix. Der eigentliche Unterschied liegt im Dateinamen und im Speicherort für die persönliche Konfigurationsdatei des Benutzers auf dem Client-Rechner. Der Name der Benutzerkonfiguration ist entweder *PINERC* oder der Wert der Umgebungsvariablen PINERC. PC PINE sucht an folgenden Stellen in dieser Reihenfolge nach *PINERC*:

- $PINERC
- $HOME\PINE\PINERC (sollte $HOME nicht gesetzt sein, so ist die Vorgabe das Stammverzeichnis der aktuellen Festplatte)
- Eine Datei mit Namen *PINERC* im gleichen Verzeichnis wie die Programmdatei von PC PINE (die Datei *PINE.EXE*)

Das Adreßbuch ist in einer Datei namens *ADDRBOOK* gespeichert und die Unterschrift in einer Datei namens *PINE.SIG*. PC PINE erwartet beide Dateien im gleichen Verzeichnis wie die *PINERC*-Datei zu finden.

StarMail

StarOffice ist ein Juwel freier Software. Es umfaßt eine Reihe Büroanwendungen, deren Dateiformate mit Microsoft Office-Anwendungen kompatibel sind. StarOffice enthält einen E-Mail-Client, StarMail (zum Zeitpunkt der Übersetzung dieses Buches ist die aktuelle Version 5.2, in der es StarOffice Mail heißt), der auch IMAP unterstützt. Zusätzlich zu seiner heimatlichen Windows 95/98/NT-Umgebung ist StarOffice auch für andere Betriebssysteme verfügbar, einschließlich OS/2, Linux und Solaris.

StarMail ist Teil des StarOffice-Sets und kann nicht unabhängig installiert werden. Wenn Sie StarMail benutzen wollen, müssen Sie die gesamte StarOffice-Suite installieren. Das könnte problematisch werden, wenn Sie auf Festplattenplatz achten müssen. Das Paket für StarOffice für Windows zum Herunterladen ist 80 MByte groß. Installiert verlangt es ungefähr 160 MByte Festplattenplatz.

Die Oberfläche ist nicht sehr intuitiv für Benutzer, die regelmäßig Microsoft-Produkte einsetzen. Während das nicht unbedingt ein Hinderungsgrund ist, sollten Sie damit rechnen, daß einige Benutzer für die ersten Einsätze noch einige Einarbeitungszeit benötigen.

Um mehr Informationen zu erhalten oder um eine freie Kopie von StarOffice herunterzuladen, besuchen Sie einfach *http://www.sun.com/products/staroffice/*.

Eigenschaften

Clientseitiges Filtern

StarMail ist einer der wenigen IMAP-Clients, die zur Zeit der Drucklegung Filteroperationen am Client erlauben.

Importfilter

StarOffice kann Daten aus dem Messenger und Outlook Express importieren.

Externe LDAP-Suche

Externe Adreßbücher erlauben Ihnen, auf Bigfoot, WhoWhere und Switchboard zu suchen, jedoch nicht im LDAP-Verzeichnis Ihrer eigenen Einrichtung.

Fortgeschrittene Suche

Zusätzlich zur Standardsuche in den Nachrichten-Headern erlaubt StarMail auch eine Suche durch mehrere Ebenen verschachtelter Ordner.

Leistungssteigerungen für langsame Verbindungen

Um Zeitverschwendung durch das Herunterladen von großen Nachrichten zu vermeiden, gestattet es StarMail dem Benutzer, eine Grenze für die Größe von Nachrichten und Anhängen einzustellen. Sollte der Benutzer versuchen, eine Nachricht zu öffnen, die diese Grenze überschreitet, so erhält er eine Warnung und wird gefragt, ob die Aktion fortgesetzt oder abgebrochen werden soll.

Konfiguration von StarMail für IMAP

Sollten Sie StarOffice zum erstenmal benutzen, so kann es sein, daß es in einem Modus startet, der den gesamten Bildschirm einnimmt. Sollten Sie es vorziehen, StarOffice in einem Fenster zu benutzen, drücken Sie Alt-V, um das Menü ANSICHT zu öffnen, und wählen die Option »Ganzer Bildschirm« ab.

StarMail arbeitet hervorragend sowohl mit dem Cyrus- als auch mit dem UW-Server zusammen und verlangt keinerlei spezielle Konfiguration, wie die Angabe eines Ordnerverzeichnisses, um den Namensraum des Servers zu unterstützen.

Die Konfiguration, die zur Einrichtung neuer IMAP-Accounts notwendig ist, ist etwas komplizierter, als sie sein sollte. Hierzu sind mehr Schritte notwendig als für die Konfiguration anderer Clients, die in diesem Kapitel behandelt werden. Als wir das erstemal versuchten, Mail zu senden, nachdem wir den Client konfiguriert hatten, schlug die Versendung mit einer Fehlermeldung fehl, die nicht sehr informativ war. Am Ende fanden wir heraus, daß man zuerst eine »Outbox« erzeugen muß, um Mail versenden zu können – diese wird nicht automatisch für Sie erzeugt.

Konfigurieren der IMAP-Optionen

Folgen Sie diesen Schritten, um Ihre IMAP-Optionen in StarMail einzurichten:

1. Öffnen Sie das Menü EXTRAS, und wählen Sie OPTIONEN. Im Menü OPTIONEN wählen Sie INTERNET an (klicken Sie auf das +-Zeichen, um die Liste der Internetoptionen zu erhalten).
2. Klicken Sie auf MAIL/NEWS. Sie werden das MAIL/NEWS-Konfigurationsfenster sehen, wie es in Abbildung 4-1 gezeigt ist.
3. Geben Sie die vollständige Adresse Ihres SMTP-Hosts für ausgehende Mail in dem Feld NACHRICHTENVERSAND ein.
4. Geben Sie die vollständige Adresse Ihres IMAP-Servers in dem Feld NACHRICHTENEMPFANG an.
5. Geben Sie Ihren IMAP-Benutzernamen und das Paßwort in den Feldern BENUTZER und PASSWORT an.

Die anderen Informationen werden nicht benötigt, um IMAP zu konfigurieren. Klicken Sie auf OK, wenn Sie mit der Eingabe der Informationen fertig sind.

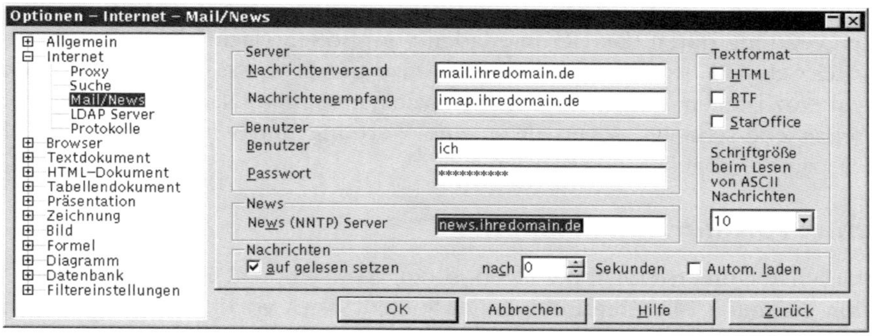

Abbildung 4-1: Eingabe von IMAP-Optionen in StarOffice

Lesen von IMAP-Mail mit StarMail

Bis zu diesem Zeitpunkt haben Sie die vorläufige Konfiguration durchgeführt. Aber es gibt noch eine ganze Reihe weiterer Konfigurationsschritte, bevor Sie Ihre E-Mail lesen können. Folgen Sie diesen Schritten, um die Konfiguration zu vollenden und Ihre IMAP-Mail lesen zu können:

1. Starten Sie den StarMail-Client, der sich im STAREXPLORER-Menüfenster befindet. Um das STAREXPLORER-Menüfenster zu aktivieren, öffnen Sie das Menü ANSICHT und wählen Sie EXPLORER. Sollte es schon aktiviert sein (d.h. neben dem Eintrag im Menü ANSICHT ist ein Häkchen), doch Sie können das EXPLORER-Menüfenster nicht sehen, dann wurde das Fenster minimiert. Um es wieder größer zu machen, klicken Sie auf den schmalen Balken nahe der oberen linken Seite des STAROFFICE -Fensters.

2. Starten Sie als nächstes den StarMail-Client, indem Sie auf das Symbol MAIL im Desktop klicken, wie in Abbildung 4-2 dargestellt. Das Menü des Client wird leer sein, wenn Sie es vorher noch nie benutzt haben.

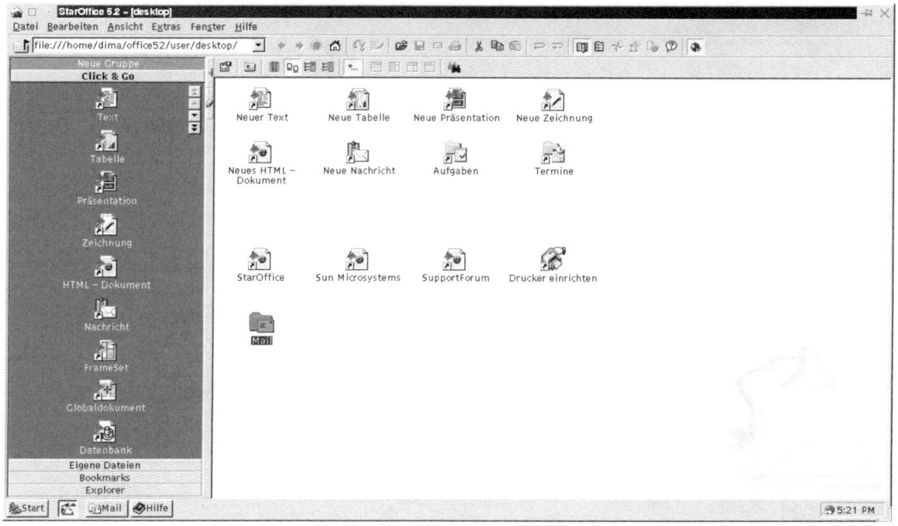

Abbildung 4-2: StarExplorer-E-Mail & -News

3. Sie müssen einen neuen IMAP-Account erzeugen. Beginnen Sie damit, daß Sie mit der rechten Maustaste auf den leeren Hintergrund im Desktop oder Explorer klikken, um das Kontextmenü zu aktivieren.
4. Unter dem Menü NEU wählen Sie IMAP-ACCOUNT, um ein Fenster zu öffnen, das den Titel EIGENSCHAFTEN VON IMAP-ACCOUNT trägt.
5. Klicken Sie auf EMPFANGEN. Sie werden ein Fenster sehen, das wie Abbildung 4-3 aussieht. Wenn Sie Ihre E-Mail-Optionen so konfiguriert haben, wie es am Anfang dieses Abschnitts beschrieben wurde, dann sollten die Werte hier schon eingetragen sein. Sie sollten keinen der Werte ändern müssen. Klicken Sie nur auf den OK-Button, um den IMAP-Account zu erzeugen.
6. Der neue IMAP-Account erscheint im Desktop wie in Abbildung 4-4. Klicken Sie auf das Symbol des neuen Accounts, um sich mit Ihrem IMAP-Server zu verbinden und Ihre Nachrichten zu holen.

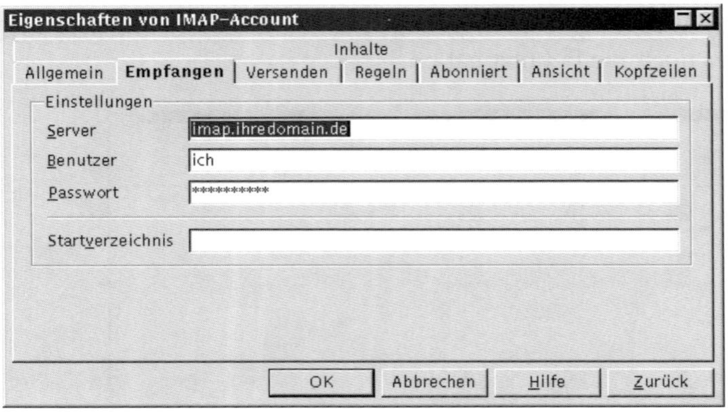

Abbildung 4-3: Eigenschaften des IMAP-Account

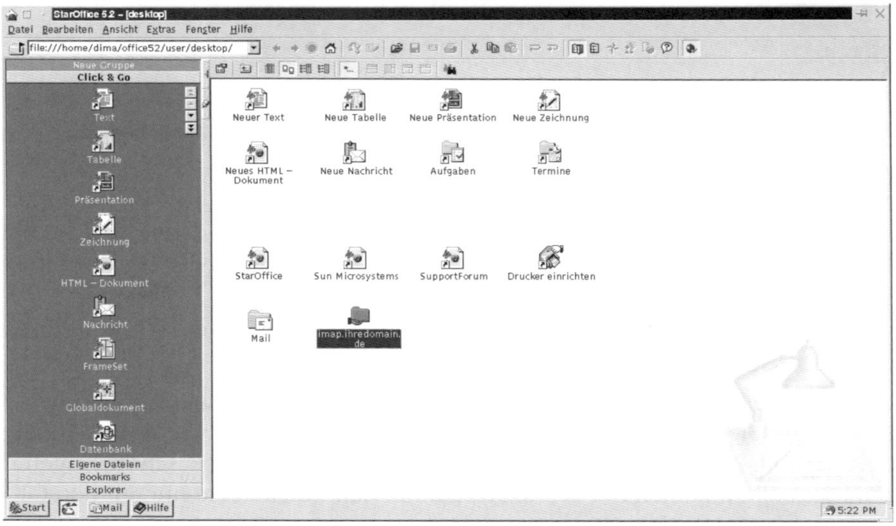

Abbildung 4-4: Neuer IMAP-Account

Das Verschicken von Mail setzt voraus, daß Sie zuerst eine Outbox erzeugen. Klicken Sie mit der rechten Maustaste auf den weißen Hintergrund, wie Sie es taten, um eine neue E-Mail-Gruppe zu erzeugen, und wählen Sie OUTBOX aus dem Menü.

Netscape Messenger

Netscape Messenger ist die Mail-Komponente des populären Netscape Communicator-Pakets. Seine Popularität verdankt Messenger zum größten Teil der Tatsache, daß er Teil des Communicator-Pakets ist – viele Netscape-Benutzer verwenden ihn aus Bequemlichkeit und nicht wegen seiner besonderen Vorzüge. Auf jeden Fall ist es ein weitverbreiteter Client, und aus diesem Grund wird er hier behandelt. Alles in allem ist der Netscape-Messenger ausreichend für die Mehrzahl der Benutzer, die einen schnellen, einfachen und frei verfügbaren Weg wollen, um ihre E-Mail zu lesen und ihre Adressen zu verwalten. Er bietet jedoch nicht die Funktionalität, die IMAP-Freaks von einem Mail-Client erwarten.

Netscape ist für eine Vielzahl von Plattformen verfügbar, einschließlich Windows 95/98/NT, Macintosh und mehrere unterschiedliche Arten von Unix. Die vollständigen Informationen und die letzte Version des Communicator-Pakets sind von der Netscape-Download-Seite unter *http://download.netscape.com/* verfügbar.

Funktionen

Unterstützt SSL

Eine der begrüßenswertesten Eigenschaften des Messenger ist, daß er SSL unterstützt. Wenn Ihr IMAP-Server so erweitert wurde, daß er SSL unterstützt, kann Netscape Messenger benutzt werden, um das Versenden von Paßwörtern im Klartext über Ihr Netzwerk zu vermeiden.

Ordner werden auf dem IMAP-Server gespeichert

Im Gegensatz zu seinem schärfsten Rivalen Outlook Express speichert Netscape alle Ordner auf dem IMAP-Server, einschließlich der ausgehenden E-Mail, die automatisch in einem Ordner namens »sent mail« gespeichert wird, sowie auch Entwürfe.

Funktioniert gut mit langsamen Verbindungen

Um die Leistungsfähigkeit mit langsamen Verbindungen zu verbessern, erlaubt Messenger den Benutzern, sich dafür zu entscheiden, nur solche Nachrichten herunterzuladen, deren Größe unterhalb einer bestimmten Schwelle liegt. Zusätzlich werden Anhänge nur auf Anforderung heruntergeladen, so daß eine Nachricht trotz eines großen Anhangs sehr schnell heruntergeladen werden kann.

Hervorragende Unterstützung für LDAP

Die Unterstützung für LDAP in Messenger ist hervorragend. Der Messenger hat eine einheitliche Schnittstelle für die Suche sowohl in persönlichen als auch in entfernten LDAP-Adreßbüchern. Das Adreßbuch-Interface unterstützt nicht nur die Suche nach Namen, sondern auch nach Stadt, Organisation, Telefonnummer und, ob Sie es glauben oder nicht, Soundex[3]. Der Client bietet auch die Integration von individuell angepaßten LDAP-Schemata zur Suche an. Der Benutzer kann die Resultate einer LDAP-Suche per Drag-and-Drop in sein lokales Adreßbuch herüberziehen. Die LDAP-Verzeichnisse können dupliziert und im Offline-Modus verwendet werden, und Netscape behauptet, daß ein lokales LDAP-Adreßbuch über 200.000 Namen verwalten kann.

Site-Anpassung der Installation

Das Netscape Communicator Client Customization Kit (CCK) erlaubt es den Installationen bzw. Einrichtungen, die Komponenten des Communicator einschließlich des Messenger anzupassen und ein Installationsprogramm zusammenzustellen, um den Messenger an ihre Benutzer weiterzuleiten.

Beinahe gute ACL-Unterstützung

Netscape behauptet, daß es ACL-Änderungen und gemeinsam nutzbare Ordner unterstützt, jedoch waren wir nicht in der Lage, das auf dem Cyrus-Server zum Laufen zu bringen. Es ist möglich, sich die ACL-Einstellungen für einen Ordner anzusehen. Aber die Änderung der ACL funktioniert nur mit Netscapes Mailserver.

Konfiguration von Netscape Messenger für IMAP

Netscape ist leicht zu konfigurieren und arbeitet recht gut mit den meisten seiner Voreinstellungen. Die einzig notwendigen Einstellungen sind die Ihres IMAP-Servers, Ihres SMTP-Mailservers für ausgehende Mail und Ihres Benutzernamens.

Einstellung Ihrer Präferenzen

Wenn Sie den Messenger zum erstenmal benutzen, starten Sie Netscape Communicator, öffnen das Menü COMMUNICATOR und wählen MESSENGER an. Der Konto-Assistent hilft Ihnen bei der Einstellung Ihrer Mail-Präferenzen.

Wenn Sie Messenger vorher schon einmal benutzt haben oder der Assistent nicht erscheint, um Ihnen zu helfen, dann folgen Sie diesen Anweisungen, um den Messenger zu konfigurieren:

1. Starten Sie den Communicator.
2. Netscape 6: Öffnen Sie das Menü AUFGABEN, und wählen Sie MAIL.
3. Netscape 6: Öffnen Sie im Messenger das Menü BEARBEITEN, und wählen Sie MAIL/FOREN-Konto-Einstellungen. Ab hier führt Sie der Konto-Assistent weiter.

---

3 Soundex ist ein Verfahren, um einen Namen zu codieren (normalerweise ein Nachname), das darauf basiert, wie der Name sich anhört, und nicht darauf, wie er geschrieben wird. Dies ist von Vorteil für Namen, die schwer zu schreiben sind und oft falsch in Datenbanken eingegeben wurden. Um die Soundex-Codierung eines Nachnamens herauszufinden, besuchen Sie die Site *The Soundex Machine* der National Archives and Records Administration unter *http://www.nara.gov/genealogy/soundex/soundex.html.*

Ältere Versionen von Netscape:

1. Wählen Sie die Kategorie MAIL & NEWSGROUPS.
2. Klicken Sie auf IDENTITY, und füllen Sie die Informationen in dem Formular IDENTITY aus. Klicken Sie noch nicht auf OK – wenn Sie das tun, schließen Sie das Fenster PREFERENCES, und das wollen Sie jetzt noch nicht.
3. Klicken Sie auf MAIL SERVERS. Tragen Sie den vollständigen Domänennamen (FQDN) Ihres IMAP-Servers unter INCOMING MAIL SERVERS ein.
4. Klicken Sie unter INCOMING MAIL SERVERS auf Ihren IMAP-Server, um ihn hervorzuheben, und dann auf den Button EDIT, um die Präferenzen für Ihren IMAP-Server zu öffnen. Hier gibt es einige Optionen, die Sie vielleicht einstellen möchten, z.B. ob Sie sich mit Ihrem IMAP-Server über SSL verbinden wollen (wenn Ihr Server SSL unterstützt), ob Sie Ihr Paßwort speichern wollen oder ob Sie Ihren Ordner TRASH leeren wollen, wenn Sie den Messenger schließen.
5. Bevor Sie die Mailserver-Präferenzen verlassen, sollten Sie den vollständigen Domänennamen (FQDN) Ihres SMTP-Mail-Hosts für ausgehende E-Mail unter OUTGOING MAIL SERVER eintragen (oft der gleiche wie Ihr IMAP-Server). Es gibt unter OUTGOING MAIL SERVER noch andere Optionen – stellen Sie sie ein, wenn sie auf Ihre Installation zutreffen.
6. Sie haben nun die minimal notwendige Konfiguration, die es Ihnen erlaubt, sich mit Ihrem IMAP-Server zu verbinden und Ihre E-Mail zu lesen und zu verschicken. Klicken Sie auf OK, um Ihre Präferenzen zu speichern.

Lesen Ihrer Mail

Um sich mit Messenger auf Ihrem IMAP-Server einzuloggen, öffnen Sie das Menü COMMUNICATOR und wählen Sie MESSENGER. Der Messenger hat drei Teilfenster. Das linke Teilfenster listet Ihren IMAP-Server und Ihre Mail-Ordner auf. Das rechte obere Teilfenster enthält eine Liste von Indizes Ihrer Mailbox-Nachrichten, und das untere rechte Teilfenster enthält den Inhalt einer jeden Nachricht, die Sie auswählen.

Klicken Sie einmal auf den Namen Ihres Servers, um den Index Ihrer Nachrichten darzustellen. Um eine Nachricht zu lesen, klicken Sie einmal auf die Nachricht in der Index-Liste.

Ordner abonnieren

Nur diejenigen Mail-Ordner, die Sie abonniert haben, erscheinen auch in der Liste Ihrer Mail-Ordner. Um Ihre Ordner-Abonnements zu verwalten, öffnen Sie das Menü FILE und wählen Sie SUBSCRIPTIONS... aus. Klicken Sie einmal auf den Namen eines Ordners, dann klicken Sie auf SUBSCRIBE oder UNSUBSCRIBE, um den Ordner entsprechend zu abonnieren oder abzubestellen.

Entfernen Ihrer gelöschten Mails

Die Implementierung des zweiphasigen »Löschen-Entfernen«-Modells von IMAP im Messenger ist alles andere als intuitiv – Sie würden erwarten, zwei unterschiedliche Buttons oder Menüeinträge zu finden, die da LÖSCHEN und ENTFERNEN heißen. Bei Messenger »löschen« Sie Nachrichten wie in anderen Clients, aber um sie zu entfernen, öffnen Sie das Menü DATEI und wählen DIESEN ORDNER KOMPRIMIEREN.

Outlook Express

Outlook Express (OE) ist im Paket mit Microsofts Internet Explorer enthalten. Wie der Netscape Messenger ist OE populär, weil es gratis ist.

Ein Nachteil ist, daß Sie zur Installation von Outlook Express das gesamte Internet Explorer-Paket installieren müssen. Das kann all diejenigen abschrecken, die nicht unwahrscheinlich viel Platz auf ihrer Festplatte frei haben. Die »Standard«-Installation, welche die einfachste Installation ist, die Sie benutzen können und die dennoch Outlook Express installiert, benötigt 72 MByte auf der Festplatte. Nach der Installation braucht IE/OE zum Betrieb 47 MByte. Zum Zeitpunkt der Übersetzung dieses Buches kann Setup und Update direkt über das Netz erfolgen.

Obwohl viele Menschen Netscape Messenger gegenüber OE vorziehen, verhält sich OE im allgemeinen besser gegenüber IMAP-Servern. Insgesamt funktioniert OE gut für Benutzer, die nur einen IMAP-Client mit den notwendigsten Funktionen haben wollen, der schnell, intuitiv und beim ersten Mal schnell einzurichten und einfach zu benutzen ist. Internet Explorer und OE sind für Windows 95/98/NT, Macintosh und Unix verfügbar. Eine freie Kopie von Outlook Express können Sie unter *http://www.microsoft.com/ie/* herunterladen.

Eigenschaften

Einfache Benutzung

Outlook Express ist unwahrscheinlich einfach zu installieren und einzurichten. Man kann leicht von anderen E-Mail-Clients auf ihn umsteigen, und er ist einfach zu benutzen. OE kann sogar die Client-Konfiguration und die Adreßbücher von anderen Mail-Clients importieren (siehe den nächsten Abschnitt »Konfiguration«, um herauszufinden, wie Sie das tun).

Unterstützt SSL

Ein großer Vorteil von Outlook Express ist, daß er SSL unterstützt. Sie könnten sich darüber Sorgen machen, Paßwörter im Klartext über Ihr Netzwerk zu übertragen. Ihre Benutzer können OE benutzen und sich mit Ihrem SSL-fähigen IMAP-Server verbinden – und die Paßwörter werden im Netz verschlüsselt sein.

Komfortable Suche

OE bietet mehr als nur einfaches Suchen in den Nachrichten-Headern. OE gestattet es Ihnen, in einem Ordner und all seinen Unterordnern nach einer Nachricht zu suchen. Zusätzlich zu den normalen Suchvarianten in den Feldern der Nachrichten-Header (Absender, Empfänger, Betreff und Datum) können Sie auch den Inhalt der Nachricht durchsuchen und in bestimmten Typen von Anhängen nach einer bestimmten Zeichenkette suchen lassen.

Leistungsfähigkeit über langsame Verbindungen

Um seine Leistungsfähigkeit zu erhöhen, lädt der OE E-Mail im Hintergrund herunter, so daß Sie sich mit anderen Aufgaben beschäftigen können, während Ihre INBOX gefüllt wird. Sie haben auch die Möglichkeit, einen Grenzwert für die Größe der Nachrichten einzustellen, um so lange Ladezeiten zu vermeiden, wenn Sie mit einer langsamen Verbindung arbeiten.

Konfiguration

Wenn Sie Outlook Express zum erstenmal benutzen ...

Wenn Sie OE zum allerersten Mal starten, erscheint automatisch ein Assistent und fragt Sie nach Informationen, die er benötigt, um Ihre Konfigurationen einzustellen. Wenn Sie vorher noch nie OE benutzt haben, dann ist es einfach anzufangen. Starten Sie einfach Outlook Express, beantworten Sie die Fragen des Assistenten – und das ist alles, was nötig ist!

Wenn Sie von einem anderen Client auf OE umsteigen, erlaubt OE Ihnen, Ihre Daten von dem anderen Client zu importieren. Das betrifft die Mails, das Adreßbuch und die Konfigurationseinstellungen von folgenden Clients:

- Eudora Light (bis Version 3.0)
- Eudora Pro (bis Version 3.0)
- Netscape Mail (Version 2.0 oder 3.0)
- Netscape Messenger (Communicator)
- Microsoft Exchange Client
- Microsoft Windows Messaging
- Microsoft Internet Mail and News

So importieren Sie existierende Daten aus einem dieser Clients:

1. Wählen Sie DATEI/IMPORTIEREN.
2. Wählen Sie entweder ADREßBUCH oder die NACHRICHTEN.
3. Wählen Sie die Applikation, aus der Sie die Mails bzw. das Adreßbuch importieren wollen.
4. Ein Assistent erscheint, um Ihnen durch den weiteren Prozeß zu helfen.

Wenn Sie den Assistent nicht herbeirufen können ...

Wenn Sie OE vorher schon einmal mit POP benutzt haben und nun auch beginnen möchten, Ihre IMAP-Mail damit zu lesen, oder aber der Assistent aus irgendeinem Grund nicht erscheint, wenn Sie OE zum erstenmal starten:

1. Wählen Sie EXTRAS/KONTEN.
2. Klicken Sie auf E-MAIL.
3. Klicken Sie auf den Button HINZUFÜGEN, und wählen Sie E-MAIL ...

Der Assistent wird erscheinen und Sie nach Ihrem Namen, dem Namen Ihres IMAP-Servers und dem Namen Ihres SMTP-Servers für ausgehende E-Mail fragen.

Mulberry

Mulberry ist ein leistungsfähiger IMAP-Client für Windows und Macintosh, der alle Funktionen von IMAP und die der IMAP-Erweiterungen implementiert. Mulberry ist ein Produkt von Cyrusoft, Inc., der Firma, die von dem früheren Projektmanager des Project Cyrus von CMU, Matt Wall, und Cyrus Daboo, dem ursprünglichen Entwickler von Mulberry, zusammen gegründet wurde. Die Philosophie von Cyrusoft konzentriert sich auf die wahre Einhaltung offener Standards. Cyrusoft versucht, einen Client zur Verfügung zu stellen, der alle Eigenschaften aufweist, die dem Benutzer helfen, E-Mail noch produktiver und effizienter zu lesen.

Mulberry ist in der IMAP-Welt populär, besonders an Bildungseinrichtungen. Seit 1995 wird es an über 1.000 Einrichtungen in 22 Ländern mit 300.000 Benutzern eingesetzt.

Cyrusoft hat sehr zuverlässig regelmäßig Updates sowohl für die Windows- als auch die Macintosh-Version ihrer Software gleichzeitig zur Verfügung gestellt. Sie stehen ohne Einschränkungen zu ihrem Engagement für beide Versionen und haben das in der Vergangenheit auch bewiesen. Sie brauchen sich keine Sorgen darüber zu machen, ob der Client für den Macintosh im nächsten Jahr verschwinden wird. Die Verwendung der gleichen Version sowohl für ihre Mac- als auch für ihre Windows-Benutzer macht das Leben für die technischen Betreuer der Endnutzer sehr viel einfacher. Inzwischen macht Mulberry auch die ersten Schritte in der Unix-Welt: Die zum Zeitpunkt der Buchübersetzung aktuelle Version 2.0.8 ist auch für Linux und Solaris zu haben. Weitere Zukunftspläne visieren Clients für PalmOS und Windows CE an.

Mulberry ist ein Geheimtip. Mulberry funktioniert gut, ist stabil und implementiert IMAP vollständig. Der ACL-Editor von Mulberry ist unerreicht und eine wertvolle Ressource für Cyrus-Benutzer. Nachdem wir uns an die Bedienungsoberfläche von Mulberry gewöhnt hatten, kamen wir nicht mehr davon los.

Eigenschaften

Die Benutzerschnittstelle von Mulberry hat ein anderes Look-and-Feel als das durchschnittliche Windows-Programm, an das Sie gewöhnt sind. Aber sie ist leistungsfähig, freundlich und einfach zu konfigurieren. Genaue Informationen über Mulberry können Sie auf der Website von Cyrusoft unter *http://www.cyrusoft.com/* finden. Hier finden Sie eine Liste von Eigenschaften, eine freie Demo zum Herunterladen, eine Liste häufig gestellter Fragen, allgemeine Informationen zu IMAP und die Dokumentation über Mulberry zum Herunterladen.

Leistungsfähigkeit

Die Zielsetzung beim Entwurf von Mulberry war nicht nur eine nette Bedienerschnittstelle, sondern auch eine hohe Leistungsfähigkeit. Und so behaupten die Leute bei Cyrusoft, daß Mulberry der »schnellste IMAP-Client überhaupt« ist. Mit der schnellsten Verbindungszeit, dem schnellsten Herunterladen von MIME-Anhängen und der schnellsten Anzeigezeit für Nachrichten im Vergleich zu irgendeinem verfügbaren Client. Wir haben keinerlei quantitative Benchmarks durchgeführt, um diese Behauptung zu überprüfen, jedoch von einem streng qualitativen Standpunkt aus ist Mulberry definitiv der schnellste Client, der in diesem Kapitel behandelt wurde. Mulberry minimiert seine Anforderungen an Speicher und Festplattenplatz durch die Implementierung einer »Plug-in«-Architektur – die Benutzer haben hier die Option, Funktionen, die sie nicht benutzen, rauszuwerfen und dadurch einigen Platz auf der Platte und im Hauptspeicher zurückzugewinnen. Mulberry verfügt über keinen Webbrowser oder Newsreader oder irgendein anderes Programm, das nicht mit E-Mail zu tun hat, was dazu führt, daß Mulberry noch kleiner wird, wenn es um Festplattenplatz oder Speicheranforderungen geht. Um Zeitverluste beim Herunterladen langer Nachrichten zu vermeiden, gestattet Mulberry es dem Benutzer, einen Grenzwert für die Größe der Nachrichten und Anhänge einzustellen. Sollte der Benutzer versuchen, eine Nachricht zu öffnen, die über dieser Schwelle liegt, wird der Benutzer gewarnt und gefragt, ob die Aktion fortgeführt oder abgebrochen werden soll.

Unterstützung bei der Anpassung der Installation

Eine Eigenschaft von Mulberry, die es von anderen IMAP-Clients unterscheidet, ist seine konfigurierbare Installationsroutine. Einrichtungen können diese Routine benutzen, um Mulberry mit vorkonfigurierten, angepaßten Präferenzen an ihre Benutzer zu verteilen. Cyrusoft bietet auch ein Mulberry Administrator's Toolkit an, das benutzt werden kann, um Einstellungen für Präferenzen festzulegen. Der offensichtliche Vorteil der Festlegung von Präferenzen ist die Verhinderung von Veränderungen an Konfigurationen, wenn Mulberry in einer Multi-User-Umgebung benutzt wird, wie beispielsweise mit ACL in einem Computer-Pool mit öffentlichem Zugang.

Mulberry stellt einen eleganten, herausragenden und sehr nützlichen Betrachter und Editor für Zugriffskontrollisten (Access Control List, ACL) bereit, um die IMAP-Erweiterung ACL (RFC 2086) zu unterstützen. Der ACL-Editor von Mulberry ist besonders intuitiv und einfach zu benutzen. Jedes ACL-Recht kann in der ACL-Liste für jeden einzelnen

Benutzer eingestellt werden. Der ACL-Editor hat eine aufklappbare Liste von häufig gebrauchten ACL-Kombinationen, wie z.B. »read-only bulletin board« (nur lesbares Schwarzes Brett) und »shared folder« (gemeinsam nutzbare Ordner). Diese vordefinierten ACLs machen es für die Benutzer einfacher, Ordner gemeinsam zu benutzen, wie sie es vorgesehen hatten, ohne dabei Fehler zu machen, die ihre Mails unsicher machen könnten. Der ACL-Editor ist in Abbildung 4-5 dargestellt.

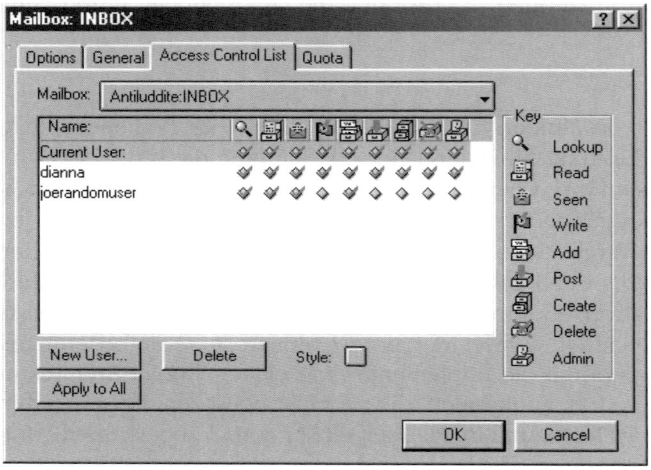

Abbildung 4-5: Mulberrys ACL-Editor

Quota-Betrachter

Mulberry enthält auch einen IMAP-Quota-Betrachter, der die IMAP-Quota-Erweiterung (RFC 2087) vollständig umsetzt.

IMSP- und ACAP-Unterstützung

Mulberry unterstützt die externe Speicherung und Wiedereinstellung von Benutzeroptionen sowohl über IMSP als auch über ACAP.

Verschlüsselte Authentifizierung

Mulberry unterstützt zwei Alternativen zur Authentifizierung mit Unix-Klartextpaßwörtern: Kerberos und CRAM MD5.

Vollständige IMAP-Unterstützung

Mulberry implementiert nicht nur das grundlegende IMAP-Protokoll, sondern schließt auch vollständige Unterstützung von IMAP-Warnungen ein und unterstützt die IMAP-Namensraum-Erweiterung (RFC 2342).

Konfiguration von Mulberry

Für den Endbenutzer ist es einfach, Mulberry zu konfigurieren. Die Mulberry-Dokumentation enthält eine Quickstart-Hilfe von einer Seite Umfang. Die Bedienoberfläche ist intuitiv genug, um auch ohne diese Hilfe auszukommen. Aber wir denken, dies wäre auch die perfekte Information, die wir den Benutzern in die Hand geben würden, wenn wir Mulberry in unserer Einrichtung einsetzen sollten.

Sollten Sie bestimmte Präferenzen für Ihre Einrichtung festlegen wollen, so enthält das Mulberry Administrator's Toolkit ein Programm zur Konfiguration entweder der Installationsroutine von Mulberry oder von Mulberry selbst. Das Administrator's Toolkit ist unabhängig von Mulberry und kann unter *http://www.cyrusoft.com/mulberry/mulbadmins.html* frei heruntergeladen werden, ohne daß Registrierungscodes notwendig wären.

Konfiguration individueller Benutzer

Nach der Installation führt Sie ein Assistent durch die Einrichtung Ihres Accounts. Um Mulberry für IMAP zu konfigurieren, öffnen Sie ansonsten das Menü FILE und wählen Sie PREFERENCES. Sie werden ein Fenster wie das in Abbildung 4-6 sehen. Geben Sie Ihre Informationen ein, und klicken Sie auf OK. Die Präferenzen werden sofort aktiv.

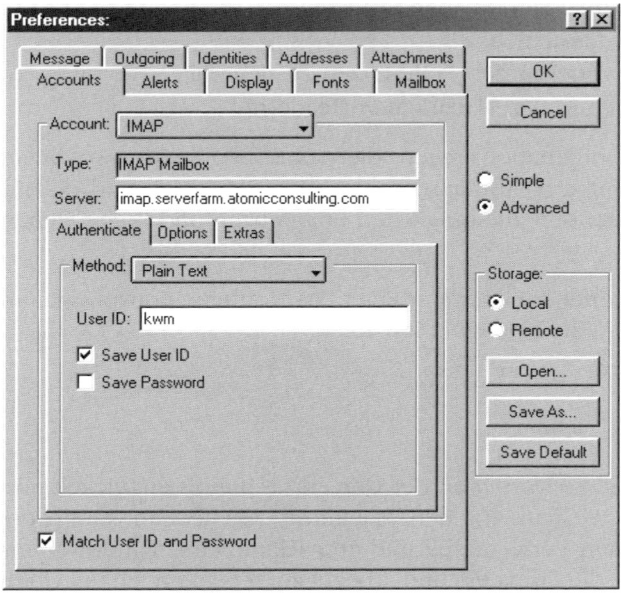

Abbildung 4-6: Mulberry-Präferenzen

Konfiguration für die gesamte Site

Der Mulberry-Administrator-Konfigurations-Editor gestattet es einem Systemadministrator, die Installationsroutine von Mulberry anzupassen oder Mulberry selbst zu konfigurieren. Der Vorteil der Konfiguration der Installationsroutine besteht darin, daß Sie die Routine verteilen können, ohne die Mulberry-Distribution auszupacken, Mulberry konfigurieren zu müssen und das ganze Teil wieder verpacken zu müssen.

Die Einrichtung einer Konfiguration für die gesamte Installation besteht aus zwei Schritten. Der erste Schritt ist die Einrichtung einer Konfigurationsdatei und der zweite die Verarbeitung der Datei durch das Konfigurationsprogramm, um die Konfiguration zu erzeugen. Das Administrator's Toolkit enthält eine leere Konfigurationsdatei, mit der Sie anfangen können. Um ein Gefühl für die Werte zu bekommen, die zu den Optionen in der Konfigurationsdatei gehören, können Sie einfach eine Datei lokaler Präferenzen aus Mulberry heraus speichern.

Sobald Sie Ihre leere Konfigurationsdatei haben, ist der nächste Schritt, das Konfigurationsprogramm auszuführen. Das Programm wird Sie fragen, ob Sie das Mulberry-Programm oder die Installationsroutine konfigurieren wollen. Danach wird es Ihnen eine Reihe von Konfigurationsfragen stellen, unter denen die folgenden sein könnten:

Wollen Sie den Benutzern erlauben, ihre eigenen Präferenzen zu sichern?
Wollen Sie Serveradressen und Serverdomänen festlegen?
Wollen Sie die Antwortadresse festlegen?
Wollen Sie es verbieten, Paßwörter in den Präferenzen zu sichern?
Gestatten Sie zusätzliche Zeilen in den Nachrichten-Headern?

Es gibt ungefähr ein Dutzend Konfigurationsfragen, die das Konfigurationsprogramm stellt. Aber sie werden alle im Mulberry Administrator's Guide aufgelistet und erklärt. Das Format der Konfigurationsdatei und alle möglichen Präferenzen und Werte stehen auch im Administrator's Guide.

Nachdem Sie alle Fragen beantwortet haben, verarbeitet das Konfigurationsprogramm die Antworten und führt die angepaßte Konfiguration aus.

Eudora

Eudora wurde ursprünglich von Steve Dorner an der Universität Illinois entwickelt und begann sein Leben als freier POP-Client für den Macintosh. Qualcomm kaufte die Rechte an Eudora 1991 zur internen Verwendung und entwickelte eine Windows-Version. Dorner trat im selben Jahr in die Firma ein und arbeitet auch heute noch bei Qualcomm. Eudora wurde als kommerzielles Produkt auf den Markt gebracht, kurz nachdem Dorner bei Qualcomm anfing. Eudora ist populär. Es gibt heute weltweit 20 Millionen Eudora-Benutzer.

Wie Sie sich vorstellen können, verbirgt sich hinter dem Namen Eudora eine Geschichte. Der ursprüngliche Name UIUC-Mail war ein Zungenbrecher. Dorner erinnerte sich an eine Geschichte von Eudora Welty über eine Frau, die sich entschließt, in einer Poststelle zu leben, unter dem Titel »Warum ich in der Post lebe«. Die Legende berichtet, daß Dorner so viel E-Mail verarbeiten mußte, daß er sich selbst fühlte, als würde er in einer Post leben. Wenn Sie dazu noch bedenken, daß das Programm das POP (Post Office Protocol) dazu benutzt, um die Mail zu holen, wird klar, daß Downer eine metaphorische Verbindung sah. Eudora Welty fühlt sich sehr geschmeichelt über die Anspielung auf ihr Werk.

Die Version 4.3 von Eudora bietet den Benutzern drei auswählbare Modi, einschließlich eines neuen Modus, der durch Sponsoren unterstützt wird und den Kunden das vollständige Programm gratis zur Verfügung stellt. Wir bewerteten diese gesponserte Version von Eudora. Die gesponserte Version von Eudora enthält all die Funktionen, die bisher nur in der Verkaufsversion von Eudora verfügbar waren. Die Werbung ist nicht an den Inhalt der E-Mail des Benutzers gebunden, und es wird ohne vorherige Erlaubnis durch den Benutzer auch keine persönliche Information an die Werbenden geschickt. Der Benutzer hat die Option, ein Profil auszufüllen, um die Art der Werbung zu bestimmen, die er sehen möchte.

Eudora ist auch in einer kostenpflichtigen Version und im Light-Modus verfügbar. Die Version des bezahlten Pakets ist in Eigenschaften und Funktionen der Version des gesponserten Modus identisch, hat jedoch keinerlei Werbung. Im Light-Modus gibt es auch keine Werbung, aber einige Logos der Sponsoren, und es fehlen einige der Fähigkeiten der kostenpflichtigen und der gesponserten Variante.

Eudora ist zum Herunterladen verfügbar unter *http://www.eudora.com/*.

Eigenschaften

Erweiterte Filter

Eudora erlaubt mehr als nur das automatische Sortieren in Mail-Ordner. Die Filteraktionen schließen das Abspielen von Sounds ein, das Öffnen einer Nachricht, das Drucken einer Nachricht, das automatische Weiterleiten der Nachricht, das automatische Zurückschicken der Nachricht und die automatische Antwort auf die Nachricht, die Zuordnung einer Farbe zu der Nachricht oder das Abspielen eines Spruchs.

Komfortable Suche

Eudora gestattet die Suche sowohl in Nachrichten als auch in Ordnern oder Mailbox-Namen.

Persönlichkeiten

Eudora kann sehr gut mehrere E-Mail-Accounts behandeln. Für unterschiedliche IMAP-Accounts können Persönlichkeiten definiert werden, so daß der Benutzer einen Satz bestimmter Präferenzen mit einem Account verbinden kann. Beispielsweise kann der Benutzer eine bestimmte Signatur an eine Persönlichkeit binden.

Importoptionen

Eudora für Windows gestattet es dem Benutzer, die Einstellungen, die Mail und die Adreßbücher von Microsoft Outlook Express oder Netscape zu importieren.

Multitasking

E-Mail kann gleichzeitig geschrieben, empfangen und abgesendet werden. Der Benutzer kann im Hintergrund nach Mail schauen und E-Mail absenden.

Extravaganzen beim Betrachten von Nachrichten

Grafiken, einschließlich animierter GIFs und gestalteter Text, können ganz normal, ohne Öffnen eines zusätzlichen Browsers, angezeigt werden. Eudoras Oberfläche hat ein separates Teilfenster unter dem Mailbox-Fenster, um die Nachrichten zu sichten.

Schreiboptionen

Während des Erstellens einer Nachricht vervollständigt Eudora automatisch den Namen, wenn der Benutzer die ersten Buchstaben einer Adresse aus seinem Adreßbuch eingibt. Das Schreibfenster enthält auch eine Rechtschreibprüfung, die beim Anklicken eines Buttons die falsch geschriebenen Wörter hervorhebt. Für Fans von HTML-Mail erlaubt Eudoras Schreibfenster dem Benutzer, in HTML zu formatieren, einschließlich des Einbindens von Hyperlinks und eingebetteten Grafiken.

Andere Eigenschaften

Eudora unterstützt eine automatische Antwort im Stil von »vacation«. Es hat eine einfache Dokumentation und eine komplette Online-Hilfe.

Konfiguration von Eudora

Eudora ist sehr einfach zu konfigurieren. Um die grundlegenden Optionen zu editieren, gehen Sie in die Menüleiste, öffnen TOOLS und wählen OPTIONEN an. Das Menü OPTIONEN ist in Abbildung 4-7 dargestellt. Klicken Sie auf den Typ der Optionen in der linken Fläche. Veränderungen werden sofort aktiv, wenn Sie den OK-Button drücken. Der von Ihnen angegebene IMAP-Account erscheint als Ihre »dominante« Mailbox oder Person. Wenn Sie Ihren IMAP-Account einrichten, sollten Sie die »Inbox Prefix« leer lassen – Eudora wird den Server fragen und Ihre Inbox für Sie finden.

Um noch einen anderen IMAP-Account hinzuzufügen, öffnen Sie das Menü TOOLS und wählen Sie PERSONALITIES. Klicken Sie auf den Karteireiter PERSONALITIES. Klicken Sie mit der rechten Maustaste in den Hintergrund in dem Fenster über dem Karteireiter, um ein Menü zu öffnen. Wählen Sie NEW aus dem Menü, und geben Sie die Information über Ihren IMAP-Account ein. Abbildung 4-8 gibt dazu eine Illustration. Nachdem Sie in den Hintergrund geklickt und NEU aus dem geöffneten Menü ausgewählt haben, benutzt Eudora einen Assistenten, um Sie durch den Prozeß des Hinzufügens eines neuen Accounts zu führen.

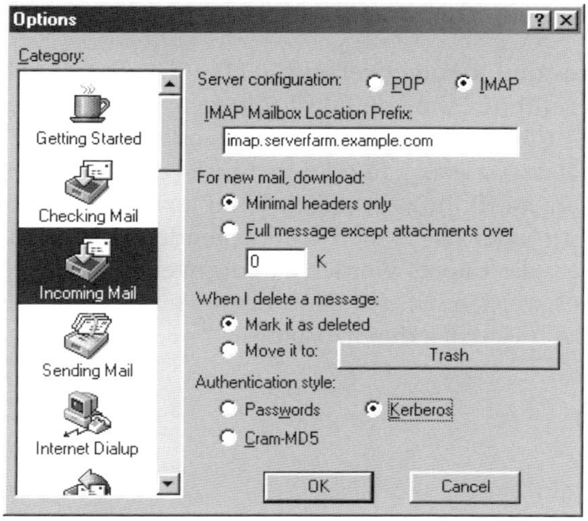

Abbildung 4-7: Optionsmenü für Eudora

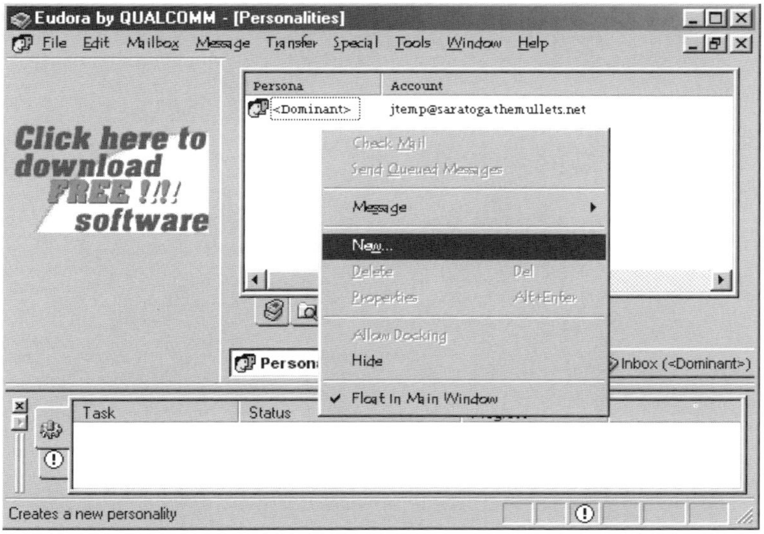

Abbildung 4-8: Anlegen eines neuen IMAP-Accounts in Eudora

Andere Clients

Es gibt Dutzende von freien, Shareware- und kommerziellen Clients für jede vorstellbare Plattform. Eine komplette und gut geführte Liste von IMAP-Clients finden Sie unter *http://www.imap.org/*. Obwohl wir viele Clients von dieser Liste bewertet haben, entschlossen wir uns, sie hier nicht zu erwähnen, aus einem oder mehreren der folgenden Gründe: unvollständige Unterstützung für IMAP, ungewöhnlich komplexe Installation, Unterstützung nur einer einzigen Plattform oder das Fehlen grundlegender Eigenschaften. Die Liste der Clients ist dynamisch – die Clients werden ständig weiterentwickelt und verbessern sich fortwährend. Und es werden laufend neue Clients hinzugefügt. Es lohnt sich, diese Liste von Zeit zu Zeit nach Updates durchzusehen.

5

Webbasierte IMAP-Clients

Eine der Hauptstärken von IMAP, nämlich seine Fähigkeit, einen ständig verfügbaren E-Mail-Zugriff bereitzustellen, wirft eine offensichtliche Frage auf. Wenn der Zugriff auf das Internet ständig verfügbar ist, jedoch nicht überall IMAP-Clients installiert sind, wie kommen Sie dann an Ihre E-Mail? Eine gute Antwort ist die Verwendung eines Gateways vom Web zu IMAP. Solch ein Gateway präsentiert Ihre IMAP-basierte Mail über eine webbasierte Schnittstelle, die von einem Webbrowser aus bedient werden kann. Solche Gateways von IMAP ins Web existieren in verschiedenen Komplexitätsgraden; angefangen von Schnittstellen, die ausschließlich Standard-HTML benutzen, bis zu solchen, die großzügig JavaScript und Java einsetzen, um dem Benutzer seine Mail zu präsentieren.

Mit einem solchen Gateway können Sie die Vorteile von IMAP weiter nutzen, wenn ein IMAP-Client verfügbar ist. Oder Sie können auch einen beliebigen Webbrowser als IMAP-Client einsetzen, wenn kein konventioneller IMAP-Client vorhanden ist. Solche Web-zu-E-Mail-Schnittstellen werden nicht nur von den immer populärer werdenden freien E-Mail-Anbietern verwendet, sondern auch von Handgeräten, wie Handys und PDAs, die Webbrowser einsetzen, um ihre Benutzer mit ihren Mailboxen zu verbinden.

Was ist ein webbasierter IMAP-Client?

Ein webbasiertes E-Mail-System wird auch manchmal als Webmail-System bezeichnet. Zwei populäre Beispiele solcher Systeme sind Yahoo! Mail und Hotmail. Ein typisches Webmail-System, das IMAP einsetzt, besteht normalerweise aus einem Webmailserver, auf dem der webbasierte IMAP-Client läuft, dem IMAP-Server und einem Mail-Speicher.

Ein webbasierter IMAP-Client ist eine Software, die auf einem Webserver läuft und aus dem Webbrowser heraus den traditionellen Zugriff auf die IMAP-E-Mail und die Funktionen bereitstellt. Viele der bekanntesten Webbrowser kommen zusammen mit IMAP-

und POP-Clients zum Lesen der Mail, jedoch werden Pakete, die so funktionieren, als vollständige IMAP-Clients angesehen, aber nicht als webbasierte IMAP-Clients.

Der »Client« beim webbasierten IMAP kann jemanden, der nicht mit der Webtechnologie vertraut ist, in die Irre führen. In diesem Kontext ist der Client ein Programm, das auf dem Webserver läuft, jedoch nicht der Webbrowser selbst. Ein webbasierter IMAP-Client kann von einem Webbrowser aus verwendet werden (Netscape, IE, AOL, Cello oder Mosaic).

Abbildung 5-1 illustriert einen webbasierten IMAP-Client. Der »Client« fungiert dabei als Vermittler zwischen den Client/Server-Paaren: dem Browser und dem Webserver auf der einen Seite und dem Webserver und dem IMAP-Server auf der anderen.

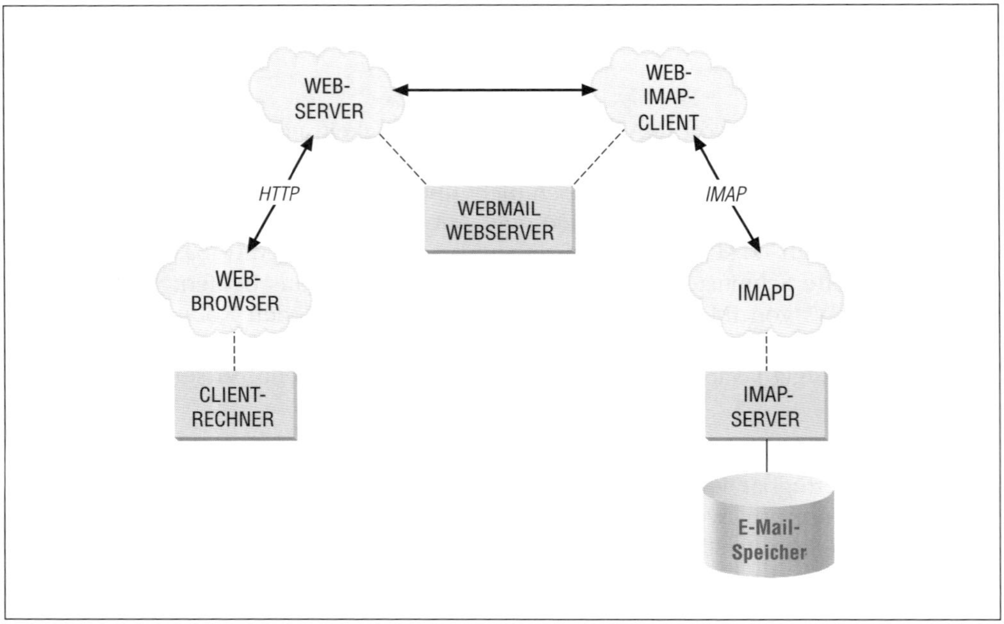

Abbildung 5-1: Webbasierter IMAP-Client

Die Autoren von Webmail-Gateways benutzen eine Vielzahl unterschiedlicher Herangehensweisen, um diese Aufgabe zu lösen. Einige Webmail-Systeme laufen als Common Gateway Interfaces (CGIs), andere als Java-Applets und wieder andere als PHP-Anwendungen. Bei CGIs ist es wahrscheinlich, daß sie Leistungseinbrüche in Situationen verursachen, in denen ihre Ausführung das Starten und Ausführen eines anderen ausführbaren Programms erfordert. PHP-Anwendungen verursachen nicht so viele Leistungsprobleme, weil PHP als Bibliothek implementiert ist und nicht als völlig eigenständiges Programm. Wegen der inkonsistenten Umsetzung von Java in verschiedenen Browsern ist es leicht zu verstehen, warum ein guter Java-IMAP-Client schwer zu finden ist. Wir betrachten daher Clients, die auf PHP und CGI basieren.

Warum sollte man einen webbasierten IMAP-Client verwenden?

Webbasierte IMAP-Clients bieten viele Vorteile, die in traditionellen IMAP-Clients nicht vorhanden sind. Lassen Sie uns nachsehen, was einen webbasierten IMAP-Client so überlegen macht.

Unabhängigkeit von der Plattform des Endbenutzers

Auf einmal brauchen sich Site-Manager, die heterogene Netze aus PCs, Macs, Linux-Rechnern und anderen Plattformen betreuen, keine Sorgen mehr um die Unterstützung von Mail-Clients für all diese Plattformen zu machen. Alle Rechner, die Zugang zum Web haben, können nun denselben Mail-Client betreiben. Solche Plattformunabhängigkeit wird immer wichtiger, weil die Arbeit im Netz vom Rechner auf dem Schreibtisch zurück auf den Server verlagert wird.

Globaler Zugang

Weil der Zugang zum Internet immer mehr zum Alltag gehört, verbreitet sich die Auffassung, daß »Web = Internet« sei, mit nie zuvor erlebter Geschwindigkeit. Als Ergebnis dieses Trends hat nahezu jeder Computer im Internet einen Webbrowser, egal, ob er sich in einem Internet-Cafe in Schottland oder an einem Internet-Terminal auf einem Flughafen befindet. Webmail-Gateways machen sich diese Tatsache zunutze, um einen universellen Zugang zu E-Mail, unabhängig vom Aufenthaltsort, anzubieten.

Integration in existierende IMAP-Server

Wenn natürlich der einzige Client, den Sie jemals benutzen, um auf Ihre E-Mail zuzugreifen, ein Webmail-Gateway wäre, würde es überhaupt keine Rolle spielen, was am anderen Ende benutzt wird, um an Ihre Mail-Speicher heranzukommen. In der realen Welt jedoch sind die webbasierten Mail-Clients eher die armen Verwandten der dedizierten IMAP MUAs, und das wird noch einige Zeit so bleiben. Die speziellen Clients haben sehr viel mehr Flexibilität und bieten mehr Raum für individuelle Anpassungen, was ihre Oberflächen betrifft. Unter diesen Umständen werden viele Ihrer Benutzer weiterhin ihre speziellen IMAP-Clients benutzen wollen, um ihre E-Mail zu bearbeiten. Wenn Sie sich ein Webmail-Gateway aussuchen, das die IMAP-Normen erfüllt, erhalten Sie das Beste aus beiden Welten. Webmail für diejenigen Benutzer, die sie wollen und sie brauchen, und normale IMAP-Dienste für die Benutzer, die eher die traditionellen Methoden verwenden wollen oder müssen.

Zentrale Administration

Ein webbasierter IMAP-Client macht Schluß mit der Notwendigkeit, einen IMAP-Client jedesmal zu verteilen und neu einzurichten, wenn eine neue Version des Clients herauskommt. Das Upgrade auf neue Versionen des webbasierten IMAP-Clients erfolgt vollkommen unbemerkt vom Benutzer, da neue Server in einer einzigen Aktion gestartet, getestet und als Produktionssystem übernommen werden können. Obgleich individuelle Benutzer ihre speziellen Clients sehr viel besser kontrollieren können, können webbasierte Clients sehr viel einfacher durch zentrale Fachkräfte, wie die lokale IT-Abteilung, an bestimmte Installationen angepaßt werden. Einzelne Abteilungen, externe Benutzer oder sogar Benutzer unterschiedlicher Qualifikation können alle ihre eigenen Oberflächen für das Webmail-System haben, die sich unter Benutzung vorhandener Anpassungsmethoden alle unter derselben URL befinden können. Solche Methoden schließen oft Cookies und Umleitungen nach Level 3 ein, wie beispielsweise den Web Director oder den Local Director. Cookies sind textbasierte Informationshappen, die die Web-Site auf Ihrem Browser hinterläßt, um Ihnen in einem im Grunde sitzungslosen Web sitzungsorientierte Dienste bereitstellen zu können. Eine Umleitung nach Level 3 fängt Anforderungen für Dienste auf der Basis von IP-Adressen ab und agiert als Proxy, indem sie eine Anforderung an eine beliebige Anzahl von Produktionsservern ausführt und so jeden beliebigen Dienst robuster macht, als das ein einziger Server könnte. Die Administratoren können auch die Startseite für die Web-Site an den Aufenthaltsort des Benutzers, den Rechnertyp oder andere elementare Informationen anpassen, die durch die CGI API verfügbar sind.

Sicherheit

Der Webmail-Webserver fungiert im Endeffekt als ein Mittler. Auf seiner einen Seite kommunizieren der Browser des Benutzers und der Webserver. Auf der anderen reden der IMAP-Web-Client und der IMAP-Server miteinander. Alle Webmail-Clients, die in diesem Kapitel bewertet werden, stützen sich auf SSL, um die Kommunikation zwischen dem Browser und dem Webserver zu verschlüsseln. Das garantiert die Sicherheit zwischen dem Browser des Benutzers und dem Webserver. Offen ist jedoch noch die Kommunikation am anderen Ende zwischen dem Webmail-Client, der auf dem Webserver läuft, und dem IMAP-Server.

Eine populäre Methode zur Absicherung dieser Kommunikation ist es, sowohl den IMAP-Server als auch den Webserver auf demselben Rechner laufen zu lassen. Die Benutzer loggen sich dann mit SSL in den Webserver ein. Der Webserver gibt den Benutzernamen und das Paßwort über die lokale Schnittstelle des Rechners an den IMAP-Server weiter, nicht jedoch über das externe Netzwerk. Weniger sicher, aber immer noch besser als gar nichts, ist die Einrichtung einer vertrauenswürdigen privaten Netzwerkverbindung zwischen dem Webmail-Server und dem IMAP-Server.

Zum Zeitpunkt der Drucklegung konzentrierte sich die Sicherheit für IMAP-Web-Clients auf die Benutzung von SSL zwischen dem Browser und dem Webserver, nicht jedoch auf die Absicherung der Kommunikation zwischen dem IMAP-Web-Client und dem IMAP-Server. Die Systemadministratoren müssen sich zumeist selbst um die Absicherung dieser Kommunikation kümmern. Wenn Sie eher dazu neigen, den Webmail- und den IMAP-Server auf unterschiedlichen Servern laufen zu lassen, sollten Sie wahrscheinlich die Einrichtung eines privaten Netzes für die unverschlüsselte Kommunikation in Betracht ziehen oder die Einrichtung eines VPN zwischen Ihrem Web- und

IMAP-Server. Hoffentlich unterstützen die IMAP-Web-Clients bald SSL zwischen dem IMAP-Client und dem Server, so daß Sie sich einfach einen beliebigen SSL-Wrapper nehmen können, wie z.B. stunnel, ihn auf Ihren IMAP-Server bringen können und so SSL auf der gesamten Strecke vom Browser bis zum IMAP-Server haben.

Ein anderes Problem, das alle betrachten sollten, die mitunter paranoid sind, ist das Risiko, sensible Informationen in ein HTML-Formular einzugeben, wie Sie es tun, wenn Sie sich mit einem webbasierten Client auf Ihrem Mailserver anmelden. Der Inhalt von HTML-Feldern kann durch Java-Script-Applikationen gelesen werden, die in anderen Fenstern desselben Browsers arbeiten. Auch gibt es immer noch eine geringe Chance, daß Ihr lokaler Rechner immer noch bestimmte Inhalte zwischenspeichert, obwohl Ihr webbasierter IMAP-Client vermutlich für eine Benutzung von SSL eingerichtet ist. Sollte das der Fall sein, so ist es vorstellbar, daß eine Applikation den Inhalt aus dem Zwischenspeicher herausholt und Ihren E-Mail-Account und seinen Inhalt gefährdet. Dieses Risiko ist wirklich real. Aber wie mit so vielen Dingen beim aktuellen Zustand des Webs und der Sicherheit im Internet müssen Sie den Wert dessen, was Sie tun, gegen das Risiko, es überhaupt zu tun, abwägen. Sollten Sie sich gerade über dieses Problem wirklich Sorgen machen, so können Sie für jede einzelne sicherheitsrelevante Operation einen eigenen Browser-Prozeß laufen lassen (z.B. für Kreditkartenkauf im Web oder die Prüfung Ihrer E-Mail) und noch einen für allgemeines »Browsen«. Sie könnten sogar so weit gehen, einen anderen Browser auf Ihrer Maschine zu installieren, um die unterschiedlichen Prozesse wirklich auseinanderzuhalten, so daß Sie beispielsweise sichere Sachen mit dem Internet Explorer und alles andere mit Netscape machen oder umgekehrt.

Intuitive und freundliche Oberfläche

Die Benutzer kennen Webmail-Clients wie z.B. Yahoo!, Hotmail (MSN Mail) und andere frei verfügbare Webmail-Dienste. Die meisten webbasierten IMAP-Clients ähneln in Aussehen und Bedienung den populären frei verfügbaren Webmail-Diensten. Sie enthalten Online-Hilfen, Rechtschreibprüfung und Adreßbücher. Viele Benutzer ersparen sich durch einen webbasierten IMAP-Client die lange Anlernzeit, die für einen Standard-IMAP-Client benötigt wird.

Dies ist vermutlich eine gute Stelle, um zu erwähnen, daß diese Web-Clients ohne eine einzige Ausnahme für blinde oder sehbehinderte Benutzer nicht geeignet sind. Wir haben es nicht geschafft, sie in Lynx annehmbar einzusetzen. Deshalb glauben wir, daß solche Benutzer doch besser einen textbasierten IMAP-Client auf einem Hostsystem benutzen sollten.

Geringe Kosten

Viele populäre IMAP-Clients mit vollausgestatteter graphischer Benutzeroberfläche müssen normalerweise pro Kopie oder pro Benutzer bezahlt werden. Wie auch immer, je mehr Benutzer Sie unterstützen müssen, um so mehr müssen Sie bezahlen. Der Preis der meisten webbasierten IMAP-Clients ist unabhängig von der Anzahl der Benutzer – ein großer Vorteil für große Einrichtungen. Noch besser ist, daß einige exzellente webbasierte IMAP-Clients gänzlich frei verfügbar sind.

Webbasierte IMAP-Clients

Wir haben sechs der bekanntesten webbasierten IMAP-Clients für Unix bewertet (Tabelle 5-1).

Eine Anmerkung zu PHP

Einige der in diesem Kapitel behandelten Clients sind PHP-Anwendungen. Als PHP entwickelt wurde, hatte jeder große Webserver seine eigene proprietäre Skriptsprache, um einfach zu schreibende, jedoch nicht-portable dynamische Inhalte zu ermöglichen. PHP löst dieses Problem, indem es eine sehr mächtige Skriptsprache zur Verfügung stellt, die auf vielen Servern und Plattformen verwendet werden kann. Es gibt gute Schnittstellen von PHP zu verschiedenen Datenbanken, so daß Webapplikationen, die Datenbanken verwenden, sehr häufig auch PHP benutzen. PHP-Applikationen setzen natürlich einen Webserver voraus, der PHP benutzen kann. Alle Details zu PHP finden Sie unter *http://www.php.net*.

Eine Anmerkung zu Serverplattformen

Es gibt populäre IMAP-Web-Clients für NT, einschließlich eines sehr erfolgreichen von Infinite Technologies (WebMail). Ein IMAP-Web-Client läuft jedoch nicht in einem Vakuum. Er hängt von all den Eigenheiten eines Betriebssystems ab, auf dem er läuft, wie auch von den anderen Systemen, wie DNS, LDAP und dem physischen Rechner selbst. Es kann sein, daß es das eine Web-Gateway gibt, das alle Eigenschaften hat, die Sie benötigen. Wenn dieses jedoch nur für Windows NT zur Verfügung steht und Ihre Einrichtung weder den Wunsch noch die Fachkenntnis hat, eine Windows NT-Server-Farm zu verwalten, dann kann es sein, daß Sie sich zwischen diesen Eigenschaften und der Plattform entscheiden müssen.

Tabelle 5-1: Vergleich webbasierter IMAP-Clients

Eigenschaft	IMP 2.0.11	Mailspinner 3.2.5.4	SilkyMail 1.0	EMU 3.0e	WING 0.9
Kostenlos	✓	✗	✓	✗[a]	✓
Open Source	✓	✗	✓	✗	✓
LDAP-Suche	✓	✓	✓	✓	✗
SSL[b]	✓	✓	✓	✓	✓
IMSP	✗	✗	✓	✗	✗
NNTP	✗	✗	✓	✗	✓

Tabelle 5-1: Vergleich webbasierter IMAP-Clients (Fortsetzung)

Eigenschaft	IMP 2.0.11	Mailspinner 3.2.5.4	SilkyMail 1.0	EMU 3.0e	WING 0.9
Benutzerpräferenzen	✓	✓	✓	✓	✓
Persönliche Adreßbücher	✓	✓	✓	✓	✓
Länderanpassung	✓	✓	✓	✓	✗
Anpaßbare Oberfläche	✓	✓	✓	✓	✓
Online-Hilfe	✓	✓	✓	✓	✓
Verfassen von Nachrichten aufschieben	✓	✓	✓	✓	✗
Rechtschreibhilfe	✓	✓	✓	✓	✓

a. Es gibt eine kostenlose Version von EMUMail, die jedoch Werbebanner enthält, die nicht entfernt werden können.

b. Da zur Drucklegung keiner SSL zwischen dem IMAP-Web-Client und dem IMAP-Server benutzte, bedeutet SSL-Unterstützung in dieser Tabelle nur SSL zwischen dem Webbrowser des Benutzers und dem Webserver.

IMP

Überblick

IMP (*http://www.horde.org*), eines der Softwareprojekte von Horde, ist ein webbasierter IMAP-Client, der in PHP implementiert wurde. IMP ist frei verfügbar. Die jüngste Version war bei Drucklegung des amerikanischen Originals 2.0.11[1], die auf *ftp://ftp.horde.org/imp/* zur Verfügung steht. IMP versteht IMAP4 und arbeitet sowohl mit dem UW- als auch mit dem Cyrus IMAP-Server zusammen.

Stärken und Schwächen

Stärken

IMP ist Open Source und kostenlos verfügbar. Es wurde aus frei verfügbaren Open Source-Komponenten und offenen Standards aufgebaut. IMP ist leistungsfähiger und verursacht weniger unnötige Systembelastung als ein CGI-Skript, da es in PHP implementiert wurde. Es unterstützt mehrere Sprachen, z.B. Englisch, Deutsch, Italienisch und brasilianisches Portugiesisch.

Schwächen

Bis vor kurzem war es eine gewisse Herausforderung, IMP auf anderen Plattformen als Linux zu installieren, da es eine ganze Reihe zusätzlicher Pakete verlangte. Das wurde jedoch beseitigt, und IMP stellt, wenn überhaupt, nur wenige Anforderungen, abgese-

1 Während der Übersetzung der amerikanischen Originalausgabe wurde 2.2.4 zur aktuellen stabilen Version.

hen davon, daß der Webserver und der IMAP-Server natürlich PHP verstehen müssen. Es gab jedoch mehrere Berichte, daß ein nicht-modifizierter IMP-Server nur sehr schwer mit mehr als 10.000 Benutzern zurechtkommt – wegen Problemen mit der Leistungsfähigkeit. Ihre persönlichen Erfahrungen können jedoch davon abweichen.

Anforderungen

IMP kann auf jeder Unix-Plattform kompiliert werden. Es wurde getestet und läuft bekanntermaßen auf folgenden Plattformen:

AIX 4.3.2
BSDi
Digital Unix 4.0d/4.0e
FreeBSD 3.0 und darüber
Linux (Debian 2.1 und 2.2)
Linux (Red Hat 5.2 und darüber)
Linux (Slackware)
Solaris 2.6 und darüber
Windows NT 4.0

Horde

Das Horde-Modul, der Kern aller Softwaremodule von Horde, muß auf Ihrem System als Teil Ihrer IMP-Installation installiert werden. Die Quelldistribution des Horde-Moduls steht unter *ftp://ftp.horde.org/horde.org/imp* zur Verfügung. Die aktuelle Version zum Zeitpunkt der Drucklegung war 1.2.4.

PHP

IMP setzt PHP 3.0.7 oder höher voraus. PHP, das den Großteil des dynamischen Inhalts Ihrer IMP-Webseiten erzeugt, ist eine frei verfügbare Skriptsprache. PHP steht unter *http://www.php.net* zur Verfügung. Zum Zeitpunkt der Drucklegung war die jüngste stabile Version 4.0.4pl1. Beachten Sie jedoch, daß – obwohl PHP 4.x verfügbar ist – IMP 2.0.11 noch nicht mit PHP 4.x getestet wurde.

Ein Webserver mit PHP-Unterstützung

IMP benötigt einen Webserver, der PHP unterstützt, wie z.B. Apache. Apache 1.3.6, Apache 1.3.9 und IIS 4 funktionieren alle mit IMP. Wenn Sie IMP kompilieren, um es zusammen mit einem Apache-Server zu benutzen, kann es sein, daß Sie Apache noch einmal kompilieren müssen, damit er PHP unterstützt.

Perl

Die Konfigurationsskripten für IMP sind in Perl geschrieben.

Administration

Um die Benutzereinstellungen und Adreßbücher in einer Datenbank zu speichern, benötigen Sie eine Datenbank, und Sie müssen die Unterstützung für Datenbanken in PHP hineinkompiliert haben. Zu den unterstützten Datenbanken gehören MySQL, PostgreSQL, Sybase, Oracle und Informix.

IMP wurde zur Unterstützung der Suche mit LDAP vorbereitet. Dazu müssen Sie die LDAP-Unterstützung in PHP neu hineinkompilieren. Sowohl das LDAP der University of Michigan als auch Open LDAP wurden erfolgreich mit IMP benutzt.

Um die SSL-Unterstützung von IMP zu benutzen, muß Ihr Webserver SSL-fähig sein, und SSL muß aktiviert sein.

Anpassung der Installation

IMP ist sehr anpassungsfähig. Diese Anpassung wird ausgeführt, indem entweder eine kleine Anzahl von PHP-Skripten oder Textdateien bearbeitet werden, die einzelne Teile des gemeinsamen Erscheinungsbildes aller Seiten, wie z.B. die Seiten-Header und die Seitenfußzeilen, definieren.

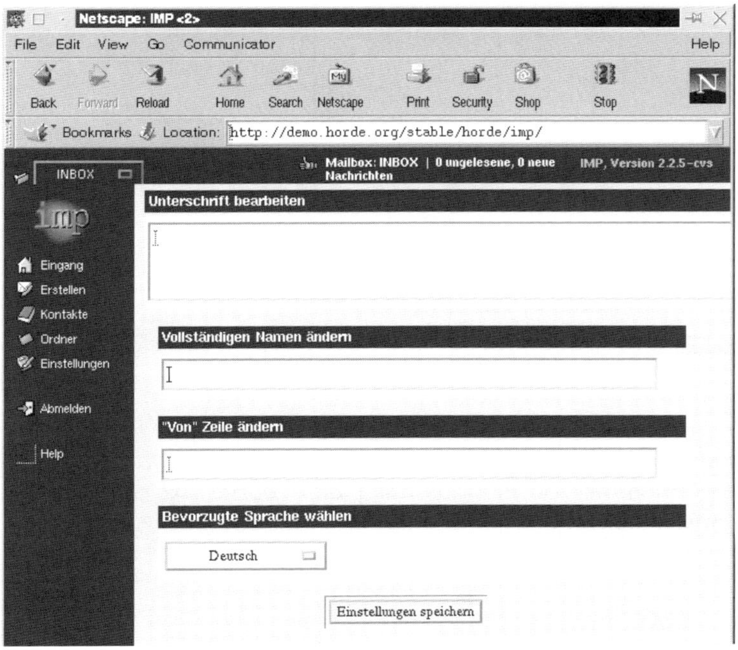

Abbildung 5-2: IMP-Präferenzen

Beispiele

PHP gestattet es dem Benutzer, seine Unterschrift, seinen vollen Namen sowie die Absenderzeile im Header und die bevorzugte Sprache zu ändern. Das Fenster der Präferenzen wird in Abbildung 5-2 gezeigt. Das Fenster zur Erstellung einer Nachricht wird in Abbildung 5-3 gezeigt. Der Nachrichtenindex ist in Abbildung 5-4 dargestellt.

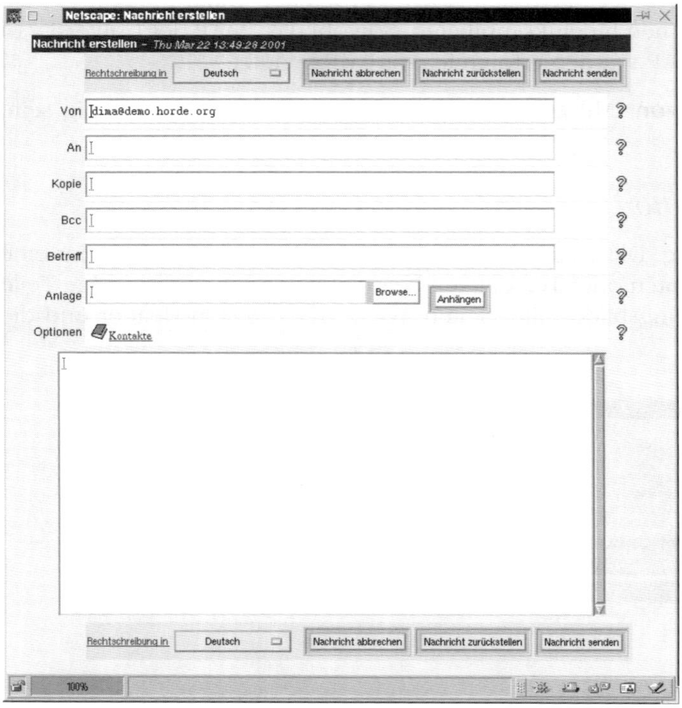

Abbildung 5-3: Erstellung einer Nachricht mit IMP

Hilfe zu IMP

Ein guter Ausgangspunkt ist der IMP-Teil der Horde-FAQ unter *http://faq.horde.org/cache/1.html*. Übrigens können Sie von hier aus unter *http://horde.tdyc.com/* in allen IMP-Mailinglisten auf einmal suchen.

IMP-Website

Die IMP-Website ist *http://horde.org/imp/*.

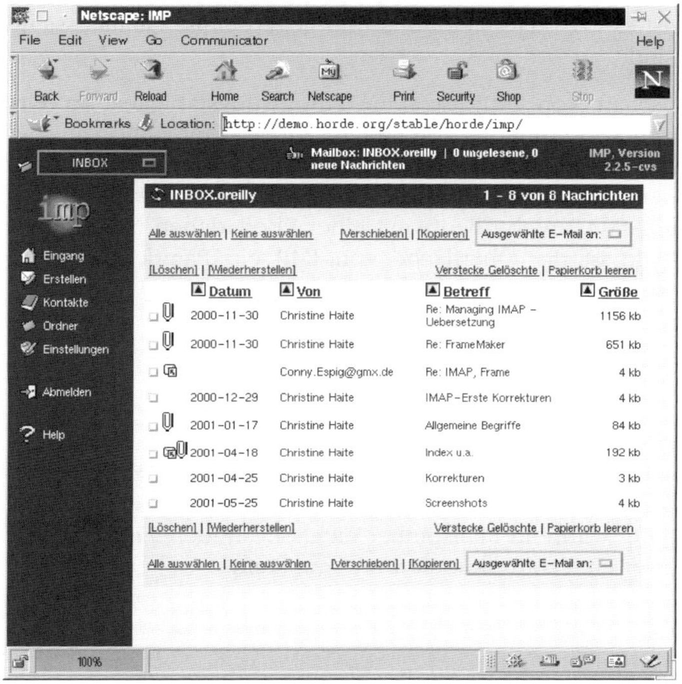

Abbildung 5-4: Nachrichtenindex in IMP

Mailinglisten

Es gibt zwei Mailinglisten, in denen über IMP diskutiert wird. Die IMP-Mailingliste konzentriert sich auf Diskussionen über allgemeine IMP-Probleme. Um diese zu abonnieren, schicken Sie eine Nachricht mit einem leeren Körper an *imp-subscribe@horde.org*. Die Liste IMP CVS konzentriert sich mehr auf Probleme bei der Entwicklung von IMP. Um diese zu abonnieren, senden Sie eine Nachricht an *imp-cvs-subscribe@horde.org*. Archive beider Mailinglisten stehen unter *http://www.horde.org/mail/imp/* und *http://www.horde.org/mail/cvs/* zur Verfügung.

Generelle Eindrücke

IMP bekommt von vornherein gute Noten dafür, daß es ein Open Source-Paket ist. Obgleich es sich stark an Linux anlehnt und so nicht die Betriebssystemneutralität erreicht, die viele Open Source-Pakete aufweisen, macht sich diese Tendenz zumeist in der Installation bemerkbar, nicht jedoch in der Administration. Solche Faktoren sollten jedoch für den Endbenutzer unsichtbar sein und betreffen daher nur den Systemadministrator. Viele Systemadministratoren, die IMP installieren, werden versucht sein zu sagen: »Na, das ist genau das, was ich entworfen hätte, wenn ich es selbst getan hätte.«

Von der SQL-basierten Benutzerverwaltung bis hin zur LDAP-Unterstützung für Adreßbücher der gesamten Firma ist es klar, daß viel Mühe und gegenseitige Qualitätssicherungen in IMP eingeflossen sind.

Vermutlich die beste Eigenschaft von IMP ist seine Anpassungsfähigkeit an eine bestimmte Einrichtung. Aufgrund des Entwurfs von IMP aus einer Kombination aus einfachen Konfigurationsdateien und PHP-Skripten können sich zehn unterschiedliche Einrichtungen, die alle IMP benutzen, nahezu komplett voneinander unterscheiden. Im Gegensatz zu einigen anderen IMAP-Web-Clients mit einer überladenen und unübersichtlichen Benutzerschnittstelle ist die Oberfläche von IMP ein Paradebeispiel für KISS.[2]

Mailspinner

Wir können uns sehr leicht vorstellen, daß die Benutzer in zwei Lager zerfallen: solche, die IMP bevorzugen, und solche, die eher Mailspinner mögen. IMP ist einfach eine Box mit Spielzeug für Freaks, voll mit einstellbaren Eigenschaften und voneinander abhängigen Open Source-Technologien, während Mailspinner nichts Besonderes ist, ein kommerzieller IMAP-Web-Client, der einfach funktioniert und gut läuft.

Überblick

Mailspinner (*http://www.mailspinner.com*) ist ein hochleistungsfähiger, kommerzieller CGI-IMAP-Client mit nicht verfügbaren Quellen. Seine Oberfläche wird sogar von Neulingen schnell angenommen. Obgleich das Programm das System nicht sehr belastet, tut es der Preis. Mailspinner ist einer der teuersten kommerziellen Clients, die wir bewertet haben. Für diesen Preis jedoch erhalten Sie ein System, das gebaut wurde, um sich auch auf Multiserver-Mail-Infrastrukturen mit mehreren Schichten erweitern zu lassen.

Auf der Website von Mailspinner steht eine Online-Demo zur Verfügung. Klicken Sie auf »Demo Mailspinner«, und füllen Sie das Formular aus, in dem Sie nach einem Benutzernamen und einem Paßwort für die Demo gefragt werden. Nachdem Sie den Benutzernamen und das Paßwort erhalten haben, können Sie die Demo testen, die eine voll funktionsfähige Version von Mailspinner ist. Obwohl es keine kostenlose Demo zum Herunterladen und zum Ausprobieren für Ihr eigenes Netz gibt, holten wir uns die Distribution und eine zeitweilige Lizenz, indem wir einen Verkäufer anriefen und ihn danach fragten.

2 Keep It Simple, Stupid.

Stärken und Schwächen

Stärken

Die Benutzer finden die Oberfläche sehr intuitiv und leicht zu benutzen. Sie erfordert sehr geringen oder gar keinen Lernaufwand und ist leicht zu installieren und einzurichten.

Schwächen

Mailspinner ist nicht kostenlos. Obgleich sich die Oberfläche etwas anpasssen läßt, besteht Mailspinners größte Schwäche darin, daß die Quellen den Kunden nicht zur Verfügung stehen.

Anforderungen

Mailspinner setzt keinerlei andere Software voraus – alles, was benötigt wird, um Mailspinner laufen zu lassen, ist in der Binärdistribution enthalten.

Solaris, Solaris x86 und IRIX sind die unterstützten Plattformen. Die Website des Produkts läßt vermuten, daß auch noch andere Plattformen unterstützt werden, diese werden jedoch nicht explizit aufgeführt.

Administration

Sollte es auf einem SSL-fähigen Server laufen, so benutzt Mailspinner eine DES-Verschlüsselung für Benutzernamen und Paßwörter.

Die Benutzereinstellungen können in einfachen Dateien gespeichert werden oder in einfachen Dateien in einer Hash-Verzeichnisstruktur oder aber in einer DBM-Datei. Die persönlichen Adreßbücher werden als Teil der Benutzereinstellungen gespeichert.

Anpassung der Installation

Mailspinner kann in begrenztem Umfang angepaßt werden. Die Mailspinner-Installation besteht aus einem Dämon, einem kompilierten CGI-Programm und einer Reihe von Bildern – es werden keine HTML- oder CGI-Quellen bereitgestellt. Jede Grafik kann durch Ihre eigenen Grafiken ersetzt werden, und jede Information oder Fehlermeldung kann durch Ihre eigenen Meldungen ersetzt werden, Sie haben jedoch keinen direkten Zugriff auf die CGI- oder HTML-Quellen. Unterstützer der Open Source-Bewegung werden gegen diesen Aspekt von Mailspinner Einwände erheben. Die Anpassung von Mailspinner ist auch einigermaßen umständlich. Um eine Grafik zu ändern, entfernen Sie die alte GIF-Datei und setzen die neue GIF-Datei an ihre Stelle. Um eine Fehlermeldung zu ersetzen, editieren Sie eine Unix-Katalog-Quelldatei, tragen die Änderung ein und erstellen einen neuen Katalog mit *gencat*. Diese Art der Anpassung verhindert das Einfügen neuer Features (etwa ein Tagesmotto auf dem Login-Screen) und zwingt den Systemadministrator zu umständlichen Lösungen.

Persönliche Anpassung

Der Benutzer kann die Anzahl der Nachrichten einstellen, die auf dem Bildschirm angezeigt werden, und auch die Zeit zwischen dem Auffrischen der Mailbox[3] sowie die Größe der Schrift.

Beispiele

Abbildung 5-5 ist ein Beispiel für einen Login-Screen von Mailspinner, angepaßt für die University of North Texas.

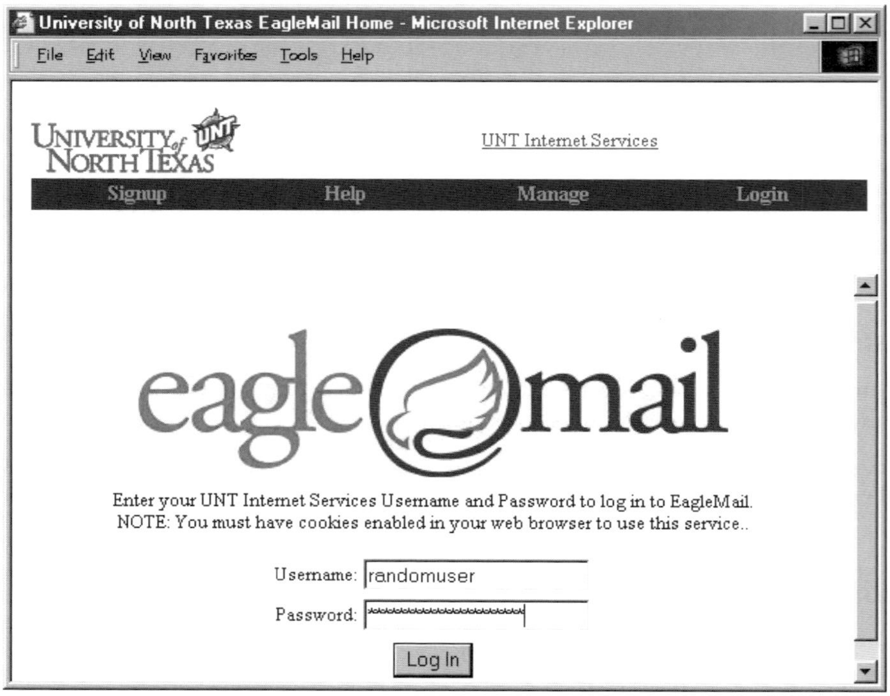

Abbildung 5-5: Login-Screen von Mailspinner

Mailspinner kann so eingerichtet werden, daß es Adressen in einer oder mehreren externen LDAP-Datenbanken sucht. Abbildung 5-6 ist ein Beispiel für eine Suche von Mailspinner mit LDAP, wieder angepaßt auf die University of North Texas.

Die Nachrichtenliste von Mailspinner wird in Abbildung 5-7 gezeigt.

3 Standardmäßig frischt Mailspinner die Mailbox alle 30 Sekunden auf. Das ist gerade oft genug, um Beschwerden von Benutzern zu verursachen.

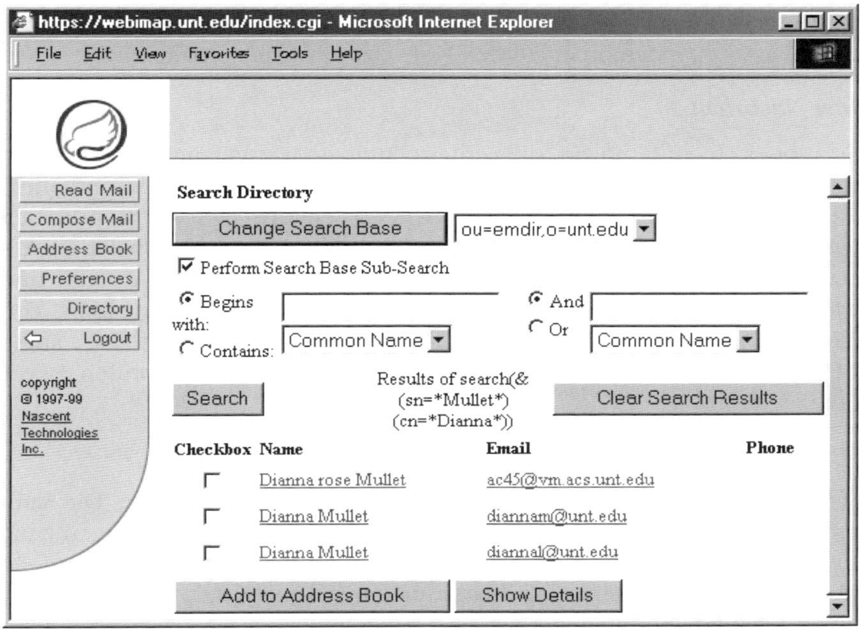

Abbildung 5-6: Mailspinner sucht mit LDAP nach Adressen

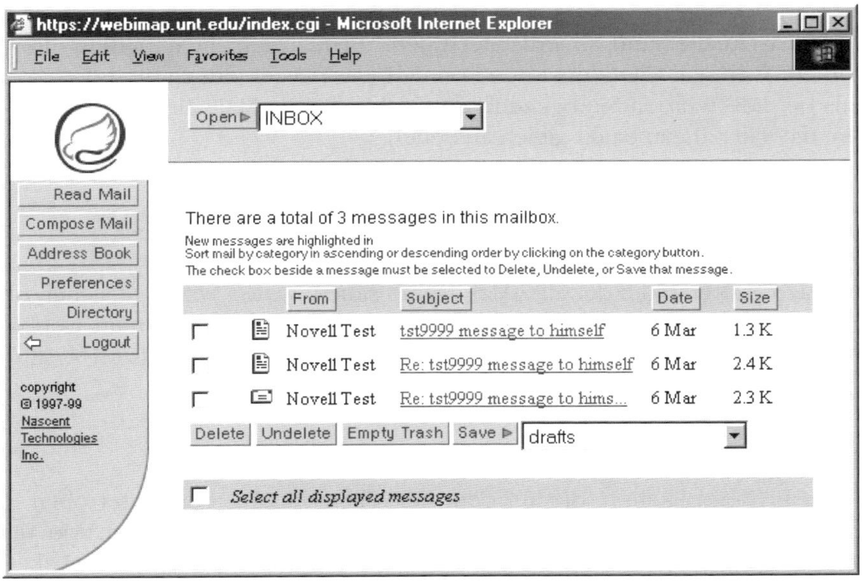

Abbildung 5-7: Mailspinners Nachrichtenliste

Um eine Nachricht zu lesen, muß der Benutzer auf die Betreffzeile der Nachricht klikken. Die Nachrichten können nach dem Absender, der Betreffzeile, dem Datum oder der Größe sortiert werden, indem man auf den Kopf der jeweiligen Spalte klickt.

Erstellung einer Nachricht

Mailspinner erlaubt es einem Benutzer, die Fertigstellung einer angefangenen Nachricht zu verschieben. Die zurückgestellte Nachricht bleibt zwischen den Sitzungen erhalten, so daß der Benutzer die Bearbeitung der Nachricht später fortsetzen kann. Adressen können in dem persönlichen Adreßbuch des Benutzers oder in einem globalen LDAP-Adreßbuch nachgesehen werden, während der Benutzer die Nachricht erstellt, und dann ausgewählt und entweder in die To:- oder Cc:-Felder eingetragen werden. Von dem lokalen Rechner können Dateien ausgewählt und der Nachricht als Anhänge angefügt werden. Der Benutzer kann auch die Rechtschreibung der Nachricht prüfen, bevor er sie absendet.

Unterstützung regionaler Besonderheiten

Mailspinner kann so eingerichtet werden, daß er andere Sprachen unterstützt. Die Standardsprache für Mailspinner ist Englisch. Und es scheint so, als ob die Unterstützung einer anderen Sprache dem Systemadministrator eine ganze Menge Arbeit abverlangen würde. Der Administrator muß eine Quelldatei für einen Unix-Katalog editieren, der Informationen und Fehlermeldungen enthält, und dabei jede englische Nachricht durch ihre Entsprechung in der alternativen Sprache ersetzen.

Allgemeine Eindrücke

Mailspinner ist ein schneller und abgerüsteter Client. Er macht nicht unbedingt alles, was Sie von einem Webmail-Client erwarten könnten, das was er jedoch tut, erledigt er gut. Anders als bei IMP würden Sie bei zehn unterschiedlichen Mailspinner-Installationen feststellen, daß sie nahezu exakt gleich aussehen.

SilkyMail

Als wir die rasanten Startgrafiken der SilkyMail-Demo sahen, waren wir nicht sicher, ob wir uns auf der richtigen Seite befanden. Unsere Erwartung wurde mit einem webbasierten IMAP-Client belohnt, der die gleichen hohen Standards wie Cyrusofts MUA, Mulberry (siehe Kapitel 4, *IMAP-Clients*), erfüllt.

Überblick

SilkyMail ist eine PHP-Applikation, die auf dem IMP-Client basiert, der weiter oben in diesem Kapitel erwähnt wird. SilkyMail wurden Eigenschaften hinzugefügt wie die Unterstützung von IMSP, eine verbesserte Benutzerschnittstelle, eine vereinfachte Paketzusammenstellung und Installation sowie Verbesserungen bei der Komplexität der Anpassung. SilkyMail ist anders als alle anderen Clients, die wir bewertet haben. Eigentlich ist es mehr ein kompletter IMAP-Client, der innerhalb eines Webbrowsers läuft. Tatsächlich sieht SilkyMail dem populären Mulberry-IMAP-Client für Windows und Macintosh sehr ähnlich und fühlt sich auch so an.

SilkyMail ist robust genug, um mit einem beliebigen IMAP-Server zusammenzuarbeiten, der Mailboxen mit einer riesigen Anzahl von Ordnern enthält. Wie sein Vetter, der konventionelle IMAP-Client Mulberry, gibt SilkyMail Ihnen Zugriff auf alle IMAP-Status- und Flag-Informationen für jeden Ordner. Die Nachrichten-Indizes können auch nach jedem Header-Feld oder Flag ausgewählt oder sortiert werden. Dies ist definitiv der Webmail-Client, der Ihre Benutzer von ihren kostenlosen E-Mail-Accounts entwöhnen könnte.

Wie IMP stützt sich SilkyMail größtenteils auf die Eigenschaften von PHP. Das bedeutet für die Benutzer, daß SilkyMail sehr wenige Anforderungen an ihren speziellen Browser stellt; kein JavaScript, keine Java-Unterstützung oder irgendwelche anderen außergewöhnlichen Eigenschaften werden vorausgesetzt.

Mehr Informationen zu Silky-Mail, einschließlich einer Liste häufig gestellter Fragen, stehen unter *http://www.cyrusoft.com/silkymail/* zur Verfügung.

Stärken und Schwächen

Stärken

- SilkyMail kann Zehntausende von Benutzern verwalten.
- SilkyMail ist Open Source. Diejenigen, die Cyrusoft kennen, sind davon nicht überrascht. Cyrusoft hat schon immer offene Standards in seine Produkte integriert.
- Es verfügt über jede in diesem Buch vorgestellte Funktion und insgesamt über den vollständigsten Satz an IMAP-Fähigkeiten unter den Webmail-Clients (siehe Tabelle 5-1).
- Es ist kostenlos, und Unterstützung kann man sich beim Vertreiber kaufen.

Schwächen

SilkyMail öffnet ein eigenes Fenster, um bestimmte Aktionen auszuführen, wie z.B. die Erstellung einer Nachricht. Als solches ist das definitiv noch keine Schwäche. Einige Benutzer jedoch beschweren sich darüber, daß sich viele separate Fenster über eine langsame Netzwerkverbindung nur im Schneckentempo bedienen lassen.

Anforderungen

- Es werden alle Unix-Plattformen unterstützt (der Quellcode ist beigelegt).
- Die SilkyMail-Distribution enthält nahezu alles, was benötigt wird. Sie werden *autoconf* benötigen, um die Konfigurationsskripten zu kompilieren, die notwendig sind, um auf Ihrem System SilkyMail zu installieren. *autoconf* seinerseits setzt m4 voraus, so daß Sie vermutlich als erstes m4 installieren müssen.
- GNU-*autoconf* (*ftp://ftp.gnu.org/pub/gnu/autoconf/*).
- GNU-*m4* (*ftp://ftp.gnu.org/pub/gnu/m4/*).

- SilkyMail benötigt PHP. PHP, das den Großteil des dynamischen Inhalts Ihrer SilkyMail-Webseiten erstellt, ist eine frei verfügbare Skriptsprache. PHP steht unter *http://www.php.net* zur Verfügung. Zum Zeitpunkt der Drucklegung war die jüngste stabile Version 4.0.4pl1.

Administration

Bei dem Apache-Webserver, der SilkyMail beigelegt ist, ist SSL schon aktiviert.

Cyrusoft empfiehlt, die Benutzerpräferenzen in einer externen IMSP-Datenbank zu speichern. Die Präferenzen können jedoch auch auf dem Server in einer SQL- oder DBM-Datenbank gespeichert werden.

SilkyMail unterstützt sowohl persönliche als auch gemeinsam genutzte Adreßbücher. Aus dem gleichen Fenster heraus können auch firmenweite oder externe LDAP-Server durchsucht werden.

Anpassung der Installation

SilkyMail bietet eine komplett visuelle Anpassung. Der Login-Bildschirm kann auf einen speziellen IMAP-Server festgelegt werden, oder dem Benutzer kann gestattet werden, irgendeinen externen IMAP-Server anzugeben. Administratoren können bestimmte Eigenschaften festlegen, wie etwa den Namen des IMAP- und des IMSP-Servers oder eine beliebige Benutzerpräferenz. Silky-Mail kann so eingestellt werden, daß es eine beliebige Sprache unterstützt.

Persönliche Anpassung

SilkyMail bietet einen Kontaktmanager für die Benutzer, in dem sie Adreßinformationen speichern können. Der Kontaktmanager ermöglicht auch einen Zugriff auf Adreßbücher, die auf einem IMSP-Server gespeichert sind.

Beispiele

Das Fenster für die Verwaltung der Adreßbücher ist in Abbildung 5-8 dargestellt.

Die Eigenschaften des Fensters zur Erstellung der Nachricht beinhalten die automatische Vervollständigung von Adressen, mehrsprachige Rechtschreibprüfung und die automatische Zitierung bei einer Antwort. Kopien abgesendeter Nachrichten können direkt in Ordnern gespeichert werden. Abbildung 5-9 zeigt einen Screenshot des Fensters zur Erstellung einer Nachricht.

Das Fenster für die Präferenzen ist in Abbildung 5-10 dargestellt.

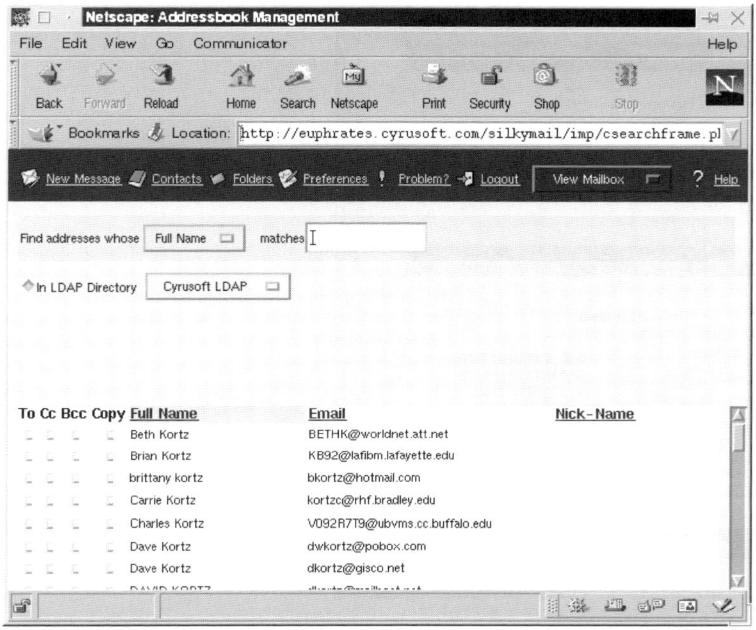

Abbildung 5-8: Das Adreßbuch von SilkyMail

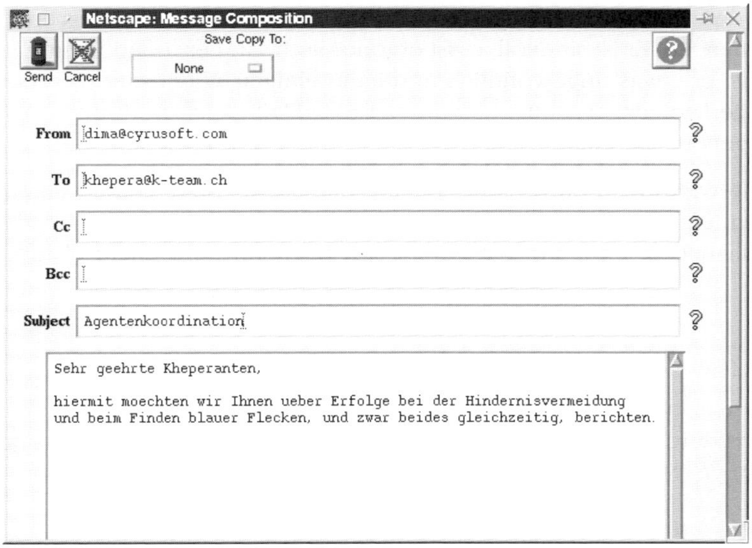

Abbildung 5-9: Erstellen einer Nachricht mit SilkyMail

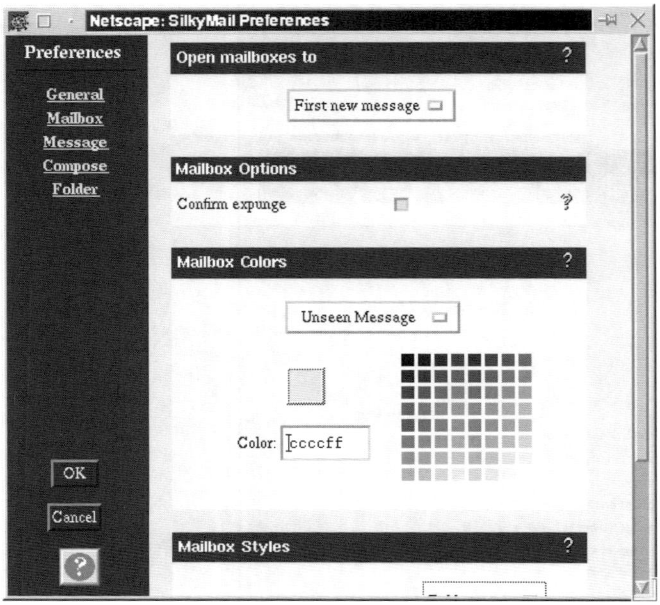

Abbildung 5-10: SilkyMail-Präferenzen

Allgemeine Eindrücke

Wie sein Standalone-Äquivalent von Cyrusoft, Mulberry, verfolgt die Benutzerschnittstelle einen ganz eigenen Stil. Er ist sinnvoll, er ist ergonomisch, und er funktioniert gut. Doch für viele Leute ist er etwas ungewöhnlich und kann einigen Widerstand verursachen sowie auch einige Lernzeit. Was uns betrifft, war SilkyMail gleich nach dem Auspacken der visuell angenehmste Client.

SilkyMail erhält gute Bewertungen für die Präsentation der Nachrichten. Der Umstand, daß die Anhänge einen eigenen Betrachter und eigene Download-Links haben, macht das Programm freundlicher für eine große Auswahl von Browsern und Client-Plattformen.

EMU

Anfangs ließen wir uns durch den rennenden Emu verführen (seine Bewegungen sind so realistisch, daß man erwartet, ihn als nächstes quäken zu hören).[4]

4 Sollten Sie einen wirklich langsamen IMAP-Server oder eine wirklich große Mailbox haben, werden Sie genug Zeit haben, eine Grube zu graben, den niedlichen kleinen Emu zu fangen und ein paar Emuburger zuzubereiten. EMU scheint eine außergewöhnlich große Menge an Informationen über die Mailboxen und die Nachrichten zwischenzuspeichern, um den Index aufzubauen.

Überblick

Die Version, die wir bewerteten, war eine Vorabversion von EMU 3. Die Demo der jüngsten Version von EMU (Emu Webmail 4.5 zum Zeitpunkt der Übersetzung) steht unter *http://www.emumail.com/download.html* zur Verfügung.

Stärken und Schwächen

Stärken

EMU 3 kommt in einer kostenfreien Version, wenn Sie nichts gegen Werbebanner haben. Einige der Vorzüge von EMU sind folgende:

- Die Fertigstellung angefangener Nachrichten kann verschoben werden. Die aufgeschobene Nachricht wird zwischen den Sitzungen gespeichert, so daß der Benutzer später an der Nachricht weiterarbeiten kann.
- Filterung der E-Mail auf dem Client unter Verwendung von benutzerdefinierten Filterregeln.
- Die Darstellung der kompletten Nachrichten-Header kann an- oder abgeschaltet werden.

Die EMU-Dokumentation liegt der Distribution bei. Der Anhang B des Installationsführers enthält sehr nützliche Informationen zur Problemlösung. Die Benutzerschnittstelle wirkt sehr aufgeräumt. Die Menüzeilen oben und unten am Nachrichtenindex haben deutlich bezeichnete Buttons.

Schwächen

Die kostenfreie Version hat Werbebanner, die nicht entfernt werden können.

Es ist nicht Open Source.

IMAP-Flags werden nicht hundertprozentig korrekt bearbeitet, z.B. erscheinen Nachrichten, die mit »\Answered« gekennzeichnet werden, in EMU 3 nicht als beantwortete Nachrichten.

Es gibt einige Schwierigkeiten bei der Erzeugung von Ordnern auf einem externen IMAP-Server. Der Client nimmt die Eingabe entgegen und führt sie ohne Fehlermeldung aus, jedoch wird der Ordner nicht erzeugt. Dies kann einige Feineinstellungen bei der Konfiguration erforderlich machen. Es gibt jedoch keine Dokumentation zu diesem Punkt.

Die Leistung beim Laden einer Mailbox ist merklich langsamer als die anderer Clients, die wir in diesem Kapitel betrachtet haben. Ohne einen Blick in den Quellcode zu werfen, ist es schwer zu sagen, warum genau das so ist.

Anforderungen

Die Unix-Version von EMU 3 läuft auf den meisten Varianten von Unix, einschließlich Linux, Solaris, BSDi, IRIX, Digital Unix, AIX und Free BSD.

GDBM wird vorausgesetzt.

Perl 5.005_03 und das CPAN-Modul sind notwendig, um EMU 3 mit dem Skript *emuinstall* zu installieren. Das Skript *emuinstall* lädt eine Reihe von Perl-Modulen vom CPAN-Server herunter, die EMU 3 braucht. Dann kompiliert und installiert das Skript die Module.

Sollte das Skript *emuinstall* versagen, können die Perl-Module von Hand installiert werden. Davon gibt es eine ganze Menge, und sie werden alle in den Installationsdokumenten aufgeführt.

Administration

Den Anforderungen an die Software zum Trotz ist die Installation von EMU 3 einfach. Die Dokumentation zu EMU, die auf EMUs Website zur Verfügung steht, ist exzellent und enthält auch eine Liste häufig gestellter Fragen zur Problemlösung.

Technische Unterstützung ist über eine E-Mail an *emu3@emumail.com* verfügbar.

Anpassung der Installation

EMU wird unter Benutzung der proprietären, jedoch gut dokumentierten Sprache EMUcode angepaßt. HTML-Vorlagendateien, die EMUcode enthalten, werden durch EMU geschickt, um die Wunder von EMU zu erzeugen.[5]

Es kann sein, daß es einfacher ist, mehrere Benutzerschnittstellen in EMU 3 zu definieren (Anpassungen, die auf unterschiedliche Benutzergruppen zutreffen), aber das ist ohne größere Schwierigkeiten auch in einigen der Open Source-Clients möglich.

Die EMU 3-Oberfläche wurde erfolgreich ins Spanische, Deutsche, Portugiesische, Schwedische und Arabische übersetzt.

Persönliche Anpassung

Im Fenster OPTIONEN kann der Benutzer folgende Optionen bearbeiten, um EMU 3 auf seine Bedürfnisse anzupassen:

den vollen Namen
die E-Mail-Adresse
die Organisation

5 Nachdem wir in dieser Kategorie andere Produkte gesehen hatten, die mit Open Source und standardbasierten Werkzeugen einzurichten waren, fragten wir uns, warum für EMU das Rad neu erfunden werden mußte.

das IMAP-Präfix

die Anzahl der Nachrichten, die pro Seite dargestellt werden sollen

die Anzahl der Sekunden zwischen dem Neuladen des Nachrichtenindex

An- und Abschalten der Echtzeiterkennung von SPAM

die persönliche Signatur

An- und Abschalten des automatischen Ladens von angefügten Bildern

Die Filterregeln sind auch im Fenster OPTIONEN enthalten. Der Benutzer wählt den Filtertyp aus (z.B. From:, To: oder Cc:), danach die Daten, die gefunden werden sollen (exakten Text oder reguläre Ausdrücke), und dann den Zielordner.

Beispiele

Jedes der Beispiele in diesem Abschnitt zeigt Screenshots von einer Installation der kostenlosen Version von EMU 3, die Werbebanner enthält und so direkt installiert werden konnte.

Der Nachrichtenindex von EMU 3 wird in Abbildung 5-11 gezeigt.

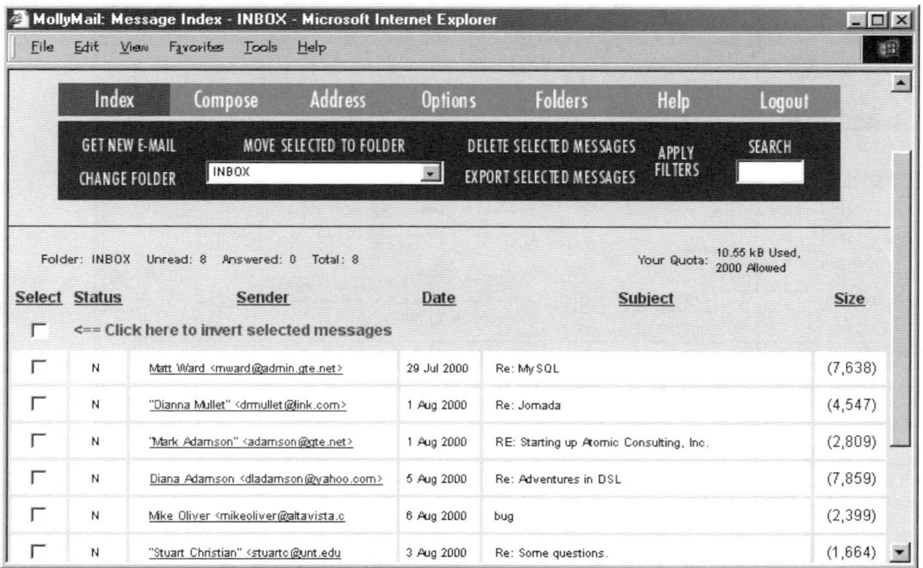

Abbildung 5-11: Nachrichtenindex für EMU 3

Die Verwaltung des persönlichen Adreßbuches ist in Abbildung 5-12 dargestellt.

Abbildung 5-13 ist ein Screenshot des Fensters zur Erstellung einer Nachricht.

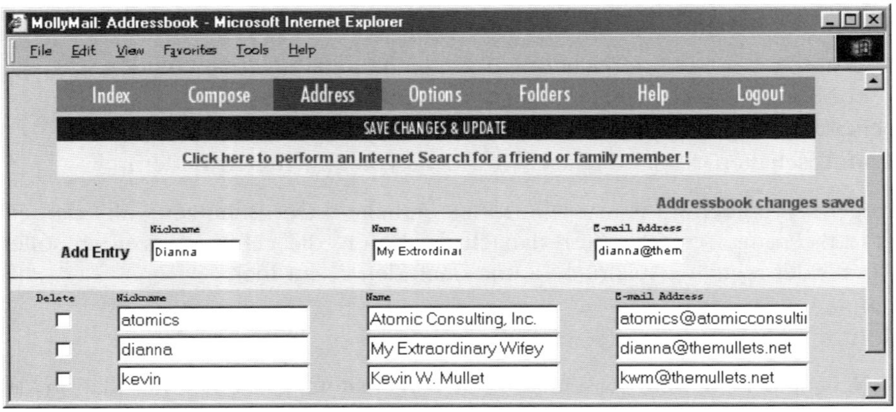

Abbildung 5-12: Adreßbuch von EMU 3

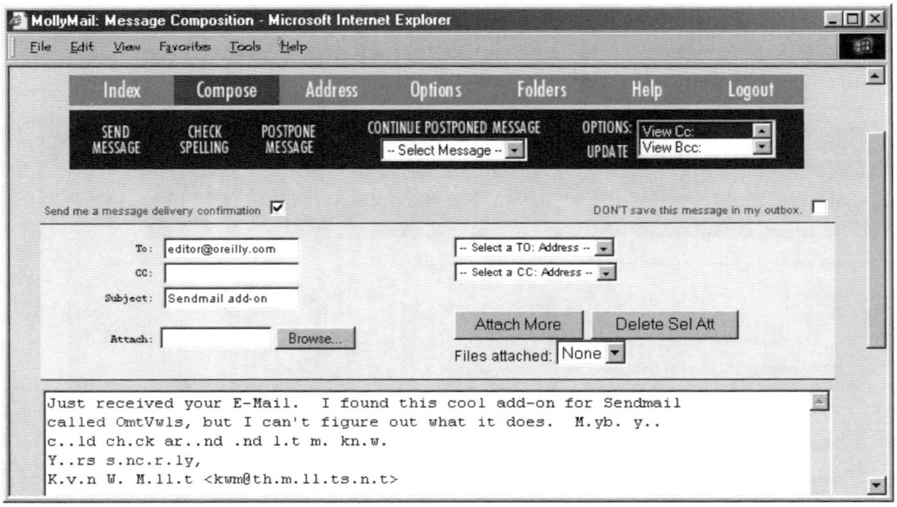

Abbildung 5-13: Erstellen einer Nachricht mit EMU 3

Allgemeine Eindrücke

Abgesehen von der Tatsache, daß die Leistungsfähigkeit unter realen Bedingungen nicht gerade astronomisch war, bot EMU 3 mehrere gute Eigenschaften und eine saubere Benutzerschnittstelle. Die Leistungseinbrüche, das Verhalten der Ordner und einige Schwierigkeiten bei der Darstellung der Nachrichten ließen uns wünschen, wir könnten in den Quellcode sehen, um herauszufinden, wie IMAP implementiert wurde.

WING

WING (Web IMAP and News Gateway) ist ein Open Source-Apache/mod_perl-System, das es den Benutzern erlaubt, mit einem beliebigen Webbrowser auf ihre E-Mail zuzugreifen, die auf einem IMAP-Server gehalten wird. WING ist zuverlässig und sicher, und es verträgt viele Benutzer. Es baut vollständig auf offenen Standards und Open Source-Komponenten auf.

Überblick

WING wurde von Malcolm Beattie an der Oxford University entworfen und geschrieben, um allen ihren 30.000 Benutzern Webmail-Dienste zur Verfügung zu stellen. Postscript-Folien, die den Herald-Mail-Cluster der Oxford University beschreiben, der WING benutzt, stehen unter *http://users.ox.ac.uk/~mbeattie/wing/* zur Verfügung.

WING ist nicht einfach einzurichten. In seinem aktuellen Zustand benötigt es eine Menge anderer Software, um zu funktionieren, und setzt gewisse Grundkenntnisse von Apache/mod_perl, Perl und SQL voraus. WING wurde vorrangig für Linux entwickelt. Für andere Plattformen werden Sie zusätzliche Anstrengungen unternehmen müssen, um WING zu installieren, und Modifikationen am Quellcode können notwendig sein, um die volle Funktionalität der Linux-Installation zu erreichen.

Die Software selbst wurde gut entworfen und geschrieben, befindet sich jedoch noch in der Entwicklung, und es gibt einige Ecken und Kanten. Insbesondere die Benutzerschnittstelle ist etwas spartanisch, was für die Benutzer ein Problem darstellen könnte, die an die glitzernden Webmail-Seiten, wie Hotmail, gewöhnt sind. Dafür jedoch kann die Software einfach in ihrer Funktionalität erweitert werden.

Es gibt keine nennenswerten Engpässe in großen WING-Implementierungen, jedoch könnte die zentrale Datenbank potentiell zu einem Problem werden, wenn das darunterliegende System nicht gut optimiert ist (siehe Kapitel 16, *Verbesserung der Serverleistung*, bevor Sie Ihre WING-Installation planen). Jedoch wird nicht bei jedem Webzugriff auf die Datenbank zugegriffen. Sie wird nur während des Logins und des Logouts und zum Nachsehen bestimmter Optionen und Adressen benötigt.

WING kann von einer beliebigen CPAN-Seite geholt werden: *modules/by-authors/Malcolm_Beattie/wing-0.9.tar.gz*. Auf seiner Heimat-Site steht es in mehreren Varianten zur Verfügung:

- Tar-Archiv (*ftp://ftp.ox.ac.uk/pub/perl/Wing-0.9.tar.gz*)
- Quell-RPM (*ftp://ftp.ox.ac.uk/pub/linux/SRPMS/wing-0.9-1.src.rpm*)
- Binär-RPM für Red Hat 5.x Linux (*ftp://ftp.ox.ac.uk/pub/linux/RPMS/noarch/wing-0.9-1.noarch.rpm*)

Die Mailingliste *wing-admin* steht für Fragen zu Themen wie etwa den Eigenschaften, der Installation und Einrichtung sowie der Benutzung von WING zur Verfügung. Der Autor von WING beobachtet die Liste und antwortet von Zeit zu Zeit auf Fragen. Um die Liste zu abonnieren, schicken Sie eine Nachricht mit dem Inhalt »subscribe wing-admin« an *majordomo@maillist.ox.ac.uk*. Ein Archiv der Liste steht unter *http://users.ox.ac.uk/~mbeattie/wing/archive/maillist.html* zur Verfügung.

Stärken und Schwächen

Stärken

Vor allen Dingen ist WING kostenfrei, und es ist Open Source. Es kann mit Zehntausenden Benutzern arbeiten (gegenwärtig benutzen es 30.000 Benutzer an der Oxford University). Hier sind einige der anderen Stärken:

- Die Benutzer können Mailbox-Hierarchien erzeugen und die Nachrichten zwischen ihnen verschieben.
- Nachrichten mit MIME-Anhängen können gut dargestellt werden. Dateien, die sich im lokalen Dateisystem des Client-Browsers befinden, können in die erstellte Nachricht eingefügt oder als MIME an die Nachricht angehängt werden.
- Die Benutzer können ihre eigenen Bookmarks erzeugen und speichern. Die Bookmarks erscheinen im linken Teilfenster des Browsers, wenn der Benutzer die Frame-Version (»portal view«) des Clients wählt.
- WING unterstützt den Import von Adreßbüchern von PINE, indem es sie über den Browser herunterlädt.
- Die Benutzerpräferenzen können eingestellt und zwischen den Sitzungen gespeichert werden.
- Den erstellten Nachrichten können beliebige Header mit Ausnahme des Absender-Headers hinzugefügt werden.
- Die Benutzer können bestimmte Aspekte ihres IMAP-Accounts, wie z.B. Paßwörter, die Einstellung der Mail-Weiterleitung oder die Betrachtung der Quota-Ausnutzung, über die WING-Oberfläche verwalten.
- Die Benutzer können Adreßbücher anlegen, die sie mit anderen Benutzern und Gruppen unter Verwendung von ACLs gemeinsam nutzen können.

Schwächen

Es ist sehr schwierig, WING zu installieren. Es hängt von vielen anderen Softwarepaketen ab, und es richtet sich stärker an Linux als an andere Plattformen. Obgleich WING schwierig zu verwalten ist, können die Probleme gut verfolgt und repariert werden, da alle Komponenten Open Source sind. Es gibt auch ein gutes Unterstützungsnetzwerk, in dem Sie Hilfe finden, wenn es wirklich einmal haarig wird.

Anforderungen

- Apache (die neueste Version von Apache steht unter *http://www.apache.org* zur Verfügung)

- mod_perl (das neueste mod_perl-Apache-Modul und die Integrationsanweisungen stehen unter *http://perl.apache.org* zur Verfügung)
- PostgreSQL
- Perl 5.004_04 oder höher
- Folgende Perl-Module:

DBD-Pg	libnet
DBI	IO-stringy
Data-Dumper	CrackLib
Net-Telnet	Mail Cclient
Apache-DBI	libwww
MD5	MailTools
MIME-Base64	MIME-tools
Term-ReadKey	Net-DNS
HTML-Parser	SQL
Term-ReadLine-Perl	

Die Module CrackLib und SQL wurden bisher noch nicht auf CPAN zur Verfügung gestellt. Sowohl CrackLib als auch SQL sind als Quell-RPMs verfügbar unter *ftp://ftp.ox.ac.uk/pub/linux/SRPMS/* und als binäre RPMs für Red Hat Linux 5.x unter *ftp://ftp.ox.ac.uk/pub/linux/RPMS/i386/*. Sites ohne Linux müssen *rpm2cpio*[6] verwenden, um die RPM-Quellen in ein CPIO-Archiv umzuwandeln, und dann die Module selbst übersetzen.

6 *rpm2cpio* steht unter *http://www.iagora.com/~espel/hacks.html* zur Verfügung.

III

Der Cyrus IMAP-Server

6

Der Cyrus IMAP-Server im Überblick

Dieses Kapitel enthält eine Übersicht über Eigenschaften und Entwurfskonzepte, die den Cyrus IMAP-Server kennzeichnen. Der Cyrus-Server war weder der erste IMAP-Server, noch wurde er vom Autor des IMAP-Standards entwickelt. Die Fans des Cyrus-Servers und seiner Abkömmlinge werden Ihnen wahrscheinlich versichern, daß Sie nie mehr auf einen anderen Server umsteigen wollen, wenn Sie einmal den Cyrus-Server eingesetzt haben. Cyrus hat eine Menge sehr attraktiver Eigenschaften vorzuweisen. Er bietet eine stabile Administration, ist skalierbar und verfügt über fortschrittliche IMAP-Erweiterungen, wie z.B. Mailbox-Quotas, einen Plug-in-Authentifizierungsmechanismus und Unterstützung für serverbasierte Filterung. Kritiker werden bemängeln, daß sich der UW-Server leichter einrichten läßt und daß der Einsatz des Cyrus-Servers für kleine oder mittelgroße Benutzergruppen nicht besonders sinnvoll ist.

Der Cyrus IMAP-Server basiert auf IETF-Standardprotokollen wie IMAP4, IMSP, SMTP, RFC 822, MIME und SASL. Für die Abwärtskompatibilität zu älteren IMAP-Clients kann auf IMAP2bis zurückgegriffen werden. Auch POP3 kann verwendet werden, um POP-Benutzer während der Übergangszeit zu unterstützen, in der sie sich für ein IMAP-fähiges Programm entscheiden.

Der Cyrus-Server umfaßt viele Features und implementiert verschiedene Erweiterungen des IMAP-Protokolls, unter anderem IMAP QUOTA und die IMAP ACL-Erweiterung. Cyrus wird normalerweise als sogenannter »Black-Box-Server« betrieben, das bedeutet, daß Benutzer ausschließlich über das IMAP-Protokoll auf das System zugreifen können. Die Mailboxen werden zentral abgelegt. Die Speicherorte gehören zu den Teilen des Dateisystems, die allein dem Cyrus-Server gehören. Bei der Entwicklung wurde auf eine zentralisierte Mail-Speicherung Wert gelegt, um die Verwaltung des Systems für Administratoren zu vereinfachen. Außerdem ermöglicht die zentrale Ablage der Mail die sogenannte Partitionierung, die weiter hinten in diesem Kapitel näher erläutert wird. Diese Aufteilung des Mail-Speichers sorgt dafür, daß sich der Server gut skalieren läßt. Wenn der Platzbedarf des Mail-Speichers zunimmt, kann der Systemadministrator ihm weitere Partitionen hinzufügen, um ein weiteres Wachstum zu ermöglichen, ohne die Funktionsweise des Servers zu beeinflussen. Die sogenannten »Shared Folder« (gemeinsam nutzbare Ordner) erweisen sich als sehr flexibel. Der Server ermöglicht nicht nur den gleichzeitigen lesenden Zugriff auf ein und dieselbe Mailbox, sondern auch den gleichzeitigen schreibenden Zugriff auf die gleiche Mailbox.

Der Cyrus-Server unterscheidet sich von anderen IMAP-Server-Implementierungen, da er für den Einsatz auf versiegelten oder »Black-Box«-Servern gedacht ist, auf denen sich normale Benutzer nicht anmelden dürfen. Die Benutzer greifen auf ihre E-Mail ausschließlich über IMAP zu. Selbst wenn sich ein Benutzer auf einem Server anmelden kann, auf dem Cyrus läuft, ist er nicht in der Lage, seine Mailbox mit »grep« nach Benutzernamen zu durchsuchen oder seine Ordner zu komprimieren. Der Grund dafür ist, daß nur das Cyrus IMAP-System auf den E-Mail-Speicher zugreifen kann. Für Benutzer kann es schwierig sein, sich an das Konzept der privaten Mailboxen zu gewöhnen, vor allem, wenn sie sich in der Vergangenheit in ihren Unix-Shell-Account einloggen konnten und direkten Zugriff auf ihre Mailboxen hatten. Das Black-Box-Design schenkt dem Cyrus-Server jedoch viele Vorteile bezüglich Effizienz, Skalierbarkeit und eine einfachere Verwaltung.

Es ist kein Zufall, daß sich Cyrus als so fantastisch skalierbar erweist. Eines der ursprünglichen Ziele des Cyrus-Projekts war es, ein Mail-System zu schaffen, das mit Zehntausenden aktiver Benutzer zurechtkommt.[1] Die Anzahl der großen Sites[2], die Cyrus verwenden (z.B. die Carnegie Mellon University, die University of North Texas, die North Carolina State University, die University of Florida, die Ohio University und die University of Otago in Neuseeland), spricht für die Skalierbarkeit von Cyrus. Es gibt sogar drei kommerziell vertriebene IMAP-Server-Produkte – von Netscape, Mirapoint und MessagingDirect –, die auf der originalen Cyrus-Distribution beruhen. Auch wenn Cyrus in großen Organisationen eingesetzt werden kann, ist er genausogut für kleine Organisationen geeignet. Er ist zwar nicht ganz so einfach zu betreiben wie der UW-Server, kann jedoch auch von kleineren EDV-Abteilungen installiert, konfiguriert und verwaltet werden.

Die Geschichte von Cyrus

Der Cyrus IMAP-Server hat seine Wurzeln im Andrew Messaging System (AMS) der Carnegie Mellon University. AMS, das weltweit erste große Multimedia-E-Mail- und Bulletin-Board-System, war eine sehr erfolgreiche Eigenentwicklung der CMU, die implementiert und eingesetzt wurde, um den Anforderungen der Universität bezüglich elektronischer Kommunikation gerecht zu werden. Das Cyrus-Projekt begann 1992 als Bemühung, einen Ersatz für das AMS zu schaffen, dessen Lebenszyklus damals seinem Ende entgegenging. Der erste Cyrus IMAP4-Server wurde Ende 1995 veröffentlicht, ein

1 Das Cyrus-Projekt wurde nach Cyrus dem Großen von Persien (599-530 vor unserer Zeitrechnung) benannt, der den Anstoß für eines der ersten Postsysteme gab.

2 Unter einer großen Site versteht man eine, die mehr als 20.000 aktive Benutzer bedient.

Jahr, nachdem IMAP4 als Proposed Internet Standard angenommen wurde. Der Cyrus-Server umfaßte weiterhin viele der Eigenschaften, die das AMS so erfolgreich machten.

Um auf die E-Mail zuzugreifen, verwendete das AMS das Andrew File System (AFS). Als das AMS 9.000 Benutzer umfaßte, die von verschiedenen Rechnerplattformen – wie Macintosh-, PC- und Unix-Maschinen – auf ihre E-Mails zugriffen, wurde schmerzhaft klar, daß sich ein E-Mail-System, das ein Dateisystemprotokoll für den Zugriff auf die E-Mails verwendet, nicht besonders gut skalieren läßt. Es gab keine AFS-Implementierung für Macs oder PCs. Um auch diesen Maschinen E-Mails, die auf AFS-Servern gespeichert waren, zugänglich zu machen, mußten sie durch eine »Übersetzer«-Maschine zur Verfügung gestellt werden. Diese »Übersetzer«-Maschine war ein AFS-Client, der, als Server konfiguriert, die Funktion eines Mittelsmanns übernahm und den Macs and PCs die E-Mail zugänglich machte. Es stellte sich heraus, daß die Einschränkungen des AFS-Clients dafür verantwortlich waren, daß es mehr Übersetzungsmaschinen gab, als richtige AFS-Server vorhanden waren, die E-Mails anboten. Als wenn das noch nicht schlimm genug gewesen wäre, hatten die Übersetzungsmaschinen auch noch mit Performance-Problemen zu kämpfen. Ein Ziel des Cyrus-Projekts war es, Mail über ein Netzwerkprotokoll zu verteilen, das genau für diesen Zweck entwickelt wurde – IMAP.

Eine wichtige Eigenschaft von AMS war seine Integration von E-Mail und Bulletin-Boards. AMS unterstützte den kontrollierten Zugriff auf Bulletin-Boards, indem der Systemadministrator jedem Bulletin-Board eine Liste mit Zugriffsrechten (Access-Control-List) zuordnen konnte. AMS enthielt auch ein Adreßschema, über das autorisierte Benutzer Nachrichten per E-Mail direkt auf Bulletin-Boards veröffentlichen konnten. Bulletin-Boards waren ein wichtiger Bestandteil des AMS und wurden von der Benutzergemeinde an der CMU ausgiebig genutzt. Das Cyrus-Projekt behielt die Unterstützung von Bulletin-Boards sowie alle Möglichkeiten, die das AMS für den Umgang mit diesen Bulletin-Boards bot, im Cyrus IMAP-Server bei. AMS erlaubte es seinen Benutzern jedoch nicht, ihre eigenen E-Mail-Ordner anderen Benutzern zur Verfügung zu stellen. Das Fehlen der Möglichkeit, eigene Ordner gemeinsam zu nutzen, war ein Problem. Es gab Benutzer und kleine Benutzergruppen, die private Foren einrichten wollten, das aber nicht ohne administrative Eingriffe durften. Das Cyrus-Projekt nahm sich dieses Problems an, indem die Unterstützung von Bulletin-Boards erweitert wurde, so daß Benutzer ihre Ordner auch anderen Benutzern im System zur Verfügung stellen konnten.

Als AMS eingesetzt wurde, war Kerberos der Authentifizierungsmechanismus, der an der CMU verwendet wurde. Schon zu Beginn der 90er Jahre gab es Bestrebungen innerhalb der IETF, Netzwerkprotokollen, die Klartextpaßwörter verwendeten, den Standardisierungsprozeß zu erschweren. Die Kerberos-Unterstützung im Cyrus-Server (und im SASL-RFC) wurde aus dem AMS übernommen. Der Challenge-Response-Mechanismus zur Authentifizierung (Challenge-Response Authentication Mechanism – CRAM) wurde für Sites hinzugefügt, die verschlüsselte Authentifizierung benötigten, jedoch das Kerberos-Framework nicht einsetzten. Die aktuelle Version des Cyrus-Servers unterstützt einen Mechanismus, der »Simple Authentication and Security Layer« oder SASL genannt wird. Dieser ermöglicht IMAP und anderen verbindungsorientierten Protokollen eine sichere Authentifizierung.

AMS unterstützte MIME, einen Standard, der schnell für den Austausch von multimedialen Dokumenten über E-Mail akzeptiert wurde. Die Entwickler des Cyrus-Projekts integrierten die MIME-Unterstützung auch in den Cyrus-Server, zum einen wegen der wachsenden Verbreitung von MIME und zum anderen, um den Übergang von AMS zu Cyrus zu vereinfachen.

Ein aktueller Hinweis

Cyrus IMAP 2.0 befand sich kurz vor der Veröffentlichung, als die amerikanische Ausgabe dieses Buchs in den Druck ging. Cyrus 2.0 stellt eine beträchtliche Überarbeitung der Architektur vorheriger Versionen dar. Eine der größten Neuerungen ist, daß der Server nicht mehr von einem separaten Superserver, wie dem *inetd*, gestartet wird. Statt dessen wird der Cyrus IMAP-Server nun als selbständiger Dämon ausgeführt. Hier ein Überblick über die neuen Eigenschaften von Cyrus 2.0:

- **Verbesserte Struktur der Mailboxen-Datei.** Bei der Mailboxen-Datei handelt es sich jetzt um eine transaktionsgeschützte Datenbankdatei im Berkeley-Format. Das verringert Probleme beim Schreib-/Lesezugriff mehrerer *imapd*-Prozesse auf die Mailboxen-Datei, wodurch sich die Gesamtleistung des Systems erhöht.
- **Unterstützung von LMTP.** Die Verteilung der E-Mail in die Mailboxen durch den MTA geschieht nun über das Local Mail Transport Protocol (LMTP). LMTP kann zwischen zwei Prozessen auf einer Maschine über Unix-Sockets oder über Internet-Sockets genutzt werden. Wird LMTP eingesetzt, erhält der MTA eine zuverlässige Information über Erfolg oder Mißerfolg der Auslieferung an jede lokale Mailbox. Das war bei anderen Verteilungsmethoden oft nicht möglich. Da die gleiche Eigenschaft auch genutzt werden kann, um herauszufinden, ob eine bestimmte Mailbox existiert oder nicht, schränken einige Systemadministratoren den Zugriff auf LMTP über Internet-Sockets stark ein. Das gilt vor allem für Verbindungen von externen Rechnern. Das *deliver*-Programm von Cyrus ist jetzt einfach ein Wrapper für den LMTP-Delivery-Agenten.
- **Unterstützung von Clustern.** »Cyrus Murder«: Der IMAP-Aggregator enthält nun Unterstützung für Cluster von IMAP-Servern.
- **Sieve-Unterstützung.** Die serverbasierte Filterung mittels Sieve wurde verbessert, indem reguläre Ausdrücke, die Möglichkeit der Benachrichtigung und IMAP-Flags hinzugefügt wurden.

Fortsetzung

- **Verbindung zum Simple Network Management Protocol.** Sie können jetzt Ihren Cyrus-Server in Ihr SNMP-basiertes Netzwerkmanagementsystem integrieren. Cyrus enthält einen SNMP-Agenten namens *tug-o-war*.
- **Administration via Perl.** Brandon Allberys Perl-basierte Version von *cyradm* ist nun Bestandteil von Cyrus IMAP. Diese Version wird vielleicht irgendwann die Tcl-basierte Version ersetzen.
- **MULTIAPPEND-Erweiterung.** Die MULTIAPPEND-Erweiterung wurde implementiert. Clients können jetzt innerhalb einer einzigen atomaren Aktion beliebig viele Nachrichten an eine Mailbox anhängen.
- **LIBWRAP.** Da es nicht möglich ist, den Server über *inetd* zu starten, wird *libwrap*, das Bestandteil von TCP-Wrappern ist, als Alternative zur IP-basierten Zugriffskontrolle empfohlen.
- **Hierarchisches Umbenennen.** Der IMAP-RENAME-Befehl funktioniert nun hierarchisch.

Eine vollständige Aufführung aller Änderungen und Erweiterungen bis hin zur gerade aktuellen Cyrus Imap-Version finden Sie in der Datei *doc/changes.html* des zugehörigen Quellcode-Archivs.

Konzepte und Eigenschaften von Cyrus

Dieser Abschnitt erläutert grundlegende Konzepte im Design des Cyrus-Servers und stellt Eigenschaften von Cyrus vor.

Die Namenskonventionen der Cyrus-Mailboxen

Der Cyrus IMAP-Server verwendet eine hierarchische Namenskonvention zur Bezeichnung der Mailboxen, die mit dem Schema vergleichbar ist, das auch im Usenet für die Namen von Newsgruppen benutzt wird. Die Namenskonvention wird in diesem Abschnitt vom Blickpunkt des Servers aus erläutert. Wie wir im Verlauf dieses Abschnitts noch sehen werden, sind die Namen der Mailboxen, die ein Benutzer in seinem IMAP-Client zu sehen bekommt, nicht zwangsläufig die gleichen, die ein Systemadministrator sieht, wenn er sich die Namen der Mailboxen auf seinem System auflisten läßt.

Betrachten wir einmal eine Mailbox-Hierarchie. Unsere Mailbox gehört einem Benutzer mit dem Benutzernamen *johndoe*. Sie enthält eine Mailbox für eingehende E-Mail und drei Ordner[3] mit den Namen *drafts*, *saved-messages* und *sent-mail*. Auf einem Cyrus-Server wären die Mailbox für eingehende E-Mail und die drei Ordner wie folgt bezeichnet:

3 Andere Mailboxen als die für die eingehende E-Mail werden manchmal als »Ordner« bezeichnet.

user.johndoe
user.johndoe.drafts
user.johndoe.saved-messages
user.johndoe.sent-mail

Es gibt einige Einschränkungen bezüglich der Mailbox-Namen. Es sind nur ASCII-Zeichen erlaubt; dagegen sind Metazeichen der Shell, /, ein führender oder abschließender Punkt und zwei direkt aufeinanderfolgende Punkte nicht zulässig. Außerdem unterscheiden Mailbox-Bezeichnungen zwischen Groß- und Kleinschreibung.

Ein Hinweis zu einer besonderen IMAP Mailbox: INBOX

Auch wenn vom Standpunkt des Cyrus-Servers aus keine zwei Mailboxen gleich sind, kann das für einen IMAP-Client ganz anders sein. RFC 2060 (IMAP) erlaubt den speziellen Mailbox-Namen *INBOX*. Beim Namen *INBOX* wird nicht zwischen Groß- und Kleinschreibung unterschieden. Er verweist auf die primäre Mailbox eines authentifizierten Benutzers auf einem Server. Kommuniziert ein IMAP-Client mit einem Cyrus IMAP-Server, kann die Top-Level-Mailbox entweder als *user.Benutzername* oder als *INBOX* angesprochen werden. Beim Einrichten eines IMAP-Client ist es gebräuchlicher, die Mailbox für eingehende E-Mail oder den Ordner für den Posteingang als *INBOX* festzulegen. Viele Client-Programme sind bereits so vorkonfiguriert.

Der Cyrus-Mail-Speicher

Auf einem Cyrus IMAP-Server dient das Dateisystem nur einem einzigen Zweck, dem Speichern der E-Mail. (Idealerweise befindet sich dieses Dateisystem auf einem eigenen physischen Medium, aber das besprechen wir weiter hinten in diesem Kapitel.) Die Mailbox jedes Benutzers wird durch ein Verzeichnis im Dateisystem des E-Mail-Speichers repräsentiert. Cyrus legt die Mail in einem Format ab, das mit dem MH-Format vergleichbar ist. Anstatt viele Nachrichten in einer einzigen Datei abzulegen – wie das bei *mail*, dem E-Mail-Standardprogramm unter Unix, der Fall ist; dies wird manchmal als *mbox-* oder *Berkeley-Format* bezeichnet –, wird jede Nachricht in einer eigenen Datei gespeichert. Jede Datei entspricht genau wie die Berkeley-*mail*-Dateien dem RFC 822-Format. Der einzige Unterschied ist, daß in einer Cyrus-Mail-Datei jede Zeile durch ein CRLF (Carriage Return Linefeed) abgeschlossen wird.[4]

Für jeden Benutzer gibt es ein eigenes Unterverzeichnis im Cyrus-Mail-Speicher-Verzeichnis. Das Unterverzeichnis und alle in ihm enthaltenen Dateien gehören dem Cyrus-Benutzer. Wie bereits zuvor in diesem Kapitel erwähnt, ist der Eigentümer des

4 Daran sollten Sie denken, wenn Sie andere Mailboxen in das Cyrus-Format konvertieren, da traditionell Zeilen in Unix-Dateien nur mit LF enden, ohne CR.

Mail-Speichers der, dem auch der Cyrus-Server gehört (normalerweise der Benutzer *cyrus*). Allen anderen Benutzern bleibt der direkte Zugriff auf den Mail-Speicher verwehrt. Eingehende Mail wird im Top-Level-Verzeichnis eines Benutzers abgelegt, und es wird für jede Nachricht eine Datei angelegt. Ordner sind Unterverzeichnisse innerhalb des Top-Level-Verzeichnisses jedes Benutzers. Genau wie das Top-Level-Verzeichnis enthalten die Ordner für jede Nachricht eine einzelne Datei. Sowohl das Top-Level-Verzeichnis (für die eingehenden E-Mails) als auch die Unterverzeichnisse (Ordner) werden »Mailboxen« genannt. Die Dateinamen der einzelnen Nachrichten innerhalb einer Mailbox sind Zahlen[5] und werden mit einem Punkt abgeschlossen. Die Zahlen sind aufsteigend und stehen in der Reihenfolge, in der die Nachrichten der jeweiligen Mailbox hinzugefügt wurden.

Jede Mailbox enthält zusätzlich vier Binärdateien, die der Cyrus-Server zur sitzungsweisen Verwaltung der Mailbox verwendet:

cyrus.index
: Diese Datei enthält einen Header mit Informationen über die komplette Mailbox sowie ein Feld fester Länge pro Nachricht. Zu den Informationen in diesem Header gehören Angaben darüber, wie oft diese Mailbox bereits bereinigt wurde (d.h. als gelöscht markierte Nachrichten permanent entfernt wurden), ferner die eindeutige Bezeichnung (UID) der zuletzt zu dieser Mailbox hinzugefügten Nachricht, die Anzahl der Nachrichten in dieser Mailbox, die Ausnutzung des maximal zur Verfügung stehenden Platzes (Quota) und der Zeitpunkt, an dem dieser Mailbox zuletzt eine Nachricht hinzugefügt worden ist. Die nachrichtenbezogenen Felder enthalten die UID der Nachricht, den Date:-Header, das Datum der letzten Änderung und die Größe der Nachricht.

cyrus.header
: Diese Datei enthält eine Magic-Number, den Namen des Verzeichnisses, von dem sich die Quota in diesem Verzeichnis ableitet (Quota-Root), eine Kopie der ACL dieser Mailbox und die Namen der benutzerdefinierten Flags.

cyrus.cache
: Diese Datei dient der Verbesserung der Performance. Sie enthält die zwischengespeicherten Header jeder Nachricht, die der Client abfragt, so daß der Server nicht ständig die einzelnen Nachrichten nach den Headern durchsuchen muß. Die Datei enthält einen Zähler, der angibt, wie oft die Datei *cyrus.cache* durch eine Bereinigungaktion neu geschrieben werden mußte. Jedes Feld in der Datei *cyrus.cache* besitzt einen IMAP-Umschlag, Informationen über den Aufbau des IMAP-Körpers, den Körper selbst sowie die Größe, Offsets, Zeichensätze und Codierungen von MIME-Abschnitten einer Nachricht. Der IMAP-Umschlag, der Körper und die Informationen über den Aufbau des IMAP-Körpers liegen in einem Format vor, das vom IMAP-FETCH-Befehl verwendet werden kann.

5 Diese Zahlen werden in der Datei *cyrus.index* auf UIDs abgebildet. Sie sind zwar in streng aufsteigender Reihenfolge, aber nicht zwangsläufig fortlaufend.

cyrus.seen
: Diese Datei enthält den Benutzernamen, die Zeit, zu der zuletzt auf diese Mailbox zugegriffen wurde, die Reihenfolge der Nummern der Nachrichten, die betrachtet wurden, und die Nummer der letzten Nachricht, die keine neue Nachricht[6] ist.

Sie sollten beachten, daß es schwierig ist, eine einmal im Cyrus-Format gespeicherte E-Mail wieder in das Standard-Unix-Format umzuwandeln. Skripten, die diese Aufgabe bewältigen, werden in Kapitel 9, *Administration des Cyrus-Systems*, vorgestellt.

Eigenschaften von Cyrus

Der Cyrus IMAP-Server hat viele besondere Merkmale und setzt verschiedene Protokollerweiterungen um, unter anderem Quota (RFC 2087) und ACL (RFC 2086). In diesem Abschnitt besprechen wir, wie Cyrus diese Erweiterungen implementiert. Wir betrachten auch einige implementierungsabhängige »Bonus«-Eigenschaften, die sich aus dem Design des Cyrus-Servers ergeben, wie die Partitionierung des Mail-Speichers und die gemeinsam nutzbaren Ordner.

Zugriffskontrolle

Die Erlaubnis, auf eine Mailbox zuzugreifen, wird über eine Zugriffsliste (Access Control List oder ACL) auf dem Cyrus-Server festgelegt. Eine ACL enthält die Benutzer oder Gruppen, die auf eine Mailbox zugreifen dürfen. Jeder Mailbox eines Cyrus-Servers ist eine ACL zugeordnet. Die ACL besteht aus einem oder mehreren Einträgen, die jeweils einen Benutzer oder eine Gruppe, auf die diese ACL zutrifft, sowie eine Liste mit den jeweils geltenden Rechten angeben. Zwei spezielle Gruppen, *anonymous* und *anyone*, sind standardmäßig auf jedem Cyrus-Server vorhanden. Die Gruppe *anonymous* umfaßt alle nicht-authentifizierten Benutzer und wird häufig für den öffentlichen Zugriff auf einen gemeinsam nutzbaren Ordner benutzt. Die CMU ermöglicht auf diese Weise den Zugriff auf das Archiv ihrer Cyrus-Mailingliste. Die *anyone*-Gruppe besteht aus allen Benutzern inklusive denen der *anonymous*-Gruppe.

Die Einzelheiten von ACLs werden in Kapitel 9 erläutert. ACLs sind sehr flexibel und erlauben eine sehr genaue Einstellung der Zugriffsrechte auf eine Mailbox. Über ACLs ist es möglich, verschiedene Zugriffsebenen für verschiedene Benutzer auf dieselbe Mailbox zu realisieren.

Gemeinsam nutzbare Ordner und Bulletin-Boards

Cyrus erlaubt es seinen Benutzern, ihre privaten Mail-Ordner auch anderen Benutzern zur Verfügung zu stellen, ohne daß hierfür ein Eingriff des Systemadministrators oder einer anderen Person mit Sonderrechten erforderlich ist. Gemeinsam nutzbare Ordner sind normale Mailboxen, deren ACLs mehr als einem Benutzer den Zugriff über einen IMAP-Client gewähren. Cyrus unterstützt auch mehrere gleichzeitige Schreib-/Lesezugriffe verschiedener Benutzer auf denselben gemeinsam nutzbaren Ordner.

6 Eine neue Nachricht ist eine, die kürzlich der Mailbox hinzugefügt wurde. Die aktuelle Sitzung ist die erste IMAP-Sitzung, die über diese Nachricht informiert wurde.

Bulletin-Boards (»Schwarze Bretter«) sind gemeinsam nutzbare Ordner, die die spezielle Eigenschaft haben, daß sie vielen Benutzern nicht nur lesenden Zugriff gewähren, sondern ihnen auch das direkte Ablegen von Nachrichten in den Ordner ermöglichen. Die Benutzer setzen eine Mitteilung auf das Schwarze Brett, indem sie eine Nachricht an die Empfängeradresse des Bulletin-Boards senden. Diese Bulletin-Boards erinnern an Usenet-Newsgruppen. Viele Sites verwalten ihre eigenen Usenet-Newsserver so, daß sie ihren Benutzern Site-spezifische, private Newsgruppen anbieten können. Für diese Sites könnten Cyrus-Bulletin-Boards die Site-spezifischen Newsgruppen ersetzen und so die Auslagerung der öffentlichen Newsgruppen ermöglichen. Die Einzelheiten der Einrichtung gemeinsam nutzbarer Ordner und Bulletin-Boards werden in Kapitel 9 behandelt.

Partitionierung des Mail-Speichers

Der Cyrus-Server unterstützt die Verteilung des Mail-Speichers über mehrere physische Platten. Jede Mailbox-Hierarchie wird dann als Partition bezeichnet. Diese Partitionierung ermöglicht es dem Mail-Speicher, nach Bedarf zu wachsen. Erreicht der Mail-Speicher die Kapazitätsgrenzen des zugrundeliegenden Dateisystems, hat der Systemadministrator die Möglichkeit, den Mail-Speicher auf ein weiteres Dateisystem auszudehnen, indem er dem Dateisystem eine neue Cyrus-Partition hinzufügt. Er kann dann entweder eine Teilmenge der bestehenden Mailboxen auf die neue Partition auslagern oder alle neuen Mailboxen auf der neuen Partition anlegen.

Einer Mailbox wird eine Partition zugewiesen, wenn sie angelegt oder umbenannt (verschoben) wird. Obwohl normalerweise die Mailbox-Hierarchie eines Benutzers in einer Partition zusammengefaßt wird, muß eine Mailbox nicht Teil der gleichen Partition wie ihre übergeordnete Mailbox sein.[7] Zum Beispiel ist es möglich, daß *user.johndoe* und *user.johndoe.sent-mail* in verschiedenen Partitionen untergebracht sind. Die Partitionierung des Mail-Speichers ist für die Benutzer nicht transparent. Wie der Mail-Speicher partitioniert wird und wie Mailboxen den Partitionen zugewiesen werden, erfahren Sie in Kapitel 9.

Begrenzung des Speicherplatzes durch Quotas

Quotas ermöglichen es einem Systemadministrator, den zur Verfügung stehenden Speicherplatz sowohl für eingehende E-Mails als auch für E-Mails in Ordnern einzuschränken. Die Cyrus IMAP-Quotas sind unabhängig von den Unix-Quotas und betreffen ausschließlich den Cyrus-Server. Cyrus-Quotas sind nicht an eine bestimmte Partition gebunden. Eine Quota kann auch für mehr als eine Mailbox auf mehr als einer Speicherpartition gelten. Die Index- und die Cache-Dateien einer Mailbox werden nicht in die Quota einbezogen, nur die Nachrichtendateien werden ausgewertet.

---

7 Die Autoren empfehlen, die Mailbox-Hierarchie eines einzelnen Benutzers in einer Partition zu halten, um die Verwaltung zu vereinfachen. Das gilt natürlich nur, falls nicht irgendwelche Gründe gegen dieses Vorgehen sprechen.

Die Quotas eines Cyrus-Servers sind hierarchisch angeordnet und sehr flexibel. Sie können auf jeder Ebene einer Mailbox-Hierarchie gesetzt werden. Die Ebene, auf der eine Quota gesetzt wird, wird als *Quota-Root* bezeichnet. Eine Mailbox-Hierarchie kann mehr als eine Quota-Root haben, und jede Ebene einer Hierarchie kann als Quota-Root dienen. Die eingestellte Begrenzung gilt für die Mailbox auf der Ebene der Quota-Root und alle Mailboxen unterhalb dieser Ebene. Erinnern wir uns etwa an das *johndoe*-Beispiel, in dessen Hierarchie es vier Mailboxen gab:

user.johndoe
user.johndoe.drafts
user.johndoe.saved-messages
user.johndoe.sent-mail

Die folgenden Quota-Roots wurden für *johndoe*s Mailboxen festgelegt:

user.johndoe
user.johndoe.saved-messages

Die Quota-Root *user.johndoe* betrifft die Mailboxen *user.johndoe*, *user.johndoe.drafts* und *user.johndoe.sent-mail*. Die Quota-Root *user.johndoe.saved-messages* gilt nur für die Mailbox *user.johndoe.saved-messages*. Hätten wir die Quota-Root *user.johndoe.saved-messages* weggelassen, würde sich die Quota-Root *user.johndoe* auch auf *user.johndoe.saved-messages* erstrecken.

Da die Quotas des Cyrus-Servers hierarchisch angeordnet sind, ist es möglich, Quotas für Ordner einzurichten, ohne die Größe von eingehenden E-Mails zu beschränken. Die umgekehrte Vorgehensweise, nämlich die maximale Größe von eingehenden E-Mails festzulegen, ohne damit gleichzeitig auch die Größe aller anderen Ordner zu beschränken, funktioniert nicht. Der Grund hierfür ist die hierarchische Struktur der Mailboxen des Cyrus-Servers. Die Quota betrifft immer eine Mailbox und alle Mailboxen unterhalb dieser, es sei denn, für diese tiefergelegenen Mailboxen werden explizit andere Quotas festgelegt.

Die Quota-Grenzen und der aktuell in Anspruch genommene Speicherplatz werden für jeden Benutzer in einer separaten Datei im Cyrus-Konfigurationsverzeichnis abgelegt, das später in diesem Kapitel noch näher beschrieben wird.

Quota-Warnungen. Cyrus bietet die Möglichkeit, eine sogenannte Softquota einzustellen. Das geschieht durch Zuweisung eines Wertes an die Option `quotawarn` in der Datei */etc/imapd.conf*. Der Wert von `quotawarn` wird als prozentualer Anteil der eigentlichen Quota angegeben. Wenn die folgenden beiden Bedingungen erfüllt sind, sendet der Server dem Benutzer eine ALERT-Warnung, wenn dieser eine Mailbox auswählt. Damit zeigt er an, daß der Benutzer sein Softlimit überschritten hat:

1. Der vom Benutzer in der ausgewählten Mailbox belegte Platz übersteigt den Grenzwert von `quotawarn`.
2. Der Benutzer hat Löschrechte in der gewählten Mailbox.

Obwohl von vielen IMAP-Clients behauptet wird, daß sie den IMAP4-Standard vollständig implementieren, können viele von ihnen Quotas nicht sauber behandeln. Übersteigt der Speicherplatzbedarf einer Mailbox während einer IMAP-Sitzung das Softlimit, verarbeiten einige Clients beispielsweise die Alarmierungsnachricht nicht richtig, wenn diese Mailbox ausgewählt wird. In einem solchen Fall muß die aktuelle IMAP-Sitzung beendet, eine neue geöffnet und die entsprechende Mailbox ausgewählt werden, bevor der Benutzer die Alarmierungsnachricht erhält.

Quotas und die Auslieferung von E-Mail. Übersteigt der Speicherplatzbedarf einer Mailbox die durch Quota zugewiesenen Grenzen, schlägt die Auslieferung von E-Mails fehl. Auslieferungsversuche an die betroffene Mailbox werden verzögert und von Ihrem MTA so behandelt, wie Sie es festgelegt haben. Normalerweise bleiben unzustellbare E-Mails in einer lokalen Warteschlange, und ihre Auslieferung wird während der nächsten drei Tage (je nach Konfiguration) bei jedem Leeren dieser Warteschlange erneut versucht. Wenn die erfolgreiche Zustellung der E-Mail nicht innerhalb dieser Zeit gelingt, wird die Nachricht zusammen mit einer Fehlermeldung an den Absender zurückgeschickt.

Wenn der Speicherplatzbedarf höher als das Softlimit ist, jedoch noch nicht die harte Quota-Grenze erreicht hat, wird eine Nachricht beliebiger Größe zugestellt, auch wenn dadurch das harte Quota-Limit überschritten wird. Man könnte sich streiten, ob dieses Vorgehen nicht Denial-of-Service-(DOS-)Angriffen Tür und Tor öffnet; das ist jedoch noch kein überzeugendes Argument gegen dieses Design. DOS-Angriffe können durch Beschränkung der Nachrichtengröße in der Konfiguration Ihres MTA verhindert werden.[8] Davon abgesehen setzen Systemverwalter auch für herkömmliche Unix-Mail-Systeme, die */var/spool/mail* oder */var/mail* für eingehende Mails benutzen, selten oder nie eine Quota auf diese Mail-Spool-Partitionen. Das gilt als schlechte Praxis, da die E-Mail eines Benutzers abgewiesen und zurückgeschickt wird, wenn er seine Quota überschritten hat, ohne daß er das merkt. Mit Cyrus IMAP-Quotas ist das anders. Der Cyrus-Server alarmiert den Benutzer, sobald der verwendete Speicherplatz das Quota-Limit erreicht oder überschreitet. Er erlaubt die Auslieferung einer Nachricht in die Mailbox, die den Benutzer über das Quota-Limit bringt. Das hat den Vorteil, daß er das nächste Mal, wenn er diese Mailbox anwählt, die Warnmeldung angezeigt bekommt und sofort damit beginnen kann, das Problem zu beheben.

Integration von Usenet-News

Der Cyrus-Server bietet die Möglichkeit, Usenet-Newsgruppen als Mailboxen zugänglich zu machen. Dazu enthält die Cyrus-Distribution Programme zur Kommunikation mit einem *inn*-Server (Newsserver). Diese sammeln News-Artikel, fügen Verweise auf

8 Normalerweise sind 10 bis 15 MB eine angemessene Obergrenze für die Größe von Nachrichten. Der größte Vorteil der Angabe einer solchen Obergrenze ist, daß Sie damit Denial-Of-Service-Angriffe abwehren können, die von Software ausgehen, die versucht, Ihren Server lahmzulegen, indem sie ihm einen endlosen Datenstrom als Inhalt einer einzigen Nachricht schickt. Eine solche Nachricht würde den Server veranlassen, das Dateisystem zu füllen und abzustürzen. Die richtige MTA-Konfiguration verhindert solche Versuche, bevor die Nachricht dem Cyrus-Server zur Auslieferung übergeben wird.

diese in die entsprechenden Mailboxen auf dem IMAP-Server ein, entfernen Verweise auf veraltete oder verworfene Artikel aus den IMAP-Mailboxen und synchronisieren die IMAP-News-Mailboxen mit der News-Active-Datei. Version 2.0 bietet eine viel einfachere News-Integration als frühere Versionen. News werden in Kapitel 9 ausführlicher behandelt.

Authentifizierung

Wenn Sie Cyrus einsetzen, brauchen Ihre Benutzer ihre Paßwörter niemals im Klartext über das Netzwerk übertragen. Cyrus unterstützt standardmäßig Kerberos 4. Die aktuellen Versionen von Cyrus (1.6 und höher) enthalten Unterstützung für die SASL-Bibliothek. SASL enthält zusätzliche verschlüsselnde Authentifizierungsmethoden, die Ihre Benutzer verwenden können. Dazu gehören CRAM-MD5, DIGEST-MD5 und GSSAPI (MIT Kerberos 5). Kerberos wird jedoch nicht von allen Clients unterstützt.

Cyrus IMAP kann auch die Unix-Authentifizierung benutzen, die es den Benutzern gestattet, sich in den Server einzuloggen, indem sie ihr Klartextpaßwort eingeben, vorausgesetzt, diese Benutzer stehen in der Datei */etc/passwd* (oder sind Mitglieder einer Netzgruppe, die in */etc/passwd* aufgeführt ist). Leider können Kerberos- und Klartext-Logins nicht gleichzeitig auf einem Server genutzt werden, Sie müssen sich für eine Methode entscheiden.

Anonyme Logins sind unabhängig von der eingesetzten Authentifizierungsmethode möglich, wenn `allowanonymouslogin` in der Konfigurationsdatei */etc/imapd.conf* angegeben wird.

Viele Sites, die Kerberos nicht einsetzen, ziehen es trotzdem vor, keine Klartextpaßwörter über das Netzwerk zu übertragen. Für sie stellt SSL eine Alternative dar. Der Cyrus IMAP-Server enthält zwar selbst keine SSL-Unterstützung, sie kann jedoch durch die Integration der freien OpenSSL-Bibliothek mit *stunnel* hinzugefügt und durch SSL-fähige Clients (z.B. Webbrowser) genutzt werden. *stunnel* baut eine SSL-Pipe zwischen dem Webbrowser und dem *stunnel*-Server über das Netzwerk auf und schickt das Paßwort im Klartext über die Loopback-Schnittstelle zum *imapd*. Das Release 2.0 von Cyrus enthält SSL-Unterstützung, d.h., die enthaltenen IMAP- und POP-Dämonen sind SSL-fähig, was die Verwendung von SSL-Wrappern wie *stunnel* unnötig macht. Falls Sie eine ältere Version des Cyrus-Servers benutzen, finden Sie Informationen darüber, wie Sie SSL-Unterstützung hinzufügen, in Anhang B, *Hinzufügen von SSL-Unterstützung zu IMAP*.

Mit zunehmender Verbreitung von LDAP werden viele Unternehmen, die sowohl IMAP als auch LDAP betreiben, am Einsatz von LDAP als Authentifizierungsmechanismus interessiert sein. Obwohl das Cyrus-Paket selbst offiziell keine LDAP-Authentifizierung anbietet, gibt es wenigstens ein frei verfügbares Authentifizierungsmodul für den Cyrus-

Server, das LDAP unterstützt. Dieses Modul ersetzt den externen Cyrus-Authentifizierungs-Dämon (*pwcheck*) durch einen anderen Dämon (*pwcheck_ldap*), der ein LDAP-Verzeichnis zur Authentifizierung verwendet.[9]

CMU hat auch RFC 2222 (Simple Authentication and Security Layer) implementiert, die sogenannte Cyrus (SASL) API, die Bestandteil aller Cyrus-Releases seit Version 1.6 ist. Die SASL API ermöglicht eine Authentifizierung sowohl von der Serverseite als auch von der Clientseite aus. Die in der Cyrus SASL enthaltenen Authentifizierungsmethoden sind: anonymous, DIGEST-MD5, CRAM-MD5, Kerberos Version 4, MIT Kerberos Version 5 oder Heimdal Kerberos Version 5 und Klartext.

Die Auswahl einer geeigneten Authentifizierungsmethode kann zwar im Rahmen dieses Buchs nicht geklärt werden, Sie finden jedoch Anleitungen zur Konfiguration von Cyrus für bereits unterstützte und noch nicht unterstützte Authentifizierungsmethoden in Kapitel 8, *Konfiguration des Cyrus-Servers*, und in Kapitel 9.

Konfiguration des Cyrus-Servers

In diesem Abschnitt wird erklärt, aus welchen Teilen sich die Serverkonfiguration zusammensetzt, welche Aufgabe jeder Teil hat und wo die Teile zu finden sind. Einzelheiten zur Konfiguration finden Sie in Kapitel 9, *Administration des Cyrus-Systems*.

Die imapd-Server-Konfigurationsdatei

Der *imapd*-Dämon liest seine Konfigurationseinstellungen standardmäßig aus der Datei */etc/imapd.conf*. Die Position dieser Konfigurationsdatei im Dateisystem kann nicht verändert werden. Unter anderem können in dieser Datei folgende Optionen angegeben werden:

`umask`
: Die Standardrechte der verschiedenen Cyrus-Programme

`allowanonymouslogin`
: Legt fest, ob der Server anonyme Logins erlaubt

`configdirectory`
: Die Position des Konfigurationsverzeichnisses des Cyrus-Servers

`quotawarn`
: Der Grenzwert für Meldungen bei Überschreiten der Quota

Die `plaintextloginpause`-Option gibt die Zeit in Sekunden an, die nach einem erfolgreichen Login gewartet werden soll, bei dem ein Klartextpaßwort verwendet wurde. Durch diese Pause bekommen die Benutzer die Nachteile zu spüren, die entstehen, wenn man sich auf einem System mit einem Klartextpaßwort anmeldet, auf dem auch

9 Die Quellen und die Installationsanweisungen für *pwcheck_ldap* finden Sie unter *http://www.linc-dev.com/*

starke Authentifizierungsmethoden zur Verfügung stehen. Die Liste aller möglichen Optionen wird in Kapitel 9 besprochen und ist auch im Online-Handbuch auf der Seite *imapd*(5) zu finden.

Das Konfigurationsverzeichnis des Servers

Im Konfigurationsverzeichnis des Servers befinden sich Datenbanken, die das dynamische Verhalten des Servers in bezug auf seinen Inhalt, seinen Status, seine Prozesse, festgelegte Quotas und Mailbox-Abonnements wiedergeben. Diese Konfigurationen werden standardmäßig im Verzeichnis */var/imap* abgelegt.

Spezielle Dateien

configdirectory/msg/shutdown
: Ist die Datei *configdirectory/msg/shutdown* vorhanden, sendet der *imapd* die erste Zeile dieser Datei als IMAP ALERT-Nachricht[10] an den Client und beendet die Verbindung. Es können keine neuen Verbindungen aufgebaut werden, bis die Datei gelöscht wurde.

configdirectory/msg/motd
: Befindet sich die Datei *configdirectory/msg/motd* im *config*-Verzeichnis, sendet *imapd* die erste Zeile dieser Datei als ALERT-Nachricht an den Client, sobald die Verbindung aufgebaut wurde. Viele Clients verarbeiten jedoch solche ALERT-Nachrichten nur ungenügend (z.B. indem sie häufiger als erforderlich Verbindungen zum Server herstellen, dem Benutzer die ALERT-Nachricht bei jeder Verbindung erneut anzeigen und ihn so verärgern) oder überhaupt nicht.

Die Mailboxen-Datei

configdirectory/mailboxes ist eine Textdatei, in der die Namen aller Mailboxen, deren Quota-Root-Verzeichnisse und die zugehörigen ACLs aufgeführt sind. Die *mailboxes*-Datei ist entscheidend für die Funktion des Cyrus-Servers. In den Releases bis einschließlich 1.6.22 war die *mailboxes*-Datei eine Klartextdatei. Das 2.0-Release ersetzt diese Textdatei durch eine transaktionsorientierte Datenbankdatei im Berkeley DB-Format. Die *mailboxes*-Datei wird häufig aktualisiert und kann mit wachsender Benutzerzahl sehr groß werden. Laut einer Warnung von CMU sollte sich die *mailboxes*-Datei niemals auf einer Partition befinden, die per NFS aufgesetzt ist, da NFS Probleme mit Dateisperren hat.

Obwohl das Cyrus-System gut entworfen wurde und sich als stabil erwiesen hat, stellte die *mailboxes*-Datei in den Cyrus-Versionen 1.6.22 und früher wahrscheinlich die größte Schwachstelle dar. Wenn diese Datei beschädigt wird, kann sie nicht durch bloßes Wiederaufspielen eines Backups vom Band wiederhergestellt werden. Es wird eine möglichst aktuelle Kopie der *mailboxes*-Datei benötigt, um einen langwierigen und auf-

10 ALERT ist eine Server-Statusmeldung, die IMAP-konforme Clients dem Benutzer so anzeigen müssen, daß sie seine Aufmerksamkeit erregt.

wendigen Rekonstruktionsprozeß zu vermeiden. Kapitel 9 beschreibt den Wiederherstellungsprozeß ausführlich. In der Praxis stellt eine *mailboxes*-Datei im Klartextformat nicht unbedingt ein Problem dar. Unsere persönliche Erfahrung hat gezeigt, daß selbst bei großen Systemen (mit mehr als 30.000 Benutzern) eine solche *mailboxes*-Datei keinen spürbaren Performance-Verlust verursacht. In der Version 2.0 wird jedoch das Format der *mailboxes*-Datei auf das Berkeley DB-Datenbankformat umgestellt, das transaktionsorientierte Änderungen ermöglicht.

Protokollierung und Prozeßinformationen

Cyrus IMAP protokolliert seine Meldungen über den *syslog* und gibt als Ursprung *local6* und als Level *crit*, *err*, *warning*, *notice* und *info* an. Fehler, die die Aufmerksamkeit des Systemverwalters benötigen, werden über *crit* protokolliert. I/O-Fehler werden inklusive dem Namen der betroffenen Datei und der jeweiligen Unix-Fehlermeldungen im Level *err* protokolliert. Zeitüberschreitungen von Clients und Fehler bei der Authentifizierung werden im Level *warning* protokolliert. Erfolgreiche und fehlgeschlagene Authentifizierungen werden im Level *notice* protokolliert. Das Öffnen und Schließen von Mailboxen und unterdrückte Mehrfachauslieferungen werden im Level *info* vermerkt.

Der Server ermöglicht auch die Erfassung von Sitzungsinformationen auf Benutzerbasis, den sogenannten Telemetrie-Daten. Diese Telemetrie-Protokollierung ist sehr hilfreich bei der Beseitigung von Problemen, vor allem, um herauszufinden, ob der Fehler auf der Server- oder auf der Clientseite zu suchen ist. Um die Telemetrie-Protokollierung zu aktivieren, muß der Systemverwalter lediglich ein Unterverzeichnis mit dem Namen eines Benutzers unter *configdirectory/log* anlegen. Der Server protokolliert dann die Kommunikation aller Sitzungen auf Applikationsprotokollebene mit, die erfolgreich als der angegebene Benutzer authentifiziert wurden. Der Name der Ausgabedatei ist die Prozeßnummer des Servers. Der Benutzer, unter dessen Kennung der Cyrus-Server ausgeführt wird, muß Schreibrechte für das Verzeichnis *configdirectory/log* haben. Die Namen der Dateien, die in diesem Verzeichnis angelegt werden, stimmen mit der PID des IMAP-Prozesses überein.

Für jeden aktiven Serverprozeß wird eine Datei im Unterverzeichnis *configdirectory/proc* des Konfigurationsverzeichnisses angelegt. Der Name dieser Datei ist die Prozeßnummer des jeweiligen Servers. Jede Datei enthält den Hostnamen des Clients, den Namen des Benutzers, falls dieser sich bereits angemeldet hat, und falls eine Mailbox ausgewählt wurde, deren Namen.

Das Quota-Root-Verzeichnis

Zu jedem Quota-Root-Verzeichnis gehört eine Datei im Verzeichnis *configdirectory/quota* mit dem Namen des Quota-Root-Verzeichnisses. Jede dieser Dateien enthält das Quota-Limit in Kilobyte und die aktuelle Auslastung in Byte. Zum Beispiel hat der Benutzer *johndoe* ein Quota-Limit von 20 MByte für seine Top-Level-Mailbox (*user.johndoe*) und benutzt davon bereits 13.194 Byte. *johndoe* hat außerdem ein Quota-Limit von 10 MByte für seinen Ordner *user.johndoe.sent-mail* und benutzt davon im Moment 4.336 Byte. In der Cyrus-Terminologie hat *johndoe* zwei *Quota-Root-Verzeich-*

nisse mit den Namen *user.johndoe* und *user.johndoe.sent-mail*. Betrachten wir den Inhalt des Verzeichnisses *configdirectory/quota*, sehen wir zwei Dateien mit den Namen der Quota-Root-Verzeichnisse von *johndoe*:

```
$ ls /var/imap/quota | grep johndoe
user.johndoe        user.johndoe.sent-mail
```

Der Inhalt dieser beiden Dateien sieht folgendermaßen aus:

```
$ cat user.johndoe
13194
20480
$ cat user.johndoe.sent-mail
4336
10240
```

Die Auslieferdatenbank »delivered«

Wird das *deliver*-Programm aufgerufen und ist die Option aktiv, die verhindert, daß Nachrichten mehrfach ausgeliefert werden, muß Cyrus eine Datenbank mitführen, in der die bereits ausgelieferten Nachrichten erfaßt werden. In dieser Datenbank wird der Name der Mailbox, die Identifikationsnummer der Nachricht und der Zeitpunkt der Auslieferung vermerkt. Alle Versionen bis 1.5.24 speichern diese Informationen im DBM-Format in den Dateien *configdirectory/delivered.dir* und *configdirectory/delivered.pag*. Konkurrierende Zugriffe werden über die Datei *configdirectory/deliver.lock* geregelt, die der Server sperrt, bevor er die DBM-Datenbank aktualisiert. Die Versionen 1.6 und höher legen je eine Datenbankdatei pro Anfangsbuchstaben der Mailboxen an.

Mailboxen abonnieren

Die Mailbox-Abonnements werden im Verzeichnis *configdirectory/user* verwaltet. Jedem Benutzer des Systems ist eine Datei mit dem Namen *username.sub* zugeordnet. Diese Datei enthält eine Liste der Mailboxen, die der Benutzer abonniert hat. Wenn Sie von einem anderen E-Mail-System auf Cyrus umsteigen, können Sie möglicherweise die Abonnementinformationen aus dem alten System auslesen, umformen und direkt in die Abonnementdatei des Benutzers schreiben, bevor Sie den Cyrus-Server starten.

Die Zukunft von Cyrus

Cyrus ist ein beliebter IMAP-Server. Die Cyrus-Server-Distribution wird mehr als 3.500mal im Monat heruntergeladen, und Dutzende Unternehmen nutzen Cyrus in großem Umfang. Drei kommerzielle IMAP-Lösungen basieren auf Cyrus. Es gibt eine äußerst aktive Cyrus-Mailingliste, auf der über Cyrus im Zusammenhang mit der Implementierung von unternehmensweiten Nachrichtensystemen diskutiert wird. Cyrus wird fortbestehen.

Das aktuelle Release ist die Version 2.0a. Die letzte stabile Version war zu dem Zeitpunkt, als dieses Buch entstand, die Version 1.6.22, jedoch setzen immer noch viele Unternehmen die Version 1.5.19 in ihren Produktionsumgebungen ein.

Die Cyrus-Versionen nach 1.5.19 gehen dazu über, die Authentifizierung durch Klartextpaßwörter durch Methoden zu ersetzen, die durch SASL zur Verfügung stehen. Das Projekt Cyrus mußte seinen Anwendern weitere Authentifizierungsmethoden anbieten. Es ist zwar auch möglich, Cyrus 1.6.22 so zu konfigurieren, daß man Klartextpaßwörter verwenden kann, das ist jedoch aufwendiger (z.B. müssen Sie entweder SASL oder PAM entsprechend einrichten oder den Eigentümer Ihrer Shadow-Paßwortdatei anpassen). Durch das Hinzufügen von völlig neuem Code in die bis dahin angenehm einheitlichen Cyrus-Quellen wurde ein Volk gelassener Mailsystem-Verantwortlicher in ein mißmutiges Kollektiv verwandelt.

Viele Unternehmen haben es vermieden, auf neuere Cyrus-Versionen umzusteigen, weil eine Änderung der Authentifizierungsmechanismen ernsthafte Auswirkungen auf ihre gesamte Infrastruktur hat. Sites, die noch nicht bereit sind, die Authentifizierung über Shadow-Paßwörter durch einen anderen Mechanismus zu ersetzen, wollen kein neues Sicherheitsloch dadurch öffnen, daß sie die Zugriffsrechte auf die Shadow-Paßwortdatei ändern. Die Sites, die Solaris einsetzen, haben es als besondere Herausforderung empfunden, SASL so zu konfigurieren, daß es zusammen mit PAM funktioniert. In der Originalversion des 1.6-Releases war überhaupt keine Unterstützung mehr für *pwcheck*[11] enthalten, und einige Sites beschwerten sich, daß ihnen dadurch neue Features »aufgezwungen« werden sollten. In der Version 1.6.22 steht *pwcheck* über den SASL PLAIN-Mechanismus wieder zur Verfügung, so daß jeder selbst über die Nutzung entscheiden kann. Auch die aktuelle Version der SASL-Bibliothek enthält Unterstützung für *pwcheck*, was es Sites wieder erlaubt, Klartextpaßwörter zu benutzen, wenn sie wollen. Es scheint, als bemühe sich das Management des Cyrus-Projekts nach Kräften, sowohl Unternehmen entgegenzukommen, die bereits Cyrus einsetzen, als auch die Entwicklung voranzutreiben, um die Forderungen der IETF zu erfüllen, die keine Protokolle mehr anerkennt, die auf Authentifizierung mittels Klartextpaßwörtern basieren.

Das Cyrus-Projekt plant eine Empfehlung, die vorsieht, daß Unternehmen statt PAM CRAM-MD5 und */etc/sasldb* für die lokale Authentifizierung einsetzen. Benutzer, die in der Datei */etc/sasldb* eingetragen sind, müssen nicht in die Datei */etc/passwd* eingetragen werden, um authentifiziert zu werden. Da sie nicht in */etc/passwd* eingetragen werden, müssen auch keine speziellen Maßnahmen ergriffen werden, um zu verhindern, daß sich diese Benutzer auf dem System anmelden können.

Stärken und Schwächen von Cyrus

Es ist zwar möglich, einen UW IMAP-Server auf einem normalen Unix-Rechner mit wenigen oder ohne spezielle Vorbereitungen zu installieren, das gleiche trifft jedoch nicht auf den Cyrus-Server zu. Selbst unter den günstigsten Umständen stellt das Aufsetzen eines Cyrus-Servers eine gewaltige Herausforderung dar. Die einzige Möglichkeit herauszufinden, ob Sie das wirklich wollen, ist, die Vor- und Nachteile des Cyrus-Servers mit Ihren Anforderungen und verfügbaren Ressourcen zu vergleichen.

11 *pwcheck* ist ein Dämon, der es einem Cyrus IMAP-Server erlaubt, die Shadow-Paßwortdatei abzufragen, ohne daß dafür die Rechte oder der Eigentümer dieser Datei verändert werden müssen.

Die Stärken des Cyrus-Servers liegen besonders in seiner weiten Verbreitung, seiner guten Skalierbarkeit und seiner Sicherheit. Hier seine Stärken im einzelnen:

Weite Verbreitung
: Cyrus ist sehr beliebt. Die Gemeinschaft der Cyrus-Administratoren kommuniziert und kooperiert über die *info-cyrus*-Mailingliste, die über 400 Mitglieder hat. Der Cyrus-Server wird jeden Monat über 3.500mal heruntergeladen. Anders ausgedrückt, wenn Sie Cyrus auf Ihrer Site betreiben, befinden Sie sich in guter Gesellschaft. Die Fragen und Probleme, die andere Sites, die Cyrus einsetzen, auf die Liste posten, sind immer nützlich und hilfreich. Selbst die Cyrus-Entwickler beteiligen sich mit nützlichen Ratschlägen und Tips.

Skalierbarkeit
: Cyrus unterstützt Quotas für Mailboxen, so daß sich Ihre */var/mail*-Partition niemals unerwartet füllen kann. Das Anwachsen des Mail-Speichers kann über Quotas und IMAP-Partitionen gesteuert werden.

Sicherheit
: Cyrus unterstützt standardmäßig den Kerberos v4 SASL-Mechanismus.

Unterstützung für gemeinsam nutzbare Mailboxen
: Cyrus unterstützt gemeinsam nutzbare Ordner durch ACLs und ermöglicht gleichzeitige Lese- und Schreibverbindungen von mehreren Benutzern.

Und hier noch einige Schwächen des Cyrus-Servers:

Cyrus verwendet nicht das Standard-Unix-Mailbox-Format
: Das Cyrus-eigene Mailbox-Format macht eine Konvertierung in andere Formate, wie das Standard-Unix-Format, schwierig.

Die Benutzer könnten sich »ausgesperrt« fühlen
: Was Sie für eine Stärke halten, könnten Ihre Benutzer als Schwäche ansehen: Benutzer, die es gewöhnt waren, direkt auf ihre Mail-Ordner zuzugreifen, können das bei Einsatz des Cyrus-Servers nicht mehr und müssen einen IMAP-Client benutzen, um ihre Mail vom Cyrus-Server abzurufen.

Die serverseitige Filterung ist noch nicht ausgereift
: Die serverseitige Filterung befindet sich noch im Entwicklungsstadium. Cyrus unterstützt nicht ohne weiteres verbreitete Zusatz-Filterprogramme wie Procmail. Zur Zeit befindet sich das Sieve-Paket in der Entwicklung. Das Paket ist Bestandteil aller Cyrus-Versionen nach 1.6. Es gibt jedoch noch keinen praktikablen Mechanismus oder Clients, die es einem Benutzer erlauben, seine Filter zu konfigurieren.

Aktuelle Veränderungen in der Entwicklung
: Die Entwicklung von Authentifizierungsmethoden in den letzten Releases von Cyrus (1.6 und neuer) ist noch nicht abgeschlossen und nicht stabil.

Hohe I/O-Belastung
: Wie andere IMAP-Systeme auch verursacht Cyrus eine hohe I/O-Belastung und verlangt die sorgfältige Auswahl des Betriebssystems und Konfiguration der Hardware, die dieser Belastung standhalten müssen.

Erhöhter Lernaufwand
: Die Verwaltung eines Cyrus-Systems erfordert einen hohen Lernaufwand.

Wann ist Cyrus die richtige Wahl?

Das Design des Cyrus-Servers bezüglich IMAP unterscheidet sich beträchtlich von dem des UW-Servers. Der UW-Server konzentriert sich auf die persönlichen Mailboxen, während Cyrus private und gemeinsam genutzte Mailboxen gleich behandelt. Das abgeschlossene oder »Black-Box«-Design des Cyrus-Servers erhöht die Geschwindigkeit beim Zugriff auf Mailboxen im Vergleich zum UW-Server. Aus diesem Performance-Vorteil ergeben sich jedoch auch Nachteile. Benutzer können sich z.B. nicht mehr auf dem Server anmelden. Wenn es erforderlich ist, E-Mails von einem Cyrus-Server auf ein herkömmliches Unix-System oder einen UW-Server zu verschieben, sind mehr Arbeitsschritte erforderlich als das bloße Kopieren der Mailbox-Dateien. Die E-Mails müssen entweder über das IMAP-Protokoll übertragen oder durch ein geeignetes Übersetzungsprogramm in das gewünschte Format konvertiert werden (ein solches Programm finden Sie in Kapitel 9).

Die folgende Liste enthält einige Kriterien, anhand derer eine Site herausfinden kann, ob sich der Cyrus-Server für ihre Zwecke eignet:

- Sollen Benutzer private E-Mail-Ordner gemeinsam mit anderen benutzen können?
- Soll der Speicherplatz begrenzt werden, den jeder Benutzer mit seinen E-Mails belegen darf?
- Sollen auf der Site öffentliche Foren mit Zugriffsbeschränkungen angeboten werden (d.h. Bulletin-Boards oder Schwarze Bretter)?
- Soll die Authentifizierung für die Site verschlüsselt stattfinden?
- Wird erwartet, daß die Anzahl der Benutzer der Site schnell anwächst?

Werden die obenstehenden Fragen mit »Ja« beantwortet, dann ist Cyrus die beste Wahl.

7

Installation des Cyrus IMAP-Servers

Reibungslos ist das einzig treffende Wort für die Installation des Cyrus-Servers. Es gibt zwar einige Abhängigkeiten von anderen Softwarepaketen, aber es sollten keine Veränderungen des Quellcodes oder der Makefiles erforderlich sein. Cyrus ist ein sehr gutes Beispiel für eine plattformunabhängige Open Source Software, die an denjenigen, der sie installieren soll, keine besonderen technischen oder geistigen Ansprüche stellt.

Software-Voraussetzungen

Weitere frei erhältliche Softwarepakete werden von Cyrus-*imapd* nur in geringem Umfang benötigt. Sie brauchen nur die Tool Command Language (Tcl) in der Version 7.5 oder neuer und sendmail[1] in der Version 8.7.1 oder neuer. Ab der Version 1.6 von Cyrus ist außerdem die SASL erforderlich.

Sollten Sie bereits Kerberos einsetzen, können Sie Cyrus mit Kerberos-Unterstützung übersetzen. Dadurch wird die Sicherheit Ihrer IMAP-Installation erhöht. Obwohl die Installation etwas leichter und schneller vonstatten geht, wenn Sie *makedepend* installiert haben, ist es auch möglich, das mitgelieferte Shell-Skript als Ersatz für ein fehlendes *makedepend* zu benutzen.

Hardware-Informationen

Ebenso wie für andere Dienste lassen sich auch die Hardware-Ansprüche von Cyrus IMAP in zwei Gruppen unterteilen: Ansprüche, die jeder IMAP-Server stellt, und spezielle Ansprüche des Cyrus IMAP-Servers. Eine nützliche Regel besagt, daß Sie nicht ein-

1 Obwohl sich sendmail als MTA einer weiten Verbreitung erfreut, können Sie natürlich jeden beliebigen MTA benutzen, der Ihnen erlaubt, Cyrus-*deliver* als Auslieferungsprogramm auszuwählen.

fach Hardware und damit Zeit und Geld an Ihren IMAP-Server verschwenden sollten, sondern den Ressourcenverbrauch des Servers ermitteln sollen, *bevor* Sie ihn ausstatten.

IMAP-Server verursachen viele Festplattenzugriffe (I/O), benötigen viel Speicher und brauchen eine hohe Netzwerkbandbreite. Die Gewichtung dieser Ressourcen entspricht der genannten Reihenfolge. Mit anderen Worten: Cyrus IMAP hat einen außerordentlichen »Appetit« auf Festplatten-I/O-Bandbreite. Je höher die Leistungsfähigkeit der Verbindungen zwischen der CPU, dem Speicher und den Festplatten ist, um so besser. Eine gute Konfiguration für einen Cyrus IMAP-Rechner ist daher eine, die die Mailboxen der Benutzer gleichmäßig auf zwei oder mehrere voneinander unabhängig angeschlossene Speichersysteme aufteilt. Der ideale Cyrus IMAP-Server sollte außerdem über zwei Netzwerkschnittstellen verfügen, wobei der gesamte Nicht-IMAP-Netzverkehr (z.B. Backups über das Netzwerk) über die eine Schnittstelle geleitet werden sollte, damit die zweite Schnittstelle vollständig für die IMAP-Kommunikation zur Verfügung steht. Es sollte auch mehr als genug Speicher vorhanden sein, um auch mit Spitzenbelastungen fertigzuwerden.

Kapitel 16, *Verbesserung der Serverleistung*, behandelt ausführlich die Optimierung eines IMAP-Systems. An dieser Stelle wollen wir jedoch kurz auf die genannten Forderungen eingehen. Die Größe des verfügbaren Hauptspeichers ist von größter Wichtigkeit – wie für andere Internetdienste auch. Je weniger Arbeit Ihr System mit dem Auslagern von Speicherseiten hat, um so besser. Als Faustregel gilt, daß Ihrer Maschine mindestens 1 MByte[2] physischer Speicher für jeden IMAP-Prozeß zur Verfügung stehen sollte. Wenn Sie annehmen, daß auf einem dedizierten »Black-Box«-IMAP-Server pro Benutzer ein Prozeß erzeugt wird und noch einmal etwa 20 bis 30 zusätzliche Verwaltungsprozesse dazukommen, müssen Sie nur noch herausbekommen, wie viele Benutzer gleichzeitig online sein werden, um die erforderliche Hauptspeichergröße zu ermitteln. Als guter Ausgangspunkt erweist sich die Annahme, daß ständig etwa 20 bis 30 % der Kunden eines Internet Service Providers online sind, wohingegen wahrscheinlich etwa 80 % der Benutzer innerhalb einer Firma gleichzeitig E-Mails über IMAP abfragen.

Die Verteilung der I/O-Belastung auf mehrere Kanäle ist eine naheliegende Empfehlung. Meistens werden Mailserver zu Beginn so konfiguriert, daß die Daten aller Benutzer auf einer einzigen Festplattenpartition abgelegt werden, die wahrscheinlich auch noch durch einen einzelnen Festplatten-Controller verwaltet wird. Das Verteilen der Mailboxen Ihrer Benutzer auf verschiedene Partitionen, die durch mehrere Controller gesteuert werden, erlaubt es Ihnen, gleichzeitig mehrere Benutzer zu bedienen. Die im Cyrus-Server enthaltene Unterstützung für getrennte Mail-Speicher erleichtert diese Aufteilung.

Die einzige Systemanforderung, die speziell der Cyrus IMAP-Server stellt, ergibt sich aus der großen *mailboxes*-Datei. Eine Möglichkeit, diese Datei unterzubringen, wäre, den Mailserver mit einer Solid-State-Disk auszustatten, die exklusiv für die *mailboxes*-Datei

2 Ein Cyrus-*imapd*-Prozeß benötigt ungefähr 400-800 KByte eigenen Speicher und noch einmal 1.400-1.600 KByte gemeinsam genutzten Speicher. Der gemeinsam genutzte Speicher wird dabei zur Mehrbelastung des Systems gezählt, während der eigene Speicher eines *imapd*-Prozesses zur Kapazitätsplanung verwendet wird.

genutzt wird. Da Solid-State-Disks jedoch um einiges teurer sind als herkömmliche Festplatten, wäre es klüger, eine eigene Partition eines RAID-Arrays oder eine ganz normale Festplatte für die *mailboxes*-Datei zu reservieren. Abgesehen davon ist alles hilfreich, was Sie tun, um die ständige Belastung durch den Zugriff mehrerer Prozesse auf die *mailboxes*-Datei vom Rest Ihres Systems zu isolieren. Vielleicht können Sie die Mailbox-Dateien Ihrer Benutzer nicht in verschiedene Partitionen unterteilen, oder Sie haben keine Möglichkeit, getrennte Netzwerkschnittstellen zu verwenden. Sie können jedoch trotzdem Ihre *mailboxes*-Datei auf einer eigenen Festplatte mit einem separaten I/O-Kanal speichern, um die mögliche Belastbarkeit Ihres Servers zu erhöhen.

Woher bekommen Sie die Software?

Als offizielle Informationsquelle, der Sie entnehmen können, woher Sie den Cyrus IMAP-Server bekommen, sollten Sie sich die Adresse der Cyrus IMAP-Server-Homepage *http://asg.web.cmu.edu/cyrus/download/* merken. In der oberen Hälfte der ersten Seite dieser Site finden Sie einen Link, über den Sie die aktuelle Distribution herunterladen können. Wenn Sie wollen, können Sie auch unter der Adresse *ftp://ftp.andrew.cmu.edu/pub/cyrus-mail/* die aktuelle Version oder eine ältere stabile Version, wie die Version 1.5.19, herunterladen.

Wie bereits erwähnt wurde, benötigen Sie auch noch ein paar andere Softwarepakete, nämlich sendmail und Tcl. Wenn Sie die Version 1.6 oder eine neuere[3] einsetzen wollen, brauchen Sie außerdem Cyrus-SASL (Simple Authentication and Security Layer). Cyrus IMAP unterstützt Kerberos und Sieve, eine Sprache zur serverseitigen Filterung. Beide sind jedoch optional.

Die aktuelle Version von sendmail finden Sie immer auf der Webseite *http://www.sendmail.org/current-release.html.* Wenn Sie sich und Ihren Benutzern einen Gefallen tun wollen, dann verzichten Sie darauf, die sendmail-Version einzusetzen, die mit Ihrem Betriebssystem ausgeliefert wurde.[4] Der Grund dafür ist nicht nur, daß garantiert

3 Wie bereits in Kapitel 6, *Der Cyrus IMAP-Server im Überblick*, erwähnt, ist mehr Arbeitsaufwand erforderlich, wenn in der Version 1.6 oder neueren Versionen Klartextpaßwörter verwendet oder die Authentifizierung über Shadow-Paßwörter integriert werden soll. Daher kann es für einige Sites notwendig sein, auf die Version 1.5.19 zurückzugreifen, bis sie die Authentifizierung über Klartextpaßwörter durch etwas anderes ersetzen können.

4 Benutzen Sie auf gar keinen Fall sendmail 8.6! Hier ein kurzes Zitat von *ftp://ftp.sendmail.org/pub/sendmail/.message*: »Es gibt keinen 8.6.*-Patch für CA-96.20. Die Version 8.6 wird nicht unterstützt, sie ist nicht sicher und sollte niemals auf Maschinen benutzt werden, die an Netzwerke angeschlossen sind.« CA-96.20 ist ein CERT Advisory (*http://www.cert.org/advisories/CA-96.20.sendmail_vul.html*), das Ressourcenverschwendung und Pufferüberlauf-Angriffe beschreibt. Heutzutage sind diese Angriffe wohlbekannt und können von unberechtigten Personen dazu verwendet werden, um auf Ihrem Mailserver beliebige Zugriffsrechte zu erlangen.

wünschenswerte neue Merkmale fehlen werden, die Sie verwenden wollen. Mit sehr hoher Wahrscheinlichkeit gibt es auch nicht-dokumentierte Sicherheitsprobleme, die skrupellose Zeitgenossen anziehen, deren Begabung ihre Selbstbeherrschung übertrifft.

Die offizielle Quelle für Tcl ist die Website *http://www.scriptics.com/* der Firma Scriptics, die von John Ousterhout gegründet wurde, dem ursprünglichen Autor von Tcl.

Für die Cyrus IMAP-Versionen 1.6 und neuer wird auch SASL benötigt. Wenn Sie sich entschieden haben, die Version 1.5.19 einzusetzen, brauchen Sie SASL nicht. Cyrus SASL finden Sie auf dem FTP-Server von CMU unter der Adresse *ftp://ftp.andrew.cmu.edu/pub/cyrus-mail/cyrus-sasl-1.5.11.tar.gz* (schauen Sie auch nach neueren Versionen, denn SASL wird etwa einmal im Monat aktualisiert).

Wenn Sie Kerberos übersetzen wollen und es die Export-Gesetze der Vereinigten Staaten erlauben, können Sie die aktuelle Version von Kerberos über das MIT Kerberos Distribution-Autorisierungsformular unter der Adresse *http://web.mit.edu/network/kerberos-form.html* anfordern.

Unterstützte Plattformen

Als Open Source-Produkt können Sie Cyrus auf jeder Plattform einsetzen, auf der er sich übersetzen läßt. Sie können jedoch davon ausgehen, daß es einfacher ist, Cyrus auf einem System zu kompilieren, das in der Industrie eine gewisse Verbreitung hat. Verwerfen Sie den Gedanken, eine altehrwürdige PDP-11 zu verwenden, die Sie im Keller gefunden haben.

Unter Berücksichtigung der benötigten Ressourcen sollten Sie eine Maschine verwenden, die den folgenden Anforderungen genügt:

- Unterstützung der Menge an Hauptspeicher, die für die voraussichtliche Benutzeranzahl benötigt wird
- Zuverlässige Unterstützung des schnellsten Netzwerkmediums in Ihrem Netzwerk
- Sichere und schnelle Datenspeicherung und I/O

Cyrus installieren

Die Installation des Cyrus-Servers ist so einfach wie das Erlernen des ABC. Die Konfiguration ist um einiges komplizierter, aber dazu kommen wir in Kapitel 8, *Konfiguration des Cyrus-Servers*. Laden Sie als erstes die notwendigen Softwarepakete herunter, und entpacken Sie sie. Danach entscheiden Sie, welche Optionen Sie für den Übersetzungsvorgang benutzen wollen. Und zum Schluß kompilieren Sie die Software und schließen diesen Schritt mit der Installation ab.

Die Versionen ab 1.6 und SASL

Wie bereits erwähnt, ist die Cyrus SASL-Bibliothek eine Grundvoraussetzung für alle Versionen ab 1.6 des Cyrus IMAP-Servers. Stellen Sie sicher, daß die SASL installiert und konfiguriert ist, bevor Sie Cyrus IMAP übersetzen. Für die SASL selbst sind auch einige Konfigurationen erforderlich. Soll nur ein einzelner Server eingesetzt werden, empfiehlt CMU, die SASL so zu konfigurieren, daß sie CRAM-MD5 verwendet; bei mehr als einem Server wird GSSAPI empfohlen. Sie können die SASL außerdem so konfigurieren, daß sie den *pwcheck*-Dämon für die Authentifizierung über Unix-Klartextpaßwörter einsetzt.

Entpacken der Distribution

Angenommen, Sie haben Cyrus bereits mit einem Befehl wie dem folgenden heruntergeladen:

```
% lynx -dump ftp://ftp.andrew.cmu.edu/pub/cyrus-mail/cyrus-imapd-v1.5.19.tar.gz\
  > cyrus-imapd-v1.5.19.tar.gz
```

Danach dekomprimieren Sie das Paket und erzeugen das Cyrus-Quellcode-Verzeichnis mittels tar:

```
% ls -Fs
total 1048                      1048 cyrus-imapd-v1.5.19.tar.gz
% gunzip cyrus-imapd-v1.5.19.tar.gz
% ls -s
total 4688                  4688 cyrus-imapd-v1.5.19.tar
% tar xf cyrus-imapd-v1.5.19.tar
% ls -FaCs
total 4694                     2 cyrus-imapd-v1.5.19
   2 ./                      4688 cyrus-imapd-v1.5.19.tar
   2 ../
```

Einstellen der Optionen für die Übersetzung

Als erstes müssen Sie sich entscheiden, welche Optionen des *configure*-Skripts Sie verwenden wollen. Die möglichen Optionen sind in Tabelle 7-1 dargestellt. Wollen Sie eine Maschine einsetzen, die Shadow-Paßwörter verwendet, auf der Tcl bereits installiert ist und die kein Kerberos benutzt, brauchen Sie nur die folgenden Optionen:

```
% ./configure --with-login=unix_pwcheck --without-krb
```

Damit wird *configure* angewiesen, ein passendes *Makefile* für einen Rechner zu erzeugen, der kein Kerberos benutzt, Shadow-Paßwörter verwendet und auf dem Tcl irgendwo unter */usr/local* oder in einem Verzeichnis installiert ist, das im Standard-Link-Pfad des Compilers enthalten ist.

Tabelle 7-1: Optionen für configure

Option	Zweck
`--help`	Gibt die Liste möglicher Optionen aus.
`--quiet`, `--silent`, `--q`	Unterdrückt Statusmeldungen, die anzeigen, welche Tests gerade durchgeführt werden.
`--version`	Zeigt die Version des verwendeten Autoconf an.
`--prefix=`*`Pfad`*	Installiert architekturabhängige Dateien im *Pfad* (standardmäßig */usr/local*).
`--with-cyrus-prefix=`*`Pfad`*	Setzt das Cyrus-Installationsverzeichnis auf *Pfad*. Versuchen Sie, diese Option nicht zu verwenden, wenn Sie keinen wichtigen Grund für eine Änderung haben. Die Standardeinstellung ist */usr/cyrus*, und es erschwert die Fehlersuche, wenn Sie diese Einstellung ändern.
`--cache-file=`*`Datei`*	Stellt einen anderen Dateinamen für die Cache-Datei ein. Standardmäßig wird *config.cache* benutzt. Diese Option muß in den meisten Fällen nicht angegeben werden.
`--srcdir=`*`Verzeichnis`*	Setzt das Quellverzeichnis auf *Verzeichnis*. Diese Option wird fast nie benötigt. Geben Sie die Option nur an, wenn Sie aus gutem Grund annehmen, daß Autoconf Ihre Quelldateien nicht finden kann, oder wenn Sie mit mehreren Quellverzeichnissen und nur jeweils einer Kopie von configure und Autoconf arbeiten.
`--with-cyrus-user=`*`Benutzer`*	Stellt einen alternativen Cyrus-*Benutzer* ein. Der Standardwert ist *cyrus*. Einen anderen Benutzernamen zu wählen ist vor allem dann keine gute Idee, wenn Sie sendmail als MTA verwenden, weil das Cyrus-*m4*-Makro, das benutzt wird, um die *sendmail.cf*-Datei zu erzeugen, nicht gut auf andere *userid:group*-Kombinationen als *cyrus:mail* reagiert. Genau wie beim Cyrus-Präfix sollten Sie diese Einstellung nicht ohne zwingenden Grund verändern.
`--with-cyrus-group=`*`Gruppe`*	Stellt eine alternative Cyrus-*Gruppe* ein. Der Standardwert ist *mail* (siehe `--with-cyrus-user`).
`--with-statedir=`*`Pfad`*	Setzt das Verzeichnis zur Ablage der Laufzeitinformationen auf *Pfad*. Der Standardwert ist */var/cyrus*.
`--with-login=`*`Methode`*	Wie soll Cyrus seine Benutzer authentifizieren? Die Versionen 1.5.x benutzen *unix* für lokal gespeicherte Klartextpaßwörter, *unix_pwcheck* für Shadow-Paßwörter und *krb* oder *krb_pwcheck* für Kerberos. Die Versionen 1.6.x kennen *unix* (für lokale Paßwörter) oder *krb* (für Kerberos).
`--with-pwcheck=`*`Methode`*	(nur für die Versionen 1.5.x) Welche Methode soll der *pwcheck*-Dämon für die Authentifizierung verwenden? Diese Option wird nur angegeben, wenn der Wert der Option `--with-login` auf `_pwcheck` endet. *pwcheck* kann die Methode auch allein herausfinden, so daß die Angabe dieser Option für Sie wahrscheinlich unnötig ist. Der Standardwert ist *getpsnam*, falls *getpsnam* vorhanden ist, sonst *getpwnam*.

Tabelle 7-1: Optionen für configure (Fortsetzung)

Option	Zweck
`--with-auth=`*`Methode`*	Methode zur Autorisierung, die durch die angegebene Login-Methode benutzt wird. Standardmäßig wird die Methode verwendet, die den gleichen Namen hat wie die gewählte Login-Methode. Normalerweise brauchen Sie hier nichts anzugeben, es sei denn, Sie wollen Kerberos einsetzen.
`--with-inn=`*`Pfad`*	Pfad, in dem INN gefunden werden kann, um Usenet-News einzubinden.
`--with-krb=`*`Pfad`* `--without-krb`	Pfad der Kerberos-V4-Bibliotheken. Hierfür wird die DES-Bibliothek benötigt, die den US-Exportbestimmungen unterliegt. Wenn Sie kein Kerberos einsetzen wollen, geben Sie den Schalter `--without-krb` an.
`--with-lock=`*`Locking-Methode`*	Erzwingt die Verwendung der angegebenen *Locking-Methode*. Es kann entweder `fcntl` oder `flock` angegeben werden.
`--with-tcl=`*`Pfad`* `--without-tcl`	Pfad, in dem sich die Tcl-Bibliothek und die Header-Dateien befinden. Standardmäßig wird unter */usr/local/* und im Link-Pfad des Compilers gesucht. Meist muß diese Option nicht angegeben werden.
`--disable-cyradm`	Wenn Sie Tcl nicht haben, keine Zeit haben, es zu übersetzen, oder es einfach nicht mögen, können Sie mit dieser Option die Verwendung des Cyrus-Administrations-Client durch alternative Methoden wie das IMAP-Skripting ersetzen, die die gleichen Aufgaben erfüllen.
`--with-notify=`*`Methode`* `--without-notify`	Das sieht nach einer verlockenden Stelle aus, um beliebige Benachrichtigungsmechanismen zu integrieren. Zur Zeit kann jedoch nur angegeben werden, ob Zephyr zur Benachrichtigung über neue E-Mail benutzt werden soll oder nicht. Die Standardeinstellung ist daher *zephyr* für den Fall, daß die *zephyr*-Bibliotheken gefunden werden, und *no* (keine Benachrichtigung über den Eingang neuer E-Mail), falls nicht. *configure* findet die entsprechende Einstellung über die Bibliotheken im Suchpfad heraus. Meistens können Sie die Standardeinstellung akzeptieren.
`--with-zephyr=`*`Pfad`* `--without-zephyr`	Zephyr ist ein sogenanntes Instant-Messaging-Protokoll (*ftp://athena-dist.mit.edu/pub/ATHENA/zephyr/*). Da die meisten Sites Cyrus mit `--without-notify` konfigurieren werden, werden sie auch für diese Option `--without-zephyr` wählen.
`--disable-privacy`	Benutzen Sie diesen Schalter, wenn Sie Kerberos einsetzen, aber nur die Authentifizierung und nicht die andere Datenübertragung verschlüsseln wollen.
`--disable-sieve`	(nur für die Versionen 1.6.x) Schaltet die Unterstützung für die serverseitige Filtersprache Sieve[a] aus.

a. Mehr über Sieve finden Sie in Kapitel 15, *Serverseitige Mail-Filterung*.

Je nach der Cyrus-Version, die Sie übersetzen wollen, ist es möglich, daß das *configure*-Skript neben den Optionen aus Tabelle 7-1 weitere Optionen akzeptiert (verwenden Sie den Befehl *configure --help*, um eine komplette Liste aller verfügbaren Optionen zu erhalten). Es ist auch möglich, daß Ihr System ungewöhnliche Optionen benötigt, die nicht im *configure*-Skript definiert sind. Sollte das der Fall sein, können Sie diese Optionen als Umgebungsvariablen definieren, bevor Sie *make all* ausführen. Optionen, die in der Umgebung festgelegt werden, setzen die entsprechenden Optionen von *configure* außer Kraft. Die Optionen, die am häufigsten in der Umgebung gesetzt werden, sind in Tabelle 7-2 aufgezählt.

Tabelle 7-2: Optionen, die häufig in der Umgebung benutzt werden

Option	Was festgelegt wird
CC	Legt das C-Compiler-Programm fest. Der Standard ist *gcc*, falls *gcc* im PATH gefunden wird, und anderenfalls *cc*.
CFLAGS	C-Compiler-Optionen.
CPPFLAGS	Zusätzliche Verzeichnisse, in denen Header-Dateien gesucht werden sollen. Standardmäßig sind keine zusätzlichen Verzeichnisse eingestellt.
DEFS	Verschiedene Optionen, die z.B. die Plattform festlegen (-DSVR4).
LIBS	Bibliotheken, mit denen man sich verbinden kann (z.B. -lposix).
LDFLAGS	Optionen des Linkers. Standardmäßig sind keine Optionen angegeben.

Um eine Option in der Umgebung zu setzen, rufen Sie *configure* auf, wie in den folgenden Beispielen gezeigt:

```
$ CC=gcc CFLAGS=-O2 LIBS=-lsocket ./configure (für Bourne-Shell-Varianten)
% env CPPFLAGS=-I/usr/local/lib ./configure   (für C-Shell-Varianten)
```

Sie können auch noch nach dem Ausführen von *configure* die make-Variablen CFLAGS und LDFLAGS für *make all* umdefinieren, z.B. so:

```
% make all CFLAGS=-O LDFLAGS=-s
```

Nachdem Sie nun eine bestimmte (hoffentlich nicht zu umfangreiche) Anzahl an Schaltern für *configure* festgelegt haben, sollte Ihr Aufruf von *configure* etwa wie folgt aussehen:

```
% ./configure --with-login=unix_pwcheck --without-krb
loading cache ./config.cache
checking for makedepend... makedepend
checking for gcc... gcc
checking whether the C compiler (gcc  ) works... yes
checking whether the C compiler (gcc  ) is a cross-compiler... no
checking whether we are using GNU C... yes
checking whether gcc accepts -g... yes
(Einige Zeilen übersprungen ...)
updating cache ./config.cache
creating ./config.status
creating Makefile
```

```
creating man/Makefile
creating lib/Makefile
creating imap/Makefile
creating imap/feedcyrus
creating imtest/Makefile
creating pwcheck/Makefile
creating cyradm/Makefile
creating et/Makefile
%
```

Übersetzung und Installation der Software

Mit *configure* haben Sie nun Ihr *Makefile* erstellt. Wir werden annehmen, daß Sie kein *makedepend* haben, weil das mitgelieferte Dummy-*makedepend*-Skript recht gut funktioniert. Es funktioniert sogar so gut, daß Sie sich keine Gedanken über die Installation von *makedepend* machen müssen. Sollten Sie dennoch Probleme mit der Verwendung des Dummy-*makedepend*-Skripts haben, finden Sie im Unterverzeichnis *makedepend* der Quelldistribution ein von Cyrus bereitgestelltes *makedepend*.

Wenn Sie das Dummy-Skript benutzen, sollten Sie immer zuerst *make clean* aufrufen, bevor Sie *makedepend* und *make all* ausführen:

```
% make clean
### Making clean in /usr/local/cyrus/cyrus-imapd-v1.5.19/man
rm -f *.o Makefile.bak
### Done with /usr/local/cyrus/cyrus-imapd-v1.5.19/man
### Making clean in /usr/local/cyrus/cyrus-imapd-v1.5.19/et
rm -f compile_et compile_et.o error_table.o
rm -f libcom_err.a
(Einige Zeilen ausgelassen...)
### Making clean in /usr/local/cyrus/cyrus-imapd-v1.5.19/pwcheck
rm -f *.o Makefile.bak pwcheck
### Done with /usr/local/cyrus/cyrus-imapd-v1.5.19/pwcheck
```

Führen Sie im Anschluß *makedepend* und danach *make all* aus. Diese Befehle sollten etwa die folgenden Ausgaben erzeugen:

```
% make depend
### Making depend in /usr/local/cyrus/cyrus-imapd-v1.5.19/man
### Making depend in /usr/local/cyrus/cyrus-imapd-v1.5.19/et
./config_script ./compile_et.sh nawk sed > compile_et
ed -s Makefile < eddep
rm eddep
echo '' >> Makefile
echo '# IF YOU PUT STUFF HERE IT WILL GO AWAY' >> Makefile
echo '# see makedepend above' >> Makefile
```

Durch den Aufruf von *make all* erzeugen Sie die ausführbaren Programme:

```
% make all CFLAGS=-O
```

Während Ihr *make all* eher uninteressante Ausgaben erzeugt und hoffentlich ohne Fehlermeldungen abläuft, können Sie den nächsten Schritt in Angriff nehmen. Richten Sie den Zugang für den *cyrus*-Benutzer ein, und fügen Sie ihn der Gruppe *mail* hinzu. Das Vorgehen hierfür unterscheidet sich von System zu System, je nachdem, welches Betriebssystem Sie verwenden und wie Sie Ihre Benutzer verwalten (NIS, DCE, */etc/passwd*, LDAP usw.).

Nachdem Sie sichergestellt haben, daß der Zugang für den Benutzer *cyrus* existiert und daß er Mitglied der Gruppe *mail* ist, melden Sie sich als *root* an und führen den Befehl *make install* aus. Damit schließen Sie den Installationsprozeß ab und bereiten das System für die anschließende Konfiguration vor. *make install* sollte Ausgaben erzeugen, die etwa wie folgt aussehen:

```
# make install
./install-sh -d /usr/local/bin
./install-sh -d /usr/local/lib
(Viele Zeilen weggelassen...)
### Making install in /usr/local/cyrus/cyrus-imapd-v1.5.19/imtest
../. /install-sh -c -s -m 755 imtest /usr/local/bin
### Making install in /usr/local/cyrus/cyrus-imapd-v1.5.19/cyradm
../. /install-sh -c -s -m 755 cyradm /usr/local/bin
### Making install in /usr/local/cyrus/cyrus-imapd-v1.5.19/pwcheck
../. /install-sh -c -s -m 755 pwcheck /usr/cyrus/bin
```

Eine ältere Version des Cyrus IMAP aktualisieren

Die Neuinstallation von Cyrus ist für Sie vielleicht kein Neuland mehr. Wenn Sie jedoch von einer Vorgängerversion von Cyrus IMAP aufrüsten, müssen noch einige Aufräumarbeiten durchgeführt werden, nachdem Sie die Software aktualisiert haben. Neben den Hinweisen, die wir Ihnen im Anschluß geben, sollten Sie auf jeden Fall die Informationsdateien lesen, die im Unterverzeichnis *doc* zu finden sind. Dabei sollten Sie besonders die Anmerkungen zur Software-Aktualisierung beachten.

- Wenn Sie von der Version 1.5.2 oder einer früheren aufrüsten, müssen Sie die *delivered*-Datenbank und die PTS-Cache-Datenbank löschen (falls Sie das AFS-Dateisystem einsetzen), wenn diese existieren. Wenn Sie die Mehrfachzustellung von Nachrichten unterdrückt haben, finden Sie die *delivered*-Datenbank (*delivered.db*) in Ihrem Konfigurationsverzeichnis. Benutzen Sie die Unterstützung für AFS-PTS-Gruppen, finden Sie den PTS-Cache unter */var/ptclient*. Das Löschen dieser beiden Dateien hat keine negativen Auswirkungen, außer daß beim Löschen der *delivered*-Datenbank einige Nachrichten mehrfach ausgeliefert werden könnten.
- Wenn Sie von Version 1.4 oder früher umsteigen, müssen Sie nach der Software-Installation, aber vor einer Inbetriebnahme des Systems *reconstruct -r* ausführen, damit die Indizes aller Mailboxen in Ihrem System neu erstellt werden.
- Wenn Sie von Version 1.3 oder früher umsteigen, müssen Sie *reconstruct -m* aufrufen, um die *mailboxes*-Datei wieder aufzubauen.

- Und schließlich, falls Sie *imspd* und *imapd* auf derselben Maschine ausführen und AFS-ACLs benutzen, brauchen Sie mindestens Version 1.5a5 des IMSP-Servers, weil sich das Format des PTS-Caches für IMSP verändert hat.

Bestandteile von Cyrus und ihre Aufgaben

Nachdem Sie Cyrus erfolgreich übersetzt haben, verfügen Sie über die folgenden Programme:

imapd(8)
: Das ist der eigentliche IMAP-Server. Er wird über *inetd*(8) gestartet. Im nächsten Kapitel beschreiben wir, wie Sie *inetd* einrichten müssen, damit das richtig funktioniert.

deliver(8)
: Das ist der Mail-Auslieferungsagent des Cyrus-Systems. *deliver* übernimmt die Mail auf der Standardeingabe und liefert sie an eine oder mehrere Mailboxen im Cyrus-Format aus. Dieses Programm dient gleichzeitig als Werkzeug zum Kürzen der Duplikat-delivery-Datenbank.

reconstruct(8)
: Das Hilfsprogramm *reconstruct* erzeugt Indizes für eine beliebige Anzahl von Cyrus-Mailboxen und rekonstruiert die globale Mailbox-Datenbank. *reconstruct* bildet die Grundlage für die Konvertierung anderer Mailbox-Formate in das Cyrus-Format und für Strategien zur Datenrettung in Notfällen. Wenn Sie mit *reconstruct* eine Quota-beschränkte Mailbox wiederaufgebaut haben, sollten Sie mit *quota -f* die zugehörigen Quota-Root-Dateien reparieren.

cyradm(1)
: Das ist die Tcl-basierte Administrations- und Steuerskriptsprache. Die interaktiven Befehle unterscheiden sich von denen, die Sie in Skripten benutzen können. Vieles, wenn nicht alles, was mit *cyradm* möglich ist, können Sie auch mit anderen Sprachen erreichen, falls Sie kein Freund von Tcl sein sollten.

pwcheck(8)
: Der Cyrus-*imapd* läuft unter der Benutzerkennung *cyrus*, so daß eine Shadow-Paßwort-Authentifizierung nicht direkt möglich ist. *pwcheck* ermöglicht den Einsatz von Shadow-Paßwörtern auf Nicht-Kerberos-Systemen. Es handelt sich um einen ziemlich robusten Hack, der eine Named Pipe benutzt, auf die nur *cyrus* Zugriff hat. Über diese Pipe kommuniziert Cyrus mit dem Root-Dämon *pwcheck*, der die Benutzername/Paßwort-Paare überprüft.

quota(8)
: Dieses Werkzeug gibt für die angegebenen Mailbox-Verzeichnisse Quota-Grenzen und die aktuelle Auslastung an. Wird der Schalter *-f* angegeben, werden zuvor Quota-Inkonsistenzen beseitigt.

fud(8)
: *fud* ist ein experimenteller Workaround, der es externen Benutzern mit speziellen finger-Clients erlaubt, Informationen darüber abzufragen, wann ein bestimmter Benutzer zuletzt seine Mailbox abgefragt hat, wann die letzte E-Mail in der Mailbox eingegangen ist und wie viele neue Nachrichten dieser Benutzer hat. Wenn Sie sich nicht sicher sind, ob Ihr finger-Client den *fud*-Dienst nutzen kann, kann er es mit ziemlicher Sicherheit auch nicht. LDAP und ACAP werden auf lange Sicht *fud* ablösen.

pop3d(8)
: Dieser Dämon stellt den Cyrus-Mail-Speicher auch per POP3-Protokoll zur Verfügung, zumindest die Inboxen. Das ist vor allem dann hilfreich, wenn Sie von POP3 auf IMAP4 umsteigen, denn damit können Sie die Serverseite mehr oder weniger transparent austauschen und Ihren Benutzern irgendwann später mitteilen, daß nun auch IMAP verfügbar ist.

rmnews(8)
: Dient der koordinierten Löschung von Usenet-News-Artikeln zwischen INN und IMAP.

syncnews(8)
: Synchronisiert die Informationen von IMAP und INN darüber, welche Newsgruppen aktiv sind. Alle Gruppen, die als IMAP-Mailboxen vorhanden sind, aber nicht in der Datei *active* aufgeführt sind, werden gelöscht. Gruppen, die in der *active*-Datei des Usenet vorhanden sind, zu denen es aber keine IMAP-Mailboxen gibt, werden im IMAP angelegt.

arbitron(8)
: Gibt Statistiken über die Leserschaft einer Mailbox aus. Das ist für private Mailboxen nicht besonders sinnvoll, kann aber für Sites nützlich sein, die einer Gruppe von Benutzern Mailboxen zur Verfügung stellen. Damit läßt sich ermitteln, wer wann auf welche Mailbox zugegriffen hat.

collectnews(8)
: Wird von INN verwendet, um beim Eintreffen von Usenet-Artikeln die entsprechende Mailbox zu aktualisieren.

Verbreitete Schwierigkeiten

Eine Menge häufig auftretender Installationsprobleme und ihre Lösungen werden in der Cyrus-Installations-FAQ beschrieben (*http://asg.web.cmu.edu/cyrus/imapd/install-FAQ.html*). Wir können Sie gar nicht genug ermutigen, diese Seite aufzusuchen, wenn Sie während der Installation auf Probleme stoßen. Zu häufig taucht eine Installationsfrage wiederholt auf der Mailingliste auf, obwohl die Antwort auf diese Frage in der Installations-FAQ zu finden ist.

Schwerwiegende Software-Fehler

- Vor der Version 1.5.19 erzeugt die Unterdrückung mehrfacher Nachrichtenauslieferung mißverständliche Fehlermeldungen in *imapd.log*, die Sie dazu veranlassen könnten, zu glauben, daß eine Nachricht überhaupt nicht ausgeliefert wurde, obwohl sie eigentlich zugestellt wurde. Dieser Fehler wurde in den Versionen ab 1.5.19 beseitigt.
- Es gibt eine ganze Reihe von Fehlern, die in der Version 1.5.14 behoben wurden. Daher wird dringend empfohlen, mindestens auf diese Version umzusteigen, wenn Sie bisher eine ältere Version einsetzen.
- Der IMAP-Befehl RENAME arbeitet in allen Versionen bis zur Version 2.0 nicht hierarchisch. Daher wird er zwischenzeitlich in der Liste der Eigenschaften als »X-NON-HIERARCHICAL-RENAME« bezeichnet. Das hierarchische Umbenennen funktioniert ab der Cyrus-Version 2.0.
- *deliver* hat ein kleineres I/O-Problem, das sich darin äußert, daß Text zwischen einem NUL-Zeichen und dem eigentlichen Ende einer Zeile einer Nachricht verlorengeht. Für Versionen vor 1.5.19 existiert dafür keine Lösung.

Soviel zum Übersetzen von Cyrus. Gehen wir zum nächsten Kapitel über, und beschäftigen wir uns mit der Konfiguration Ihres Cyrus-Servers.

8

Konfiguration des Cyrus-Servers

Jetzt, da die weniger spannende Arbeit des Übersetzens von Cyrus IMAP erledigt ist, lassen Sie uns zum eigentlichen Geschäft kommen und den Server konfigurieren.

Die Konfigurationsdatei und das Konfigurationsverzeichnis von IMAP

Der Cyrus IMAP-Server wird über eine einzige Konfigurationsdatei konfiguriert: */etc/imapd.conf*. Es sind weder Anpassungen im Quellcode noch im *Makefile* nötig. Nachdem Sie die erforderlichen Optionen für den Übersetzungsprozeß von Cyrus für Ihre Site herausgefunden haben, geschehen alle weiteren Einstellungen über die Konfigurationsdatei *imapd.conf*.

Die Konfigurationsdatei des Servers: imapd.conf

Als erstes erstellen wir die Datei */etc/imapd.conf*, in der sämtliche Konfigurationsparameter von *imapd* festgelegt werden können. Jede Zeile in dieser Datei enthält den Namen einer Option und den dazugehörenden Wert. Die beiden Bestandteile werden durch einen Doppelpunkt voneinander getrennt:

```
Option: Wert
```

Leere Zeilen und Zeilen, die mit einem `#` beginnen, werden als Kommentare betrachtet und ignoriert. Wird einer Booleschen Option einer der Werte `yes`, `1`, `t` oder `on` zugewiesen, ist diese Option aktiv. Die Werte `no`, `0`, `f` oder `off` schalten eine Option aus.

Im folgenden ist es am besten, wenn die Anzahl der Einträge in dieser Datei so gering wie möglich gehalten wird, um die Fehlersuche zu vereinfachen. Das Grundgerüst einer IMAP-Konfigurationsdatei muß wenigstens die folgenden Einträge enthalten:

```
configdirectory: /var/imap
partition-default: /var/spool/imap
admins: cyrus johndoe2
```

Die Bedeutung dieser drei Optionen finden Sie in Tabelle 8-1.

Ein Benutzer, der als *admins* eingetragen ist, sollte niemals seinen Administrationszugang zum Lesen seiner E-Mail benutzen!

Benutzer, die als *admins* aufgeführt sind, sollten sich niemals mit dieser Benutzerkennung am IMAP-Server anmelden, um E-Mail zu lesen. *admins* haben spezielle Privilegien, die Probleme verursachen können, wenn sie mit bestimmten IMAP-Clients auf ihre Mailboxen zugreifen. Zum Beispiel können *admins* Teile eines Cyrus-Systems verändern, auf die normale Benutzer keinen Schreibzugriff haben. Liest ein Benutzer mit administrativen Rechten seine E-Mail, könnte er versehentlich neue Top-Level-Mailboxen anlegen (z.B. »Trash« oder »Outbox«), die anderen Benutzern als öffentliche (»public«) Mailboxen angezeigt werden. Wenn Sie ganz sicher gehen wollen, daß keine derartigen Probleme auftreten, sollten Sie keine IMAP-Mailboxen für Ihre *admins* anlegen.

Die vollständige Übersicht aller möglichen Optionen finden Sie in Tabelle 8-1. Diese Optionen werden auch in der Online-Hilfe zu *imapd.conf*(5) beschrieben. Ist in der Tabelle für eine Option als Standardwert »keiner« angegeben, dann hat diese Option keine Standardeinstellung. Ist der Wert »leer« angegeben, dann wird der Option standardmäßig ein leerer Wert zugewiesen.

Tabelle 8-1: imapd.conf-Optionen

Option	Standardwert	Wert
`configdirectory`	keiner	Erforderlich. Pfadname des IMAP-Konfigurationsverzeichnisses. Häufig wird `/var/imap` benutzt.
`defaultpartition`	`default`	Name der Standardpartition (nicht der Verzeichnisname), auf der neue Mailboxen angelegt werden.

`partition-`*`Name`*	keiner	Erforderlich. Vollständiger Verzeichnisname der Partition *Name*. Mindestens eine solche Definition wird für die Partition benötigt, die als *defaultpartition*-Option festgelegt wurde. Ist z.B. die *defaultpartition* wie folgt gesetzt
		`defaultpartition: default`
		dann lautet der Eintrag:
		`partition-default: /some/path`

Tabelle 8-1: imapd.conf-Optionen (Fortsetzung)

Option	Standardwert	Wert
`admins`	leer	Eine Whitespace-separierte Liste mit Benutzern, die administrative Rechte haben. *admins* haben keine Möglichkeit, die Konfiguration des Servers zu verändern. Jeder Benutzer kann in *admins* aufgeführt werden (auch *cyrus*). Beachten Sie jedoch, daß *admins* niemals mit diesen Benutzerkennungen ihre E-Mail per IMAP lesen sollten.
`srvtab`	`/etc/srvtab`	Nur für Kerberos. Vollständiger Pfad der Datei *srvtab*, in der der private Schlüssel des IMAP-Servers gespeichert ist. Diese Option wird nur benutzt, wenn der Server mit Unterstützung für Kerberos-Authentifizierung übersetzt wurde.
`umask`	`077`	Umask-Wert, den alle Programme unter */usr/cyrus/bin* benutzen. Standardmäßig legen diese Programme Dateien mit dem Eigentümer *cyrus:mail* und den Zugriffsrechten `-rw-------` an. Wenn Sie wollen, daß die *admins*-Benutzer diese Dateien auch lesen können, ohne ihre Benutzerkennung auf root zu ändern, dann stellen Sie den `umask`-Wert auf 027 und fügen alle *admins*-Benutzer der Gruppe *mail* hinzu.
`allowanonymous-login`	`no`	Wenn Sie diese Option setzen, kann sich auch der Benutzer *anonymous* mit einem beliebigen Paßwort anmelden. Setzen Sie diese Option auf `yes`, wenn Sie vorhaben, auch anonymen Zugriff auf öffentliche Mail-Ordner zu erlauben.
`quotawarn`	`90`	Prozentwert der Quota-Auslastung, ab der der Server dem entsprechenden Benutzer eine Warnung sendet. Sie sollten diese Option so einstellen, daß der Benutzer eine Nachricht bekommt, wenn er noch etwa 1 MB von seinem Quota-Grenzwert entfernt ist. Für Sites, die Quotas zwischen 10 und 20 MB verwenden, ist 90 Prozent ein guter Wert.
`timeout`	`30`	Diese Option gibt die Zeit in Minuten an, die eine Sitzung inaktiv sein darf, bevor der Server sie automatisch beendet. Haben Sie viele Benutzer, die sich über Telefonleitungen einwählen, dann sollten Sie die Standardeinstellung beibehalten – diese Benutzergruppe neigt dazu, sich nicht richtig abzumelden. In Unternehmen, in denen die Benutzer über ein LAN auf den Server zugreifen, können Sie diesen Wert sicherlich viel größer wählen.

Tabelle 8-1: imapd.conf-Optionen (Fortsetzung)

Option	Standardwert	Wert
`imspservers`	leer	Liste mit Hostnamen von IMSP-Servern. Diese Eigenschaft ist niemals implementiert worden und wurde in allen Versionen ab 1.6 entfernt.
`defaultacl`	`anyone lrs`	ACL, die standardmäßig allen neuen Mailboxen zugeordnet wird, die keine übergeordnete Mailbox haben. Hat eine Mailbox eine übergeordnete Mailbox, dann erbt sie deren ACL.
`newsspool`	keiner	Name des Spool-Verzeichnisses für News. Diese Option wird nur benutzt, wenn auch die Option `partition-news` definiert ist.
`newsprefix`	leer	Präfix, das dem Namen einer Newsgruppe vorangestellt wird, um den entsprechenden IMAP-Mailbox-Namen zu bilden.
`autocreatequota`	0	Der Name dieser Option ist etwas irreführend – `autocreatequota` hat zwei Aufgaben: Der Wert gibt an, ob der Benutzer seine INBOX (und damit seinen IMAP-Zugang) anlegen kann, wenn er sich zum erstenmal am Server anmeldet. Ist der Wert null, kann der Benutzer keinen eigenen Zugang anlegen. Bei einem Wert ungleich null kann der Benutzer den Zugang anlegen. Ist der Wert größer als null, wird die Quota des Benutzers auf den Standardwert eingestellt. Ist der Wert kleiner als null, wird dem Benutzer eine unbegrenzte Quota zugewiesen. Sites, die mit unternehmensweiten Benutzernamen arbeiten, können sich durch diese Option etwas Arbeit sparen. Wollen Sie hingegen mehr Kontrolle über die Konfiguration Ihrer Mailboxen (z.B. vordefinierte Ordner mit jeweils eigenen Quotas), dann sollten Sie den Standardwert beibehalten.
`logtimestamps`	`no`	Ist diese Option gesetzt, protokolliert der Server die Zeit in Sekunden, die seit dem letzten Befehl oder der letzten Antwort vergangen ist. Die Ausgabe erfolgt im »Protocol-Telemetry-Log«.
`cleartextlogin-pause`	0	Gibt die Zeit in Sekunden an, die nach einer erfolgreichen Authentifizierung über Klartextpaßwörter gewartet werden soll, bevor die eigentliche Sitzung gestartet wird. Der Zweck dieses Vorgehens ist es, den Benutzern klarzumachen, daß die Verwendung von Klartextpaßwörtern ihren Preis hat. Diese Pause ist außerdem nützlich, um die Dauer eines Wörterbuchangriffs drastisch zu verlängern, bei dem einfach Paßwörter ausprobiert werden.

Tabelle 8-1: imapd.conf-Optionen (Fortsetzung)

Option	Standardwert	Wert
`loginrealms`	leer	Nur für Kerberos. Gibt eine Liste mit entfernten Bereichen (Remote Realms) an, deren zugehörige Benutzer sich über eine Cross-Realm-Authentifizierung am Server anmelden können. Die Realms werden durch Whitespace getrennt.
`loginuseacl`	`no`	Nur für Kerberos. Ist diese Option gesetzt, kann sich ein Benutzer, der über Rechte für eine INBOX verfügt, als Eigentümer dieser INBOX am Server anmelden.
`reject8bit`	`no`	Ist diese Option gesetzt, weist das *deliver*-Programm alle Nachrichten ab, in deren Nachrichten-Headern 8-Bit-Zeichen verwendet werden. Ist diese Option nicht gesetzt, werden alle 8-Bit-Zeichen im Header in den Buchstaben X umgewandelt.
`netscapeurl`	`http://andrew2.andrew.cmu.edu/cyrus/imapd`	Definiert eine Adresse, die zurückgegeben wird, wenn Netscape die URL des Mail-Administrationsservers abfragt. Diese Option muß zur Übersetzungszeit eingestellt sein. Unter der Adresse der Standardeinstellung erhält man nur eine informative Meldung.

Das Konfigurationsverzeichnis

Das Konfigurationsverzeichnis ist der Aufbewahrungsort, an dem Informationen über alle Bestandteile und Benutzer des Cyrus-Systems zusammengefaßt sind. Häufig wird hierfür das Verzeichnis */var/imap* benutzt. (Wir werden das auch in unseren Beispielen so beibehalten.) Der Zugriff auf dieses Konfigurationsverzeichnis sollte auf den Benutzer *cyrus* und dessen Gruppe beschränkt werden. Die folgenden Befehle erzeugen das Verzeichnis, setzen den Eigentümer und stellen die entsprechenden Berechtigungen ein:

```
# cd /var
# mkdir imap
# chown cyrus:mail imap
# chmod 0750 imap
```

Der Cyrus-Server ist pingelig, was den Eigentümer und die Zugriffsberechtigungen betrifft. Stellen Sie sicher, daß die entsprechenden Einstellungen korrekt sind, um späteren Problemen vorzubeugen.

Dies und jenes

Erstellen Sie die benötigten Dateien im Konfigurationsverzeichnis, und setzen Sie die Zugriffsrechte wie dargestellt. Legen Sie eine leere *mailboxes*-Datei und die Verzeichnisse an, in denen Cyrus die Konfigurationsinformationen ablegen kann:

```
# cd /var/imap
# touch mailboxes
# mkdir user quota proc log msg
# chown cyrus:mail *
```

Erstellen Sie das Verzeichnis, das in *imapd.conf* als `defaultpartition` definiert ist. Im `defaultpartition`-Verzeichnis werden die Mailboxen Ihrer Benutzer abgelegt. Wie Sie sich erinnern werden, haben wir in der Beispiel-*imapd.conf* weiter vorn in diesem Kapitel das Verzeichnis */var/spool/imap* als `defaultpartition` definiert.

```
# cd /var/spool
# mkdir imap
# chown cyrus:mail imap
# chmod 750 imap
```

Wenn Sie Cyrus auf einem Linux-System einrichten . . .

Wenn Sie die Möglichkeit haben, sollten Sie das Konfigurationsverzeichnis, das Benutzer- und das Quota-Verzeichnis sowie das IMAP-Mail- und das Mail-Queue-Verzeichnis so einstellen, daß sie synchron aktualisiert werden.

```
# cd /var/imap
# chattr +S . user quota
# chattr +S /var/spool/imap
# chattr +S /var/spool/mqueue
```

Dieses Vorgehen erhöht die Sicherheit des Mail-Austauschs ein wenig, allerdings auf Kosten der Performance (falls Ihr System mehr als 5.000 Mailboxen umfaßt, erweist sich dieser Leistungsverlust als so gravierend, daß Sie keine synchronen Aktualisierungen konfigurieren sollten). Wird eine Datei asynchron aktualisiert, wird der mit ihr verknüpfte Zwischenspeicher erst einige Zeit nach dem Verändern dieser Datei auf die Festplatte geschrieben. Bei einer synchronen Aktualisierung wird der Zwischenspeicher sofort geschrieben. Dadurch verringert sich das Risiko, daß Ihr Dateisystem z.B. bei einem versehentlichen Herunterfahren beschädigt wird.

Bitte beachten Sie, daß dieser Hinweis nur für das *ext2*-Dateisystem gilt. Falls Sie nicht genau wissen, welches Dateisystem Sie einsetzen, benutzen Sie den Befehl *mount*(8), um es herauszufinden.

Konfiguration des Authentifizierungsmechanismus

In diesem Abschnitt erfahren Sie, wie Sie den IMAP-Server konfigurieren müssen, damit die Authentifizierung der Benutzer über Klartext-Shadow-Paßwörter und Kerberos erfolgen kann. Eine Authentifizierung mit Klartextpaßwörtern und ohne die Verwendung des Shadow-Mechanismus erfordert keine spezielle Anpassung der Konfiguration. Die Authentifizierung der Benutzer verläuft außerhalb des eigentlichen Cyrus-Servers, so daß die Benutzer keine gültigen Unix-Zugänge auf dem Server haben müssen. Damit ist es z.B. möglich, die Benutzer gegen eine SQL-Datenbank oder ein LDAP-Verzeichnis zu authentifizieren. Alternative Authentifizierungsmechanismen und die dafür erforderlichen Werkzeuge werden in Kapitel 18, *IMAP-Werkzeuge*, beschrieben.

Klartext-Authentifizierung mit Shadow-Paßwörtern

Die Klartext-Authentifizierung ist nichts anderes als die Prüfung anhand einer lokalen *passwd*-Datei. Einige Unix-Varianten speichern die verschlüsselten Paßwörter zusammen mit den Benutzernamen in einer lokalen Paßwortdatei. Andere Varianten speichern den Benutzernamen zusammen mit einigen anderen Informationen in einer Datei und die verschlüsselten Paßwörter in einer eigenen Datei – der sogenannten Shadow-Datei. Die Zugriffsberechtigungen auf diese Shadow-Datei sind sehr restriktiv – sie gehört root und kann auch nur von root gelesen werden –, um so die verschlüsselten Paßwörter vor neugierigen Blicken zu schützen.

Der Authentifizierungsmechanismus des Cyrus IMAP hat sich von Version 1.5.19 zu Version 1.6.22 stark verändert. Die Versionen ab 1.6 unterstützen den *pwcheck*-Dämon zur Authentifizierung über Shadow-Paßwörter durch die SASL-Bibliothek. Es gibt einige kleinere Unterschiede in der Konfiguration der Authentifizierung zwischen den Versionen 1.5.19 und 1.6.22, auf die wir weiter hinten in diesem Abschnitt näher eingehen werden.

Einstellen der Klartext-Authentifizierung in der Cyrus-Version 1.5.19

Das *pwcheck*-Programm wurde bereits in Kapitel 7, *Installation des Cyrus IMAP-Servers*, vorgestellt. Es handelt sich um einen Dämonen, den der Cyrus-Server benutzt, um Paßwörter anhand der Unix-Shadow-Paßwort-Datei zu überprüfen. *pwcheck* wird benötigt, weil der Cyrus IMAP-Server unter der Benutzerkennung *cyrus* ausgeführt wird und daher keinen Zugriff auf die Datei mit den Shadow-Paßwörtern hat (nur *root* darf diese Datei lesen). Der *pwcheck*-Dämon erzeugt im Verzeichnis */var/pwcheck* eine Named Pipe, durch die der Cyrus-Server mit ihm kommunizieren kann. Wenn Sie festgelegt haben, daß der Cyrus-Server *pwcheck* verwendet, müssen Sie das entsprechende Verzeichnis mit den folgenden Berechtigungen erstellen:

```
# mkdir /var/pwcheck
# chown cyrus /var/pwcheck
# chmod 0700 /var/pwcheck
```

pwcheck sollte beim Hochfahren des Betriebssystems gestartet und als Hintergrundprozeß ausgeführt werden. Dafür benötigen Sie ein Initialisierungsskript und müssen dafür sorgen, daß es beim Booten des Betriebssystems ausgeführt wird. Auf einem Solaris-System erstellen Sie eine Datei */etc/init.d/pwcheck*, wie in Beispiel 8-1 dargestellt.

Beispiel 8-1: pwcheck-Startskript

```
#!/sbin/sh
#
#    Startet den CMU Cyrus pwcheck-Daemon

case "$1" in
'start')
        if [ -f /usr/cyrus/bin/pwcheck ]; then
                /usr/cyrus/bin/pwcheck &
        fi
        ;;

'stop')
        pid=`/usr/bin/ps -eo pid,comm | /usr/bin/awk '{ \
            if ($2 == "/usr/cyrus/bin/pwcheck") print $1 }'`
        if test "$pid"
        then
            /usr/bin/kill $pid
        fi
        ;;
*)
        echo "Usage: $0 { start | stop }"
        exit 1
        ;;
esac
exit 0
```

Nachdem Sie die Datei */etc/init.d/pwcheck* – wie gezeigt – erstellt haben, erzeugen Sie die symbolischen Links in den Verzeichnissen */etc/rc2.d* und */etc/rc0.d*, damit das Skript beim Starten und Stoppen des Betriebssystems automatisch ausgeführt wird:

```
# cd /etc/rc2.d
# ln -s /etc/init.d/pwcheck S98pwcheck
# cd /etc/rc0.d
# ln -s /etc/init.d/pwcheck K20pwcheck
```

Die Namen der Links auf das *pwcheck*-Skript hängen davon ab, welche Verweise sich bereits in den Verzeichnissen befinden und in welcher Reihenfolge Sie die entsprechenden Skripten ausführen wollen. Eine detaillierte Erläuterung dieses Vorgangs würde den Rahmen dieses Buches sprengen.

Einstellen der Klartext-Authentifizierung in der Cyrus-Version 1.6.22

Cyrus verwendet ab Version 1.6.22 das SASL-Framework zur Authentifizierung. Cyrus SASL 1.5.15 ist ein eigenes Softwarepaket, das von Cyrus 1.6.22 benötigt wird. Die Installation wurde bereits in Kapitel 7 behandelt. Auf den meisten Systemen ist keine spezielle Konfiguration notwendig. SASL verwendet den Authentifizierungsmechanismus, den Sie dem Cyrus-configure-Skript übergeben haben. Wenn Sie nichts angegeben haben, wird standardmäßig die sicherste zur Verfügung stehende Methode benutzt. Um Klartextpaßwörter zu verwenden, müssen Sie das configure-Skript mit der Option `-with-auth-unix` aufgerufen haben.

Es ist keine besondere Konfiguration erforderlich, wenn Sie Klartextpaßwörter ohne den Shadow-Mechanismus einsetzen wollen. Auf den meisten Systemen verwendet SASL PAM, um die Authentifizierung über einfache Paßwörter durchzuführen. Der Einsatz von Shadow-Paßwörtern verursacht zusätzlichen Aufwand. Auf Linux-Systemen müssen z.B. die Zugriffsrechte der Shadow-Datei verändert werden, damit der *cyrus*-Benutzer sie lesen kann. Unter Solaris sind einige Veränderungen an PAM notwendig. Die meisten Sites, die auf die Verwendung von Shadow-Paßwörtern angewiesen sind, haben sich daher dafür entschieden, entweder die Cyrus-Version 1.5.19 beizubehalten oder *pwcheck* in seiner einfachsten Form zusammen mit Cyrus 1.6.22 einzusetzen.

Kerberos-Authentifizierung

Wenn Sie Cyrus mit Kerberos-Unterstützung übersetzt haben, müssen Sie einen Kerberos-Schlüssel für den Cyrus IMAP-Server erzeugen und ihn in der Datei *srvtab* ablegen.

Das folgende Beispiel erzeugt einen Schlüssel für den Rechner *rooster*. *rooster*s Kerberos-Realm ist *THEMULLETS.NET*.

```
# ksrvutil -f /etc/srvtab add
Name: imap
Instance: rooster
Realm: THEMULLETS.NET
Version number: <Return>
New principal: imap.rooster@THEMULLETS.NET; version 0
Is this correct? (y/n) [y] y
Password: xxxxxxxx
Verifying, please re-enter Password: xxxxxxxx
Key successfully added.
Would you like to add another key? (y/n) [y] n
```

Anschließend ändern Sie den Eigentümer der Datei */etc/srvtab* auf *cyrus*:

```
# chown cyrus /etc/srvtab
```

syslog-Konfiguration

Der Cyrus-Server verwendet die BSD 4.3-Variante von *syslog*. Dieser *syslog* unterteilt die Protokollmeldungen in Facility-Kanäle und Dringlichkeitsstufen. Bevor Sie den *syslog* Ihres Systems so konfigurieren können, daß er die Meldungen des Cyrus-Servers protokolliert, müssen Sie herausfinden, ob Sie die BSD 4.3-Variante einsetzen. Führen Sie den Befehl

```
% man syslog
```

aus, und überprüfen Sie die Definition der `openlog()`-Funktion im Synopsis-Abschnitt:

```
void openlog(const char *ident, int logopt, int facility);
```

Der `openlog()`-Funktion werden entweder zwei oder drei Argumente übergeben. Übernimmt die `openlog()`-Funktion drei Argumente, dann verwenden Sie die BSD 4.3-Variante von *syslog*, die mit den Cyrus-Aufrufen kompatibel ist. Zur *syslog*-Konfiguration müssen Sie in die Datei */etc/syslog.conf* eine Zeile ähnlich der folgenden einfügen, die *syslog* anweist, die Meldungen der Stufe »debug« des *local6*-Kanals in der Datei */var/log/imapd.log* zu protokollieren:

```
local6.debug                    /var/log/imapd.log
```

Erzeugen Sie danach eine leere *imapd.log*-Datei, und starten Sie *syslog* neu:

```
# touch /var/log/imapd.log
# /etc/init.d/syslog stop; /etc/init.d/syslog start
```

Nimmt die `openlog()`-Funktion Ihres Systems lediglich zwei Argumente entgegen, dann verwendet Ihr System nicht die BSD 4.3-Variante, und Sie müssen den *syslogd* und die Datei *syslog.conf* benutzen, die der Cyrus-Distribution beiliegen. Erstellen Sie Sicherheitskopien der Dateien *syslogd* und *syslog.conf* Ihres Systems, wechseln Sie in das Hauptverzeichnis der Cyrus-Quelldistribution, und führen Sie die folgenden Befehle aus:

```
(syslog anhalten)
# cd syslog
# cp syslogd /etc/syslogd
# cp syslog.conf /etc/syslog.conf
(syslog starten)
```

Konfiguration des MTA

Anders als beim UW-Server wird durch das Datenformat, in dem der Cyrus IMAP-Server die Mails ablegt, auch das Programm festgelegt, mit dem die Mails weitergeleitet werden. Genauer gesagt, wird der Agent festgelegt, mit dem die Mails lokal ausgeliefert werden. Wir gehen in diesem Buch davon aus, daß Sie sich für *sendmail* entschieden haben. Dieser MTA ist in der Lage, fast beliebig große Benutzerbasen zu bedienen. Wenn Sie einen anderen MTA einsetzen, denken Sie daran, daß Sie auch diesen so einrichten müssen, daß er das Cyrus-Programm *deliver* als Auslieferungsagenten verwendet. Betrachten Sie die Hinweise in diesem Abschnitt als grobe Richtlinien für die erforderlichen Schritte.

Der MDA deliver

Das Programm *deliver* aus dem Cyrus-Paket ist ein Agent, der Nachrichten an die Mailboxen der jeweiligen Benutzer ausliefert. Zu diesem Zweck nimmt es Nachrichten auf seiner Standardeingabe entgegen und speichert sie in den angegebenen Mailboxen. *deliver* wird über die Datei */etc/imapd.conf* konfiguriert.

In Tabelle 8-2 finden Sie die Optionen, die *deliver* verwendet, um Nachrichten auszuliefern. Weitere Optionen werden in der Online-Hilfe zu *deliver*(8) beschrieben.

Tabelle 8-2: deliver-Optionen

Option	Beschreibung

`-m` *`Mailbox`*	Liefert eine Nachricht an die angegebene Cyrus-*`Mailbox`* aus.
	Um z.B. eine Mail an die Mailbox *user.johndoe.lists* auszuliefern, verwenden Sie den Befehl:
	`deliver -m user.johndoe.lists`
	Sie benötigen das Recht, Nachrichten an die angegebene Mailbox senden zu dürfen (das *p*-Recht). Wenn Sie nicht über dieses Recht verfügen, wird eine Fehlermeldung erzeugt:[a]
	`user.johndoe.lists: Mailbox does not exist`
	Wird zusätzlich zum Argument -m auch ein Benutzer angegeben, versucht *deliver*, die Nachricht an eine Mailbox mit dem entsprechenden Namen in der Mailbox-Hierarchie des Benutzers auszuliefern. Der Befehl
	`/usr/cyrus/bin/deliver -m lists johndoe`
	liefert z.B. eine Nachricht an die Mailbox *user.johndoe.lists* aus. Auch hier benötigt der Benutzer, der *deliver* aufruft, das *p*-Recht für die angegebene Mailbox (die Zugriffsrechte werden in Kapitel 9, *Administration des Cyrus-Systems*, beschrieben).
	Wird eine Mailbox zusammen mit einer Liste von Benutzernamen angegeben, versucht *deliver*, die Nachricht an die entsprechende Mailbox jedes dieser Benutzer auszuliefern. Der Befehl
	`/usr/cyrus/bin/deliver -m lists johndoe msmith kjones`
	speichert die Nachricht in den Mailboxen *user.johndoe.lists*, *user.msmith.lists* und *user.kjones.lists*.

`-e`	Unterdrückt die mehrfache Auslieferung von Nachrichten.
`-q`	Sorgt dafür, daß eine Mitteilung auch dann ausgeliefert wird, wenn die angegebene Mailbox die Quota überschritten hat.
`-F` *`Flag`*	Setzt *`Flag`* in der ausgelieferten Nachricht. *`Flag`* darf die Werte `\seen`, `\answered`, `\flagged`, `\draft` oder `\deleted` haben.
`-a` *`AuthID`*	*`AuthID`* wird als Autorisierungs-ID des Absenders verwendet. Wird für *`AuthID`* kein Wert angegeben, wird standardmäßig `anonymous` benutzt. Durch die Verwendung von *`AuthID`* kann Person A einer Person B erlauben, ihre Autorisierungsprivilegien zu verwenden, ohne ihr Paßwort bekanntgeben zu müssen (Person B verwendet ihr eigenes Paßwort).
`-r` *`Adresse`*	Fügt eine *Return-Path:*-Zeile mit der angegebenen *`Adresse`* im Header der Nachricht ein.
`-f` *`Adresse`*	Identisch zum Argument *-r*.

a. Diese Fehlermeldung ist mißverständlich. Sie wird auch dann zurückgegeben, wenn die Mailbox zwar existiert, aber der Aufrufende nicht über das *p*-Recht für diese Mailbox verfügt.

Um z.B. eine Nachricht per Hand an die Mailbox des Benutzers *johndoe* auszuliefern, die in der Datei *39.* abgelegt ist, geben Sie am Shell-Prompt folgenden Befehl ein:

```
% /usr/cyrus/bin/deliver -m user.johndoe johndoe < 39.
```

Sie müssen mit dem Argument *-m* den Namen der Mailbox (*user.johndoe*) und außerdem den Namen des Eigentümers der Mailbox (*johndoe*) angeben. Wenn Sie den Benutzernamen weglassen, geht *deliver* davon aus, daß die Nachricht an die angegebene Mailbox des Benutzers ausgeliefert werden soll, der das Programm ausführt. Sind Sie z.B. als *smith* angemeldet und führen den Befehl des letzten Beispiels aus, wird *deliver* versuchen, die Mailbox *user.johndoe* in Ihrer (*smith*) Mailbox-Hierarchie zu finden, was fehlschlägt. Wenn Sie nur den Benutzernamen des Empfängers und keinen Namen für die Mailbox angeben, versucht *deliver* standardmäßig, die Nachricht an die Mailbox *user.Benutzername* auszuliefern.

Einige Delivery-Agenten sind so eingestellt, daß sie einen *From*-Header[1] erzeugen, wie unter Unix üblich. *deliver* kann diesen *From*-Header nicht verarbeiten. Wenn Sie *deliver* von der Kommandozeile aus aufrufen, um eine Nachricht auszuliefern, die einen *From*-Header enthält, wird *deliver* fehlschlagen. Hätte z.B. die Datei *39.* einen Header wie den folgenden enthalten

```
>From johndoe@localhost Fri Jul 16 11:31:13 1999
```

würde *deliver* die Fehlermeldung

```
johndoe: Message contains invalid header
```

zurückliefern. Wie wir im nächsten Abschnitt zeigen, muß *deliver* in Ihrer *sendmail*-Konfiguration so eingestellt werden, daß *keine From*-Header erzeugt werden. Eine Nachricht muß mindestens die Header *To:*, *From:*, *Subject:* und *Date:* enthalten. Die Nachricht wird zwar auch ausgeliefert, wenn diese Header fehlen, es ist dann jedoch schwierig vorherzusagen, mit welchen Werten die entsprechenden Felder belegt werden, wenn der Empfänger seine E-Mail mit einem Client-Programm liest. *deliver* liefert sogar Nachrichten aus, die gar keine Header haben, vorausgesetzt, die Nachricht beginnt mit einer leeren Zeile.

Die sendmail-Konfigurationsdatei

Alle *sendmail*-Versionen nach 8.7 unterstützen Cyrus und enthalten ein M4-Makro, aus dem eine einfache *sendmail.cf*-Datei erzeugt werden kann, die Cyrus verwendet. In unseren Ausführungen gehen wir davon aus, daß Sie *sendmail* bereits installiert haben und auch über die Quelldistribution verfügen.

1 Verwechseln Sie das nicht mit dem RFC 822-konformen *From:*-Header. Wir meinen den *From*-Header des »MTA«, der keinen Doppelpunkt als Trennzeichen enthält und einer Nachricht durch den MTA (*sendmail*) hinzugefügt wird.

Erstellen der sendmail-Konfigurationsdatei

Wechseln Sie in das Verzeichnis, das Ihre *sendmail*-Quellen enthält. Ein *ls* sollte die meisten oder alle der folgenden Dateien anzeigen:

```
% ls -CF
FAQ             RELEASE_NOTES   doc/            makemap/        smrsh/
KNOWNBUGS       cf/             mail.local/     praliases/      src/
READ_ME         contrib/        mailstats/      rmail/          test/
```

Die M4-Makros befinden sich im Unterverzeichnis *cf/cf*. In diesem finden Sie die Datei *cyrusproto.mc*:

```
% cd cf/cf
% ls cyrusproto.mc
cyrusproto.mc
```

cyrusproto.mc ist ein M4-Makro-Skript, das verwendet wird, um eine Konfigurationsdatei für *sendmail* zu erstellen. Bevor Sie die Konfigurationsdatei erstellen können, müssen Sie in diesem Makro-Skript die von Ihnen verwendete Betriebssystemversion angeben. Wenn Sie eine domänenspezifische *sendmail*-Konfiguration benutzen, müssen Sie auch die entsprechende Angabe zur Festlegung der Domäne in die Datei eintragen. Die Variable OSTYPE gibt das verwendete Betriebssystem an. Mögliche Werte für OSTYPE finden Sie im Unterverzeichnis *cf/ostype* Ihrer *sendmail*-Quellen. Für ein Solaris 2.x-System in der Domäne *unt.edu* fügen Sie die folgenden Zeilen in die Datei *cyrusproto.mc* ein:

```
OSTYPE(solaris2.ml)
 DOMAIN('UNT.EDU')
```

Der folgende *m4*-Befehl erzeugt das Grundgerüst einer Konfigurationsdatei, die Cyrus unterstützt:

```
% m4 ../m4/cf.m4 cyrusproto.mc > cyrusproto.cf
```

Die Datei *cyrusproto.cf* ist eine Variante einer *sendmail.cf*-Datei, die das Cyrus-Programm *deliver* als MDA einsetzt. Die MDA-Angaben in der Datei *cyrusproto.cf* sind in Beispiel 8-2 dargestellt.

Beispiel 8-2: Angaben für den Cyrus-Mailer

```
##################################################
###   Cyrus Mailer specification              ###
##################################################

#####  @(#)cyrus.m4     8.4 (Carnegie Mellon) 9/2/96  #####

Mcyrus,       P=/usr/cyrus/bin/deliver, F=lsDFMnPqA5@W, S=10, R=20/40,
              U=cyrus:mail,
              A=deliver -m $h -- $u
```

Diese Angaben sind wie folgt zu interpretieren (wenn Sie detaillierte Informationen benötigen, empfehlen wir Ihnen, das sendmail-Buch[2] zu konsultieren):

`Mcyrus`
: Der Name dieser Mailer-Definition ist »cyrus«.

`P=/usr/cyrus/bin/deliver`
: Verzeichnis, in dem das *deliver*-Programm zu finden ist.

`F=lsDFMnPqA5@W`
: Eine Aufzählung von Flags, die das Verhalten von *deliver* beeinflussen. Das *n*-Flag sorgt dafür, daß der Mailer keinen *From*-Header erzeugt.

`S=10`
: Sowohl zur Verarbeitung der Absenderadresse im Envelope als auch derjenigen im Header wird der Regelsatz 10 verwendet.

`R=20/40`
: Zur Verarbeitung der Empfängeradresse im Envelope wird Regelsatz 20 verwendet. Mit Regelsatz 40 wird die Empfängeradresse im Header verarbeitet.

`U=cyrus:mail`
: Gibt den Benutzernamen und die Gruppe an, unter denen der Cyrus-Mailer ausgeführt werden soll. *deliver* muß immer unter der Benutzerkennung *cyrus* laufen.

`A=deliver -m $h -- $u`
: Gibt den Namen des *deliver*-Programms und seine Argumente an (für mögliche Argumente siehe Tabelle 8-2).

Kopieren Sie die neu erzeugte *cyrusproto.cf*-Datei in das Verzeichnis, in dem Sie normalerweise Ihre *sendmail*-Konfigurationsdateien ablegen (meist */etc/mail*), und starten Sie *sendmail* neu:

```
% su -
# cp /etc/mail/sendmail.cf /etc/mail/sendmail.cf.bak
# cp cyrusproto.cf /etc/mail/sendmail.cf
```

Die Dokumentation zur Cyrus-Installation enthält außerdem die Anweisung, den Benutzer *daemon* der Gruppe *mail* hinzuzufügen (in der Datei */etc/group*). Das ist jedoch nicht nötig, wenn Sie eine aktuelle *sendmail*-Version verwenden (d.h. Version 8.7.1 oder neuer). *sendmail* läuft unter der Benutzerkennung *root*, so daß seine Gruppe nicht entscheidend ist, zumindest soweit es *deliver* betrifft:

```
# /etc/init.d/sendmail stop; /etc/init.d/sendmail start
```

Test der sendmail-Konfiguration

Zunächst müssen Sie einen Cyrus-Testzugang anlegen, an den Nachrichten ausgeliefert werden können. Verwenden Sie die nachfolgenden Befehle, um einen einfachen Testzugang namens »debug« anzulegen. Wenn Sie die Unix-Authentifizierung einsetzen, müssen Sie diesen Benutzer außerdem in die lokale Paßwortdatei eintragen:

---

2 *sendmail* von Bryan Costales und Eric Allman (O'Reilly).

```
% cyradm -user cyrus localhost imap
localhost password:
localhost> cm user.debug
```

Danach können Sie *sendmail* von der Kommandozeile aus aufrufen, um eine Testnachricht an diesen Zugang auszuliefern:

```
% su - debug
Password: xxxxxxxx
Sun Microsystems Inc.   SunOS 5.7       Generic October 1998
$ echo "Subject: Das ist ein Test 1 2 3" | /usr/lib/sendmail -v debug
debug... Connecting to cyrus...
debug... Sent
```

Die Nachricht sollte in der Mailbox des Benutzers *debug* erscheinen. Sie können das auch ohne einen Mail-Client überprüfen, indem Sie sich den Inhalt seiner Top-Level-Mailbox anzeigen lassen:

```
$ cd /var/spool/imap/user/debug
$ ls -ltr
total 18
-rw-------   1 cyrus    mail        135 Jun 19 09:54 cyrus.header
-rw-------   1 cyrus    mail         53 Jul 17 12:19 cyrus.seen
-rw-------   1 cyrus    mail         96 Jul 17 20:08 cyrus.index
-rw-------   1 cyrus    mail        488 Jul 17 20:08 cyrus.cache
-rw-------   1 cyrus    mail        289 Jul 17 20:08 1.
$ cat 1.
Return-Path: <debug>
Received: (from debug@localhost)
        by localhost (8.9.1/8.9.1) id UAA25991
        for debug; Sat, 17 Jul 1999 20:08:36 -0500 (CDT)
Date: Sat, 17 Jul 1999 20:08:36 -0500 (CDT)
From: debug
Message-Id: <199907180108.UAA25991@localhost>

Subject: Das ist ein Test 1 2 3
```

Unterdrückung der mehrfachen Auslieferung von Nachrichten und Pflege der delivered-Datenbank

deliver kann von *sendmail* mit der Option *-e* aufgerufen werden. Diese Option sorgt dafür, daß Nachrichten mit dem gleichen *Message-ID:*-Header wie bereits an die jeweilige Mailbox ausgelieferte Nachrichten nicht wiederholt zugestellt werden. Die dafür benötigten Informationen werden in der *delivered*-Datenbank verwaltet (siehe Kapitel 6, *Der Cyrus IMAP-Server im Überblick*, für eine genauere Beschreibung). Diese Datenbankdatei muß in regelmäßigen Abständen gekürzt werden, damit sie nicht zu groß wird. Um dafür zu sorgen, daß die *delivered*-Datenbank in einem ordentlichen Zustand bleibt, sollten Sie – wenn möglich täglich – *deliver* mit der Option *-E* aufrufen. Erstellen Sie zu diesem Zweck einen *crontab*-Eintrag für den Benutzer *cyrus*.[3] Dieser Eintrag sieht in etwa so aus:

3 Es ist besonders wichtig, daß der *crontab*-Eintrag dem Benutzer *cyrus* gehört und *nicht root* oder einem anderen Benutzer, der im *admins*-Abschnitt der IMAP-Konfigurationsdatei angegeben ist.

```
0 2 * * * /usr/cyrus/bin/deliver -E 3
```

Die Option *-E 3* ist in diesem Beispiel dafür verantwortlich, daß *deliver* alle Einträge in der *delivered*-Datenbank verwirft, die älter als drei Tage sind. Wenn Sie nur eine kleine Datenbank haben, können Sie sie auch in größeren Abständen kürzen. Die Unterdrükkung mehrfacher Auslieferung verursacht zusätzlichen, wenn auch nur geringen Aufwand. Ist diese Option aktiv, muß bei jeder Nachrichtenzustellung die *delivered*-Datenbank abgefragt werden. Die *delivered*-Datenbank kann auch Probleme bereiten, wenn der Cyrus-Server aktualisiert werden soll. Je nachdem, welche neue Cyrus-Version Sie einsetzen wollen, kann es erforderlich sein, die *delivered*-Datenbank neu aufzubauen. Einige Sites haben sich daher völlig gegen die Unterdrückung der Mehrfachauslieferung entschieden. Eigentlich wird die *delivered*-Datenbank auch nur ab Version 1.6 benötigt, um die Sieve-Filterung zu ermöglichen.

Starten des Cyrus-Servers

Fügen Sie in die Datei */etc/services* die folgende Zeile ein, falls sie noch nicht vorhanden ist:

```
imap    143/tcp
```

Verändern Sie die Datei */etc/inetd.conf* so, daß sie die Zeile

```
imap stream tcp nowait cyrus /usr/cyrus/bin/imapd imapd
```

enthält. Nachdem Sie diese Dateien angepaßt haben, starten Sie *inetd* neu. Auf den meisten Unix-Systemen müssen Sie dazu die Prozeß-ID des *inetd* ermitteln und seinem Prozeß ein HUP-Signal senden. Das geschieht mit dem Befehl *kill*:

```
# ps -ef | grep inetd
root 13005    1  0 22:50:57 ? 0.00    0:00 /usr/sbin/inetd -s
# kill -HUP 13005
```

Falls Ihre Unix-Version den Befehl *pkill* enthält, können Sie sich auch einen Schritt sparen und die folgende Befehlszeile verwenden:

```
# /usr/bin/pkill -HUP -x inetd
```

Test Ihres Servers

Sie haben Ihren Server jetzt fertig konfiguriert, gerade rechtzeitig, um noch alle darüber zu informieren, daß Sie ihn in Betrieb genommen haben und jetzt Ihren wohlverdienten Urlaub auf den Bahamas antreten werden. Wenn Sie noch einmal darüber nachdenken, ist es vielleicht keine schlechte Idee, den Server erst einmal zu testen.

Eine Cyrus-Installation auf demselben Server testen, auf dem sich auch Ihr laufendes System befindet

Wenn Sie bereits einen IMAP-Server betreiben und die neue Cyrus-Installation testen wollen, ohne den bisherigen IMAP-Server abzuschalten, müssen Sie einen alternativen Namen mit einer anderen Portnummer in die Datei */etc/services* eintragen:

```
imaptest 243/tcp
```

Fügen Sie die folgende Zeile in */etc/inetd.conf* ein:

```
imaptest stream tcp nowait cyrus /usr/cyrus/bin/imapd imapd
```

Nachdem Sie *inetd* erneut gestartet haben, ist der *imaptest*-Server auf dem Port 243 erreichbar. Die endgültige Umstellung vom alten auf den neuen Server geschieht dann einfach, indem Sie in der Datei */etc/inetd.conf* den Namen *imaptest* durch *imap* ersetzen und *inetd* neu starten.

Auf eines sollten Sie unbedingt achten: Der Testserver darf niemals Dateien verändern, die dem Produktionsserver gehören. Richten Sie die *imapd.conf* Ihres Testservers so ein, daß dieser zum einen eigene Konfigurationsdateien verwendet und zum anderen auf einen anderen Mail-Speicher zugreift als der Produktionsserver.

Überprüfen Sie, ob der Server erreichbar ist

Den einfachsten Test zuerst. Prüfen Sie, ob der Port des IMAP-Servers erreichbar ist und ob tatsächlich der Cyrus-Server diesen Port bedient. Führen Sie als ein beliebiger Benutzer ein *telnet* zum IMAP-Port Ihrer Maschine aus:

```
% telnet localhost imap
Trying 127.0.0.1...
Connected to localhost.
Escape character is '^]'.
* OK localhost Cyrus IMAP4 v1.5.19 server ready
. logout
* BYE LOGOUT received
. OK Completed
Connection closed by foreign host.
```

Der Befehl *. logout* beendet die Verbindung. Wenn Sie eine Antwort angezeigt bekommen, die mit *. OK* beginnt, wissen Sie, daß der Server ansprechbar ist. Alle anderen Antworten oder gar keine Antwort lassen auf Probleme schließen.

Prüfen der Authentifizierung über Klartextpaßwörter

Wenn Sie Klartextpaßwörter zur Authentifizierung verwenden, können Sie mit Hilfe des Programms *imtest* die Authentifizierung überprüfen. Führen Sie *imtest* als Benutzer *cyrus* oder als ein anderer Benutzer aus, der über einen Zugang zu Ihrem IMAP-System verfügt (bis jetzt haben Sie möglicherweise noch keine Benutzerzugänge angelegt und können nur den *cyrus*-Benutzer verwenden).[4] Das folgende Beispiel wird unter der Benutzerkennung *cyrus* ausgeführt:

```
% /usr/local/bin/imtest -p localhost imap
* OK localhost Cyrus IMAP4 v1.5.19 server ready
Password:
. LOGIN cyrus {L+}
X
. OK User logged in
. logout
```

Die Meldung *. OK User logged in* zeigt an, daß die Authentifizierung funktioniert. Wird hingegen *. NO Login incorrect* angezeigt, haben Sie möglicherweise eines der folgenden Probleme:

- Das eingegebene Paßwort ist falsch.
- Der Benutzer, der *imtest* ausführt, hat keinen gültigen IMAP-Zugang auf Ihrem System.
- *pwcheck* muß als Root ausgeführt werden und wurde nicht gemacht.
- Es gibt Probleme mit Eigentümern oder Berechtigungen, die behoben werden müssen.

Geben Sie den Befehl *. logout* ein, um die Verbindung und das Programm zu beenden.

Prüfen der Authentifizierung über Kerberos

Auch wenn Ihr Server Kerberos zur Authentifizierung verwendet, können Sie das Programm *imtest* verwenden, um zu überprüfen, ob diese Authentifizierung funktioniert. Als *cyrus* oder ein anderer Benutzer mit einem Zugang zum Cyrus-System geben Sie den folgenden Befehl ein:

```
% /usr/local/bin/imtest -k localhost imap
```

Endet die Ausgabe mit

```
. OK User logged in (no protection)
```

dann funktioniert die Authentifizierung über Kerberos. Andere Ausgaben zeigen Fehler an. Genauere Meldungen werden in der Datei *imapd.log* protokolliert. Um die Ursache für ein Problem zu bestimmen, können Sie den Inhalt dieser Datei auswerten. Wenn der Test beendet ist und Sie die Verbindung beenden wollen, geben Sie den Befehl *.logout* ein.

4 Sie könnten auch *telnet* benutzen, um eine Verbindung zum IMAP-Port herzustellen, und dann Ihr Klartextpaßwort eingeben. Einige Leute sind jedoch (zu Recht) vorsichtig, wenn es darum geht, Klartextpaßwörter einzugeben, die auf dem Bildschirm angezeigt werden. *imtest* unterdrückt die Ausgabe von Paßwörtern.

9

Administration des Cyrus-Systems

Nachdem Sie den Cyrus-Server installiert und konfiguriert haben, müssen Sie sich mit dem Betrieb des Systems beschäftigen. Dieses Kapitel erläutert die Grundlagen der täglichen Wartung. Wir zeigen Ihnen Beispiele, in denen das Administrationswerkzeug *cyradm* benutzt wird, um Mailboxen anzulegen, zu löschen oder deren Eigenschaften anzuzeigen. Außerdem finden Sie Beispiele, in denen *cyradm* zur Verwaltung existierender Mailboxen benutzt wird. Administratoren eines Cyrus-Systems stehen oft vor der Aufgabe, mehrere Mailboxen gleichzeitig anzulegen, zu löschen oder deren Eigenschaften zu verändern. Wir zeigen Ihnen einige Beispiele, wie Sie das mit *cyradm*-Skripten erledigen. Weitere Beispiele demonstrieren Ihnen, wie Sie dem Cyrus-Mail-Speicher weitere Partitionen hinzufügen oder vorhandene Partitionen löschen. Gemeinsam nutzbare Ordner und Bulletin-Boards sind wichtige Features des Cyrus-Servers. Wir zeigen Ihnen Beispiele, wie Sie diese erstellen und verwalten können.

Verwaltung des Cyrus-Systems mit cyradm

cyradm ist ein Tcl-basiertes Client-Programm, das Sie zur Verwaltung eines Cyrus-Servers benutzen können. *cyradm* kann entweder interaktiv oder im Batch-Modus eingesetzt werden. Wir betrachten erst den interaktiven Modus und beschäftigen uns mit dem Batch-Betrieb weiter hinten in diesem Kapitel. Beachten Sie bitte, daß die Informationen, die Sie in diesem Kapitel finden, nicht als vollständige Erklärung des *cyradm*-Programms gedacht sind – es gibt einige *cyradm*-Befehle, die sehr selten benutzt werden. Wenn Sie es ganz genau wissen wollen, sollten Sie in Anhang A, *Umstellung vom Berkeley-Mail-Format auf Cyrus: Werkzeuge*, oder in der Online-Hilfe zu *cyradm*(1) nachschlagen. Unser Ziel ist es, Ihnen die am häufigsten auftretenden Aufgaben eines Cyrus-Administrators zu beschreiben.

Um *cyradm* im interaktiven Modus zu starten, geben Sie einfach den folgenden Befehl ein:

```
$ cyradm -user Benutzername Hostname Port
```

`Benutzername` ist ein in der Datei */etc/imapd.conf* definierter Cyrus-Benutzer mit administrativen Rechten. `Hostname` ist der Name des Hosts, auf dem der Cyrus-Server ausgeführt wird. Die Standardeinstellung für `Port` ist 143 (der Port, auf dem normalerweise der IMAP-Dienst angeboten wird). Der folgende Aufruf startet eine interaktive Sitzung:

```
$ cyradm -user cyrus localhost
localhost password: XXXXXXXX
localhost>
```

Wenn Sie Hilfe benötigen, geben Sie an der Eingabeaufforderung *help* ein. Wollen Sie das Programm beenden, geben Sie entweder *quit* oder *exit* ein.

cyradm verfügt über mehrere Befehle, mit denen Sie häufig wiederkehrende Aufgaben der Verwaltung eines Cyrus-Systems durchführen können. Dazu gehören z.B. das Anlegen von Accounts und das Auflisten von Quotas Ihrer Benutzer. Tabelle 9-1 enthält eine Übersicht vorhandener Befehle und eine kurze Beschreibung jedes aufgeführten Befehls. Die *cyradm*-Befehle besitzen Kurzformen, die Sie benutzen können, um sich Tipparbeit zu ersparen. Auch diese Abkürzungen finden Sie in Tabelle 9-1.

Tabelle 9-1: cyradm-Befehle

Befehl	Kurzform	Zweck
listmailbox	*lm*	Gibt die Namen aller Mailboxen aus, die einem bestimmten Muster entsprechen.
createmailbox	*cm*	Erzeugt eine neue Top-Level-Mailbox.
deletemailbox	*dm*	Löscht eine Mailbox und alle Mailboxen der Hierarchie, deren Wurzelelement die angegebene Mailbox ist.
renamemailbox	*renm*	Benennt eine Mailbox um.
setaclmailbox	*sam*	Fügt der ACL einer Mailbox einen neuen Eintrag hinzu.
deleteaclmailbox	*dam*	Entfernt einen Eintrag aus der ACL einer Mailbox.
listaclmailbox	*lam*	Gibt die ACL einer Mailbox aus.
setquota	*sq*	Legt die Grenze einer Quota-Root fest.
listquota	*lq*	Gibt die Werte einer Quota-Root aus.
listquotaroot	*lqr* oder *lqm*	Gibt die Quota-Roots einer Mailbox aus.

Der Befehl *renamemailbox* ist komplizierter, als er aussieht. Er benennt nur eine einzige Mailbox um und ignoriert alle anderen Mailboxen einer Hierarchie. Um eine komplette Mailbox-Hierarchie umzubenennen, hilft nur ein Trick, den wir Ihnen später in diesem Kapitel vorstellen.

Die Datei .cyradmrc

Wenn im Home-Verzeichnis des angegebenen *Benutzers* die Datei *.cyradmrc* vorhanden ist, sieht *cyradm* diese Datei als Tcl-Skript an und arbeitet sie direkt nach dem Herstellen der Verbindung zu `Hostname` und erfolgreicher Authentifizierung ab, noch bevor der erste Befehl von der Eingabeaufforderung akzeptiert wird.

Häufig wiederkehrende Aufgaben

In diesem Abschnitt zeigen wir Ihnen Beispiele für Aufgaben, die Sie jeden Tag mit *cyradm* erledigen können: das Anzeigen, Erzeugen und Löschen von Mailboxen und das Einrichten von Quotas und ACLs.

Anzeigen von Mailboxen

Der Befehl *listmailbox* (oder *lm*) gibt Ihnen eine Liste mit den Namen von Mailboxen zurück, die dem Muster entsprechen, das Sie als Argument angegeben haben. Die Musterzeichenkette darf eines der Wildcard-Zeichen Asterisk (*) oder Prozent (%) enthalten. Der Asterisk * trifft zu, wenn kein oder mehrere Zeichen vorhanden sind. Das Prozentzeichen % verhält sich genauso wie *, außer daß Sie damit nur Mailboxen auf einer einzigen Ebene der Mailbox-Hierarchie adressieren können.

Sie können sich die Namen aller Benutzer Ihres Systems ausgeben lassen, indem Sie die Namen ihrer Top-Level-Mailboxen anzeigen lassen. Merken Sie sich, daß der Name einer Top-Level-Mailbox immer derselbe ist wie der des zugehörigen Benutzers:

```
localhost> listmailbox user.%
```

Um alle Mailboxen anzuzeigen, die sich in der Hierarchie direkt unterhalb der Top-Level-Mailbox von *abt0003* befinden, benutzen Sie das Wildcard-Zeichen %. Dieses Zeichen schränkt die Ausgabe auf die Mailboxen in diesem Level ein:

```
localhost> listmailbox user.abt0003.%
user.abt0003.drafts     user.abt0003.sent-mail
```

Wenn Sie alle Benutzernamen anzeigen wollen, die mit den Buchstaben *abt* beginnen, verwenden Sie ebenfalls das Wildcard-Zeichen %, damit nur die Namen der Top-Level-Mailboxen ausgegeben werden:

```
localhost> listmailbox user.abt%
user.abt0003  user.abt0008
```

Das nächste Beispiel zeigt, daß das Wildcard-Zeichen * benutzt werden kann, um auch Mailboxen einer tieferen Hierarchie-Ebene auszugeben, die dem angegebenen Muster entsprechen:

```
localhost> listmailbox user.abt*
user.abt0003            user.abt0003.sent-mail  user.abt0008.drafts
user.abt0003.drafts     user.abt0008
```

Erstellen einer Mailbox oder Hinzufügen eines Benutzers

Der Befehl *createmailbox* (*cm*) erzeugt eine neue Mailbox mit dem Namen, den Sie als Argument übergeben. Optional kann das Argument *Partition* angegeben werden, das den Namen der Partition festlegt, auf der die Mailbox angelegt werden soll. Wenn Sie keine Partition angeben, wird die Mailbox auf der *default*-Partition angelegt (dieser Name wird in der Datei */etc/imapd.conf* als `defaultpartition`-Option festgelegt).

Wenn sich Cyrus im Produktionsbetrieb befindet, werden normalerweise immer mehrere Benutzer auf einmal in sogenannten Batches dem System hinzugefügt. Das geschieht dann mittels eines Skripts. Manchmal ist es jedoch erforderlich, daß Sie einen einzelnen neuen Benutzer per Hand in das System übernehmen. Nachdem Sie für den Benutzer eine Top-Level-Mailbox erzeugt haben, ist er dem System offiziell bekannt und kann Nachrichten empfangen. Um den neuen Benutzer *abt0010* anzulegen, brauchen Sie nur den Befehl

```
localhost> createmailbox user.abt0010
localhost> listmailbox user.abt0010
user.abt0010
```

auszuführen. Dieser Befehl erzeugt die Top-Level-Mailbox für den Benutzer *abt0010* auf *defaultpartition*.

> Eine Top-Level-Mailbox ist im Grunde das gleiche wie ein IMAP-Zugang. Sobald ein Benutzer eine Top-Level-Mailbox hat und sich irgendwie gegenüber dem Server authentifizieren kann, hat er Zugang zum Cyrus IMAP-Server.

Wenn für einen Benutzer noch keine Authentifizierungsdaten vorhanden sind, müssen Sie diese im Anschluß einstellen. Genaue Informationen, wie Sie die Authentifizierung vornehmen, finden Sie in Kapitel 8, *Konfiguration des Cyrus-Servers*.

Sie können auch weitere Mailboxen unterhalb der Top-Level-Mailbox eines Benutzers anlegen. Viele Sites erzeugen einige wenige Standard-Mailboxen für jeden Benutzer, der dem System hinzugefügt wird. Das kann z.B. eine *Trash*-Mailbox (*user.Benutzername.Trash*) oder eine *Drafts*-Mailbox (*user.Benutzername.Drafts*) sein.

Zugriffskontrolle für Mailboxen

Cyrus stellt für die Zugriffssteuerung auf Mailboxen einen Mechanismus zur Verfügung, der kompatibel zu Internet-Standards ist. Dieser Mechanismus wird Access Control List (ACL) genannt. Bildlich gesprochen, ist ACL eine Art Wachdienst, der am Eingang jeder Mailbox anhand einer Liste prüft, welche Rechte derjenige hat, der versucht, auf die Mailbox zuzugreifen. Ein bekannteres Beispiel für einen solchen Zugriffsschutzmechanismus ist das Eigentümer- und Rechtesystem eines Unix-Dateisystems. Wir wollen hier keine ausführliche Beschreibung der Unix-Zugriffskontrolle geben, die finden Sie auch in anderen Büchern. Zum besseren Vergleich wollen wir nur erwähnen, daß Unix-

Dateien und -Verzeichnisse jeweils einen Eigentümer haben und der Zugriff für andere Benutzer über verschiedene Kombinationen aus der Gruppenzugehörigkeit der Datei und Berechtigungen geregelt wird.

Auch eine Cyrus-Mailbox hat einen Eigentümer, und genau wie für eine Unix-Datei kann auch der Zugriff auf diese Mailbox für andere Benutzer freigegeben werden. Die Zugriffssteuerung ist unter Cyrus jedoch differenzierter als das Unix-Zugriffsmodell. Das Cyrus-Modell erlaubt es, auch mehr als einer Gruppe Zugriff auf eine Mailbox zu gewähren, ohne daß die Gruppen verschachtelt sein müssen. Statt der Lese-, Schreib- und Ausführungsrechte, die das Unix-Dateisystem zur Verfügung stellt, sieht Cyrus neun verschiedene Berechtigungsebenen für die Benutzer vor (siehe Tabelle 9-2).

Wird eine neue Mailbox im Cyrus-System angelegt, erhält sie die Standardberechtigungen, wie in der IMAP-Konfigurationsdatei */etc/imapd.conf* festgelegt. Diese Standard-ACL wird jedoch nur für neue Top-Level-Mailboxen vergeben. Mailboxen, die innerhalb einer bestehenden Mailbox-Hierarchie angelegt werden, erben die ACL der direkt übergeordneten Mailbox. Das unterscheidet sich etwas von dem, was Sie vielleicht erwarten würden, wenn Sie mit den Zugriffsrechten unter Unix vertraut sind. Im Unix-System erben Unterverzeichnisse nicht die Rechte ihrer übergeordneten Verzeichnisse.[1]

Jetzt stellt sich die Frage: »Wann kommen die ACLs zum Einsatz?« Sie werden hauptsächlich eingesetzt, um Benutzern Zugriff auf eine Mailbox zu gewähren, die nicht Eigentümer dieser Mailbox sind. Das ist wünschenswert, wenn

- Sie einem Freund erlauben wollen, E-Mails einer Mailbox zu lesen, die Sie verwenden, um Informationen über ein Projekt abzulegen, an dem Sie gemeinsam arbeiten.
- eine Gruppe von Benutzern, z.B. die Mitarbeiter einer Hotline, eine Mailbox gemeinsam benutzt und so den Status der Meldungen in dieser Mailbox verfolgen können soll.
- Sie das Archiv einer Mailingliste öffentlich über das Internet verfügbar machen wollen.[2]

Lesen Sie weiter, um zu erfahren, wie Sie in jedem dieser drei Fälle die ACLs konfigurieren müssen.

Der Befehl setaclmailbox

setaclmailbox ist ein *cyradm*-Befehl zur Veränderung der ACL einer Mailbox. Er wird folgendermaßen verwendet:

```
setaclmailbox Mailbox Identifier Rechte
```

1 Sie können erzwingen, daß Unterverzeichnisse eines Unix-Dateisystems den Eigentümer ihrer übergeordneten Verzeichnisse erben, indem Sie die entsprechenden »Spezial«-Bits für Verzeichnisse setzen.

2 CMU veröffentlicht das Archiv der *info-cyrus*-Mailingliste als gemeinsam nutzbaren Cyrus-Ordner. Dieser ist über eine Webschnittstelle unter *http://asg.web.cmu.edu/archive/mailbox.php3?mailbox=archive.info-cyrus* zu finden.

Der *Identifier* kennzeichnet einen Benutzer, eine Gruppe (eine Gruppe ist eine Einheit, die vom eingesetzten Authentifizierungsmechanismus abhängt, z.B. eine Gruppe in der Datei */etc/group*, falls Sie die Unix-Authentifizierung einsetzen; weitere Informationen, wie Sie Gruppen einrichten, finden Sie in Kapitel 8) oder einen speziellen vordefinierten Wert, wie *anonymous* oder *anyone*, die in Kapitel 6, *Der Cyrus IMAP-Server im Überblick*, beschrieben werden. Die möglichen Rechte sind in Tabelle 9-2 dargestellt.

Tabelle 9-2: Zugriffsrechte für Mailboxen

Zugriffsrecht	Bedeutung
l	Den Namen einer Mailbox ermitteln (aber nicht ihren Inhalt).
r	Den Inhalt einer Mailbox lesen.
s	Der »seen«- und »recent«-Status einer Meldung bleibt über eine IMAP-Sitzung hinaus erhalten.
w	Schreiben (Ändern der Nachrichten-Flags »recent«, »answered« und »draft«).
i	Einfügen (Verschieben oder Kopieren) einer Nachricht in eine Mailbox.
p	Senden einer Nachricht an eine Mailbox (z.B. Senden einer Nachricht an die *cyrushelp*-Mailbox über die Adresse *sysadmin+cyrushelp@somewhere.net*).
c	Anlegen einer neuen Mailbox unterhalb einer Top-Level-Mailbox (normale Benutzer dürfen keine Top-Level-Mailboxen erzeugen).
d	Löschen von Nachrichten oder der Mailbox selbst.
a	Administrationsrecht für eine Mailbox (Verändern der entsprechenden ACL).

Um das Einstellen der häufiger verwendeten Kombinationen für die Zugriffsberechtigung zu vereinfachen, gibt es Abkürzungen. Diese Abkürzungen finden Sie in Tabelle 9-3.

Tabelle 9-3: Abkürzungen für häufiger verwendete Rechtekombinationen

Abkürzung	Zugriffsrechte	Ergebnis
none	leer	Der Benutzer verfügt über gar keine Rechte.
read	*lrs*	Der Benutzer darf den Inhalt der Mailbox lesen.
post	*lrps*	Der Benutzer darf die Mailbox lesen und Nachrichten über das Zustellungssystem an sie senden.
append	*lrsip*	Der Benutzer darf die Mailbox lesen und Nachrichten entweder per IMAP oder über das Zustellungssystem an diese anhängen.
write	*lrswipcd*	Der Benutzer darf die Mailbox lesen, Nachrichten an sie senden, Nachrichten an sie anhängen und sowohl Nachrichten als auch die Mailbox selbst löschen. Das einzige Recht, das der Benutzer nicht hat, ist, die ACL der Mailbox zu verändern.
all	*lrswipcda*	Der Benutzer hat alle Rechte für die Mailbox. Diese Berechtigung wird normalerweise nur ihrem Besitzer gewährt.

Administratoren des Cyrus-Systems (die *admins*-Benutzer aus */etc/imapd.conf*) haben standardmäßig das *l*- und das *a*-Recht für alle Mailboxen. Wenn Sie einen neuen Benutzer im System anlegen, bekommt dieser zunächst alle Rechte auf seine eigene Top-Level-Mailbox. In allen anderen Fällen erbt eine neu erstellte Mailbox die ACL ihrer übergeordneten Mailbox. Mailboxen, die keinem Benutzer gehören (z.B. solche, die verwendet werden, um Usenet-Newsgruppen zu verbreiten) und keine übergeordnete Mailbox haben, bekommen die ACL zugewiesen, die mit der `defaultacl`-Option in der Datei */etc/imapd.conf* festgelegt wurde.

Um die Zugriffsrechte eines Benutzers oder einer Gruppe für eine bestimmte Mailbox zu ermitteln, berechnet der Server die Vereinigungsmenge der Rechte des Benutzers und der Rechte aller Gruppen, in denen dieser Benutzer Mitglied ist. Mit der folgenden Beispiel-ACL und unter der Voraussetzung, daß *mary* Mitglied der Gruppe *helpdesk* ist, erhält sie von der Gruppe *helpdesk* das *p*-Recht, so daß sie im Anschluß über die Rechte *l*, *r*, *s* und *p* verfügt:

```
mary lrs
group:helpdesk lrsp
```

Es ist auch möglich, einem Benutzer gezielt Rechte zu entziehen, indem dem Identifier (nicht dem Zugriffsrecht) ein Bindestrich (-) vorangestellt wird. Als Ergebnis verfügt der Benutzer oder die Gruppe, auf die der Identifier zutrifft, nicht mehr über die angegebenen Berechtigungen für die jeweilige Mailbox. Hier ein Beispiel:

```
anyone read
-anonymous s
```

Diese ACL gibt *anyone* die Rechte *l*, *r* und *s*, während *anonymous* nur das *l*- und das *r*-Recht gewährt werden. Zuerst ermittelt der Server alle »positiven« Zugriffsberechtigungen. Danach berechnet er die Vereinigungsmenge aller »negativen« Rechte des Benutzers und aller Gruppen, in denen der Benutzer Mitglied ist. Die Menge der »negativen« Rechte wird im Anschluß von der Menge der »positiven« Rechte abgezogen. Das Ergebnis sind die endgültigen Zugriffsberechtigungen.

Typische Beispiele

Wir haben versprochen, Ihnen zu zeigen, wie Sie die ACLs für drei typische Anwendungsfälle gemeinsam nutzbarer Ordner einrichten müssen. Im ersten Beispiel soll ein einziger weiterer Benutzer auf eine Mailbox zugreifen können. Stellen Sie sich vor, *johndoe* möchte seiner Kollegin *annsmith* Leserechte auf seine Mailbox *user.johndoe.grant-proposal* gewähren. *johndoe* müßte die ACL für diese Mailbox wie folgt einstellen:

```
localhost> listaclmailbox user.johndoe.grant-proposal
johndoe lrswipcda
localhost> setaclmailbox user.johndoe.grant-proposal annsmith read
localhost> listaclmailbox user.johndoe.grant-proposal
johndoe lrswipcda
annsmith lrs
```

Im zweiten Beispiel soll einer Gruppe von Benutzern sowohl der Lese- als auch der Schreibzugriff auf eine gemeinsame Mailbox gewährt werden. Der Zustand der Mailbox soll für alle Benutzer einheitlich sein. Es könnte sich bei der Gruppe z.B. um Mitarbeiter einer Hotline handeln. Im folgenden Beispiel bekommt die Gruppe *helpdesk* (definiert in */etc/group*) Schreibrechte auf die Mailbox *user.help*. Ein Mitglied der *helpdesk*-Gruppe, *boss*, bekommt administrative Rechte, um die ACL der Gruppe bearbeiten zu können. *boss* ist als Koordinator der Hotline am besten für diese Aufgabe geeignet:

```
localhost> listaclmailbox user.help
help lrswipcda
localhost> setaclmailbox user.help group:helpdesk write
localhost> setaclmailbox user.help boss all
localhost> listaclmailbox user.help
help lrswipcda
group:helpdesk lrswipcd
boss lrswipcda
```

Im letzten Beispiel wird auf einer Site das Archiv einer Mailingliste verwaltet, die jedem im Internet zur Verfügung gestellt werden soll. Das Archiv ist in der Mailbox *user.lists.security-l.archive* abgelegt. Um allen Benutzern den Zugriff darauf über das Internet zu gewähren, wird das Leserecht der Mailbox für jeden gesetzt:

```
localhost> listaclmailbox user.lists.security-l.archive
lists lrswipcda
localhost> setaclmailbox user.lists.security-l.archive anonymous read
help lrswipcda
anonymous lrs
```

Löschen einer Mailbox oder eines Benutzers

Der Befehl *deletemailbox* (*dm*) löscht eine Top-Level-Mailbox, ihren Inhalt und alle Mailboxen unterhalb der Hierarchie der Top-Level-Mailbox. Das entspricht der Löschung des Benutzers aus dem Cyrus-System.

> Administratoren haben standardmäßig keine Löschberechtigung.

Bevor Sie versuchen, eine Mailbox zu löschen, müssen Sie sich explizit die Löschberechtigung für die entsprechende Mailbox gewähren. Verwenden Sie den Befehl *setaclmailbox*, um das *d*-Recht für die Mailbox zu setzen, wie im folgenden Beispiel gezeigt:

```
localhost> setaclmailbox user.johndoe cyrusadm d
localhost> deletemailbox user.johndoe
```

Quota-Verwaltung

setquota setzt die Quota-Grenze einer angegebenen Quota-Root auf den entsprechenden Wert. Quotas eines Cyrus-Systems werden immer in Kilobyte angegeben. Meist wird als Quota-Root die Top-Level-Mailbox eines Benutzers verwendet:

```
localhost> setquota user.johndoe 15000
```

Der Befehl *listquotaroot* (oder *lqr*) gibt die aktuelle Auslastung und Grenze für die angegebene Quota-Root aus. Im folgenden Beispiel wurde dem Benutzer *johndoe* eine Quota-Grenze von 15.000 Kilobyte für seine Top-Level-Mailbox zugewiesen, von denen er bereits 1.363 Kilobyte benutzt:

```
localhost> listquotaroot user.johndoe
user.johndoe STORAGE 1363/15000 (9%)
```

cyradm bietet keine Möglichkeit, die Quota eines Benutzers zu löschen. Wenn Quotas gelöscht werden müssen, geschieht das durch Entfernen der Datei, in der die Quota eines Benutzers festgelegt ist. Danach muß die Cyrus-Quota-Datenbank neu aufgebaut werden. Die Einzelheiten erläutern wir später in diesem Kapitel.

Umbenennen eines Benutzerzugangs

Der *renamemailbox*-Befehl

```
renamemailbox Mailbox Neue_Mailbox Partition
```

benennt *Mailbox* in *Neue_Mailbox* um. Das optionale Argument *Partition* wird verwendet, wenn *Neue_Mailbox* auf eine andere Partition verschoben werden soll.

renamemailbox tut genau das, was der Name besagt – der Befehl benennt eine einzelne Mailbox um und nichts anderes. Er hat jedoch eine gravierende Einschränkung: Es ist nicht möglich, mit ihm eine Top-Level-Mailbox umzubenennen. Wenn Sie es dennoch versuchen, bekommen Sie folgende Fehlermeldung:

```
localhost> renamemailbox user.diannal user.diannam
command failed: Operation is not supported on mailbox
```

Der Grund, warum Top-Level-Mailboxen nicht umbenannt werden können, liegt im Design der Cyrus-Architektur. Eine solche Umbenennung würde Veränderungen in weiteren Teilen des Cyrus-Systems erfordern: in der Mailboxen-Datei, im Quota-System und in der Datenbank, in der Abonnementdaten für Mailboxen verwaltet werden. Es müßten auch die Namen aller Mailboxen unterhalb der Hierarchie verändert werden, deren Wurzelelement die Top-Level-Mailbox ist. Das kann ein Problem darstellen – viele Sites erlauben ihren Benutzern, ihre Benutzerkennung zu ändern, nachdem der Zugang erstmals eingerichtet wurde. Sie sollten auch bedenken, daß der Befehl *renamemailbox* Mailboxen nicht hierarchisch umbenennen kann – es wird ausschließlich die angegebene Mailbox umbenannt. Alle anderen Mailboxen unterhalb der Hierarchie der angegebenen Mailbox bleiben unverändert. CMU will ab der Cyrus-Version 2.0 einen hierarchisch arbeitenden *renamemailbox*-Befehl anbieten, dieser ist jedoch bis zur Version 1.6.22 noch nicht verfügbar. Solange *cyradm* noch kein hierarchisches

Umbenennen unterstützt, ist das Programm ohne zusätzliche Werkzeuge nur begrenzt brauchbar. Zum Glück gibt es – genau wie für viele andere Unzulänglichkeiten – einen Workaround. Es handelt sich um ein Tcl-Skript, das Sie im nächsten Abschnitt als Beispiel 9-2 finden. Es führt die folgenden Schritte in der angegebenen Reihenfolge aus:

1. Es legt eine neue Top-Level-Mailbox mit dem Namen des neuen Benutzers an (z.B. *user.Neuer-Benutzername)*.
2. Für jede Mailbox in der ursprünglichen Hierarchie des Benutzers wird eine Mailbox in der neuen Hierarchie angelegt (z.B. *user.Neuer-Benutzername.sent-mail*).
3. Die neue, noch leere Mailbox-Hierarchie wird durch die ursprüngliche Mailbox-Hierarchie ersetzt.
4. Der alte Benutzerzugang wird gelöscht.
5. Der neue Benutzerzugang wird mit dem Cyrus-Werkzeug *reconstruct* rekonstruiert.
6. Für den neuen Benutzerzugang wird eine Quota-Root festgelegt.

Vielleicht lesen Sie irgendwo von einem anderen Workaround, bei dem die Mailboxen-Datei direkt verändert wird. Wir weisen Sie jedoch darauf hin, daß es niemals empfehlenswert ist, diese Datei direkt zu bearbeiten! Dieses Vorgehen wäre viel zu riskant. Das System enthält verschiedene Werkzeuge für die Verwaltung. Der Trick besteht darin, diese Werkzeuge in der richtigen Weise gemeinsam einzusetzen, um bestimmte Aufgaben zu erfüllen.

Einsatz von cyradm im Batch-Betrieb

cyradm kann auch in Skripten benutzt werden. Das Programm liest dann Tcl-Befehle ein und arbeitet sie ab. Im Batch-Modus können Sie *cyradm*-Befehlsnamen nicht wie im interaktiven Modus abkürzen (z.B. können Sie nicht *sam* statt *setaclmailbox* verwenden). Im nicht-interaktiven Modus brauchen Sie einen Tcl-Befehl, den wir bis jetzt nicht erwähnt haben: den Befehl *cyradm connect*. Dieser Befehl öffnet eine IMAP-Verbindung zum Server und muß immer als erster Befehl in einem *cyradm*-Skript ausgeführt werden.

Der *cyradm connect*-Befehl wird wie folgt verwendet:

```
cyradm connect Verbindungsname
```

Verbindungsname ist ein beliebiges Handle, das die Verbindung zum IMAP-Server darstellt. Nachdem die Verbindung aufgebaut ist, werden weitere *cyradm*-Befehle angegeben:

```
Verbindungsname Befehl
```

Befehl kann entweder ein beliebiger der weiter vorn in diesem Kapitel besprochenen *cyradm*-Befehle oder einer der folgenden Befehle sein:

Verbindungsname servername
: Gibt den Hostnamen des Servers zurück, zu dem die Verbindung besteht.

Verbindungsname authenticate
: Authentifiziert die Verbindung. *Verbindungsname authenticate* kennt zwei Schalter, die Sie in Tabelle 9-4 finden.

Tabelle 9-4: Schalter des Befehls zur Authentifizierung einer Verbindung

Schalter	Funktion
`-user` *`Benutzername`*	*Benutzername* meldet sich am Cyrus-Server an.

`-pwcommand` *`Skript`*	Für die Anmeldung wird ein Klartext-Paßwort benutzt. *Skript* muß aus Tcl-Befehlen bestehen, die den Benutzernamen und das Paßwort zurückliefern. Zum Beispiel:
	`cyr_conn authenticate -pwcommand {`
	`set adminid "cyrusadm"`
	`set adminpw "xxxxxxxx"`
	`list $adminid $adminpw`
	`}`

Hinzufügen neuer Benutzer

Das in Beispiel 9-1 dargestellte Programm *addusers* ist ein Tcl-Skript, das mittels *cyradm* eine Reihe neuer IMAP-Benutzerkonten einrichtet und für jeden dieser Benutzer eine Quota-Root einstellt. Geben Sie zum Starten des Skripts folgenden Befehl ein:

```
$ addusers Dateiname
```

Dateiname ist der Name einer Datei, die pro Zeile einen Benutzernamen enthält.

Beispiel 9-1: Das addusers-Skript

```
#!/usr/local/bin/cyradm -file

# Skript zum Einrichten einer Reihe von Cyrus-Benutzern. Aufruf: addusers Dateiname

set inputfile [lindex $argv 0]
set quotalimit 15360

eval cyradm connect cyr_conn venus 143
puts stdout "Verbindung zum IMAP-Server hergestellt. Authentifizierung..."

if [catch {eval cyr_conn authenticate -pwcommand {{
    set hostname "localhost"
    set adminid "cyrusadm"
    set adminpw "xxxxxxxx"
    list $adminid $adminpw
}} } result ] {
```

Beispiel 9-1: Das addusers-Skript (Fortsetzung)

```
    puts stderr "$result (Klartext)"
    return -code error $result
} else {
    puts "Authentifizierung erfolgreich."
}
```

Das Skript öffnet eine Verbindung zu einem Cyrus-Server namens *venus* und versucht, sich als *cyrusadm* mit dem Paßwort *xxxxxxxx* anzumelden. Ist die Verbindung hergestellt, und die Authentifizierung war erfolgreich, wird die Eingabedatei mit den Benutzernamen geöffnet. Das Skript liest Zeile für Zeile der Eingabedatei, weist dabei jeweils den Inhalt der Zeile der Variablen *user* zu und erzeugt für *user* eine neue Top-Level-Mailbox. Nachdem die Mailbox angelegt wurde, wird ihre Quota auf den Grenzwert gesetzt, der zu Beginn des Skripts der Variablen *quotalimit* zugewiesen wurde:

```
if [catch {open $inputfile r} fileId] {
    puts stderr "Fehler: $inputfile kann nicht geoeffnet werden"
} else {

    while {[gets $fileId user] >= 0} {

        ## INBOX anlegen

        if [catch {cyr_conn createmailbox user.$user} result] {
            puts stderr $result
        } else {
            puts "Mailbox user.$user angelegt"
        }

        ## Standard-Mailboxen anlegen

        if [catch {cyr_conn createmailbox user.$user.drafts} result] {
            puts stderr $result
        } else {
            puts "  Mailbox user.$user.drafts angelegt"
        }

        if [catch {cyr_conn createmailbox user.$user.sent-mail} result] {
            puts stderr $result
        } else {
            puts "  Mailbox user.$user.sent-mail angelegt"
        }

        ## Quota einrichten

        puts "  user.$user wird die Quota $quotalimit zugewiesen..."
        cyr_conn setquota "user.$user" "storage" "$quotalimit"
    }
}
```

Umbenennen eines Accounts

Als nächstes Skript folgt *rename*, ein Tcl-Skript, das Mailboxen von Benutzern umbenennen soll. Cyradm enthält zwar den Befehl *rename*, dieser funktioniert allerdings nur für Top-Level-Mailboxen. Er benennt keine Mailboxen um, die auf tieferen Ebenen einer Mailbox-Hierarchie liegen. Das *rename*-Skript aus Beispiel 9-2 benennt neben der Top-Level-Mailbox auch alle Mailboxen unterhalb der Mailbox-Hierarchie eines Benutzers um.

Sie werden häufig die Mailbox eines Benutzers umbenennen müssen, wenn Sie die Mailbox nach dem Namen des Benutzers benannt haben und sich dieser Name ändert. Im Beispiel aus diesem Abschnitt heiratet die Benutzerin *anndoe* (Ann Doe) und nimmt den Nachnamen Smith an. Deshalb bittet sie ihren Systemadministrator, ihren Cyrus-Benutzernamen in *annsmith* abzuändern.

Zunächst lassen Sie sich mit *cyradm* die vollständige Liste aller Mailboxen der Benutzerin außer ihrer Top-Level-Mailbox ausgeben. Sichern Sie diese Namen in einer Textdatei. Diese Datei verwenden Sie später als Eingabe für das Skript, das den Account umbenennt:

```
localhost> lm user.anndoe.*
user.anndoe.networker.bootstrap
user.anndoe.networker
user.anndoe.saved-messages
user.anndoe.sent-mail
```

Nehmen Sie an, wir haben die Ausgaben des Befehls *lm* in der Datei *lm.out* gespeichert. Um den Account *anndoe* in *annsmith* umzubenennen, führen Sie folgenden Befehl aus:

```
$ rename lm.out anndoe annsmith
```

Beispiel 9-2: Das rename-Skript

```
#!/usr/local/bin/cyradm -file
#
#    Aufruf: rename Dateiname Alter-Name Neuer-Name
#
set inputfile [lindex $argv 0]
set oldmb [lindex $argv 1]
set newmb [lindex $argv 2]
set mailstore "/var/spool/imap/user"

eval cyradm connect cyr_conn localhost 143
puts stdout "Verbindung zum IMAP-Server hergestellt. Authentifizierung..."

if [catch {eval cyr_conn authenticate -pwcommand {{
    set hostname "localhost"
    set adminid "cyrus"
    set adminpw "XXXXXXXX"
    list $adminid $adminpw
}} } result ] {
```

Beispiel 9-2: Das rename-Skript (Fortsetzung)

```
    puts stderr "$result (Klartext)"
    return -code error $result
} else {
    puts "Authentifizierung erfolgreich."
}
##
## Oeffnen der Datei mit den Mailbox-Namen und
## Anlegen der Top-Level-Mailbox.
##
if [catch {open $inputfile r} fileId] {
    puts stderr "Fehler: $inputfile kann nicht geoeffnet werden"
} else {

    ## Anlegen der Top-Level-Mailbox

    if [catch {cyr_conn createmailbox user.$newmb} result] {
        puts stderr $result
    } else {
        puts "Mailbox user.$newmb angelegt"
    }

    while {[gets $fileId line] >= 0} {

        ## Neuen Mailbox-Namen aus dem alten Namen erzeugen
        set newf [join [lreplace [split $line .] 1 1 $newmb] . ]

        ## Mailbox anlegen
        if [catch {cyr_conn createmailbox $newf} result] {
            puts stderr $result
        } else {
            puts "Unter-Mailbox $newf angelegt"
        }
    }

    file delete -force /var/spool/cyrus/user/$newmb
    file copy $mailstore/$oldmb $mailstore/$newmb
    catch {exec chown -R cyrus:mail $mailstore/$newmb}

    ## Loeschen des alten Accounts
    if [catch {cyr_conn setaclmailbox user.$oldmb cyrusadm d} \
        result] {
        puts stderr $result
    } else {
        puts "setaclmailbox user.$oldmb cyrus d"
    }

    if [catch {cyr_conn deletemailbox user.$oldmb} result] {
        puts stderr $result
    } else {
        puts "Mailbox user.$oldmb geloescht"
    }
}
```

Beispiel 9-2: Das rename-Skript (Fortsetzung)

```
puts "Bitte \'reconstruct user.$newmb\' als cyrus ausfuehren."
```

Sofort im Anschluß an das Umbenennen der Mailboxen müssen Sie als *cyrus* den Befehl *reconstruct* ausführen. Bevor Sie *reconstruct* nicht ausgeführt haben, ist der Account nicht vollständig aktiviert:

```
$ reconstruct -r user.annsmith
```

Gemeinsam nutzbare Ordner und Bulletin Boards

Der Cyrus IMAP-Server verfügt über einzigartige Fähigkeiten, wenn es darum geht, eine Mailingliste nur mit Hilfe des IMAP-Protokolls vielen Benutzern zur Verfügung zu stellen. Cyrus verwendet dafür die gemeinsam nutzbaren Ordner und Bulletin Boards.

Gemeinsam nutzbare Ordner und Bulletin Boards sind ganz normale Cyrus-Mailboxen, deren ACLs mehreren Benutzern den Zugriff auf sie ermöglichen. Eigentlich unterscheiden sich gemeinsam nutzbare Ordner nicht besonders von Bulletin Boards: Beides sind Cyrus-Mailboxen, und auf beide können neben dem Eigentümer auch andere Benutzer mit den in der ACL angegebenen Berechtigungen zugreifen.

Wenn eine Cyrus-Mailbox als *Shared Folder* (gemeinsam nutzbarer Ordner) bezeichnet wird, heißt das normalerweise, daß die Mailbox einem Benutzer gehört, der auch anderen Benutzern den Zugriff auf die Mailbox gewähren will. Neben dem »Lese«-Flag haben gemeinsam nutzbare Ordner noch eine weitere besondere Eigenschaft. Die Statusinformationen der enthaltenen Nachrichten werden nicht für jeden Benutzer extra vermerkt. Statt dessen ist der Zustand einer Nachricht (z.B. *deleted* oder *important*) für alle Benutzer gleich. Das ist nützlich, wenn Statusinformationen auch über die Zugriffe einzelner Benutzer hinaus erhalten bleiben sollen. Die Verwendung eines gemeinsam nutzbaren Ordners für eine Gruppe von Benutzern (z.B. die Mitarbeiter einer Hotline) gibt Ihnen die Möglichkeit, Statusinformationen wie *seen* und *answered* über verschiedene Sitzungen hinweg zu erhalten. Damit wird der Arbeitsablauf der jeweiligen Gruppe unterstützt.

Ein *Bulletin Board* ist eine Cyrus-Mailbox, die keinem normalen Benutzer, sondern dem System gehört. Bulletin Boards werden normalerweise verwendet, wenn der *seen*-Status für jeden Benutzer einzeln verwaltet werden soll. Sie werden hauptsächlich für Foren benutzt, z.B. für Usenet-Newsgruppen und Mailinglisten.

Es gibt keine festgelegten Regeln, wann Sie einen gemeinsam nutzbaren Ordner und wann ein Bulletin Board verwenden sollten, sondern nur Empfehlungen.

Einrichten gemeinsam benutzbarer Ordner

Wenn Sie einen gemeinsam benutzbaren Ordner einrichten wollen, müssen Sie zunächst eine Mailbox erstellen, die freigegeben werden soll. Weil verschiedene Client-Programme die Mailbox-Namen unterschiedlich behandeln, sollten Sie den Namen der Mailbox so aussagekräftig wie möglich wählen. Beachten Sie jedoch: Wenn Sie die Unix-Authentifizierung benutzen, muß der Name der Mailbox der Name eines Benutzers in der Paßwortdatei sein. Das begrenzt die maximale Länge des Namens auf acht Zeichen. Eine gute Regel für das Anlegen neuer Top-Level-Mailboxen ist, sich immer nach dem kleinsten gemeinsamen Nenner zu richten. Verwenden Sie nie mehr als acht Zeichen für den Namen einer Top-Level-Mailbox. Denken Sie daran, daß Sie vielleicht später auf ein anderes Mailsystem oder eine andere Authentifizierungsmethode umsteigen. Beachten Sie auch, daß einige MUAs Probleme mit langen Benutzernamen haben. Wollen Sie weitere Ordner unterhalb der Top-Level-Mailbox anlegen, müssen Sie bei deren Benennung nicht so strenge Namenskonventionen beachten.

Nachdem Sie die Mailbox angelegt haben, müssen Sie deren ACL so einstellen, daß die berechtigten Benutzer auf sie zugreifen können. Stellen Sie sich z.B. vor, daß wir eine gemeinsam benutzbare Mailbox namens *announce* einrichten wollen, in der die Unterordner *events*, *for_sale* und *official_notices* enthalten sind. Der Benutzer *announce* hat vollen Zugriff auf alle Mailboxen dieser Hierarchie. Außerdem sollen alle Benutzer des Cyrus-Systems lesend auf die Unterordner zugreifen dürfen. Nur den beiden Benutzern *johndoe* und *msmith* soll es erlaubt sein, den Unterordnern Nachrichten hinzuzufügen. Die ACLs, die es diesen beiden Benutzern erlauben, Nachrichten an die Unterordner zu senden, sehen wie folgt aus:

```
localhost> lam user.announce.events
announce lrswipcda
msmith p
johndoe p
anyone lr
```

Mit der IMAP-Notation »+« können *johndoe* und *msmith* nun allen Unterordnern der Hierachie Nachrichten direkt hinzufügen. Um z.B. eine Nachricht direkt an die Mailbox *events* zu senden, senden die Benutzer *johndoe* oder *msmith* eine Nachricht an die Adresse:

```
announce+events@Ihre-Domain.com
```

Das *deliver*-Programm speichert die entsprechende Nachricht direkt im Ordner *events* der *announce*-Mailbox. Sollte ein anderer Benutzer versuchen, eine Nachricht direkt an einen der gemeinsam nutzbaren Unterordner zu schicken, landet diese Nachricht in der *announce*-Inbox, wo nur *announce* sie lesen kann.

Damit ein Benutzer mit der +-Notation eine Nachricht an eine Mailbox senden kann, muß er das Zugriffsrecht *p* für diese Mailbox haben.

Das bedeutet, daß die ACL für die Top-Level-Mailbox restriktiver sein muß als die der Ordner *events*, *for_sale* und *official_notices*. Als erstes erzeugen wir die Top-Level-Mailbox und die Unterordner:

```
localhost> createmailbox user.announce
```

Standardmäßig wird die Mailbox *user.announce* mit einer ACL angelegt, die dem Eigentümer *announce* alle Rechte auf sie gewährt. Da wir nicht wollen, daß auch andere Benutzer diese Mailbox einsehen können, ist es nicht nötig, diese ACL zu verändern:

```
localhost> createmailbox user.announce.events
localhost> createmailbox user.announce.for_sale
localhost> createmailbox user.announce.official_notices
```

Zuletzt werden die ACLs für jeden Unterordner so festgelegt, daß sich jeder den Namen der Mailbox und deren Inhalt – die Nachrichten – anzeigen lassen kann. *msmith* und *johndoe* bekommen außerdem die Berechtigung, Nachrichten in die Mailboxen einzufügen (dazu müssen die letzten drei angegebenen Befehle auch für den Benutzer *msmith* ausgeführt werden):

```
localhost> setaclmailbox user.announce.events anyone lr
localhost> setaclmailbox user.announce.for_sale anyone lr
localhost> setaclmailbox user.announce.official_notices anyone lr
localhost> setaclmailbox user.announce.events johndoe p
localhost> setaclmailbox user.announce.for_sale johndoe p
localhost> setaclmailbox user.announce.official_notices johndoe p
```

> Wenn Sie einen Ordner gemeinsam nutzbar machen, um einer Gruppe von Mitarbeitern einer bestimmten Abteilung ein Forum zur Verfügung zu stellen, empfehlen wir Ihnen, jemanden als Eigentümer dieses gemeinsam nutzbaren Ordners oder des Bulletin Boards einzuteilen, damit dieser Teile der Administration übernehmen kann und Sie so entlastet. Geben Sie dieser Person *all*-Zugriffsrechte, damit sie auch die ACL der Mailbox anpassen kann, wenn sich die Gruppe verändert.

Einrichten von Bulletin Boards

Genau wie für gemeinsam benutzbare Ordner muß im ersten Schritt die Mailbox angelegt werden, die als Bulletin Board verwendet werden soll. Nachdem das geschehen ist, stellen Sie die ACL so ein, daß die *l*- und *r*-Flags gesetzt sind, damit alle Benutzer die Mailbox einsehen können. Möchten Sie es den Benutzern erlauben, dem Bulletin Board neue Nachrichten hinzuzufügen, müssen Sie auch das *p*-Flag setzen. Setzen Sie das *s*-Flag, wenn die Benutzer Informationen darüber in der Mailbox abspeichern dürfen, welche Nachrichten sie bereits gelesen haben.

Wenn Sie Ihr *sendmail* mit dem mitgelieferten M4-Makro *cyrus-proto.mc* konfiguriert haben, werden Nachrichten an die Adresse *bb+mailboxname* an das Bulletin Board ausgeliefert.

Falls Sie statt *sendmail* einen anderen MTA verwenden, lesen Sie die Online-Hilfe, um zu erfahren, wie Sie *deliver* aufrufen, um Nachrichten an Bulletin Boards auszuliefern.

Ein Wort zur Warnung . . .

Gehen Sie vorsichtig mit dem *d*-Recht (Löschen) für Bulletin Boards und gemeinsam nutzbare Ordner um. Auch wenn Sie die Löschberechtigung nur vergeben, damit ein Benutzer eine Nachricht löschen kann, erlaubt das *d*-Recht immer auch das komplette Löschen eines Ordners oder eines Bulletin Boards. Wird ein gemeinsam nutzbarer Ordner oder ein Bulletin Board gelöscht, werden eingehende Nachrichten abgewiesen und zurückgesandt. Dieses Problem ist schon länger bekannt und in der Cyrus-Version 2.0 behoben, und obwohl es sich eigentlich nicht um einen Softwarefehler handelt, existiert dennoch ein Fix, der auf den Quellcode von Versionen vor 2.0 angewandt werden kann. Er verhindert, daß das *d*-Recht auch das Löschen von Ordnern ermöglicht.

Der Fix verändert den Quellcode der Funktion *mboxlist_deletemailbox* in der Datei *imap/mailboxlist.c*. Die Originalversion dieser Funktion überprüft, ob die ACL einem Benutzer das *d*-Recht gewährt, bevor er eine Mailbox löschen darf. In der veränderten Version wird statt dessen geprüft, ob der Benutzer das *a*-Recht für die Mailbox hat. Damit darf der Benutzer weiterhin Nachrichten aus der Mailbox löschen; um jedoch die Mailbox selbst zu löschen, benötigt er administrativen Zugriff auf sie. Wie in Beispiel 9-3 gezeigt, enthält *mboxlist_deletemailbox* zwei ACL-Tests.

Beispiel 9-3: Der verantwortliche Quellcode aus mboxlist.c (Cyrus IMAP Version 1.5.19)

```
mboxlist_deletemailbox(name, isadmin, userid, auth_state, checkacl)
char *name;
int isadmin;
char *userid;
struct auth_state *auth_state;
int checkacl;
{
```

(Mehrere Zeilen zur besseren Lesbarkeit weggelassen ...)

```
        /* Check ACL before doing anything stupid
         * We don't have to lie about the error code since we know
         * the user is an admin.
         */
        if (!(acl_myrights(auth_state, acl) & ACL_DELETE)) {
            return IMAP_PERMISSION_DENIED;
        }
```

(Noch mehr Zeilen ausgelassen ...)

```
    access = acl_myrights(auth_state, acl);
    if (checkacl && !(access & ACL_DELETE)) {
        mboxlist_unlock();
```

In Beispiel 9-4 sehen Sie den gleichen Quellcode, jedoch nach der Veränderung (fett gedruckt).

Beispiel 9-4: Veränderte Datei mailboxlist.c

```
mboxlist_deletemailbox(name, isadmin, userid, auth_state, checkacl)
char *name;
int isadmin;
char *userid;
struct auth_state *auth_state;
int checkacl;
{
```

(Wieder mehrere Zeilen ausgelassen ...)

```
        /* Check ACL before doing anything stupid
         * We don't have to lie about the error code since we know
         * the user is an admin.
         */
        if (!(acl_myrights(auth_state, acl) & ACL_ADMIN)) {
            return IMAP_PERMISSION_DENIED;
        }
```

(Noch mehr Zeilen übersprungen ...)

```
    access = acl_myrights(auth_state, acl);
    if (checkacl && !(access & ACL_ADMIN)) {
        mboxlist_unlock();
```

Partitionieren des Mail-Speichers

Cyrus läßt sich gut skalieren, wenn die Speicheranforderungen wachsen, indem der Mail-Speicher auf mehrere Dateisysteme verteilt wird. Neue Partitionen lassen sich dem Mail-Speicher jederzeit hinzufügen, ohne daß dadurch Ausfallzeiten verursacht werden,[3] Dateien kopiert werden müssen und sogar, ohne daß es Ihre Benutzer bemerken.

Für die grundlegende Konfiguration eines Cyrus-Systems müssen in */etc/imapd.conf* zwei Eigenschaften definiert werden, die die Partitionierung des Mail-Speichers betreffen:

```
partition-default: /var/spool/cyrus
defaultpartition: default
```

Werden mit dieser Standardeinstellung neue Mailboxen angelegt, dann wird dafür die gleiche Partition benutzt, auf der auch die übergeordnete Mailbox gespeichert ist. Wenn

3 Diese Aussage geht davon aus, daß die Partitionen hinzugefügt und nicht verschoben werden. Es kann sein, daß der Einbau des neuen Controllers oder der Festplatten in einen Server Ausfallzeiten verursacht. Diese treten dann aber unabhängig von der verwendeten Mailserver-Software auf.

die neue Mailbox keiner anderen Mailbox untergeordnet ist, wird sie auf der *partition-default* angelegt.

Anhand der Eigenschaften der eingesetzten Hardware kann ein Systemadministrator entscheiden, den Mail-Speicher auf mehrere Festplatten zu verteilen. Stellen Sie sich beispielsweise vor, daß in einem System, in dem nur eine Festplatte als Mail-Speicher verwendet wird, diese Festplatte zu 90 % ausgelastet ist. Der Administrator baut daraufhin einen neuen Festplatten-Controller und zwei weitere Festplatten ein. Um die Partitionierung des Mail-Speichers in diesem Fall so einfach wie möglich zu halten, wird er sich wahrscheinlich entscheiden, auf beiden Festplatten jeweils eine neue Partition zu konfigurieren.[4] Nachdem die neue Hardware in den Server eingebaut ist, die Festplatten formatiert und die neuen Dateisysteme aufgesetzt wurden, legt der Administrator auf jeder der Partitionen ein Unterverzeichnis *user* an und fügt in */etc/imapd.conf* Einträge wie die folgenden hinzu:

```
partition-default: /var/spool/cyrus
partition-1: /var/spool/cyrus1
partition-2: /var/spool/cyrus2
defaultpartition: default
```

Um neue Accounts auf einer der beiden neuen Partitionen anzulegen, übergibt der Administrator den Namen der jeweiligen Partition als Argument dem Befehl *createmailbox*. Gibt der Administrator keine Partition an, wird sie auf der Standardpartition angelegt. Um beispielsweise mit *cyradm* interaktiv eine neue Mailbox anzulegen, geben Sie den Befehl

```
localhost> createmailbox user.marydoe 1
```

ein. Dieser *createmailbox*-Befehl erzeugt einen neuen Account für *marydoe* und plaziert *marydoes* Mailbox unter */var/spool/cyrus1/user/marydoe/*, da sich `partition-1` im Dateisystem */var/spool/cyrus1* befindet.

Um bereits vorhandene Accounts auf eine andere Partition zu verschieben, können Sie entweder das rename-Skript aus Beispiel 9-2 oder das Programm *fast.imap* verwenden. *fast.imap* ist ein sehr nützliches Public-Domain-Programm, mit dem Sie Mailboxen sowohl manuell verschieben als auch automatisch die Last auf mehrere Partitionen verteilen können. Wir gehen in Kapitel 18, *IMAP-Werkzeuge*, etwas näher auf dieses Programm ein.

Viele Sites verwenden ein Partitionierungsschema, bei dem der Mail-Speicher in 26 Partitionen unterteilt wird – eine für jeden Buchstaben im Alphabet. Die Benutzer werden dann anhand des ersten Buchstabens ihres Nachnamens auf die Partitionen verteilt. Obwohl dieses Vorgehen häufig eingesetzt wird, damit das System besser erweitert werden kann oder um Einschränkungen von Dateisystemen zu umgehen, können wir es Ihnen nicht empfehlen. Das Problem dieses alphabetischen Partitionierungsschemas ist, daß Sie Ihre Mailboxen wahrscheinlich ungleich auf die vorhandenen Partitionen

4 Diese Konfiguration ist zwar einfach, sie nutzt jedoch die Hardware optimal aus, indem die I/O-Anforderungen auf die beiden Controller verteilt werden.

verteilen. Die »m«-Partition wird sich z.B. früher füllen als die »z«-Partition. Außerdem verkompliziert eine große Zahl kleinerer Partitionen das System und dessen Verwaltung. Eine sorgfältige Konfiguration des Systems macht diese Art der Partitionierung überflüssig. Wenn Sie weniger Partitionen einrichten, bleibt das System skalierbar, ohne daß es komplizierter wird als nötig.

Quota-Verwaltung

Manchmal werden Quota-Informationen zerstört. In einem solchen Fall können Sie häufig die folgende Situation beobachten: Ein Benutzer bekommt von seinem IMAP-Client die Warnung, daß er keine E-Mails in seinen Ordnern speichern kann.[5] Sie überprüfen mit *cyradm* seine Quota und stellen fest, daß alles gut aussieht und er genügend freien Speicherplatz hat. Wenn Sie sich näher mit dem Fall beschäftigen, finden Sie heraus, daß seine Nachrichten in der Warteschlange zurückgestellt werden und nicht an seine Mailbox ausgeliefert werden. Das ist normalerweise ein Zeichen dafür, daß der Benutzer seine Quota überschritten hat. Sie können schnell ermitteln, ob es sich tatsächlich um ein Quota-Problem handelt, indem Sie versuchen, die Quota-Root des Benutzers mit dem Befehl *quota* wiederherzustellen. Führen Sie dazu als Benutzer *cyrus* den folgenden Befehl am Shell-Prompt aus:

```
$ quota user.Benutzername
```

Nachdem Sie den Befehl ausgeführt haben, überprüfen Sie die Quota erneut. Es kann sein, daß *cyradm* jetzt meldet, daß der Benutzer seine Quota überschritten hat.

Wenn Sie den *quota*-Befehl ohne Argumente aufrufen, gibt er die Quota-Informationen für alle Cyrus-Benutzer aus:

```
$ quota
Quota  % Used    Used Root
15360       0       0 user.aa0002
15360       0       0 user.aa0006
15360       0     137 user.aa0008
15360       0       0 user.aa0009
```

Werden Quota-Informationen zerstört, müssen Sie nichts weiter tun, als *quota* mit dem Schalter *-f* aufzurufen, um dieses Problem zu beheben:

```
$ quota -f
```

Die Ausführung dieses Befehls kann einige Minuten in Anspruch nehmen, je nachdem, wie viele Benutzer Ihr System umfaßt. Weitere Informationen über die Verwaltung des Quota-Systems finden Sie weiter hinten in diesem Kapitel.

5 Die Fehlermeldung ist abhängig vom verwendeten Client-Programm. Sie kann beispielsweise »permission denied« (Zugriff verweigert) oder »cannot save to mailbox« (in die Mailbox kann nicht geschrieben werden) lauten.

Vorgehen im Schadensfall

Rechnen Sie immer mit dem Schlimmsten! Am besten, Sie arbeiten vorausschauend. Hier sind einige Hinweise, was Sie tun können, um sich auf den Ernstfall vorzubereiten.

Legen Sie Sicherheitskopien Ihrer mailboxes-Datei an

Die Rekonstruktion der *mailboxes*-Datei kann recht zeitaufwendig sein. Sie können jedoch verhindern, daß die Datei von Grund auf neu erstellt werden muß. Sichern Sie regelmäßig die jeweils aktuelle Version der *mailboxes*-Datei, so daß Sie später in kleinen Schritten zur jüngsten intakten Version zurückgehen können. Es kann zwar sein, daß diese Datei ein paar Minuten zu alt ist, um den exakten Zustand Ihres Systems zu dem Zeitpunkt wiederherzustellen, bevor Probleme auftraten. Das ist jedoch meist besser, als das komplette E-Mail-System für mehrere Stunden abzuschalten, um die *mailboxes*-Datei zu rekonstruieren. Es nützt nichts, wenn Sie nur eine einzige Kopie der Datei sichern. Stellen Sie sich vor, Sie bemerken eine fehlerhafte *mailboxes*-Datei erst nach Stunden, und Sie haben die defekte Datei auch innerhalb dieser Zeit alle fünf Minuten gesichert. Um sicherzugehen, sollten Sie Kopien der wichtigen Dateien abwechselnd auf verschiedene physische Festplatten sichern. Noch besser ist es, wenn Sie jeweils zwei Kopien auf zwei verschiedene physische Medien speichern. Legen Sie so oft wie möglich Sicherheitskopien an, am besten alle paar Minuten. Ein Skript, das Kopien einer *mailboxes*-Datei der Reihe nach umkopiert, finden Sie in Beispiel 9-5 weiter hinten in diesem Kapitel.

Legen Sie Sicherheitskopien Ihrer Daten an

Was Sie brauchen, ist eine gute Backup-Strategie. Zuverlässige Sicherheitskopien sind sehr wichtig, die Fähigkeit, diese Daten bei Bedarf auch zurücklesen zu können, ist jedoch ebenso entscheidend. Könnten Sie genau jetzt jeden Teil Ihres Systems wiederherstellen? Falls ja, dokumentieren Sie, wo welche Daten zu finden sind und wie sie zurückgelesen werden können.

Ein Unglück kommt selten allein

Probleme treten meist gleichzeitig und auf verschiedenen Schichten Ihrer Infrastruktur auf. Was würden Sie tun, wenn Sie zeitgleich Ihr Backup-System und Ihren Mailserver verlieren würden? Dokumentieren Sie Ihre Infrastruktur. Von welchen Systemen ist der Cyrus-Server abhängig? Halten Sie einen oder mehrere zusätzliche Cyrus-Server bereit, die bei Bedarf Ihren ausgefallenen primären Server ersetzen können, solange Sie mit dessen Wiederherstellung beschäftigt sind.

Bewahren Sie Ausdrucke Ihrer Konfiguration auf

Falls eine der Festplatten ausfällt, auf der sich ein Teil Ihres Cyrus-Systems befindet, müssen Sie darauf vorbereitet sein, eine neue Festplatte einzubauen, ein Dateisystem auf dieser anzulegen und Ihre Daten wiederherzustellen. Um die neue Festplatte wieder genauso einzurichten wie die alte, müssen Sie wissen, wie die Dateisysteme angelegt waren und wieviel Speicher jeder Partition zugeordnet war. Ausdrucke Ihrer Konfigurationsdaten (beispielsweise die Konfigurationsdatei Ihres Cyrus-Servers oder Ihres MTA) erleichtern die Wiederherstellung Ihres IMAP-Servers für den Fall, daß Sie ihn vollkommen neu installieren müssen. Zu den nützlichen Informationen gehören:

- Partitionstabellen Ihres Formatierungs- oder Partitionierungsbefehls
- die Ausgabe des *df*-Befehls
- die Dateien */etc/vfstab* oder */etc/fstab*
- die Datei */etc/imapd.conf*
- die Datei *sendmail.mc*
- RAID-Konfigurationsdateien
- Automounter-Konfigurationsdateien

Katastrophen und Strategien zu ihrer Beseitigung

In diesem Abschnitt betrachten wir einige häufiger auftretende Katastrophen und erklären ihre Behebung.

Beschädigungen oder Inkonsistenzen Ihrer mailboxes-Datei

Wie wir in Kapitel 7, *Installation des Cyrus IMAP-Servers*, erläutert haben, ist die Datei */var/imap/mailboxes* entscheidend für die Funktion des Cyrus-Systems. Glücklicherweise enthält Cyrus das Utility *reconstruct*, mit dem eine beschädigte oder gelöschte *mailboxes*-Datei wiederhergestellt werden kann.

Verwenden Sie *reconstruct* stets als Benutzer *cyrus*! Führen Sie das Programm als *root* oder als irgendein anderer Benutzer aus, werden die Eigentümer der Mailboxen verändert, so daß nicht mehr auf sie zugegriffen werden kann.

Beenden Sie *imapd*, bevor Sie das Programm *reconstruct* ausführen. Kommentieren Sie dazu den *imapd*-Eintrag in */etc/inetd.conf* aus, und schicken Sie dem *inetd*-Prozeß ein HUP-Signal, um *imapd* zu beenden. Danach führen Sie unter der Benutzerkennung *cyrus* den Befehl *reconstruct* mit dem Schalter *-m* aus:

```
$ reconstruct -m
```

Der Schalter *-m* weist *reconstruct* an, die systemweite *mailboxes*-Datei – wenn möglich – wiederherzustellen. Nachdem diese Datei repariert wurde, sucht *reconstruct* auf allen in */etc/imapd.conf* definierten Partitionen nach Mailboxen und fügt die gefundenen – wenn nötig – der *mailboxes*-Datei hinzu. Wenn *reconstruct* seine Arbeit abgeschlossen hat, können Sie das Kommentarzeichen vor der *imapd*-Zeile in */etc/inetd.conf* entfernen und erneut ein HUP-Signal an den *inetd*-Prozeß senden, um *imapd* wieder zu starten.

Beachten Sie jedoch, daß *reconstruct* ziemlich viel Zeit in Anspruch nehmen kann, wenn Ihr System sehr viele Benutzer enthält.[6] Es wird deshalb ausdrücklich empfohlen, häufig Sicherheitskopien Ihrer *mailboxes*-Datei anzulegen, vor allem auf Systemen mit vielen Benutzern. Sichern Sie regelmäßig Kopien auf verschiedenen Festplatten, und bewahren Sie diese Kopien für mehrere Stunden auf. Die *mailboxes*-Datei wird verändert, wenn

- neue Benutzer-Accounts angelegt werden
- Mailboxen angelegt oder gelöscht werden
- die Quota-Root verändert wird
- die ACL einer Mailbox verändert wird

Besteht Ihr System aus vielen Benutzern oder sind Ihre Benutzer sehr aktiv, verändert sich Ihre *mailboxes*-Datei häufig. Für solche Systeme wird empfohlen, die *mailboxes*-Datei alle 5 bis 10 Minuten zu sichern. Eine gute Kopie Ihrer *mailboxes*-Datei erspart Ihnen die Zeit, die es dauert, diese Datei von Band zurückzulesen, oder stundenlange Systemausfälle, weil mit *reconstruct* die komplette *mailboxes*-Datei wieder aufgebaut werden muß. Versuchen Sie immer zuerst, eine beschädigte *mailboxes*-Datei durch eine Sicherheitskopie auszutauschen, bevor Sie *reconstruct* ausführen. Ist die Datei aktuell genug, stehen die Chancen gut, daß sie ausreicht und somit die *mailboxes*-Datei nicht komplett neu aufgebaut werden muß. In Beispiel 9-5 sehen Sie ein Skript, das Kopien einer *mailboxes*-Datei rotiert.

Beispiel 9-5: Skript zum Rotieren von Kopien einer mailboxes-Datei

```
#!/usr/local/bin/perl

$file   = "/var/imap/mailboxes";
$gzip   = "/usr/local/bin/gzip";
$maxrot = 60;
$suffix = "gz";

if (! -e $file) { print "$file existiert nicht! Skript wird beendet.\n"; exit; }

$rot = $maxrot;
while ($rot >= 0) {

    $rotn = $rot + 1;
    if (-e "$file.$rot.$suffix") {
        rename "$file.$rot.$suffix", "$file.$rotn.$suffix";
    }
    $rot = $rot - 1;
}

`cp $file $file.0`;
`$gzip $file.0`;
```

6 Auf einer Sun Enterprise 3500 mit einer *mailboxes*-Datei, die auf einer lokalen Festplatte gespeichert war, benötigte *reconstruct* 7 Stunden, um die *mailboxes*-Datei mit 60.000 Einträgen wiederherzustellen.

Auf weniger aktiven Systemen sollte es ausreichen, die *mailboxes*-Datei einmal pro Stunde zu sichern. Wenn Sie nur sehr wenige Benutzer haben, arbeitet *reconstruct* so schnell, daß es eigentlich nicht nötig ist, die *mailboxes*-Datei regelmäßig zu sichern.

reconstruct stellt die Quota-Informationen in den Quota-Root-Dateien nicht wieder her. Nach der Rekonstruktion oder dem Zurücklesen der *mailboxes*-Datei ist es deshalb immer erforderlich, auch das Quota-System zu aktualisieren. Dafür können Sie den Befehl *quota -f* verwenden.

Beschädigung der Mailbox eines Benutzers

Manchmal werden Sie Widersprüchlichkeiten innerhalb einzelner Mailbox-Hierarchien feststellen. Auch zur Beseitigung der Inkonsistenzen in Mailboxen oder Mailbox-Hierarchien können Sie *reconstruct* verwenden. Um eine einzelne Mailbox wiederherzustellen, ohne dadurch andere Mailboxen innerhalb derselben Hierarchie zu beeinflussen, starten Sie *reconstruct* und geben als Argument den Namen der entsprechenden Mailbox an. Beachten Sie jedoch, daß *reconstruct* immer unter der Benutzerkennung *cyrus* ausgeführt werden muß:

```
$ reconstruct user.johndoe
user.johndoe
```

Wollen Sie eine Mailbox sowie alle Mailboxen innerhalb der Hierarchie unterhalb dieser Mailbox wiederherstellen, geben Sie beim Aufruf von *reconstruct* den Schalter *-r* an:

```
$ reconstruct -r user.johndoe
user.johndoe
user.johndoe.Trash
user.johndoe.work
user.johndoe.work.projects
```

reconstruct überprüft zunächst, ob die Mailbox die Dateien *cyrus.header* und *cyrus.index* enthält. Sind diese Dateien vorhanden, stellt *reconstruct* aus diesen Dateien die Informationen wieder her, die nicht aus den Nachrichtendateien hervorgehen. Dazu gehören Zeitstempel, die Namen von Flags und Statusinformationen der Nachrichten. Den eigentlichen Nachrichtendateien entnimmt *reconstruct* Informationen, die es nicht in den Header- oder Cache-Dateien finden kann.

Inkonsistente Quotas

In seltenen Fällen kommt es vor, daß einer Mailbox eine falsche Quota-Root zugewiesen wird. Wenn das passiert, gibt der Befehl *cyradm listquota* falsche Informationen über die Auslastung der Quota aus. Ein gutes Anzeichen dafür, daß etwas mit dem Quota-System nicht stimmt, ist, wenn Nachrichten eines Benutzers mit der Fehlermeldung »Deferred – quota exceeded« abgelehnt und zurückgesandt werden, *listquota* jedoch ausgibt, daß der Benutzer seine Quota noch nicht ausgeschöpft hat. Die Cyrus-Distribution enthält das Hilfsprogramm *quota*(8), mit dem Sie die Konsistenz des Quota-Systems erhalten können.

Wie Sie aus Kapitel 6 wissen, besteht das Quota-System aus einem Unterverzeichnis innerhalb des Cyrus-Konfigurationsverzeichnisses, in dem für jede Quota-Root eine Textdatei gespeichert ist. Die Verknüpfung zwischen einer Mailbox und ihrer Quota-Root ist nicht Teil des Quota-Systems, sondern wird in der *mailboxes*-Datei verwaltet. Jede Quota-Datei trägt den Namen der entsprechenden Quota-Root und enthält die Auslastung der jeweiligen Quota (in Byte) und die Quota-Grenze (in Kilobyte). Hier sehen Sie ein Beispiel für eine solche Datei:

```
$ cd /var/imap/quota
$ cat user.aa0006
4052251
15360
```

Die erste Zeile der Datei *user.aa0006* zeigt an, wie viele Bytes der Quota bereits benutzt werden, die zweite Zeile gibt die Quota-Grenze in Kilobyte wieder.

Wenn wir in die *mailboxes*-Datei schauen und nach der Quota-Root für *user.aa0006* suchen, finden wir alle Mailboxen, für die diese Quota-Root gilt. Hier ist ein Ausschnitt aus der *mailboxes*-Datei. Im ersten Feld der Zeile steht der Name der Mailbox, das zweite Feld enthält den Namen der Partition, auf der sich die Mailbox befindet, das dritte Feld ist die Quota-Root (ohne das »user.«-Präfix), und im letzten Feld steht die ACL für die Mailbox:

```
user.aa0006             default aa0006  lrswipcda
user.aa0006.Drafts      default aa0006  lrswipcda
user.aa0006.Trash       default aa0006  lrswipcda
user.aa0006.sent-mail   default aa0006  lrswipcda
```

Wenn Sie das *quota*-Programm mit dem Schalter *-f* starten, werden Widersprüche im Quota-System durch die Neuberechnung der Quota-Root jeder Mailbox und der Auslastung jeder Quota-Root beseitigt:

```
$ quota -f
```

Zuerst repariert der Befehl *quota* das Quota-System. Nachdem alle Reparaturen durchgeführt wurden, werden die Ergebnisse ausgegeben. Die Ausgaben enthalten die Quota-Root, die Auslastung vor der Reparatur und die neuberechneten Auslastungen nach der Reparatur:

```
user.aa0002: usage was 0, now 307223
user.aa0006: usage was 5181, now 4052251
user.aa0030: usage was 105945, now 5446403
user.aad0006: usage was 0, now 6261
user.aadavis: usage was 0, now 8239
```

Zur Cyrus-Distribution gehört kein Hilfsprogramm, mit dem Sie eine Quota-Root entfernen können. Um eine Quota-Root zu entfernen, ohne die dazugehörige Mailbox zu löschen, müssen Sie die entsprechende Datei aus dem Verzeichnis */var/imap/quota* entfernen und anschließend das Programm *quota* aufrufen, um das Quota-System in einen konsistenten Zustand zu überführen:

```
$ rm /var/imap/quota/user.aa0002
$ quota -f
```

Es wird empfohlen, den Befehl *quota* regelmäßig (z.B. einmal pro Woche) durch *cron* ausführen zu lassen, um das Quota-System in einem konsistenten Zustand zu halten.

Ausfall einer Festplatte

Sie haben unseren Hinweis beherzigt und Kopien Ihrer Festplattenkonfiguration gesichert. Damit wissen Sie, wie die Partitionen auf Ihrer Festplatte verteilt waren und wofür jede von ihnen benutzt wurde. Hier die Schritte, die Sie nun ausführen müssen:

1. Ersetzen Sie die Festplatte.
2. Starten Sie Ihr System im Single-User-Modus.
3. Erzeugen Sie die Dateisysteme auf der neuen Festplatte, und stellen Sie sicher, daß Sie alle Dateisysteme an ihrer üblichen Stelle aufsetzen können.
4. Stellen Sie die Daten auf den neuen Dateisystemen wieder her.
5. Passen Sie Ihre Startskripten so an, daß *sendmail* beim Hochfahren des Systems nicht automatisch startet, und kommentieren Sie den *imapd*-Eintrag in */etc/inetd.conf* aus.
6. Wenn sich unter den wiederhergestellten Daten die *mailboxes*-Datei oder irgendein Teil einer Mailbox befunden hat, führen Sie *reconstruct* aus.
7. Starten Sie das System neu. Wenn das System beim Hochfahren alle Dateisysteme aufsetzen kann, starten Sie *sendmail* und entfernen Sie das Kommentarzeichen vor dem *imapd*-Eintrag in */etc/inetd.conf*.

Migration vom Berkeley-(Unix-)Mailbox-Format auf Cyrus

Unix-Systeme und der vorkonfigurierte UW IMAP-Server speichern ihre Nachrichten in Ordnern im Berkeley-Mail-Format (auch als *mbox*-, *Unix*- oder */var/mail*-Format bekannt). Viele Sites, die das Berkeley-Format verwenden, wollen jedoch auf den Cyrus-Server umsteigen, um seine Vorteile wie Quotas und ACL zu nutzen. Dafür müssen auch die Benutzer »umziehen«. In diesem Abschnitt besprechen wir die einzelnen Schritte, die eine solche Migration erfordert. Den Quellcode für die Werkzeuge, die wir zur Durchführung der Migration verwenden, finden Sie in Anhang A.

Woran erkenne ich, ob meine Nachrichten im Berkeley-Format vorliegen?

Wenn Ihr Mail-System sechs der angegebenen sieben Kriterien genügt, speichern Sie Ihre Nachrichten im Berkeley-Format:

- Es gibt keinen Mailserver – die Benutzer melden sich auf ihrem Unix-Rechner an und führen ein Programm aus, um ihre E-Mails zu lesen.
- Es *gibt* einen Mailserver, aber es handelt sich um den UW IMAP-Server, der ohne standortspezifische Anpassungen verwendet wird.
- Eingehende Nachrichten aller Benutzer werden in einem Spool-Verzeichnis, z.B. */var/mail* oder */var/spool/mail*, gespeichert.
- Eingehende Nachrichten für einen Benutzer werden in einer einzigen Datei gespeichert, die nach dem Benutzer benannt ist.
- Die Nachrichtenordner werden im Home-Verzeichnis der Benutzer gespeichert.
- Die E-Mails werden mit Programmen wie Elm, PINE, *mail*(1), *rmail*(1) oder *mailx*(1) gelesen.
- Jeder Ordner enthält einen Header, eine leere Zeile und einen Nachrichtenkörper. Die Nachrichten werden durch einen From-Header voneinander getrennt.[7]

Probleme

Wenn Sie ein E-Mail-System, das sich im Produktionsbetrieb befindet, auf Cyrus umstellen wollen, sollten Sie einige Fragen vorher klären, damit die Konvertierung ohne Probleme vonstatten geht.

Benutzergesteuerte Konvertierung vs. Batch-Konvertierung

Kümmern Sie sich selbst um den »Umzug« Ihrer Benutzer auf den Cyrus-Server, oder wollen Sie ihnen ein Hilfsprogramm anbieten, mit dem sie diesen Schritt selbst durchführen können? Wenn der Umstieg auf Cyrus optional ist, könnte es einfacher sein, wenn Ihre Benutzer ihre Nachrichten selbst auf den neuen Server übertragen. Eine einmalige Alle-oder-keiner-Konvertierung ist in Ihrem Fall vielleicht gar nicht nötig. Wenn Sie den alten Server nicht sofort für andere Aufgaben benötigen, ist es auch möglich, den neuen und den alten Server eine Zeitlang gleichzeitig zu betreiben, und Sie können die Vorteile einer benutzergesteuerten Konvertierung nutzen. Auch die Anzahl der Benutzer in Ihrem System spielt eine Rolle. Es ist viel leichter, den Überblick über eine benutzergesteuerte Konvertierung zu behalten, wenn die Anzahl der Benutzer nicht zu groß ist. Haben Sie viele Benutzer, wird es schwerer, dafür zu sorgen, daß alle Benutzer vor dem Stichtag ihre Mail umstellen.

Sind Sie gezwungen, Ihren E-Mail-Dienst sofort auf den Cyrus-Server umzustellen, werden Sie alle Benutzer im Batch-Modus umstellen müssen.

Ausfallzeit

Wenn Sie Ihr Cyrus-System als Produktionssystem einsetzen, müssen Sie genau auf die verursachte Ausfallzeit achten. Um komplett ohne Ausfallzeit auszukommen, könnten Sie sich dafür entscheiden, über einen Zeitraum von mehreren Monaten jeweils immer

7 Der From-Header ist nicht identisch mit dem From:-Header.

einen oder zwei Benutzer gleichzeitig auf den Cyrus-Server umzustellen, bis alle Benutzer auf den Server migriert wurden. Einige Sites haben jedoch nicht die nötige Infrastruktur oder die technischen Möglichkeiten für dieses Vorgehen. Dort müssen alle Benutzer auf einen Schlag vom alten System auf das Cyrus-System umgestellt werden.

Wird die Migration nicht genau geplant, kann das eine erhebliche Ausfallzeit verursachen. Sollte eine möglichst kurze Ausfallzeit gefordert sein, empfehlen wir Ihnen einen Probelauf der Migration.

Alles oder nichts!

Nachdem Sie Ihre Benutzer einmal auf das Cyrus-System umgestellt und die Auslieferung von Nachrichten an dieses System veranlaßt haben, ist es zwar noch möglich, wieder auf Berkeley-Mail umzusteigen, das kostet jedoch Zeit. Bereiten Sie sich darauf vor, wieder zum alten System zurückzukehren, wenn während der Migration irgend etwas schieflaufen sollte. Hilfsprogramme, die Ihnen helfen, eine Konvertierung abzubrechen, finden Sie weiter hinten in diesem Kapitel.

Werkzeuge

Leider gibt es keine allgemein verwendbaren Migrationswerkzeuge, die sowohl für große als auch für kleine Benutzerzahlen geeignet sind. Mark Crispin von der University of Washington hat zwar eine Reihe von Hilfsprogrammen entwickelt, unter denen sich auch Werkzeuge zur Konvertierung von Mailboxen befinden (siehe Kapitel 18), diese eignen sich jedoch nur für die Migration von wenigen Mailboxen. Die UW-Hilfsprogramme verwenden das IMAP-Protokoll, um die E-Mails von einem System auf ein anderes zu übertragen, so daß für jeden zu konvertierenden Benutzer eine Authentifizierung erforderlich ist. Das macht sie unbrauchbar für umfangreiche Migrationen. Auch ihre Verwendung bei der Migration auf den Cyrus-Server ist etwas problematisch. Das hat uns nach ein paar Tagen erfolglosen Herumprobierens dazu veranlaßt, einfach eigene Werkzeuge zu entwickeln. In diesem Kapitel stellen wir Ihnen allgemein verwendbare Hilfsprogramme vor, die sich sowohl zur benutzergesteuerten Konvertierung als auch zur Batch-Konvertierung großer und kleiner Installationen eignen.

Abwärtskompatibilität

Vielleicht bieten Sie Ihren Benutzern Möglichkeiten, die sich nur schwer oder gar nicht mit einem Cyrus-Server realisieren lassen. Dazu gehören die serverseitige Filterung von Nachrichten und *.forward*-Dateien. Berücksichtigen Sie auch diese Eigenschaften, wenn Sie Ihre Migrationspläne ausarbeiten.

Benutzergesteuerte Konvertierung

Ihre Benutzer können ihren eigenen Ordner für eingehende E-Mails und alle anderen Mail-Ordner im Berkeley-Format selbst in Cyrus-Mailboxen umwandeln, indem sie das Perl-Skript *user2cyrus* aus Beispiel 9-6 benutzen. Das Skript überträgt die Nachrichten per IMAP, so daß sich die Berkeley-Ordner und der Cyrus-Server nicht auf demselben

Rechner befinden müssen. Das Skript geht davon aus, daß jeder Benutzer bereits über einen Account auf dem Cyrus-Server verfügt.

Führt der Benutzer *user2cyrus* aus, während noch ein IMAP-Client geöffnet ist, kann es erforderlich sein, diesen Client zu beenden und neu zu starten, damit die neuen Mailboxen und die Nachrichten sichtbar werden.

Um Ihren Benutzern das *user2cyrus*-Skript zugänglich zu machen, müssen Sie es an einer öffentlich zugänglichen Stelle (z.B. */usr/local/bin*) auf einem Rechner ablegen, auf dem auch auf die Mail-Ordner im Berkeley-Format zugegriffen werden kann. Das Skript übergeht automatisch die erste Nachricht eines Berkeley-Ordners, um zu verhindern, daß auch die »FOLDER INTERNAL DATA«-Nachricht kopiert wird. Wenn Sie wollen, daß auch diese Nachricht übertragen wird, müssen Sie das Skript entsprechend anpassen.

user2cyrus benötigt das Perl-Modul NetxAP, das von CPAN frei erhältlich ist.

Beispiel 9-6: Das Skript user2cyrus

```
#!/usr/local/bin/perl
#
# Dies ist eine veraenderte Version eines Public-Domain-Skripts, das
# von Steve Snodgrass (ssnodgra@fore.com) entwickelt wurde.
#
# user2cyrus - Uebertraegt eine Mail-Datei in eine Cyrus-Mailbox
#
# Aufruf:     user2cyrus mbox
#
# Argument:     Name eines RFC 822-Mail-Ordners
#
# Abhaengigkeit:     NetxAP-Perl-Modul von CPAN
#
use File::Basename;
use Net::IMAP;

# Setzen Sie diese Variable auf den Namen Ihres IMAP-Servers
$IMAPSERVER = "europa.acs.unt.edu";

$mbox = "$ARGV[0]";
if (!$mbox) { die "Aufruf: $0 mbox\n"; }

chop ($whoami = `/usr/ucb/whoami`);
if ($whoami eq "root" || $whoami eq "cyrus") {
    die "Das Skript kann nicht als privilegierter Benutzer ausgefuehrt werden!\n";
}


#
# Main Code
#
```

Beispiel 9-6: Das Skript user2cyrus (Fortsetzung)

```
# Anmelden am Cyrus IMAP-Server
($user, $pass) = GetLogin();
$imap = new Net::IMAP($IMAPSERVER, Synchronous => 1);
$response = $imap->login($user, $pass);
print "Login: ", $response->status, "-",
    $response->status_text, "\n";

# cyrmailbox enthaelt den Namen einer Cyrus-Mailbox
$cyrmailbox = "user." . "$user." . basename($mbox);

# Erzeugen einer neuen Mailbox, falls sie noch nicht existiert.
# Zulassen, dass ihr Inhalt ueberschrieben werden darf.
$response = $imap->create($cyrmailbox);

print "Create: ", $response->status, "-",
    $response->status_text, "\n";

if ($response->status eq "NO") {
    print "Mailbox $cyrmailbox existiert bereits auf dem Cyrus-Server!\n";
    print "Benennen Sie Ihre Datei um, und versuchen Sie es erneut.\n";
    $response = $imap->logout();
    print "Logout: ", $response->status, "-",
        $response->status_text, "\n";
    exit;
}

# Kopieren der mbox
if (-s $mbox) {
    TransferMbox($imap, $cyrmailbox, $mbox);
}

# Verbindung zum IMAP-Server trennen
$response = $imap->logout();
print "Logout: ", $response->status, "-",
    $response->status_text, "\n";

#
# Benutzernamen und Passwort ermitteln
#
sub GetLogin {
    my ($username, $password);

    print "Bitte geben Sie Ihren IMAP-Benutzernamen ein: ";
    chop ($username = <STDIN>);
    system "stty -echo";
    print "Bitte geben Sie Ihr IMAP-Passwort ein: ";
    chop ($password = <STDIN>);
    system "stty echo";
    print "\n";
    return ($username, $password);
}
```

Beispiel 9-6: Das Skript user2cyrus (Fortsetzung)

```
#
# Uebertragen einer mbox-Datei in einen Cyrus-Ordner
#
sub TransferMbox {
    my ($imap, $mailbox, $mboxfile) = @_;

    my $blank = 1;
    my $count = 0;
    my $message = "";
    my $response;

    print "Uebertragen von $mboxfile...\n";
    open(MBOX, $mboxfile);
    while (<MBOX>) {
    if ($blank && /^From /) {
        if ($message) {
        chop $message; # Entfernen der Leerzeile vor dem naechsten From
        $response = $imap->append($mailbox, $message) if $count;
        $count++;
        }
        $message = "";
    }
    else {
        chop;
        s/$/\r\n/;          # IMAP fordert CR/LF als Zeilenabschluss
        $message .= $_;
    }
    $blank = /^\r$/ ? 1 : 0;
    }
    $response = $imap->append($mailbox, $message) if $count;
    $count++;
    close(MBOX);
    print "$count Nachrichten aus $mboxfile in
        $mailbox uebertragen.\n";
}
```

Batch-Konvertierung: Ein Beispiel und Werkzeuge

Die Batch-Konvertierung von Nachrichten aus einem Berkeley-System in ein Cyrus-System kann auf zwei verschiedene Arten erfolgen:

Auslesen und Kopieren
: Erstellen Sie zuerst eine vollständige Mailbox-Hierarchie auf dem Cyrus-Server, teilen Sie danach die Mail-Ordner im Berkeley-Format in einzelne RFC 822-Nachrichten auf, und kopieren Sie diese in die entsprechenden Mailboxen Ihres Cyrus-Systems. Nachdem alle Nachrichten kopiert wurden, rekonstruieren Sie alle Mailbox-Hierarchien.

Auslesen und Zustellen

Dieser Vorgang verläuft ähnlich wie das Auslesen und Kopieren. Die ausgelesenen Nachrichten werden jedoch nicht direkt in die Cyrus-Mailboxen kopiert, sondern über eine Pipe dem *deliver*-Programm übergeben. *deliver* liefert die Nachrichten an die entsprechenden Mailboxen aus und aktualisiert die Mailbox-Header- und -Cache-Dateien, so daß es nicht erforderlich ist, jede Mailbox-Hierarchie zu rekonstruieren. *deliver* verursacht zusätzlichen Aufwand (die Zustandsinformationen müssen nach jeder Nachricht aktualisiert werden), so daß diese Methode langsamer ist als das Auslesen und Kopieren.

Die Batch-Konvertierung könnte mit einem Werkzeug erfolgen, das ähnlich aufgebaut ist wie *user2cyrus* aus Beispiel 9-6. Dieses Vorgehen hat jedoch den Nachteil, daß es in der Realität fast 75% langsamer arbeitet als das Auslesen und Kopieren. Wenn Sie mehr als 1.000 Benutzer haben, sollten Sie sich gegen ein solches Werkzeug entscheiden.

Das Auslesen und Kopieren arbeitet am direktesten und verursacht die geringste Ausfallzeit. Diese Methode ist daher die beste Wahl für umfangreiche Migrationen. Sie spart Zeit, weil die Übertragung nicht über ein spezielles Protokoll und nicht mit einem Delivery-Agenten eines Drittanbieters erfolgt. Außerdem können einige Aufgaben (z.B. die Erstellung der Mailbox-Hierarchien) bereits vor dem Herunterfahren des Systems durchgeführt werden. Weil diese Methode die Mailbox-Datenbank direkt verändert, bietet sie dadurch eine gute Gelegenheit, die Funktionsweise des Cyrus-Systems besser kennenzulernen. Deshalb werden wir Ihnen den »Auslesen und Kopieren«-Ansatz näher vorstellen.

Die Vorgehensweise

Zunächst benötigen Sie eine Textdatei, die eine Liste der Benutzernamen der Accounts enthält, die umgestellt werden sollen. Das anschließende Vorgehen zur Konvertierung eines Unix-Mail-Systems in ein Cyrus-System besteht aus den folgenden Schritten:

1. Beenden Sie den *imapd*- und den *sendmail*-Server.
2. Erstellen Sie für jeden Benutzer der Liste einen IMAP-Account.
3. Erstellen Sie für jeden Mail-Ordner des alten Systems eine leere Mailbox auf dem neuen Cyrus-Server.
4. Übertragen Sie alle Nachrichten aus der alten Posteingangs-Mailbox in die Posteingangs-Mailbox des Cyrus-Servers.
5. Übertragen Sie alle Nachrichten aus den alten Mail-Ordnern in die entsprechenden neuen Mail-Ordner des Cyrus-Servers.
6. Rekonstruieren Sie die *mailboxes*-Datei des Cyrus-Servers.
7. Starten Sie den *imapd*- und den *sendmail*-Server erneut.

Im Rest dieses Abschnitts gehen wir die einzelnen Schritte einer konkreten Konvertierung durch und verwenden dabei Werkzeuge, die Sie in Anhang A finden. Für jeden Schritt zeigen wir Ihnen auch die Ausgaben und Ergebnisse. Der Einfachheit halber werden wir in unserem Beispiel nur zeigen, wie Sie einen einzelnen Benutzer-Account umstellen. Das grundsätzliche Vorgehen ist jedoch das gleiche, egal, ob Sie nur einige wenige Accounts umstellen oder mehrere Tausend (wir haben dieselbe Vorgehensweise benutzt, um 20.000 Accounts in einem Batch umzustellen).

Schritt 1: Beenden Sie imapd und sendmail

Stellen Sie sicher, daß sowohl der *imapd*- als auch der *sendmail*-Server beendet sind, bevor Sie fortfahren. Falls Sie die Konvertierung durchführen, während E-Mails an das Cyrus-System ausgeliefert werden, kann das zu chaotischen Zuständen führen.

Schritt 2: Erzeugen der neuen Accounts

Sie können sich einige Stunden Ausfallzeit sparen, wenn Sie die IMAP-Accounts bereits vorher anlegen.

Speichern Sie als erstes eine Liste mit den Benutzernamen, die Sie umstellen wollen, in einer Textdatei. Wir haben unsere Benutzer in der Datei *users.txt* abgelegt und verwenden diese Datei auch in den folgenden Beispielen dieses Kapitels. Nachdem Sie diese Datei erzeugt haben, erstellen Sie für jeden Benutzer aus *users.txt* einen Cyrus IMAP-Account. Das geschieht in zwei Schritten:

- *Konfigurieren Sie die Authentifizierung Ihrer Benutzer.* Wenn Sie die Unix-Authentifizierung benutzen, fügen Sie die Benutzernamen (oder die NIS/NIS+-Benutzernamen oder Netgroups) Ihrer lokalen Paßwortdatei hinzu. Wenn Sie vorhaben, Ihr Cyrus-System als Black-Box-System zu betreiben, weisen Sie den Benutzern eine leere Shell zu, z.B. */bin/false*, um sie davon abzuhalten, sich am System anzumelden und herumzuschnüffeln. Wenn Sie hingegen eine Authentifizierung über den SASL-Mechanismus benutzen, wie z.B. Kerberos oder CRAM-MD5, müssen Sie Ihre Benutzer nicht in die Paßwortdatei eintragen. Bei den Alternativen zur Unix-Authentifizierung benötigen Ihre Benutzer keine Unix-Accounts. In Kapitel 8 finden Sie weitere Informationen, wie Sie die Authentifizierung Ihrer Benutzer einrichten müssen.
- *Anlegen eines IMAP-Accounts für jeden Benutzer.* Das praktische Tcl-Skript *addusers* zum Anlegen neuer IMAP-Accounts finden Sie in Beispiel 9-1. Diesen Schritt können Sie durchführen, während das alte und das neue System laufen:

```
# addusers users.txt
```

Als Ergebnis des zweiten Schritts hat nun jeder Benutzer aus der Liste eine Top-Level-Mailbox (INBOX) mit einer Standard-ACL, mit anderen Worten: einen Account für das Cyrus-System.

Schritt 3: Anlegen der Cyrus-Mail-Ordner

Der nächste Schritt, das Anlegen leerer Mailboxen für die entsprechenden Berkeley-Ordner, ist etwas schwieriger zu vollziehen. Betrachten Sie Abbildung 9-1, um zu verstehen, was das Ergebnis dieses Schritts sein soll. Die Abbildung zeigt, wie *johndoe*s Posteingangs-Mailbox und alle seine anderen Mail-Ordner auf Cyrus-Mailboxen abgebildet werden.

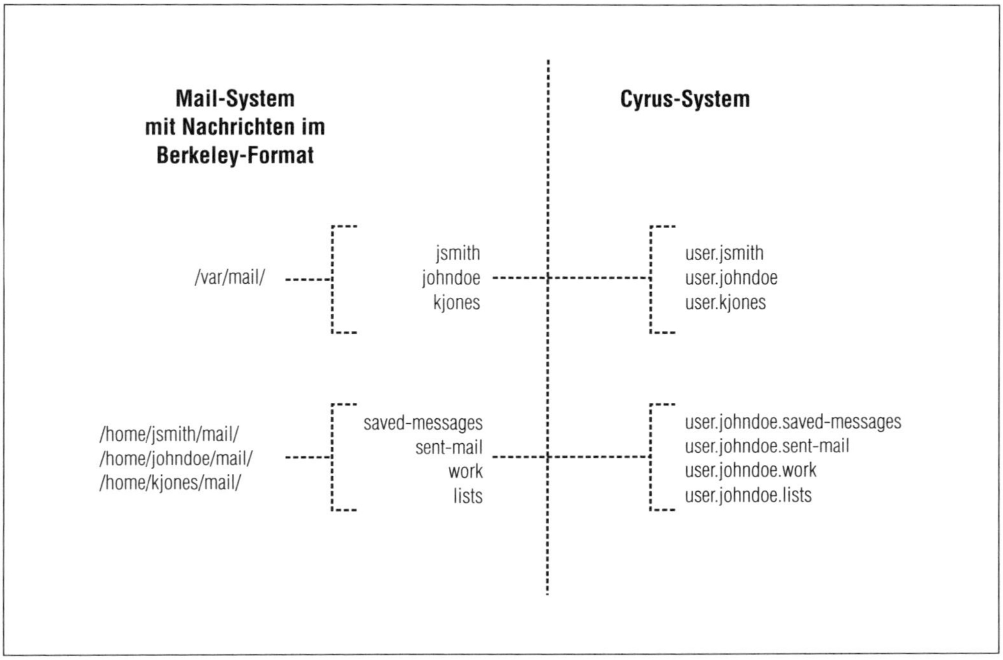

Abbildung 9-1: Zuordnung von johndoes Ordnern im Berkeley-Format zu Cyrus-Mailboxen

Wie aus der Abbildung hervorgeht, müssen *johndoe*s Posteingangs-Mailbox und alle anderen Ordner in Cyrus-Mailboxen umgewandelt werden. Das Format einer Cyrus-Mailbox unterscheidet sich in mehreren Punkten von dem einer Mailbox im Berkeley-Format. Erstens ist sie hierarchisch aufgebaut. Die Posteingangs-Mailbox ist die Wurzel des Mailbox-Baums, und die Ordner und Unterordner sind seine Zweige. Außerdem besteht ein Mail-Ordner im Berkeley-Format aus einer Datei, in der mehrere Nachrichten gespeichert sind, wohingegen Cyrus-Ordner jede Nachricht in einer separaten Datei ablegen. Ein weiterer Unterschied ist, daß die Mail-Ordner nicht dem Eigentümer des Accounts, sondern dem Cyrus-System gehören. Der genaue Aufbau einer Cyrus-Mailbox wurde in Kapitel 6 beschrieben.

Da sich das Cyrus-Format so stark vom Berkeley-Format unterscheidet, ist einiges an Vorarbeit erforderlich, bevor Sie mit dem eigentlichen Erstellen der leeren Mailboxen beginnen können. Zunächst müssen Sie die Pfadnamen aller Mail-Ordner im Berkeley-Format ermitteln, die einem Benutzer gehören, und aus ihnen die entsprechenden Namen der Ordner eines Cyrus-Systems bestimmen. In unserem Beispiel bestimmen wir als erstes das Home-Verzeichnis von *johndoe* aus der Paßwortdatei. Als nächstes ermitteln wir alle Mail-Ordner in seinem *~/mail*-Verzeichnis. Die Namen dieser Ordner werden dann in Cyrus-Mailbox-Namen übersetzt.

Die Abbildung der Namen der Mail-Ordner im Berkeley-Format auf den Cyrus-Namensraum geschieht mit Hilfe des Perl-Skripts *bsd2cyrus*. Dieses Skript hat keine andere Aufgabe, als Namen von Cyrus-Mailboxen zu erzeugen. Die Ausgaben von *bsd2cyrus* müssen einem weiteren Skript übergeben werden, das dann das Anlegen der Mailboxen übernimmt.

Um das Skript auszuführen und die Ausgaben in die Datei *mailboxes.txt* umzuleiten (so daß sie auch in späteren Konvertierungsschritten zur Verfügung stehen), verwenden Sie den Befehl:

```
# bsd2cyrus users.txt > mailboxes.txt
```

> Sichern Sie die Ausgaben von *bsd2cyrus* in einer Textdatei, und bewahren Sie diese auf, um auch später noch auf diese Informationen zugreifen zu können. Sie stellt die einzige Verbindung zwischen den alten Berkeley-Namen und den neuen Cyrus-Mailbox-Namen dar, und andere Konvertierungswerkzeuge benötigen sie als Eingabedatei.

Es gibt einiges, was Sie über das *bsd2cyrus*-Skript wissen sollten:

- Das Skript geht davon aus, daß sich auf dem Berkeley-System alle Mail-Ordner eines Benutzers in einem Unterverzeichnis des Home-Verzeichnisses befinden. In den Beispielen in diesem Kapitel ist es das *~/mail*-Unterverzeichnis. Außerdem nimmt das Skript an, daß das Home-Verzeichnis des Benutzers während der Konvertierung temporär in das Dateisystem der Cyrus-Maschine eingebunden wird.
- Es ist immer möglich, daß die Mail-Ordner auf dem Berkeley-System nicht-RFC 822-konforme Daten enthalten (es könnte sich z.B. um komprimierte Dateien, ausführbare Programme oder Unterverzeichnisse handeln). Solche Ordner werden von *bsd2cyrus* ignoriert. Sie haben jedoch jederzeit die Möglichkeit, Ausnahmen extra zu behandeln.
- In Kapitel 6 haben wir erklärt, daß der Name einer Cyrus-Mailbox keine Sonderzeichen enthalten darf. *bsd2cyrus* wandelt deshalb außer Buchstaben, Ziffern, dem Unterstrich und dem Bindestrich alle Zeichen in ihre ASCII-Notation um, der ein Unterstrich vorangestellt wird. Zum Beispiel würde *diannams* Berkeley-Ordner *mail&news* auf einem Cyrus-System in den Namen *user.diannam.mail_046news* übersetzt werden (046 entspricht der ASCII-Repräsentation des »&«-Zeichens).

Die Ausgabe des *bsd2cyrus*-Skripts wird als Eingabe für zwei weitere Skripten verwendet, die die folgenden Aufgaben erfüllen:

- Anlegen neuer, leerer Mailboxen auf dem Cyrus-System
- Konvertierung der Inhalte der alten BSD-Mail-Ordner in das Cyrus-Format und Ablegen dieser Nachrichten in den neuen Mailboxen

Sehen wir uns an, was das *bsd2cyrus*-Skript tut. Der Benutzer *diannam* hat mehrere BSD-Mail-Ordner auf dem alten System:

```
% ls -aF
.              binaryfile*     how spacy      s.me
..             compressed.Z    s!me           same
.hidden        directory/      s&me           saved
Trash          gzip.gz         s*me           sent
```

Das Skript erzeugt folgende Ausgaben:

```
# cat mailboxes.txt
diannam:user.diannam.Trash:/home/jove/stu/dl0020/mail/Trash
diannam:user.diannam.s_041me:/home/jove/stu/dl0020/mail/s!me
diannam:user.diannam.s_046me:/home/jove/stu/dl0020/mail/s&me
diannam:user.diannam.s_052me:/home/jove/stu/dl0020/mail/s*me
diannam:user.diannam.s_056me:/home/jove/stu/dl0020/mail/s.me
diannam:user.diannam.same:/home/jove/stu/dl0020/mail/same
diannam:user.diannam.saved:/home/jove/stu/dl0020/mail/saved
diannam:user.diannam.sent:/home/jove/stu/dl0020/mail/sent
```

Beachten Sie, daß das Skript so entworfen wurde, daß es bestimmte Dateien ignoriert, z.B. versteckte Dateien, Verzeichnisse, Binärdateien und leere Dateien. Dieses Verhalten ist dafür verantwortlich, daß Sie einige Dateien aus dem Verzeichnis nicht in der Datei *mailboxes.txt* wiederfinden. Wie Sie außerdem erkennen können, hat das Skript die Sonderzeichen aus den Dateinamen in ihre ASCII-Entsprechungen umgewandelt.

Als nächstes werden die Ausgaben des *bsd2cyrus*-Skripts von *createfolders* verarbeitet. Das ist ein Tcl-Skript, das leere Cyrus-Mailboxen anlegt. Diese Arbeit muß ein Tcl-Skript erledigen, weil der Befehl zum Anlegen neuer Mailboxen im Cyrus-System ein *cyradm*-Befehl ist. Sie werden sich erinnern, daß *cyradm* ein erweiterter Tcl-Interpreter ist. Das *createfolders*-Skript finden Sie in Beispiel A-2 in Anhang A.

Im folgenden sehen Sie die Ausgaben, die *createfolders* erzeugt, wenn es mit der *mailboxes.txt*-Datei aufgerufen wird, die wir früher erzeugt haben:

```
# createfolders mailboxes.txt
Connected to IMAP server. Authenticating...
Authentication successful.
Created mailbox user.diannam.sent-mail
Created mailbox user.diannam.saved-messages
Created mailbox user.diannam.same
Created mailbox user.diannam.s_041me
Created mailbox user.diannam.s_052me
Created mailbox user.diannam.Trash
Created mailbox user.diannam.s_046me
Created mailbox user.diannam.s_056me
```

Schritt 4: Übertragen der Nachrichten aus dem alten Posteingangs-Ordner in die neue Posteingangs-Mailbox

Nachdem wir das Grundgerüst für die Mailbox-Hierarchie angelegt haben, müssen als nächstes die Nachrichten der Berkeley-Posteingangs-Ordner in die Top-Level-Mailboxen übertragen werden. Das Skript *inboxfer* erledigt diese Aufgabe, indem es die Nachrichten aus dem Posteingangs-Ordner des Berkeley-Systems in die Cyrus-INBOX kopiert. *inboxfer* finden Sie in Beispiel A-3. Als Argument übergeben Sie dem Skript den Dateinamen Ihrer Benutzerliste (in unserem Beispiel *users.txt*). Der Aufruf lautet:

```
# inboxfer users.txt
```

Schritt 5: Übertragen der restlichen Nachrichten in die Cyrus-Mailboxen

Wenn Sie die Berkeley-Posteingangs-Ordner auf das Cyrus-System übertragen haben, können wir uns mit den restlichen Ordnern beschäftigen. Das Skript in Beispiel A-5 liest den Inhalt der alten Mail-Ordner im Berkeley-Format aus, konvertiert ihn in ein Cyrus-freundliches Format und kopiert ihn dann in die entsprechenden Mailboxen des Cyrus-Systems. *folderxfer* wird wie folgt aufgerufen:

```
$ folderxfer mailboxes.txt
```

Auch in diesem Schritt verwenden Sie die *mailboxes.txt*-Datei, die Sie mit dem *bsd2cyrus*-Skript erstellt haben.

Step 6: Rekonstruieren der neuen Mailboxen

Der letzte Schritt, nachdem alles übertragen wurde, ist die Rekonstruktion der Mailbox-Hierarchien aller Benutzer. *reconstruct* darf nur als *cyrus*-Benutzer ausgeführt werden, deshalb muß vor dem Aufruf von *reconstruct* der Eigentümer aller Mailboxen auf *cyrus* und die Gruppe auf *mail* geändert werden:

```
# chown -R cyrus:mail /var/spool/imap/user
```

Wenn Sie viele Benutzer haben, kann die Ausführung dieses *chown*-Befehls eine Stunde und mehr in Anspruch nehmen. Nachdem die Berechtigungen geändert wurden, können Sie das *batchreconstruct*-Skript aus Beispiel A-6 aufrufen:

```
$ batchreconstruct users.txt
```

Schritt 7: Starten Sie imapd und sendmail erneut

Jetzt haben Sie sämtliche Nachrichten auf das Cyrus-System übertragen. Entfernen Sie die Kommentarzeichen vor dem `imapd`-Eintrag in */etc/inetd.conf*, und starten Sie *inetd* und *sendmail* neu.

Abbruch einer Migration

Die Dinge entwickeln sich nicht immer nach Plan, deshalb werden wir Ihnen einen Weg zeigen, wie Sie von einem Cyrus-System wieder auf das Berkeley-System umsteigen können.

Einmal begannen wir mit der Umstellung eines UW-Servers auf einen kommerziellen IMAP-Server, der auf CMU Cyrus aufbaute. Wir waren beunruhigt über die Zeit, die es dauern würde, unsere 20.000 Benutzer auf den neuen Server zu migrieren. Die Techniker der Firma versicherten uns, daß es mit ihren Konvertierungswerkzeugen nicht länger als einen Tag dauern würde, unsere Benutzer auf den neuen Server zu übertragen und das System wieder in Betrieb zu nehmen. Wir machten einen sehr kostspieligen Fehler, als wir ihren Versicherungen blindlings vertrauten und unseren gesamten Plan an ihrer vorhergesagten Ausfallzeit ausrichteten. Wir informierten unsere Benutzer über den Zeitraum, in dem das System nicht zur Verfügung stehen würde, und bereiteten unsere Daten vor. Am großen Tag nahmen wir unser System außer Betrieb und starteten die Konvertierungsskripten, die wir von den Entwicklern der Firma erhalten hatten. Nach zwölf Stunden und nur 265 migrierten Benutzern stellten wir fest, daß wir in eine prekäre Situation geraten waren, und entschlossen uns, die Migration abzubrechen. In Beispiel 9-7 sehen Sie ein Skript, das wir hastig zusammengestellt hatten, um die bereits konvertierten E-Mails wieder in das ursprüngliche Format zurückzuverwandeln.

Beispiel 9-7: revert

```
#!/usr/local/bin/perl

$LOCK_EX = 2;
$LOCK_UN = 8;
$formail = "/usr/local/bin/formail";
$base    = "/var/spool/imap/user";
$spool   = "/var/mail";

open (USERLIST, "$ARGV[0]") || die "$!";

while (<USERLIST>) {

    chop;
    print "$_\n";

    opendir(DIR,"$base/$user") || die;
    @files = readdir(DIR);
    closedir DIR;

    open (BSDMAILBOX,">>$spool/$user") || next;

    foreach $file (@files) {

        next if $file eq '..';
        next if $file eq '.';
        flock (BSDMAILBOX,$LOCK_EX);
        if ($file =~ /\.$/) {

             open(FORMAIL,"$formail < $base/$user/$file |")
                 || die;
             while (<FORMAIL>) {
                 $_ =~ s/^M//g;
                 print BSDMAILBOX $_;
             }
             close FORMAIL;
        }
        flock (BSDMAILBOX,$LOCK_UN);
    }
```

Beispiel 9-7: revert (Fortsetzung)

```
    close BSDMAILBOX;
}
close USERLIST;
```

Nach dieser schrecklichen Erfahrung versuchten wir, unsere eigenen Konvertierungswerkzeuge zu entwickeln und es noch einmal zu probieren. Jedoch verhinderten Mehrwertsfunktionalitäten und proprietäre Erweiterungen des Servers, daß unser Programm wie gewünscht funktionierte. Deshalb entschieden wir uns gegen diesen Server und installierten statt dessen die Open Source-Version des Cyrus-Servers. Die Hilfsprogramme, die wir entwickelt hatten, funktionierten nun tadellos. Seitdem hegen wir viel mehr Achtung für die Arbeit der Open Source-Gemeinschaft.

Weiterleitung und Filterung von E-Mails auf einem Black-Box-Server

Der Cyrus-Server ist als Black-Box-Server gedacht. Da die Benutzer auf diesem Server keine Home-Verzeichnisse haben, können sie auch keine *.forward*-Datei anlegen, um ihre E-Mails weiterzuleiten.

E-Mail-Weiterleitung

Wie können E-Mails ohne *.forward*-Dateien weitergeleitet werden? Sie erraten es sicher – die Weiterleitung von E-Mails Ihrer Benutzer wird durch die Alias-Datenbank des *sendmail*-Servers auf Ihrem Cyrus-System realisiert. Um die Verwaltung zu vereinfachen, können Sie die Benutzer-Aliase und die System-Aliase in getrennten Dateien aufbewahren:

- Die System-Aliase sollten in der normalen */etc/mail/aliases*-Datei abgelegt werden.
- Die Regeln für die Weiterleitung der E-Mails Ihrer Benutzer speichern Sie getrennt davon in einer oder mehreren Dateien, die Sie in Ihrer lokalen *sendmail*-Konfiguration festlegen.

Nehmen wir an, wir legen die Benutzerregeln in der Alias-Datei */etc/mail/forward* ab. Das Format dieser Datei ist das gleiche wie das der normalen *sendmail aliases*-Datei. Damit *sendmail* diese Datei auch verwendet, müssen Sie Ihr M4-Makro anpassen (*sendmail* wird mit der Beispieldatei *cyrusproto.mc* ausgeliefert, oder Sie verwenden Ihre eigene M4-Datei), indem Sie ihm die folgende Zeile hinzufügen:

```
define('ALIAS_FILE', '/etc/mail/aliases,/etc/mail/forward')
```

Erzeugen Sie anschließend eine neue *sendmail.cf*-Datei, und starten Sie *sendmail* neu. Wenn Sie Ihre *sendmail.cf*-Datei ohne die Hilfe eines M4-Makros erzeugen, müssen Sie die Datei *sendmail.cf* direkt bearbeiten und nach den folgenden Zeilen suchen:

```
# location of alias file
O AliasFile=/etc/mail/aliases
```

Ändern Sie die Definition von `AliasFile` in:

```
O AliasFile=/etc/mail/aliases,/etc/mail/forward
```

Da sich Ihre Benutzer nicht am System anmelden können, um ihre Weiterleitungsregeln zu bearbeiten, müssen Sie ihnen erlauben, diese Regeln über ein Webformular oder eine andere indirekte Methode zu verändern.

Umwandlung vorhandener .forward-Dateien in Aliase

Auch bereits vorhandene *.forward*-Dateien müssen beim Wechsel von einem Berkeley-ähnlichen Mail-System auf ein Cyrus-System berücksichtigt werden. Das *fwd2alias*-Perl-Skript aus Beispiel 9-8 sucht *.forward*-Dateien für alle Benutzer einer Liste, konvertiert den Inhalt der *.forward*-Dateien und speichert das Ergebnis in einer *aliases*-Datei. Führen Sie das Skript auf Ihrem Berkeley- oder UW-Mail-System aus. Die *aliases*-Datei, die das Skript erzeugt, wird in das */etc/mail*-Verzeichnis Ihres Cyrus-Servers kopiert und in Ihre *sendmail*-Konfiguration eingebunden, wie es weiter vorn in diesem Abschnitt beschrieben wurde.

Beispiel 9-8: fwd2alias

```
#!/usr/local/bin/perl

open (USERS,"users.txt") || die "$!";
open (OUTFILE,">/tmp/forward") || die "$!";

while (<USERS>) {

    chop;
    ($name,$pass,$uid,$gid,$quota,$comment,$gcos,$dir,$shell)
         = getpwnam($_);

    open (FW,"$dir/.forward") || warn "$dir/.forward kann nicht geoeffnet werden.";
    chop ($address = <FW>);
    print OUTFILE "$_:$address\n";
    close FW;
}
close USERS;
close OUTFILE;
```

.forward-Unterstützung

Wenn Sie aus irgendeinem Grund keine andere Möglichkeit haben, als *.forward*-Dateien zu unterstützen, können Sie die Home-Verzeichnisse Ihrer Benutzer auf dem Cyrus-Server aufsetzen. Modifizieren Sie Ihre *sendmail*-Konfiguration so, daß sie *.forward*-Dateien unterstützt (in der *cyrusproto.mc*-Datei, die *sendmail* beiliegt, ist die *.forward*-Unterstützung ausgeschaltet).

Um *.forward*-Dateien zu verwenden, fügen Sie die Benutzer – falls nötig – in die */etc/passwd*-Datei ein (z.B. wenn Sie einen Authentifizierungsmechanismus verwenden, für den es nicht erforderlich ist, daß Ihre Benutzer Unix-Accounts haben). Die Weiterleitung mit *.forward*-Dateien funktioniert nur, wenn Ihre Benutzer Unix-Accounts haben.

Um Ihre *sendmail*-M4-Datei anzupassen, suchen Sie die Zeile:

```
MAILER(cyrus)
```

Fügen Sie als nächste Zeile folgende Anweisung ein:

```
define('CYRUS_MAILER_FLAGS','A5@W')
```

Das *w*-Flag teilt sendmail mit, daß */etc/passwd* Benutzer enthält und daß nach *~/.forward*-Dateien in den Home-Verzeichnissen der Benutzer gesucht werden soll.

Serverseitige Mail-Filterung mit procmail

procmail ist ein Unix-Programm, das häufig zur serverseitigen Filterung von E-Mails eingesetzt wird. Das Format, in dem die E-Mails auf einem Cyrus-Server abgelegt werden, erschwert es Benutzern jedoch, eingehende Nachrichten mit *procmail* zu filtern und in Mailboxen einzusortieren. Traditionell rufen Benutzer *procmail* aus ihrer *.forward*-Datei auf, die es auf einem Black-Box-Server aber nicht gibt.

Wir haben gezeigt, daß es auch auf einem Cyrus IMAP-Server möglich ist, den Benutzern die Verwendung von *.forward*-Dateien zu erlauben. Wenn ein Benutzer *procmail* in seiner *.forward*-Datei aufrufen würde, müßte er in den *procmail*-Weiterleitungsregeln das Cyrus-Programm *deliver* dazu benutzen, um die E-Mails in seinen Mailboxen zu speichern. Damit das funktioniert, müßten die Berechtigungen des *deliver*-Programms so abgeändert werden, daß es von allen Benutzern ausgeführt werden kann (normalerweise darf es nur der Benutzer *cyrus* ausführen). Wenn Sie jedoch die Rechte auf diese Weise verändern, gefährden Sie die Integrität des Systems. Wie wir erwähnt hatten, ist Cyrus pingelig in bezug auf Eigentümer- und Rechtefragen. Außerdem würde diese Veränderung ein riesiges Sicherheitsloch verursachen, da prinzipiell jeder Benutzer E-Mails in den Mailboxen anderer Benutzer speichern könnte, indem er sie entweder direkt filtert oder mit einem weiteren Filterprogramm verarbeitet.

Offensichtlich muß verhindert werden, daß *procmail* aus einer *.forward*-Datei aufgerufen wird. Statt dessen könnten Sie die Filterregeln Ihrer Benutzer in einem zentralen Verzeichnis unterhalb von */var/imap* ablegen (die Beispiele in diesem Kapitel werden unter */var/imap/procmail* abgelegt) und als Eigentümer das Cyrus-System festlegen. Zur Bearbeitung seiner eigenen Regeln könnte ein Benutzer ein CGI-Programm verwenden, das unter der Benutzerkennung *cyrus* ausgeführt wird und ihn authentifiziert.

Die Konfiguration, die wir in diesem Abschnitt beschreiben, hat die folgenden grundlegenden Eigenschaften:

- sendmail ruft zum Zustellen von E-Mails *procmail* statt *deliver* auf.
- *procmail* liest eine globale Datei mit *procmail*-Regeln und ruft in dieser Datei Cyrus-*deliver* auf, um die E-Mails zuzustellen.
- In der globalen *procmail*-Regeldatei wird geprüft, ob ein Benutzer auch eine private Regeldatei hat. Wenn das der Fall ist, werden die Regeln aus dieser eingelesen und angewandt.

In Abbildung 9-2 sind diese drei Eigenschaften dargestellt. Es ist zu sehen, daß der MTA die Mail-Nachrichten an das Zustellprogramm *procmail* weiterleitet. *procmail* filtert die Nachrichten anhand der globalen Regeldatei. Nachdem die Nachricht verarbeitet wurde, wird geprüft, ob der Empfänger eine eigene Regeldatei hat. Ist eine solche Datei vorhanden, wird die Nachricht zusätzlich anhand dieser Regeldatei gefiltert. Zum Schluß wird die Nachricht in einer Mailbox des Benutzers abgelegt.

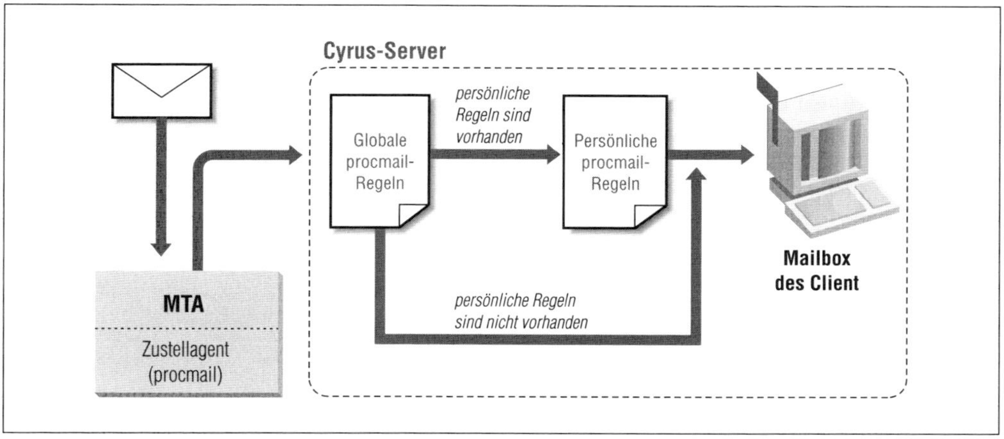

Abbildung 9-2: Serverseitige Filterung auf einem Cyrus-Server mit procmail

Die globale procmail-Regeldatei

Damit *procmail* verwendet werden kann, beginnen Sie damit, die globale Regeldatei */var/imap/procmail/procmail.global* anzulegen. Diese Datei enthält *procmail*-Filterregeln, die auf alle Nachrichten angewandt werden, die der MTA empfängt. Das betrifft E-Mails für alle Benutzer. Alle Mailboxen, die als Empfänger in der globalen Regeldatei angegeben werden, müssen vorhanden sein, weil *deliver* sonst fehlschlägt und die Nachrichten abgewiesen und zurückgesandt werden.

deliver wird in den *procmail*-Regeln folgendermaßen aufgerufen:

```
/usr/cyrus/bin/deliver -e -a Benutzername -m user.Benutzername
```

Das Argument *-a* autorisiert den Benutzernamen (den Eigentümer der Mailbox), um die E-Mail an die angegebene Mailbox ausliefern zu können. Vielleicht werden Sie sich fragen, warum das Argument *-a* angegeben werden muß. Wenn *sendmail* das *deliver*-Programm aufruft, wird der *deliver*-Prozeß unter der Benutzerkennung *cyrus* ausgeführt. Da *cyrus* Eigentümer aller Mailboxen des Cyrus-Systems ist, darf *cyrus* Nachrichten an jede Mailbox ausliefern. Eigentlich ist *cyrus* neben *root* der einzige Benutzer, der überhaupt Nachrichten an eine Mailbox ausliefern kann. Wird *deliver* nicht von *sendmail* aufgerufen, läuft es unter der Benutzerkennung des Benutzers, der es aufgerufen hat. Da es sich nicht um den *cyrus*-Benutzer handelt, darf er an keine Mailbox Nachrichten ausliefern. Deshalb muß *deliver* mitgeteilt werden, daß der Benutzer autorisiert werden soll, Nachrichten zuzustellen.

Das Beispiel einer globalen Regeldatei sehen Sie in Beispiel 9-9. Die erste Regel im Beispiel wird zum Testen verwendet. Sie speichert eine Kopie aller Nachrichten, die ein Benutzer empfängt, in der *backup*-Mailbox des Benutzers (*user.Benutzername. backup*). Bevor Sie diese Regel anwenden können, *muß* die *backup*-Mailbox für jeden Benutzer Ihres Systems angelegt werden. Nachdem Sie Ihre Tests abgeschlossen haben, können Sie die Backup-Regel auskommentieren.

Die Variable CYRUSUSER enthält den Benutzernamen des Empfängers einer Nachricht. CYRUSUSER wird durch den MTA gesetzt, bevor *procmail* aufgerufen wird, so daß ihr Wert in allen Filter-Skripten zur Verfügung steht.

Beispiel 9-9: Globale procmail-Regeldatei

```
# Datei: procmail.global

PATH=/usr/bin:/usr/local/bin:/usr/cyrus/bin
SHELL=/bin/sh
DELIVER=/usr/cyrus/bin/deliver
SPAM=/dev/null

# Erstellt eine Kopie aller eingehenden Nachrichten (nach dem Testen
# der procmail-Integration können Sie diesen Eintrag auskommentieren)
#:0 ic
#| $DELIVER -e -a $CYRUSUSER -m user.$CYRUSUSER.backup

# Ausfuehren privater Regeln von CYRUSUSER
INCLUDERC=/var/imap/procmail/user/procmail.$CYRUSUSER
```

[Die privaten Regeln werden eingebunden (durch die obenstehende INCLUDERC-Anweisung) und an dieser Stelle ausgeführt. Die folgenden Regeln werden ausgeführt, nachdem die privaten Regeln abgearbeitet wurden.]

```
# Beispielrezepte

# Eine fehlende "To:"-Zeile laesst auf SPAM schliessen
:0:$CYRUSUSER.lock
* !^To:
| $SPAM
```

Beispiel 9-9: Globale procmail-Regeldatei (Fortsetzung)

```
# SPAM von bestimmten E-Mail-Adressen verwerfen
:0:$CYRUSUSER.lock
* ^To:.*makemoneyfast@aol.com
| $SPAM

# Alle Nachrichten, die es bis hierher geschafft haben,
# werden in die INBOX des Benutzers ausgeliefert
:0:$CYRUSUSER.lock
| $DELIVER -e -a $CYRUSUSER -m user.$CYRUSUSER
```

Die private procmail-Regeldatei

Jeder Benutzer besitzt eine private *procmail*-Regeldatei. Diese wird unter dem Dateinamen *procmail.Benutzername* im Verzeichnis */var/imap/procmail/user/* abgelegt. Ein Benutzer muß diese private Regeldatei bearbeiten, wenn er seine eigenen Filterregeln verändern möchte. Wenn diese Datei vorhanden ist, werden die enthaltenen Regeln von der Anweisung `INCLUDERC` in der globalen *procmail*-Regeldatei ausgeführt. In Beispiel 9-10 sehen Sie den Inhalt einer einfachen privaten *procmail*-Regeldatei.

Beispiel 9-10: Private procmail-Regeldatei

```
# Datei: procmail.username

MAILLISTS=user.$CYRUSUSER.Folders.Mailing_Lists
WORK=user.$CYRUSUSER.Folders.Work

# Verteilt Nachrichten von Mailinglisten auf die entsprechenden Mailboxen

:0:$CYRUSUSER.lock
* (^Cc:|^CC:|^To:|^Sender:).*imap@cac.washington.edu
| $DELIVER -e -a $CYRUSUSER -m $MAILLISTS.imap_list

:0:$CYRUSUSER.lock
* (^Cc:|^CC:|^To:|^Sender:).*root@.*
| $DELIVER -e -a $CYRUSUSER -m $WORK
```

Denken Sie daran, daß Nachrichten nicht an Mailboxen ausgeliefert werden können, wenn die entsprechende Mailbox nicht vorhanden ist.

Damit die Regeln aus dem letzten Beispiel funktionieren, müssen die beiden Mailboxen *user.Benutzername.Folders.Mailing_Lists.imap_list* und *user.Benutzername.Folders.Work* existieren. *deliver* schlägt fehl, wenn es eine Mailbox, an die es eine Nachricht ausliefern soll, nicht finden kann.

Genau wie die Konfigurationsdateien für die Weiterleitung von Nachrichten gehören auch die privaten *procmail*-Regeldateien dem Cyrus-System. Damit die Regeln in diesen

Dateien von Ihren Benutzern verändert werden können, müssen Sie ihnen eine indirekte Methode zur Bearbeitung bieten. Dazu eignet sich ein CGI-Formular oder etwas ähnliches.

Einrichten des MTA

Damit alles wie gewünscht funktioniert, muß das Zustellprogramm *deliver* durch *procmail* ausgetauscht werden. Wie Sie im Beispiel der *procmail*-Regeldatei gesehen haben, wird *deliver* von *procmail* aufgerufen und nicht direkt vom MTA.

Bearbeiten Sie die Datei */etc/sendmail.cf*, und suchen Sie den Abschnitt, der den Cyrus-Mailer festlegt. Dieser sollte so ähnlich aussehen, wie unten dargestellt. Wenn Sie Ihre *sendmail*-Konfiguration verändert haben, kann es zu Abweichungen kommen, aber der Abschnitt wird trotzdem mit der Zeichenkette »Mcyrus« beginnen.

```
Mcyrus,     P=/usr/cyrus/bin/deliver, F=lsDFMnPqA5@, S=10, R=20/40, T=X-Unix,
            U=cyrus:mail,
            A=deliver -e -m $h -- $u
```

Kommentieren Sie diesen Abschnitt aus, und fügen Sie folgende Zeilen ein:

```
Mcyrus,     P=/usr/bin/procmail, F=lsDFMnPqA5@, S=10, R=20/40, T=X-Unix,
            U=cyrus:mail,
            A=procmail -p /var/imap/procmail/procmail.global CYRUSUSER=$u
```

Der Schalter *-p* weist *procmail* an, die vorhandene Umgebung zu erhalten (wenn Sie herausfinden wollen, welche Umgebungsvariablen erhalten werden, schauen Sie auf die *procmail*(1)-Seite der Online-Hilfe). Das Argument */var/imap/procmail/procmail.global* gibt an, welche Datei die Filterregeln enthält, die *procmail* verarbeiten soll. Das letzte Argument weist der Variablen CYRUSUSER einen Benutzernamen zu und übergibt diese Variable an das Programm *procmail*. Wie Sie in Beispiel 9-9 und Beispiel 9-10 gesehen haben, wird CYRUSUSER in den *procmail*-Regeldateien verwendet. Nachdem Sie die *sendmail*-Konfiguration verändert haben, müssen Sie *sendmail* neu starten, um die Veränderungen zu aktivieren.

Serverseitige Filterung mit CMU-Sieve

CMU-Sieve ist eine Sprache zur serverseitigen Filterung von E-Mail-Nachrichten. Sie wird in Kapitel 15, *Serverseitige Mail-Filterung*, näher vorgestellt. Alle Cyrus-Versionen nach 1.6.1b unterstützen Sieve. Es ist keine spezielle Installation erforderlich. Sieve wird von *deliver* aufgerufen und funktioniert nur mit der Version 8.9 von sendmail oder einer neueren.

Integration von Usenet-News

Der Cyrus IMAP-Server ermöglicht es Ihnen, Usenet-Newsgruppen als Mailboxen zur Verfügung zu stellen. Wenn Sie auf Ihrer Site einen INN-Server betreiben, finden Sie in der Cyrus-Distribution Werkzeuge, mit denen Sie Usenet-News in Cyrus integrieren können. Eine Erklärung von INN würde den Rahmen dieses Buchs sprengen, deshalb gehen wir davon aus, daß Sie sich mit INN auskennen, wenn Sie News in Cyrus integrieren wollen.

Programme zur News-Integration

Die vier Programme *collectnews*, *rmnews*, *syncnews* und *feedcyrus* liegen der Cyrus-Distribution bei und sollen Sie bei der Verwaltung und der Integration von Newsgruppen in Cyrus unterstützen. Sie finden diese Programme im Verzeichnis */usr/cyrus/bin*. Alle Programme außer *feedcyrus* werden in der Online-Hilfe genauer beschrieben (im Abschnitt 8).

collectnews
: *collectnews* fügt der zugehörigen Hilfsdatenbank eine Liste mit News-Artikeln hinzu. Findet *collectnews* eine Newgruppe, zu der es keine korrespondierende IMAP-Mailbox gibt, wird diese angelegt.

rmnews
: *rmnews* entfernt eine Liste mit gelöschten (canceled), ersetzten (superseded) und veralteten (expired) News-Artikeln aus der zugehörigen Hilfsdatenbank und löscht die dazugehörenden Dateien.

syncnews
: *syncnews* vergleicht die Datei aktiver Newsgruppen (active-Datei) mit der kompletten Liste vorhandener IMAP-News-Mailboxen. Mailboxen, zu denen es keine Entsprechung in der active-Datei gibt, werden gelöscht. Für Gruppen, die zwar in der active-Datei vorhanden sind, zu denen es aber noch keine Mailboxen gibt, werden Mailboxen angelegt.

feedcyrus
: *feedcyrus* ist ein Shell-Skript, das News an einen Cyrus IMAP-Server schickt. Dieses Skript wird während des Installationsvorgangs angelegt, wenn die Installation für News-Unterstützung konfiguriert wurde.

Konfiguration der News-Integration

Die Integration von Usenet-News in Cyrus erfolgt in zwei einfachen Schritten:

1. Legen Sie eine Partition für das News-Spool-Verzeichnis an.
2. Konfigurieren Sie die Verwaltung der zugehörigen Hilfsdatenbank des Cyrus-Servers.

> Der Partitionsname *news* ist für Usenet-News reserviert. Sie müssen als Namen für die Usenet-News-Partition *news* verwenden. Auch wenn Sie nicht vorhaben, Usenet-News in Cyrus zu integrieren, dürfen Sie den Partitionsnamen *news* nicht für andere Zwecke verwenden.

Anlegen der news-Partition

Wählen Sie ein Verzeichnis für die *news*-Partition. Dies darf nicht das gleiche Verzeichnis sein, das Sie auch als Spool-Verzeichnis für INN benutzen. Im folgenden Beispiel haben wir uns dafür entschieden, */var/spool/imap/news* als Partition für die Usenet-News zu verwenden.

Legen Sie zuerst das Verzeichnis für die Partition an, und ändern Sie den Eigentümer auf *cyrus*:

```
# cd /var/spool/imap
# mkdir news
# chown cyrus imap-news
# chgrp mail imap-news
# chmod 750 imap-news
```

Bearbeiten Sie dann Ihre Datei */etc/imapd.conf*, und setzen Sie die Optionen `newsspool` und `partition-news` wie nachfolgend gezeigt. `newsspool` ist der Name des News-Spool-Verzeichnisses von INN. Die Option `newsprefix` ist optional. Wenn Sie wollen, daß Ihre Newsgruppen mit einem Präfix versehen werden (z.B. »news.comp.mail« statt »comp.mail«), dann weisen Sie dieses Präfix, gefolgt von einem ».«, `newsprefix` zu.

```
partition-news: /var/spool/imap/news
newsprefix: news.
newsspool: /var/spool/news/articles
```

Einrichten der zugehörigen Hilfsdatenbank

Zu den grundlegenden Einstellungen für die Unterstützung von News gehört es, dem *cyrus*-Benutzer Schreibzugriffe auf das News-Spool-Verzeichnis zu gewähren und *cron*-Einträge einzurichten, die die News an den Cyrus-Server leiten und die Newsgruppen mit den Cyrus-Mailboxen synchronisieren.

Die Hilfsprogramme, die unter der Benutzerkennung *cyrus* ausgeführt werden, schreiben in das News-Spool-Verzeichnis. Damit der Benutzer *cyrus* in das News-Spool-Verzeichnis schreiben darf, müssen Sie ihn der Gruppe *news* hinzufügen und dafür sorgen, daß diese Gruppe in das Verzeichnis schreiben darf. Die *news*-Zeile in */etc/group* sollte wie folgt aussehen:

```
news::13:cyrus
```

Ändern Sie die Berechtigungen für das News-Spool-Verzeichnis, um der Gruppe den Schreibzugriff zu erlauben:

```
# chmod -R g+w  /var/spool/news
```

Aktualisieren Sie die *newsfeeds*-Datei, indem Sie die folgende Zeile anfügen:

```
collectnews!:*:Tf,WO:collectnews
```

Richten Sie die Cron-Jobs ein, die die zugehörigen Hilfsdatenbanken verwalten. Diese Jobs müssen unter der Benutzerkennung *cyrus* ausgeführt werden. Tragen Sie sie deshalb als *cyrus*-Benutzer in dessen *crontab*-Datei ein. *feedcyrus* sollte alle zehn Minuten ausgeführt werden. Bei *syncnews*, *collectnews* und *rmnews* reicht eine tägliche Ausführung. Falls erforderlich, ersetzen Sie */var/news/active* durch den Pfadnamen Ihrer active-Datei. Konfigurieren Sie folgende crontab-Einträge:

```
10,20,30,40,50 * * * * /usr/bin/feedcyrus
0 2 * * * /usr/cyrus/bin/syncnews /var/news/active > /dev/null 2>&1
10 * * * * /usr/cyrus/bin/collectnews
20 2 * * * /usr/cyrus/bin/rmnews </home/news/lib/expire-these.files
```

Fehlerbeseitigung

Dieser Abschnitt beschreibt einige häufig auftretende Probleme auf Cyrus-Systemen. Wir zeigen Ihnen, wie Sie die Probleme feststellen und wie Sie einige dieser Probleme beheben.

Test des Servers

Öffnen Sie unter einem beliebigen Account eine Telnet-Verbindung zum IMAP-Port Ihres Cyrus-Servers, und führen Sie den NOOP-Befehl aus:

```
% telnet localhost imap
Trying 127.0.0.1...
Connected to localhost.
Escape character is '^]'.
* OK venus Cyrus IMAP4 v1.5.14 server ready
. noop
. OK Completed
```

Antwortet der Server mit der Meldung *OK Completed*, läuft der Server und reagiert auf Anfragen. Bekommen Sie eine andere Meldung, gibt es ein Problem. Überprüfen Sie das folgende:

1. Prüfen Sie, ob */etc/services* einen Eintrag für *imap* enthält:

   ```
   imap            143/tcp         imap            # IMAP-Server
   ```

2. Prüfen Sie, ob */etc/inetd.conf* einen Eintrag für *imapd* enthält und ob *imapd* als *cyrus* ausgeführt wird:

   ```
   imap stream tcp nowait cyrus /usr/cyrus/bin/imapd imapd
   ```

3. Prüfen Sie die Berechtigungen des *imapd*-Programms:

   ```
   $ ls -l /usr/cyrus/bin/imapd
   -rwxr-xr-x   1 cyrus   mail  303576 Apr  1 10:07 /usr/cyrus/bin/imapd*
   ```

4. Prüfen Sie die Berechtigungen aller Verzeichnisse auf dem Pfad zu *imapd*. *cyrus* muß sich durch alle diese Verzeichnisse bewegen dürfen.

Ein Benutzer kann nicht auf seine Mailboxen zugreifen

Wenn der Server funktioniert, liegt das Problem meist an der Client-Konfiguration. Prüfen Sie, ob die Definition der Mailboxen im Client syntaktisch korrekt ist.

Ist die Syntax korrekt, kann es auch sein, daß der Benutzer versucht, auf eine Mailbox zuzugreifen, für die er keine Berechtigung hat. Prüfen Sie in diesem Fall die ACL der Mailbox.

Der Benutzer kann keine E-Mails mehr empfangen

Wenn sich ein Benutzer noch am Server anmelden und seine E-Mails lesen kann, sich aber beschwert, daß er keine neuen E-Mails mehr empfängt, dann:

1. Stellen Sie sicher, daß *sendmail* läuft.
2. Prüfen Sie, ob der Benutzer seine Quota überschritten hat.
3. Prüfen Sie, ob die Quota-Informationen für den Benutzer inkonsistent sind.

Benutzer können sich nicht anmelden

Stellen Sie als erstes fest, ob es sich um ein Problem mit der Authentifizierung handelt oder ob der Server nicht reagiert. Überprüfen Sie die jüngsten Einträge in der Protokolldatei */var/log/imapd.log*. Gibt es mehr als ein paar Einträge über fehlgeschlagene Anmeldeversuche wie diese hier:

```
May 13 15:21:54 venus imapd[21934]: badlogin: europa [129.120.220.72] plaintext
announce Incorrect password
May 13 15:22:02 venus last message repeated 1 time
```

dann handelt es sich um ein Authentifizierungsproblem. Scheint es kein Authentifizierungsproblem zu sein, können Sie diesen Abschnitt überspringen.

Wenn Sie Unix-Shadow-Paßwörter benutzen, um Ihre Benutzer zu authentifizieren:

1. (für Cyrus IMAP-Versionen 1.5.24 und älter) Prüfen Sie, ob der *pwcheck*-Dämon ausgeführt wird. Falls nicht, starten Sie ihn (*etc/init.d/pwcheck start*).
2. Finden Sie heraus, ob das Paßwort des Benutzers ein Leerzeichen enthält. Leerzeichen werden nicht von allen IMAP-Clients unterstützt.[8]

Wenn Sie Ihre Benutzer über Kerberos authentifizieren:

1. Prüfen Sie, ob die Datei */etc/srvtab* vorhanden ist.
2. Wenn diese Datei vorhanden ist, prüfen Sie, ob die Berechtigungen für diese 0400 (`-r--------`) sind und ob ihr Eigentümer *cyrus* und ihre Gruppe *mail* ist.
3. Führen Sie *klist -srvtab* aus. Fehlt eines der beiden Programme *rcmd* oder *imap*, starten Sie den Server neu.

8 Einige IMAP-Clients quoten die Paßwörter nicht, wie sie es eigentlich sollten.

SSL-Unterstützung für Cyrus

Wenn es Ihnen Kopfschmerzen bereitet, Paßwörter im Klartext über das Netzwerk zu übertragen, oder Sie nicht die Möglichkeit haben, Kerberos oder CRAM einzusetzen, stellt die Einbindung von SSL-Unterstützung in IMAP eine schnelle Notlösung dar. Um die Vorteile von SSL nutzen zu können, müssen Sie natürlich einen SSL-fähigen IMAP-Client verwenden. Das schränkt die Auswahl derzeitig auf den Netscape Messenger und Outlook Express/Outlook 98 ein. Der gesamte Vorgang der Integration von SSL und IMAP wird in Anhang B, *Hinzufügen von SSL-Unterstützung zu IMAP*, behandelt.

IV

Der UW IMAP-Server

10

Der UW IMAP-Server im Überblick

Dieses Kapitel bietet Ihnen einen groben Überblick über den IMAP-Server der University of Washington. Dieser Server ist Bestandteil des IMAP4rev1/C-Client-Pakets, das Mark Crispin an der University of Washington entwickelt. Crispin ist selbst Autor der IMAP-RFC und einiger anderer RFCs, die die Grundlage für IMAP bilden.

Der größte Vorteil des UW-Servers liegt in seiner Flexibilität. Während der Cyrus IMAP-Server sehr genaue Anforderungen an das Format des Mail-Speichers stellt, versucht der UW-Server, viele verschiedene Formate zu unterstützen. Cyrus mit all seinen modernen Möglichkeiten zur Administration und zur gemeinsamen Nutzung von Informationen kann als Werkzeug betrachtet werden, das nur für Eingabedaten in einem genau festgelegten Format umfangreiche Verarbeitungen durchführen kann. Beim UW-Server ist es genau umgekehrt: Er bietet für Eingabedaten in vielen verschiedenen Formaten nur begrenzte Verarbeitungsmöglichkeiten. UW verfügt nicht über Quotas auf Applikationsebene und auch nicht über die gleichen Möglichkeiten zur Zugriffskontrolle über ACL wie Cyrus. Seine Fähigkeit, mit E-Mail-Nachrichten in den unterschiedlichsten Formaten umzugehen, macht ihn jedoch für den Einsatz auf Sites mit eher chaotischen Mail-Umgebungen attraktiv. Er ist außerdem die erste Wahl für Sites, die einen IMAP-Dienst innerhalb kürzester Zeit mit minimalem Konfigurations- und Migrationsaufwand aufbauen müssen.

Was ist UW IMAP?

Der University of Washington IMAP-Server (UW IMAP) ist ein IMAP-Server, der – von *inetd* oder einem ähnlichen Internet-Super-Daemon gestartet – Benutzern den IMAP-Zugang zu einem Mail-Speicher ermöglicht.

Wenn jemand den UW IMAP erwähnt, meint er meistens den IMAP-Dämon, der eigentlich nur ein Bestandteil der IMAP4rev1/C-Client-Entwicklungsumgebung ist. Diese Entwicklungsumgebung enthält außerdem *mtest*, ein Werkzeug zum Testen von IMAP, und eine API-Bibliothek für IMAP namens C-Client. Außerdem werden einige POP-Server mitgeliefert, die als Proxy den Zugang zu Ihrem IMAP-Server per POP ermöglichen. Sie erleichtern den Wechsel von einem vorhandenen POP-System. Der UW IMAP-Dämon selbst wird zusammen mit dem häufig verwendeten E-Mail-Client PINE verbreitet und ist in vielen Versionen des Betriebssystems Linux vorhanden. In einem weiteren Paket sind die UW IMAP-Hilfsprogramme enthalten, verschiedene Werkzeuge für die Verwaltung eines IMAP-Servers. Diese Werkzeuge wurden an der University of Washington entwickelt und basieren auf der C-Client-API. Sie werden in Kapitel 18, *IMAP-Werkzeuge*, behandelt.

Die Eigenschaften von UW und sein Design machen ihn interessant für existierende Unix-Systeme, die den IMAP-Dienst hinzufügen wollen. Er kann »Out-of-the-Box«, d.h. ohne Veränderungen oder ohne eine spezielle Infrastruktur, auf allen Unix-Systemen mit Shell-Zugängen für Benutzer eingesetzt werden.[1]

Sie können ihn auch als dedizierten IMAP-Server betreiben, sollten dann jedoch darüber nachdenken, ihn entsprechend anzupassen, falls Sie mit ihm sehr große Benutzergruppen bedienen wollen. Für wie viele IMAP-Benutzer sich ein bestimmtes System einsetzen läßt, hängt maßgeblich von der ihm zugrundeliegenden Hardware und dem eingesetzten Betriebssystem ab. UW IMAP benötigt nicht besonders viel CPU-Leistung, für jeden Prozeß muß jedoch ausreichend Speicher und Festplattenbandbreite zur Verfügung stehen. Sie können mit einer Maschine zwar mehr UW IMAP- als Unix-Shell-Benutzer bedienen, dürfen aber nicht erwarten, daß eine bestimmte Maschine, die Probleme mit 5.000 Unix-Shell-Benutzern hat, problemlos 100.000 UW IMAP-Benutzer verträgt.

Im allgemeinen funktioniert die Skalierung besser, wenn Sie einen Cluster aus vielen kleinen Systemen statt ein gigantisches, monolithisches System verwenden. Es kommt weniger auf eine schnelle CPU an als vielmehr auf ausreichend Festplattenbandbreite. Mit einem einfachen Trick, wie dem Unterbringen von sendmails */var/spool/mqueue*-Verzeichnis und dem IMAP-Mailbox-Verzeichnis auf zwei getrennten Festplatten, erzielen Sie einen spürbaren Leistungszuwachs.

Die University of Washington versorgt ihre Gemeinschaft von 80.000 Benutzern mit einem Cluster aus kleinen, preiswerten IMAP-Servern. Jeder dieser Server ist für einen Teil des gesamten Benutzerbereichs verantwortlich. Die IMAP-Server bilden eine spezielle DNS-Domäne, die eng mit dem Account-System von UW verbunden ist. Der Benutzer *fred* kann beispielsweise auf einen anderen IMAP-Server verschoben werden, aber *fred.deskmail.washington.edu* verweist immer auf den ihm zugewiesenen IMAP-Server.

Die meisten Unix-Varianten, speziell die Open Source-Varianten, werden üblicherweise mit einem nicht näher bezeichneten IMAP-Dämon (*imapd*) ausgeliefert. Die Chancen stehen recht gut, daß es sich hierbei um einen UW IMAP-Server handelt. Sie werden wahrscheinlich keine offensichtliche Dokumentation oder Hinweise auf die Herkunft

1 Selbstverständlich ist es ebenso möglich, einen weitgehend für die IMAP-Benutzer abgeschlossenen Server durch die Verwendung von */bin/false* als Login-Shell zu betreiben.

des Dämons finden. Wenn Sie ihn jedoch als UW-Server identifizieren wollen, gibt es einige Möglichkeiten, die Sie ausprobieren können. Als erstes können Sie einen Blick auf die Fähigkeiten des Servers werfen:

```
% echo ". CAPABILITY" | /usr/local/sbin/imapd
* OK localhost IMAP4rev1 v12.250 server ready
* CAPABILITY IMAP4 IMAP4REV1 NAMESPACE IDLE SCAN SORT MAILBOX-REFERRALS
LOGIN-REFERRALS AUTH=LOGIN AUTH=ANONYMOUS THREAD=ORDEREDSUBJECT
. OK Completed
%
```

Die meisten IMAP-Dämonen beantworten eine CAPABILITY-Anfrage mit dem Namen des Unternehmens oder der Organisation, die den Dämon herausgegeben hat. Der UW IMAP-Server gibt nicht aus, daß er einer bestimmten Organisation gehört. Hat die Versionsnummer des Servers das Format »v12.NNN« (Versionen vor UW IMAP 2000) oder »v2000.NNN« (UW IMAP 2000), handelt es sich wahrscheinlich um den UW-Server. Bei SCAN, SORT und THREAD handelt es sich um experimentelle Eigenschaften von UW; ihre Präsenz läßt ebenfalls vermuten, daß es ein UW-Server ist.

Sie können auch nach Überresten des UW-*phile*-Treibers suchen. Den *phile*-Treiber werden Sie vermutlich nur in Software finden, die auf der UW-C-Client-Bibliothek aufbaut:

```
% strings /usr/local/sbin/imapd | egrep phile
phile
phile
phile recycle stream
%
```

Seien Sie jedoch vorsichtig, es ist möglich, daß es noch andere IMAP-Server gibt, die auf der C-Client-Bibliothek aufbauen.

Die wahrscheinlich interessanteste und bemerkenswerteste Tatsache, die es über den UW IMAP-Server zu berichten gibt, ist, daß er von Mark Crispin entwickelt wurde, dem »Vater« von IMAP selbst. Es ist angemessen zu sagen, daß Crispin für die IMAP-Community das ist, was Linus Torvalds für die Linux-Community ist. Crispin ersann IMAP völlig allein, als er gebeten wurde, ohne Anleitung ein verteiltes Mail-System zu entwickeln. Den ersten IMAP-Server hat er 1985 auf einer DEC-20 in Assembler geschrieben. Das frühe IMAP-Design war stark vom Mail-System einer DEC-20 beeinflußt, an dem Crispin als Hauptentwickler und Verwalter beteiligt war. Die ersten neun Jahre der IMAP-Entwicklung können komplett Crispin zugeschrieben werden.

Geschichte

Der erste UW IMAP-Server wurde im November 1990 geschrieben. Mark Crispin brauchte dafür nur wenige Tage, weil er den *imapd* auf seiner C-Client-Bibliothek aufbaute. Ein Zitat von Crispin lautet: »Wenn Sie über die richtigen grundlegenden Strukturen und Werkzeuge verfügen, können Sie jedes Projekt auf triviale Grundmuster zurückführen.«

imapd enthielt in seiner ursprünglichen Fassung keine Unterstützung für das traditionelle Unix-Mailbox-Format. Die Benutzer von herkömmlichen Unix-Mail-Programmen wie */bin/mail* verlangten jedoch lautstark nach dieser Unterstützung. Crispin widerstrebte es – wegen seiner Einschränkungen –, das Unix-Mailbox-Format zu unterstützen. Es ist z.B. nicht möglich, daß mehrere Benutzer gleichzeitig auf eine Mailbox im Unix-Format zugreifen. Er fügte die Unterstützung später trotzdem hinzu, und weitere Mailbox-Formate folgten kurz darauf. Das zur Zeit bevorzugte mbx-Format führt diese Tradition fort.

Es ist interessant, daß UW-*imapd* von Anfang an gleichzeitige Zugriffe mehrerer Benutzer auf eine Mailbox ermöglichte, indem es das tenex-Format einsetzte. Das war etwas, wovon man glaubte, daß es auf einem Unix-System unmöglich wäre.

Die C-Client-Bibliothek

C-Client wurde ebenfalls von Crispin entwickelt. Die Arbeit daran begann er 1988, während er in Stanford beschäftigt war. C-Client ist die Umsetzung eines LISP IMAP-Client, daher auch der Name. Der Client wurde statt in LISP in C entwickelt.

C-Client ist eine C-API, die IMAP und SMTP implementiert. Daneben enthält sie eine Vielzahl Schnittstellen für Mailbox-Treiber, die es ermöglichen, unterschiedliche Mailbox-Formate zu lesen und zu schreiben. Auf diese kommen wir in späteren Kapiteln zurück. Der UW IMAP-Dämon basiert auf der C-Client-Bibliothek. Auch viele IMAP-Client-Programme wurden mit der C-Client-Bibliothek entwickelt, darunter der weitverbreitete Mail-Client PINE.

Eine ausgezeichnete Dokumentation über C-Client finden Sie in der Quelldistribution des UW IMAP unter *docs/internal.txt*.

Stärken des UW

UW-*imapd* ist gleichzeitig ein Bausatz und ein völlig eigenständiger IMAP-Server. Mit »Bausatz« meinen wir, daß UW IMAP Mechanismen enthält, mit denen er so erweitert werden kann, daß er fast jedes Mailbox-Format und Authentifizierungsschema nutzen kann. Häufig muß er dazu nur neu gelinkt werden. »Eigenständig« bedeutet, daß er bereits Unterstützung für die am häufigsten verwendeten Authentifizierungsschemata und Mailbox-Formate enthält.

Flexibilität

Der UW-Server hat eine vollkommen andere Herangehensweise an den Umgang mit Mailbox-Formaten als der Cyrus-Server. Cyrus versteht nur ein einziges Mailbox-Format. Um auf den Mail-Speicher von Cyrus zuzugreifen, müssen Sie den Cyrus-Server benutzen. Der UW-Server andererseits kann viele verschiedene Mailbox-Formate interpretieren. Der Server gibt sich viel Mühe, das Format einer bestimmten Mailbox herauszufinden, um mit ihr zu arbeiten.

Diese Flexibilität in bezug auf Mailbox-Formate ist ein starkes Argument für den UW-Server. Die Benutzer einiger Sites drängen darauf, daß ihre E-Mails im Standard-Unix-Format abgelegt werden, damit sie sie direkt bearbeiten können (z.B. mit Unix-Werkzeugen wie *grep* oder mit Mail-Clients wie *elm*), ohne das IMAP-Protokoll verwenden zu müssen. Der UW-Server bietet einem Administrator die Auswahl, den Mail-Speicher entweder auch für direkte Zugriffe zur Verfügung zu stellen oder ihn so abzusichern, daß nur über das IMAP-Protokoll auf ihn zugegriffen werden kann.

Vielleicht werden Sie auf die Behauptung stoßen, daß die Leistung des UW-Servers sich nicht mit der des Cyrus-Servers messen kann. Die meisten Leistungsvergleiche zwischen UW und Cyrus sind wie der Vergleich zwischen Äpfeln und Birnen. In der Standardinstallation verwendet der UW IMAP-Server das traditionelle Unix-Mailbox-Format, das eine einzige Datei einsetzt, in der alle Nachrichten zusammengefaßt werden. Cyrus verwendet dagegen eine leicht veränderte Variante des MH-Formats, bei dem jede Nachricht in einer eigenen Datei gespeichert und in einer Index-Datei verwaltet wird. Cyrus muß seine Daten auch nicht mit anderen Mail-Programmen teilen, so daß auf Designkompromisse wie beim UW-Server verzichtet werden konnte.

Im allgemeinen ist Cyrus schneller als der UW-Server. Der UW-Server kann jedoch einige Aufgaben schneller erledigen als Cyrus (z.B. das Löschen vieler Nachrichten und das Suchen nach Zeichenketten), weil er nicht auf mehrere Dateien zugreifen muß. Auch der Einsatz des *mbx*-Formats statt des traditionellen Unix-Mailbox-Formats hilft, die Leistungslücke zu schließen. Ein großer Vorteil des UW-Servers ist, daß er serverseitiges Sortieren unterstützt. PINE-Benutzer, die sortierte Ansichten verwenden, werden feststellen, daß der UW-Server auf diesem Gebiet viel leistungsfähiger ist als Cyrus.

Zusammenfassend kann man also nur sagen: »Es hängt alles vom jeweiligen Standpunkt ab.«

Modularer Aufbau

UW IMAP bietet Systemadministratoren ein modulares System. Wenn Sie Erweiterungen schreiben wollen, um Zusatzdienste zur Verfügung zu stellen, dann könnte UW IMAP eine gute Wahl sein.

Einschränkungen von UW

All diese Plug-and-Play-Fähigkeiten fordern natürlich ihren Tribut. UW IMAP fehlt die Unterstützung für einige wichtige Eigenschaften, und er ist in gewisser Weise etwas Unix-lastig. Bitte beachten Sie, daß wir das als Einschränkung, nicht aber als Mangel sehen. Das Ergebnis dieser Einschränkungen ist letztlich, daß UW IMAP ein hochspezialisierter Server ist.

Keine Unterstützung für IMAP-Quotas

UW IMAP enthält keine Unterstützung für die Quota-Erweiterung aus RFC 2087. Das bedeutet, daß sich UW IMAP-Server, anstatt applikationsspezifische Quotas nutzen zu können, auf die Quota-Mechanismen des Betriebssystems verlassen müssen. Das hat zur Folge, daß E-Mails, die der Standard-Unix-MDA an eine UW-INBOX auszuliefern versucht, deren Quota überschritten ist, abgewiesen und an den Absender zurückgesandt werden. Die Mail wird nicht zurückgehalten und bei einem späteren Versuch ausgeliefert, sondern sie wird schroff zurückgewiesen. Ein RFC 2087-kompatibler Server würde die Nachricht für *n* Tage in einer Queue aufbewahren und in bestimmten Abständen erneut versuchen, die Nachricht zuzustellen, bis entweder die Quota-Grenze der Mailbox unterschritten wird oder eine bestimmte Zeit vergangen ist und die Nachricht endgültig zurückgewiesen wird (Soft-Bounce).[2]

Viele Systemadministratoren würden es gut finden, wenn der UW-Server IMAP-spezifische Quotas (RFC 2087) unterstützen würde, weil damit eine differenziertere Kontrolle über den Speicherplatz der Mailboxen der Benutzer möglich wäre. Ein Benutzer könnte dann beispielsweise viele unabhängige Quotas haben, die für verschiedene Teile seines Mail-Speichers gelten würden. Die Spezifikation für IMAP-Quotas läßt nicht nur eine Quota pro Benutzer zu, sondern erlaubt komplette Quota-Hierarchien. Der Benutzer *joebob* könnte eine Quota von 10 MByte für seine INBOX und eine davon unabhängige Quota von 30 MByte für alle seine Mailboxen inklusive INBOX haben. Daneben könnten Sie noch eine weitere Quota von 10 MByte für seinen Ordner gesendeter Objekte festlegen.

Die Quota-Bedürfnisse vieler Sites lassen sich aber auch gut mit der Unix-eigenen Quota-Funktion erfüllen. Da Posteingangs-Mailboxen häufig auf anderen Festplattenpartitionen abgelegt werden als private Mailboxen der Benutzer, liegt es am nächsten, dem Benutzer mit einem Befehl wie *edquota*(1) eine Quota für die */var/spool/*-Partition, die seine INBOXen enthält, und eine weitere Quota für die */export/home/*-Partition, die seine privaten Mailboxen enthält, zuzuweisen.

Die Quotas nach RFC 2087 sind etwas »netter« zu Absendern und Empfängern von Nachrichten, allerdings auf Kosten von Speicher- und Verarbeitungsressourcen, die zum lokalen Zwischenspeichern der abgewiesenen Mails und für die Versuche benötigt werden, Nachrichten erneut zuzustellen. Das Verhalten von UW geht sparsamer mit lokalen Ressourcen um, das aber auf Kosten von Absender und Empfänger.

Vielleicht geraten Sie einmal in das Dilemma, daß Sie nicht ohne die einzigartigen Eigenschaften des UW IMAP-Servers auskommen, aber auch unbedingt Quotas haben wollen, die Cyrus-ähnliche Soft-Bounces verursachen. In diesem Fall könnten Sie versuchen, zwei MTAs zu verbinden. Einer verwaltet die Mailboxen der Empfänger, und der andere nimmt zunächst alle eingehenden Nachrichten entgegen. Es ist möglich, den

2 Ein solches »weiches« Zurückweisen funktioniert nur mit einem RFC 2087-kompatiblen Mail Delivery Agent (MDA) wie dem *deliver*-Programm von Cyrus. Die Anzahl der Tage, die eine Nachricht in einer Queue aufbewahrt wird, hängt eigentlich vom Mail Transport Agent (MTA) ab.

MTA auf der Maschine, die die Nachrichten entgegennimmt, so zu konfigurieren, daß er abgewiesene Nachrichten des zweiten MTA zurücknimmt, zwischenspeichert und später erneut versucht auszuliefern. Solche Kunststückchen sollten Sie jedoch nur versuchen, wenn Sie reinen Herzens sind und einen eisernen Willen haben, und vorzugsweise nach ausreichend Kaffee-Konsum.

Keine Unterstützung für IMAP-ACLs

Als dieses Buch entstand, unterstützte UW noch keine IMAP-ACLs (RFC 2086). Das bedeutet, daß Benutzer die Zugriffsrechte ihrer Mailboxen nicht mit den eingebauten Möglichkeiten von IMAP-Clients verwalten können. Statt dessen müssen sie auf die Sicherheitsmechanismen des Betriebssystems zurückgreifen (z.B. die Zugriffsrechte für eine Datei mit *chmod* einstellen). Die Unterstützung für IMAP-ACLs durch den UW-Server befindet sich zur Zeit in der Entwicklung und wird in späteren Versionen enthalten sein.

Stark von Unix abhängig

In seiner Out-of-the-Box-Variante ist UW-*imapd* sehr stark von den Strukturen des Unix-Systems abhängig, auf dem er betrieben wird. Sie können z.B. keinen IMAP-Benutzer haben, für den es keinen Eintrag in */etc/passwd* gibt. Sie können keine Quotas zuweisen, die nicht bereits für das Unix-Dateisystem vorhanden sind. Und Sie können keine Mailbox-Hierarchien anlegen, für die noch keine entsprechenden Dateien und Verzeichnisse im zugrundeliegenden Dateisystem existieren.

Beachten Sie aber, daß alles, was wir über UW-*imapd* sagen, nur für die Out-of-the-Box-Variante von UW-*imapd* gilt, es sei denn, es wird explizit etwas anderes gesagt. Da der Server so flexibel ist, können Sie ihn mit ein wenig Zeit und Code an fast alle Anforderungen anpassen, die er noch nicht erfüllt.

Konzepte des UW IMAP

Der Black-Box- und der Clearbox-Modus

Wir erwähnen den Black-Box-[3] und den Clearbox-Modus nur, weil Sie sicher, nachdem Sie die UW IMAP-Entwicklungsumgebung entpackt haben, auf verschiedene Hinweise auf einen Black-Box-Modus in den mitgelieferten Dokumentationen stoßen werden. Sie werden sie vielleicht in Diskussionsforen oder, wenn Ihnen danach ist, auch im Quellcode des Servers selbst finden. Clearbox ist der Standardmodus, und wir empfehlen Ihnen sehr, UW IMAP in diesem Modus zu betreiben. Der Black-Box-Modus muß explizit aktiviert werden.

3 Mark Crispin erwähnte ihn 1997 kurz während einer Diskussion zum Thema »Der Namensraum eines IMAP-Servers« auf der UW IMAP-Mailingliste. Siehe *http://www.washington.edu/imap/listarch/msg02743.html*.

Hinweise auf Black-Box-IMAP-Server finden sich normalerweise in zwei Zusammenhängen. In einem Kontext bedeutet es, daß der Server nur die Aufgabe hat, den IMAP-Dienst anzubieten, und nicht über Shell-Zugänge, Web- oder andere Internetdienste verfügt. Im anderen Zusammenhang bedeutet Black-Box, daß der Server in einer speziellen Konfiguration und in einem speziellen Namensraum betrieben wird, der auf den internen Gebrauch an der University of Washington ausgerichtet ist. Aus der UW-Dokumentation kann leicht der Eindruck entstehen, daß der Black-Box-Modus eine absolut legale Konfiguration auch für Benutzer außerhalb der University of Washington darstellt. Das stimmt jedoch nicht! Der Black-Box-Modus des UW wurde speziell für einen einzigen Server an der University of Washington entworfen. Es handelt sich nicht um einen allgemeingültigen Mechanismus, und er ist auch nicht als solcher gedacht. Nicht einmal die öffentlichen IMAP-Server an der University of Washington verwenden den Black-Box-Modus, auch wenn sie Black-Boxen sind. Später werden wir das noch mit den Warnungen von Mark Crispin selbst untermauern.

Im allgemeinen Internet-Jargon kennzeichnet der Ausdruck »Black-Box« alle Server, die:

- keine interaktiven Logins ermöglichen (außer Administrations-Accounts)
- nur IMAP und eng damit zusammenhängende Dienste anbieten (z.B. SMTP)

Der Namensraum von UW IMAP

Nachdem wir Sie hoffentlich erfolgreich davon abgehalten haben, den UW-Server im Black-Box-Modus zu betreiben, wollen wir kurz auf den Namensraum des UW IMAP eingehen. Im Zusammenhang mit IMAP ist ein Namensraum eine Konvention, die die Lage einer Mailbox in bezug auf andere Mailboxen beschreibt. Einige bekannte Namensräume aus anderen Zusammenhängen sind beispielsweise der Usenet-Newsgruppen-Namensraum und der DNS-Domänennamensraum.

IMAP4 (RFC 2060) definiert keinen Namensraum. Es gibt ein Dokument zum IMAP-Namensraum (RFC 2342), das zwei alternative Namensraummodelle zeigt: das »Vollständige Hierarchie«-Modell (Complete Hierarchy) und das »Private Mailbox«-Modell (Personal Mailbox). UW IMAP verwendet das Personal-Mailbox-Modell als Namensraum, der die Lage der Mailboxen einzelner Benutzer in bezug auf ihre Home-Verzeichnisse beschreibt. Das Complete-Hierarchy-Modell wird benutzt, um gemeinsam genutzte, öffentliche und anonyme Mailboxen relativ zur Basis des öffentlichen Namensraums zu bezeichnen.

Wenn Sie den IMAP-Befehl NAMESPACE auf einem unveränderten UW IMAP-Server ausführen, sollten Sie folgende Ausgaben erhalten:

```
# telnet localhost imap
Trying 127.0.0.1...
Connected to localhost.
Escape character is '^]'.
* OK localhost IMAP4rev1 v12.250 server ready
. login kwm xxxxxxxx
. OK Completed
. namespace
```

```
* NAMESPACE (("" "/")("#mhinbox" NIL)("#mh/" "/")) (("~" "/"))
(("#shared/" "/") ("#ftp/" "/")("#news." ".")("#public/" "/"))
. OK Completed
. logout
* BYE myhost.unt.edu IMAP4rev1 server terminating connection
. OK Completed
Connection closed by foreign host.
```

Der NAMESPACE-Befehl gibt eine Liste mit Namensräumen zurück (z.B. `("#mh/" "/")`). Jeder Namensraum besteht aus seinem Namen und einem Hierarchie-Trennzeichen. Dieses Trennzeichen wird verwendet, um im Namen einer Mailbox verschiedene Ebenen einer Mailbox-Hierarchie zu unterscheiden. Betrachten Sie beispielsweise den »~«-Namensraum: Eine Mailbox in diesem Namensraum könnte einen Namen wie *~/mail/saved-messages* haben.

Im letzten Beispiel hätte der angemeldete Benutzer *kwm* mindestens acht Namensräume zur Auswahl. Die meisten verwenden als Hierarchie-Trennzeichen »/«, aber einer benutzt ».«. Innerhalb dieses Beispiels wäre *#shared/yippie/tie/yie/yea/* ein syntaktisch richtiger Mailbox-Name, während *#news/comp/dcom/telecom* ungültig wäre.

Weiter geht's mit den UW IMAP-eigenen Namensräumen:

INBOX
: Die INBOX erscheint als erstes `("" "/")` in der Ausgabe des Befehls NAMESPACE. Wie unter Punkt 5.1 der RFC 2060 ausgeführt wurde, handelt es sich um einen reservierten Namen, der anzeigt, daß dies die »primäre Mailbox des Benutzers auf diesem Server« ist. UW IMAP versucht, heuristisch das Format einer Mailbox zu ermitteln (Unix, mmdf, mbx usw.), um den entsprechenden Treiber einsetzen zu können.

#mhinbox
: Dieser spezielle Name teilt UW IMAP mit, daß die INBOX im MH-Format vorliegt. Da die INBOX nur eine Ebene einer Hierarchie einnimmt, gibt es auch kein Hierarchie-Trennzeichen, das deshalb auf NIL gesetzt ist. UW IMAP enthält nur deshalb eine MH-Implementierung, um auch Mailboxen in diesem eigentlich überholten Format zu unterstützen. Wenn Sie wirklich eine INBOX im MH-Format verwenden wollen, müssen Sie *#mhinbox* benutzen.

#news
: Dieser Name erlaubt das Lesen eines lokalen News-Spool-Verzeichnisses. Über *#news.alt.sysadmin.recovery* könnte beispielsweise auf den Inhalt der Newsgruppe *alt.sysadmin.recovery* zugegriffen werden, als wäre sie eine schreibgeschützte IMAP-Mailbox. Sie können den Standardtreiber auch durch einen ersetzen, der *#news* als Proxy-NNTP-Server zur Verfügung stellt.

#ftp
: Über *#ftp* können Dateien aus anonymen FTP-Verzeichnissen per IMAP heruntergeladen werden. Die Mailbox *#ftp/pub/messages* verweist in Wirklichkeit auf die Datei *~ftp/pub/messages*. Dies wird normalerweise dafür genutzt, um möglichen externen Benutzern eine oder mehrere Mailboxen zur Verfügung zu stellen.

#public
: Ein weiterer anonymer Login-Name. Im Unterschied zu *#ftp* wird hier ein IMAP-spezifisches Verzeichnis zur Verfügung gestellt. Es eignet sich für Daten, die Sie zwar per IMAP, nicht aber per FTP verbreiten wollen.

#shared
: *#shared* funktioniert wie *#public*, außer daß *anonymous*-IMAP-Benutzer zwar auf *#ftp* und *#public*, nicht aber auf *#shared* zugreifen können.

~/ (Tilde-Erweiterung)
: UW IMAP unterstützt die Verwendung der Tilde (~), um auf Dateien zuzugreifen, die sich im Home-Verzeichnis des angemeldeten Benutzers befinden. Gewöhnlich verwalten Benutzer eines Mehrbenutzer-Systems ihre Mailboxen irgendwo unterhalb ihres Home-Verzeichnisses. Verzeichnisse wie *~/mail/* oder *~/Mail/* eignen sich wahrscheinlich besser für Mailbox-Dateien als das eigentliche Home-Verzeichnis des Benutzers mit all seinen Dateien.

Externe Namen
: Wenn Sie die Konvention für externe Namen verwenden, können Sie UW IMAP in einen IMAP-, POP3- oder NNTP-Proxy umwandeln. Sie können eine Mailbox-Bezeichnung der Form *{news.myisp.net/nntp}comp.mail.imap* verwenden, um eine Usenet-Newsgruppe in Ihrem MUA auf die gleiche Weise zu verwalten wie jede andere Mailbox auch. Die gleiche Methode können Sie auch verwenden, um auf Ihre POP3-Mailbox oder eine weitere IMAP-Mailbox zuzugreifen.

C-Client-Treiber

Sie können den IMAP-Server der University of Washington als den *emacs* unter den IMAP-Servern ansehen. Die Leistungsfähigkeit des *emacs* liegt in der Tatsache begründet, daß er nur wenig oder gar nichts über die speziellen Eigenschaften bestimmter Terminal-Typen weiß und statt dessen auf die *curses*-API und die Termcap/Terminfo-Datenbank zugreift. Diese sind leicht zu bedienen und kennen die Einzelheiten einer großen Vielzahl von Terminals. Im Grunde genommen greift auch der UW IMAP nicht direkt auf Mailboxen zu. Statt dessen ruft er Funktionen der C-Client-API auf. C-Client ist eine API, die zahllose modulare Treiber verwendet, um auf Mailboxen zuzugreifen (siehe Abbildung 10-1).

Der modulare Aufbau ist eine der herausragenden Stärken des UW IMAP. Im Clearbox-Modus, den außer einer Handvoll Leuten jeder benutzen sollte, versucht der Server anhand einer einfachen Heuristik, das Format einer bestimmten Mailbox zu bestimmen und dieser dann einen entsprechenden Treiber zuzuordnen. Er vergleicht den Aufbau einer Mailbox der Reihe nach mit den Formaten mbox, mx, mbx, tenex, mtx, mmdf, Unix und zum Schluß mit dem einfachen, reinen Textformat. Einer der Treiber wird ausgewählt, wenn bestimmte Dateien im erwarteten Format vorliegen. Wenn z.B. die Auswahl des mbox-, mx- und mbx-Formats fehlschlägt, sucht der Server als nächstes nach der Datei *~/mail.txt*. Existiert diese und ist sie entweder leer oder liegt im tenex-Format vor, wählt der UW-Server den tenex-Treiber und fährt fort.

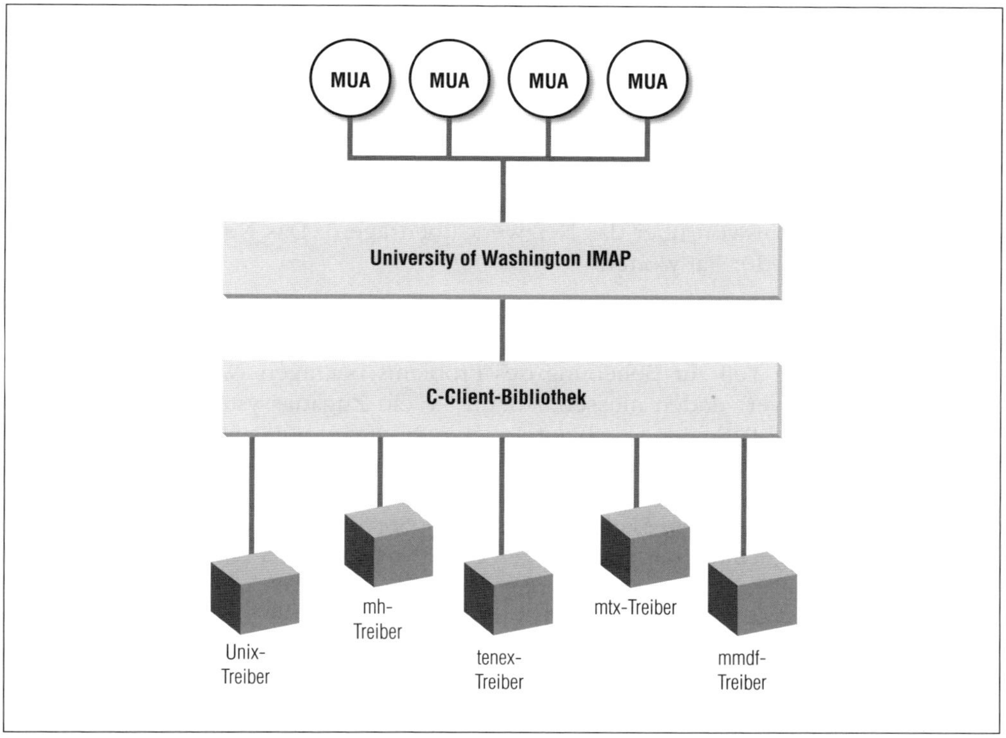

Abbildung 10-1: Die C-Client-API

Authentifizierung und Authentifizierungsmodule

Eine weitere Stärke des UW IMAP ist seine Fähigkeit, zusätzliche Authentifizierungsmodule einzubinden. Laut Vorgabe werden während der Übersetzung MD5 und die Unix-Standard-Authentifizierung eingebunden. Das Einbinden von Kerberos 4, OTP, S/Key oder anderen Authentifizierungsarten geschieht durch das Hinzufügen eines Authentifizierungsmoduls eines Drittherstellers.

Die Auswahl einer Authentifizierungsmethode hat direkte Auswirkungen auf zwei Eigenschaften Ihres Mail-Dienstes: Skalierbarkeit und Sicherheit. Sie beeinflußt die Skalierbarkeit, weil verschiedene Teile verschiedener Authentifizierungsmechanismen ab verschiedenen Größen nicht mehr funktionieren. Die */etc/passwd*-Datei läßt sich z.B. ab einer bestimmten Anzahl Benutzer nur noch ziemlich schwer handhaben. Wie viele Benutzer das genau sind, hängt vom Betriebssystem ab. Auf manchen Systemen können das weniger als 10.000 Benutzer sein. Die Datenstruktur, die im Betriebssystemkern die Anzahl möglicher Einträge in einem Verzeichnis festlegt, verfügt nur über eine bestimmte Anzahl Bits (normalerweise 32). Das begrenzt die Anzahl möglicher Benutzer, die Sie in einer »nicht-gehashten« Verzeichnishierarchie verwalten können. Beschränkungen wie diese beeinflussen die Auswahl des Authentifizierungsmechanismus. Verwenden Sie denjenigen, der sich in Ihrer Situation am besten skalieren läßt.

Viel offensichtlicher wirkt sich die Wahl eines Authentifizierungsmechanismus auf Ihre Sicherheit aus. Je nachdem für welche Methode Sie sich entscheiden, wäre es so, als ob Sie jedesmal, wenn Sie nach Hause kommen, eine Kopie Ihres Haustürschlüssels auf die Straße werfen. Wenn Sie die Unix-Authentifizierung verwenden, setzen Sie sich der größten Verwundbarkeit aus, die es für die meisten IMAP-Server gibt: Klartextpaßwörter. Mehr und mehr Menschen drängen ins Internet. Viele davon benutzen E-Mail-Clients, die alle fünf oder zehn Minuten prüfen, ob neue E-Mails eingetroffen sind (und dabei das Klartextpaßwort über das Netzwerk übertragen). Das Netz wird dadurch zu einer Art Goldgrube für Paßwörter.

Die IETF arbeitet an der Verbesserung dieser Situation, indem sie keine Protokolle mehr als Standard zuläßt, die auf Klartextauthentifizierung angewiesen sind. Bis dahin können auch Sie Ihren Teil zur Behebung des Problems beitragen. Wenn Sie unbedingt Klartextpaßwörter verwenden müssen, sollten Sie ein Zugangssystem entwickeln, das verhindert, daß Mail-Paßwörter auch auf anderen Systemen gültig sind. Oder Sie schaffen ein Virtuelles Privates Netzwerk (VPN), das Mechanismen wie das Point-to-Point Tunneling Protocol (PPTP), Secure Shell (SSH) oder Secure Socket Layer (SSL) einsetzt, um den Pfad zwischen Ihrem Mail-Client und dem Server zu verschlüsseln. Auch Webmail stellt eine Möglichkeit dar. Sie könnten einen webbasierten IMAP-Client (z.B. IMP oder WING[4]) installieren, einen HTTP-Server mit SSL einsetzen und den IMAP-Server und den Webserver auf der gleichen Maschine betreiben. Paßwörter würden dann auf dem Weg vom Webserver zum IMAP-Server lediglich über die Loopback-Schnittstelle dieser Maschine übertragen und nicht über das Netzwerk.

Das Hinzufügen von Mailbox-Treibern oder Authentifizierungsschemata erfolgt durch ihre Integration in die `EXTRAAUTHENTICATORS=`- oder `EXTRADRIVERS=`-Zeilen im Top-Level-Makefile. Für einige Treiber oder Schemata kann es nötig sein, daß Sie der IMAP-Distribution weitere Quelldateien hinzufügen oder vorhandene Quelldateien verändern müssen, bevor Sie IMAP erneut übersetzen.

Protokollierung (Logging)

Es gibt verschiedene Möglichkeiten, um nachzuvollziehen, was auf Ihrem UW-Server vor sich geht. Was Sie wahrscheinlich wollen, ist eine Protokollierung (Logging) aller Mitteilungen des Servers per *syslog*.

Hier finden Sie *syslog*-Einträge, die UW IMAP erzeugt hat. Üblicherweise erfolgt die Protokollierung auf dem *mail*-Kanal und mit der Dringlichkeitsstufe *debug*.

Der folgende Eintrag ist meist der erste, den Sie sehen werden. Er besagt, daß IMAP, nachdem er auf eingehende Verbindungen auf dem IMAP TCP-Port gewartet hat (LISTEN), eine Verbindung zu einer externen Maschine hergestellt hat, in diesem Fall mit der IP-Adresse 10.120.220.41:

```
Jun  9 14:55:14 nec imapd[14506]: imap service init from 10.120.220.41
```

4 Siehe Kapitel 5, *Webbasierte IMAP-Clients*, für Informationen über webbasierte E-Mail-Clients.

Die folgenden Einträge sind typische Spuren erfolgreicher bzw. fehlgeschlagener IMAP-Anmeldungen:

```
Jun  5 23:24:40 nec imapd[27712]: Login user=kwm host=raz.unt.edu [10.120.110.4]
Jun  9 11:33:49 nec imapd[11568]: Authenticated user=kwm host=raz.unt.edu
    [10.120.110.4]
Jun  7 22:32:36 nec imapd[5310]:  Login failure user=ANONYMOUS host=localhost
    [127.0.0.1]
Jun  5 23:19:07 nec imapd[27668]: Logout user=kwm host=grove.acad.unt.edu
    [10.120.220.41]
```

Wie immer fallen auch noch andere Einträge an:

```
Jun  9 14:39:53 nec imapd[14429]: Autologout user=??? host=raz.unt.edu
    [10.120.110.4]
Jun  5 23:17:26 nec imapd[27652]: command stream end of file,
    while reading char user=??? host=localhost [127.0.0.1]
Jun  9 16:09:39 nec imapd[19284]: AUTHENTICATE LOGIN failure
    host=grove.acad.unt.edu [10.120.220.41]
Jun  5 23:17:24 nec imapd[27652]: Missing command before authentication
    host=localhost [127.0.0.1]
Jun 10 00:48:44 nec imapd[29142]: Connection reset by peer, while reading
    line user=kwm host=grove.acad.unt.edu [10.120.220.41]
```

Auch die Installation des TCP Wrappers (*tcpd*) ist eine gute Idee. Der *tcpd*-Wrapper-Dämon bietet die Möglichkeit, verschiedene Variablen während des Verbindungsaufbaus zu ersetzen. Wenn Sie z.B. die folgende Anweisung in Ihre */etc/hosts.allow*-Datei aufnehmen

```
ALL: ALL: (logger -p auth.debug -t "tcp_wrapper[$$]" \
"client(%a), \
client info(%c), \
daemon(%d), \
client address (%h), \
client hostname (%n), \
daemon PID (%p), \
server info (%s), \
client username (%u).\
")&
```

erzeugt Ihre *syslog*-Datei Einträge in folgendem Format:

```
Jun 10 23:26:45 nec tcp_wrapper[1961]: client(10.120.220.41),
    client info(grove.acad.unt.edu), daemon(imapd),
    client address (grove.acad.unt.edu), client hostname (grove.acad.unt.edu),
    daemon PID (1960), server info (imapd@raz.unt.edu),
    client username (29009).
```

Natürlich gibt es auch die perfekte Art der Protokollierung mit einem *Protocol Analyzer*. Eine Alternative zu Open Source-Produkten wird mit jeder Kopie von Solaris ausgeliefert und heißt *snoop*. Der folgende Befehl ermöglicht es Ihnen, eine IMAP-Verbindung zwischen zwei Rechnern zu beobachten. Durch *–x 54* wird *snoop* veranlaßt, den Inhalt jedes Pakets im klassischen Hexadezimal-Format auszugeben, bei dem die Hex-Werte links und ihre ASCII-Entsprechungen auf der rechten Seite stehen. Die Ausgabe erfolgt nach dem 54. Byte. *port imap* bedeutet: »Zeige alle Pakete an, die an die Portnummer gerichtet sind, die in */etc/services* 'imap' zugewiesen ist.« Es wird angenommen, daß die primäre Netzwerkschnittstelle verwendet wird, wenn Sie *-d <Gerät>* nicht angeben.

```
# snoop -x 54 port imap

grove.acad.unt.edu -> raz.unt.edu  TCP D=143 S=49462
    Ack=3848578507 Seq=3307990424 Len=17 Win=8760
           0: 3030 3030 3030 3133 204c 4f47 4f55 540d    00000013 LOGOUT.
          16: 0a                                         .

 raz.unt.edu -> grove.acad.unt.edu TCP D=49462 S=143
    Ack=3307990441 Seq=3848578507 Len=0 Win=8760

 raz.unt.edu -> grove.acad.unt.edu TCP D=49462 S=143
    Ack=3307990441 Seq=3848578507 Len=89 Win=8760

           0: 2a20 4259 4520 6e65 632e 756e 742e 6564    * BYE raz.unt.ed
          16: 7520 494d 4150 3472 6576 3120 7365 7276    u IMAP4rev1 serv
          32: 6572 2074 6572 6d69 6e61 7469 6e67 2063    er terminating c
          48: 6f6e 6e65 6374 696f 6e0d 0a30 3030 3030    onnection..00000
          64: 3031 3320 4f4b 204c 4f47 4f55 5420 636f    013 OK Co
          80: 6d70 6c65 7465 640d 0a                   mpleted..
```

Aus eigener Erfahrung können wir Ihnen sagen, daß kommerzielle Protokollanalysatoren ziemlich teure Spielzeuge sind. Sie sollten die Fähigkeiten von Programmen wie *snoop*, *tcpdump*, *ethereal* und anderer Open Source Software oder leicht erhältlicher Pakete gänzlich ausschöpfen, bevor Sie sich dafür entscheiden, daß das bißchen zusätzliche Funktionalität die Kosten rechtfertigt.

Genügt UW IMAP Ihren Ansprüchen?

Viele Sites entscheiden sich für UW wegen seiner Einfachheit. Für viele Systemadministratoren ist es sehr attraktiv, durch das Einfügen einer einzigen Zeile in *imapd.conf* einen vollwertigen IMAP-Server installieren zu können, ohne viel oder überhaupt Zeit mit der Konfiguration verbringen zu müssen.

Wenn große Teile Ihrer Unix-Benutzer direkt oder mit normalen Mail-Clients auf ihre traditionellen Unix-Mailboxen zugreifen, gestattet es Ihnen UW, Ihre Benutzer nach und nach auf IMAP umzustellen. UW ermöglicht es Ihnen, IMAP parallel als Zugriffsmethode anzubieten, ohne daß dadurch etwas anderes wegfällt. Wie wir in einem der späteren Kapitel sehen werden, bietet der Cyrus IMAP-Server nur eine »Alles oder nichts«-Lösung. Es ist nur per IMAP möglich, auf Cyrus-Mailboxen zuzugreifen, weil alle Mailboxen dem Cyrus-System gehören und deshalb normale Benutzer nicht direkt auf diese Mailboxen zugreifen können.

Falls Sie Mail-Speicher in mehr als einem Format bedienen oder den Zugriff auf Mailboxen über Shell-Accounts ermöglichen müssen, dann ist wahrscheinlich UW der IMAP-Server Ihrer Wahl. Auch wenn Sie nur eine begrenzte Anzahl von Benutzern versorgen müssen (sagen wir, weniger als 15.000) und auf ACL und IMAP-Quota verzichten oder diese in irgendeiner anderen Form nachbilden können, wird UW IMAP für Ihre Site sicher ausreichen.

Wenn Sie etwas benötigen, das große Benutzerzahlen leichter verkraftet, ist Cyrus die beste Wahl. Der Cyrus-Server ist für solche Aufgaben besser geeignet, weil er ACL und IMAP-Quotas unterstützt. Falls es nicht nötig ist, daß Benutzer sowohl per Shell-Account als auch per IMAP auf ein und dieselbe Mailbox zugreifen können, werden Sie mit dem Cyrus-Server wahrscheinlich besser bedient sein.

Die typische Wachstumsentwicklung einer Mail-Infrastruktur sieht folgendermaßen aus:

- Das erste E-Mail-System ist meist etwas sehr Proprietäres, das entweder nur lose auf Internetstandards beruht oder diese komplett ignoriert, wie GroupWise, Notes oder Exchange.
- Der Siegeszug für offene Standards sorgt dafür, daß die proprietären Systeme durch Internet-Mail-Systeme abgelöst werden, die häufig aus dem Open Source-Lager stammen. Bis vor kurzem war das häufig ein POP3-Server. Heute ist das allerdings seltener der Fall.
- Der POP3-Server beginnt, den Benutzern auf die Nerven zu gehen, weil sie immer nach dem PC suchen müssen, auf den sie eine bestimmte Mail heruntergeladen haben. Sie werden Sie bitten, IMAP anzubieten, wenn sie nach ihren Mails suchen, die sie auf einer Maschine mit Netscape, auf einer zweiten mit Pegasus Mail und während ihres Urlaubs mit Yahoo! Mail gelesen haben.
- Die Firma hat innerhalb von 5 Jahren ebensooft den Besitzer gewechselt. Dazu kamen noch einige Fusionen. UW IMAP unterstützt das zusammengeschusterte Mail-System nicht so gut, wie Sie sich das vorgestellt haben. Deshalb entwerfen Sie ein völlig neues System und verwenden Cyrus IMAP, so daß das System auch die nächsten Fusionen übersteht.

Bestimmt hat jeder schon einmal einen Spruch wie: »Die einzige Regel ist, daß es keine Regeln gibt.« gehört. Das trifft auch auf die Auswahl des richtigen IMAP-Servers zu. Wir wollen mit dieser Aussage nicht nur auf Nummer Sicher gehen. UW IMAP und Cyrus sind beides leistungsstarke Pakete, die viele Gemeinsamkeiten, aber auch einige auffällige kulturelle Unterschiede aufweisen. Sowohl große als auch kleine Sites setzen beide ein, aber zu sagen, welcher besser ist, ist wie die Entscheidung, ob der Mac oder der PC überlegen ist.

Um Ihnen die Entscheidung zwischen UW und Cyrus zu erleichtern, haben wir in Tabelle 10-1 einen Vergleich der Eigenschaften zusammengetragen, die der IMAP-Befehl CAPABILITY für Cyrus v1.5.14 und UW IMAP v4.7 erzeugt hat.

Tabelle 10-1: Vergleich zwischen einigen Cyrus- und UW-Eigenschaften

Eigenschaft	Cyrus IMAP v1.5.19	UW IMAP v4.7
Unterstütztes Protokoll	IMAP4rev1	IMAP4rev1
IMAP4-ACL-Erweiterung (RFC 2086)	✓	nicht unterstützt
IMAP4-QUOTA-Erweiterung (RFC 2087)	✓	nicht unterstützt
IMAP4-IDLE-Befehl (RFC 2177)	nicht unterstützt	✓
IMAP4-Mailbox-Weiterleitung (RFC 2193)	nicht unterstützt	✓
IMAP4-Login-Weiterleitung (RFC 2221)	nicht unterstützt	✓
IMAP4-Namensraum (RFC 2342)	✓	✓
IMAP SORT-Erweiterung (Vorschlag)	nicht unterstützt	✓
IMAP THREAD-Erweiterung (Vorschlag)	nicht unterstützt	✓

Hier noch einige genauere Beschreibungen der Eigenschaften aus Tabelle 10-1:

RFC 2086 (ACL-Erweiterung)

RFC 2086 stellt ein System zur Verfügung, mit dem Benutzern und Mailboxen Zugriffsrechte zugeordnet werden können, die vollkommen unabhängig von den Zugriffsberechtigungen des zugrundeliegenden Betriebssystems funktionieren. Die Zugriffsrechte wie Suchen, Lesen, Bewahren der Seen/Unseen-Informationen auch über das Sitzungsende hinaus, Schreiben, Einfügen, Senden, Anlegen, Löschen und Administration werden Benutzer/Mailbox-Paaren zugeordnet.

RFC 2087 (Quota)

RFC 2087, auch als Quota-Erweiterung bekannt, erlaubt es Servern, die für Benutzer verfügbaren Ressourcen zu begrenzen. Theoretisch ließen sich Begrenzungen für alle Ressourcen festlegen, die von IMAP-Operationen benötigt werden. In der Praxis beziehen sich Quotas normalerweise nur auf den verfügbaren Speicherplatz. Quotas gelten nicht unbedingt im gesamten System, sondern werden einer oder mehreren »Quota-Roots« zugewiesen. Diese Quota-Roots sind bestimmte Punkte innerhalb des Namensraums eines Benutzers, unterhalb derer die festgelegten Quotas vererbt werden, bis neue Quota-Roots mit anderen Quota-Einstellungen gefunden werden.

RFC 2177 (Idle)

RFC 2177 stellt einen Weg dar, dem IMAP-Server mitzuteilen, daß er asynchrone »EXISTS«-Nachrichten erzeugen kann, ohne dafür jedesmal abgefragt werden zu müssen (z.B. mit einem NOOP-Befehl). Ein Client kann in den Idle-Modus schalten und diesen nach einer bestimmten Zeit wieder beenden, indem er den DONE-Befehl sendet. Nach dem Verlassen des Idle-Modus empfängt der Client alle EXISTS-Nachrichten, die möglicherweise während der Idle-Zeit in einer Queue gesammelt wurden. Diese Nachrichten entstehen, wenn sich die Größe einer ausgewählten (SELECT) oder überprüften (EXAMINE) Mailbox ändert.

RFC 2221 (Login-Weiterleitung)
: RFC 2221 gibt einem IMAP-Server die Möglichkeit, einen Benutzer zu authentifizieren und ihn dann zu einer anderen Mailbox umzuleiten, in der Art: »Ja, Sie sind berechtigt, aber Sie bekommen Ihre Post jetzt dort hinten.« Die Fähigkeit, Logins weiterzuleiten, ist für Sites sinnvoll, die ihre Benutzer über mehrere Server verteilen und einen »Pförtner«-Server benutzen, der als Multiplexer fungiert.

RFC 2193 (Mailbox-Weiterleitung)
: Mailbox-Weiterleitung, wie in RFC 2193 spezifiziert, ermöglicht so etwas wie symbolische Verweise für einzelne Mailboxen. Anders gesagt, funktioniert es für Mailboxen wie RFC 2221 für komplette Sitzungen. Durch diese Fähigkeit könnten Ihre Benutzer feststellen, daß bestimmte Ordner, z.B. gemeinsam nutzbare Ordner oder private Ordner, die eine gewisse Größe überschreiten, nach *BigMailServer@example.com* verschoben wurden; Zugriffe auf diese Ordner würden automatisch entsprechend umgeleitet werden.

RFC 2342 (Namensräume)
: Die Namensraum-Fähigkeit (RFC 2342) kann von Clients verwendet werden, um symbolische Beschreibungen der verschiedenen Namensräume eines bestimmten Servers abzufragen. Server, die diesen Befehl implementieren, erfordern weniger Konfigurationsaufwand auf der Client-Seite, um die Benutzer einzurichten.

Vorschlag: IMAP SORT-Erweiterung
: Die IMAP SORT-Erweiterung ist ein Standard, um Nachrichten auf dem Server statt auf dem Client zu sortieren.

Vorschlag: IMAP THREAD-Erweiterung
: Die IMAP THREAD-Erweiterung sorgt dafür, daß der Server statt des Client die Thread-Ansicht generiert.

Wenn Sie sich zwischen Cyrus und UW entscheiden müssen, sollten Sie beachten, daß Cyrus Ihnen nur ein Format für den Mail-Speicher zur Verfügung stellt, während UW Ihnen die Wahl zwischen vielen Formaten läßt. Wie Sie aus der Datei *docs/drivers.txt* erfahren werden, verfügen die einzelnen Mailbox-Treiber des UW-Servers über sehr unterschiedliche Performance-Fähigkeiten. Diese reichen von sehr gut bis sehr schlecht. Es wäre unfair, bei einem Test der beiden IMAP-Server den UW-Server mit einem seiner langsameren Mailbox-Treiber antreten zu lassen.

Leider werden Sie feststellen, wenn Sie Cyrus und UW vergleichen und dabei den mh-Treiber einsetzen wollen, daß gerade dieser Treiber zu denjenigen mit einer schlechten Performance zählt. Ein besseres Ergebnis erhalten Sie, wenn Sie entweder den mtx- oder den mbx-Treiber verwenden, die beide gleichzeitige Lese- und Schreibzugriffe erlauben und zu den Treibern gehören, die eine sehr gute Performance erzielen. An der University of Washington wird das mbx-Format favorisiert.

Letzte Meldung

Als das Original dieses Buchs in Druck ging, hatte die University of Washington gerade damit begonnen, die nächste große Version ihres Servers freizugeben, UW IMAP 2000. Hier eine Aufzählung der Hauptunterschiede zwischen UW IMAP 2000 und den vorangegangenen 4.x-Ausgaben:

- ***Integrierte SSL-, TLS- und STARTTLS-Funktionalität.*** Die SSL- und TLS/STARTTLS-Funktionalität wird durch das OpenSSL-Paket, verfügbar unter *http://www.openssl.org/*, in den UW IMAP 2000 eingebunden. TLS ist die nächste Generation von SSL. Das Open-SSL-Paket ist weder von der University of Washington erhältlich, noch wird es durch sie unterstützt. Der UW IMAP-Server kann jedoch mit diesem Paket zusammenarbeiten, um eine Ende-zu-Ende-Verschlüsselung für den IMAP-Dienst zu ermöglichen. Diese Verschlüsselung steht für die Authentifizierung und für die Daten zur Verfügung. Das neue Dokument *docs/SSLBUILD* beschäftigt sich mit den Mechanismen, die gebraucht werden, um den UW-Server auf diese Aufgabe vorzubereiten.

  Es hat zwei Vorteile, SSL/TLS auf diese Weise statt über *stunnel* zur Verfügung zu stellen. Erstens werden weniger Prozesse benötigt, da nicht für jeden *imapd*-Prozeß ein entsprechender *stunnel*-Prozeß vorhanden sein muß, sondern sowohl die SSL/TLS- als auch die IMAP-Funktionen innerhalb des *imapd*-Prozesses ablaufen. Der zweite Vorteil ist, daß ein OpenSSL-fähiger *imapd* nicht nur SSL beherrscht, sondern auch TLS-Funktionalität enthält und damit STARTTLS unterstützt. Dadurch wird es möglich, eine Sitzung unverschlüsselt zu beginnen und sie dann sauber in den verschlüsselten Modus zu überführen.

- ***Verbesserte C++-Kompatibilität.*** C++-Entwickler, die ihre eigenen C-Client-Applikationen und -Server mit dem C-Client-Framework entwickelt haben, hatten schon immer gewisse Schwierigkeiten damit, C-Client genausogut mit einem C++-Compiler zu übersetzen, wie das mit einem C-Compiler möglich ist. Die neue Header-Datei *c-client.h* soll diese Probleme reduzieren bzw. komplett beheben.

- ***Kerberos Version 5.*** UW IMAP 2000 unterstützt Kerberos v5 sowohl unter Unix als auch unter Win32. Wenn Sie die Software für Windows 2000 oder Windows ME übersetzen, ist Kerberos v5 automatisch aktiviert. Kerberos v4 wird im UW IMAP 2000 nicht direkt unterstützt.

Fortsetzung

- ***Der IMAP-Administrator.*** Ab UW IMAP 2000 verfügt UW IMAP über einen IMAP-Administrator. Wenn Sie diese Eigenschaft nutzen, kann sich ein Systemadministrator mit seiner Benutzerkennung und seinem Paßwort anmelden, danach eine andere Benutzerkennung angeben und wird damit als dieser Benutzer am System angemeldet, obwohl er nur sein eigenes Paßwort eingegeben hat. Wenn Ihre Site die »SASL-Autorisierungsidentität« unterstützt, können Sie das beschriebene Verfahren benutzen, um eine *su*-Funktionalität in IMAP zu emulieren. Damit können Sie die Mailbox eines anderen Benutzers in Ordnung bringen, ohne sein Paßwort kennen zu müssen.

  Nur Benutzer, die Mitglied in der Unix-Gruppe *mailadm* sind, können diese Eigenschaft nutzen. Unterstützt Ihre Site keine SASL-Autorisierungsidentitäten, können Sie die Autorisierungsidentität durch einen Asterisk von Ihrer Authentifizierungsidentität trennen. Die Authentifizierungsidentität ist die Identität des Benutzers, dessen Mailbox Sie untersuchen wollen. Die Autorisierungsidentität ist Ihre eigene Benutzeridentität. Um sich auszuweisen, verwenden Sie das Paßwort, das Sie auch sonst benutzen, um Zugang zum Server zu erlangen. Wenn Sie z.B. der Benutzer *helpdesk* sind und versuchen, die Mailbox des Benutzers *enduser* zu reparieren, würden Sie sich als Benutzer *enduser*helpdesk* anmelden. Der »*«-Hack funktioniert für alle UW IMAP-Authentifizierungsmodule, wie z.B. MD5 und Kerberos.

- ***Unterstützung der MULTIAPPEND-Erweiterung.*** Diese Erweiterung lag zum Zeitpunkt des Entstehens dieses Buches nur als Entwurf vor. Sie soll es ermöglichen, einer Mailbox eine beliebige Anzahl Nachrichten in einer einzigen atomaren Aktion hinzuzufügen. Entweder gelingt dies, oder es schlägt komplett fehl, und der Mailbox wird keine Nachricht hinzugefügt. Den Entwurf finden Sie unter *http://search.ietf.org/internet-drafts/draft-crispin-imap-multiappend-01.txt.*

Eine vollständige Aufführung aller Änderungen finden Sie in der Datei *docs/RELNOTES* des imap-2000-Quellcode-Archivs.

11

Installation von UW IMAP

Die UW IMAP-Installation ist einfacher als die Installation eines durchschnittlichen MS-Windows-Programms. Wenn Sie sich einigermaßen geschickt anstellen, können Sie die aktuelle Version des UW-Pakets nicht nur recht einfach herunterladen, sondern das Paket auch so oft aktualisieren, wie Sie wollen.

Das Motto von UW heißt Kompatibilität. UW IMAP funktioniert ohne Anpassung auf einer breiten Palette von Hardware und kann auf einer ebenso großen Vielfalt von Mail-Speichern aufgesetzt werden. Es ist wahrscheinlich, daß Sie das Paket einfach übersetzen, die entsprechenden Zeilen in die Dateien */etc/services* und */etc/inetd.conf* eintragen, den *inetd* neu starten und bereits loslegen können. An einem guten Tag können Sie es schaffen, auf einem System ganz ohne IMAP innerhalb von 15 bis 20 Minuten einen kompletten UW IMAP-Server zu installieren.

Woher bekommen Sie UW IMAP?

Die Arbeitsschritte, die wir in diesem Abschnitt beschreiben, umfassen das Herunterladen, das Übersetzen und die Installation der aktuellen Quellen von UW IMAP. Bevor wir damit beginnen, wollen wir Sie darauf hinweisen, daß es *natürlich* auch möglich ist, die bereits übersetzten Bestandteile des UW-Servers zu beziehen. Wir empfehlen dieses Vorgehen jedoch nicht. Unserer Erfahrung nach funktioniert fast alles besser, wenn Sie die Programme auf dem System übersetzen, auf dem Sie sie auch verwenden wollen, oder zumindest auf einem sehr ähnlichen System.

Wenn Sie aber darauf bestehen, finden Sie die fertigen Programme unter *ftp://ftp.cac.washington.edu/pine/unix-bin/* als *imapd-bin.<Typ_Ihrer_Maschine>* (wobei <Typ_Ihrer_Maschine> wahrscheinlich einer der folgenden sein wird: *aix, du, hpux, linux, next, sgi, solaris, sun* oder *ultrix*).

Weitere Informationen darüber, welche Arten vorkompilierter Programmversionen verfügbar sind, stehen unter *ftp://ftp.cac.washington.edu/pine/README*.

Linux-Enthusiasten finden natürlich eine entsprechende RPM-Datei[1] unter *http://rufus.w3.org/linux/RPM/Server_Mail.html*, können diese über eine schnelle Internetverbindung herunterladen und sie in etwa einer Minute auf ihrer Maschine installieren. Wenn Sie sich erstmal mit UW IMAP vertraut gemacht haben, empfinden Sie es sicher als lohnenswert, das Programmpaket aus seinen Quellen neu zu übersetzen.

Wenn Sie das Programm aus den Quellen erzeugen wollen, benötigen Sie zuerst die UW IMAP-Quelldistribution. Die aktuelle Version finden Sie unter der URL *ftp://ftp.cac.washington.edu/imap/imap.tar.Z*. Falls dieser Link veraltet sein sollte, suchen Sie als nächstes auf den Seiten des UW IMAP-Informationszentrums unter *http://www.washington.edu/imap/* oder den Seiten der IMAP Connection unter *http://www. imap.org/* nach Informationen über die richtige Adresse.[2]

Laden Sie die aktuelle Version der IMAP-Quelldistribution über Anonymous-FTP herunter. Speichern Sie die *tar*-Datei der Distribution in dem Verzeichnis, in dem Sie die Software übersetzen wollen, dekomprimieren Sie sie, und entpacken Sie die *tar*-Datei:

```
% zcat imap.tar.Z|tar xvf -
```

Wenn Sie den Lynx-Browser installiert haben, können Sie sich einige Schritte sparen, indem Sie die IMAP-Distribution mit dem Befehl *lynx -dump* herunterladen:[3]

```
% lynx -dump ftp://ftp.cac.washington.edu/imap/imap.tar.Z | uncompress | tar xvf -
```

In dem Verzeichnis, in dem Sie die Software entpackt haben, sollten Sie ein Hauptverzeichnis mit dem Namen des aktuellen IMAP-Pakets sehen:

```
% ls -ld imap-*
drwxr-xr-x    9 104       wheel        4096 May 23 08:35 imap-4.7c
```

In diesem Verzeichnis finden Sie eine README-Datei, ein Dokumentationsverzeichnis, Make-Dateien für Windows NT, Windows NT mit Kerberos, Windows CE und Unix, ein Verzeichnis mit Quellcode und ein Tools-Verzeichnis, in dem die Werkzeuge gespeichert werden, die während des Übersetzungsvorgangs erzeugt werden:

```
% cd imap-4.7c
% ls -FaCs
```

1 RPM steht für Red Hat Package Manager. Wie das *depot*-System der Carnegie Mellon University ist es eine verbreitete Methode, mit der man Software und andere Dateien aus einem externen Archiv übertragen und lokal installieren kann. Obwohl RPM versucht, eine größere Verbreitung zu erlangen, und seine Architektur offen und flexibel ist, wird es auch heute noch hauptsächlich nur unter Linux verwendet.

2 Es ist jedoch möglich, daß dieser Link auf eine Beta-Version zeigt, die für einen Produktionsbetrieb eventuell nicht geeignet ist. Wenn dies der Fall sein sollte, können Sie die letzte stabile Version im Unterverzeichnis *old/* finden.

3 Eine ausführliche Werbung für das ziemlich coole Allround-Werkzeug Lynx geht über den Rahmen dieses Kapitels hinaus. Lynx bekommen Sie unter *http://lynx.browser.org/*. *lynx -dump* ist eine Art */usr/bin/cat* für das Web. Es ist ein elegantes Verfahren, um in Skripten oder am Prompt Daten von Web- oder FTP-Servern herunterzuladen.

```
total 64           4 CONTENTS      2 docs/          4 makefile.wce
   2 ./           28 Makefile      6 makefile.nt    2 src/
   2 ../           6 README        6 makefile.ntk   2 tools/
```

Auf dem laufenden bleiben

Sicher wollen Sie jederzeit wissen, welches Release des UW IMAP aktuell ist und welche Fähigkeiten es hat. Bevor wir fortfahren, werden wir Ihnen das Numerierungssystem für IMAP-Releases und -Versionsnummern erklären. Release-Nummern haben die Form MAJOR [.MINOR] [.STATUS]. MAJOR ist die Hauptversionsnummer, MINOR die Unterversionsnummer, und STATUS gibt optional den Status von Vorabversionen an. STATUS ist normalerweise entweder leer (für endgültige Versionen), beta oder alpha. Versionsnummern haben eine ähnliche Form: MAJOR [.EDIT]. MAJOR ist die Hauptversionsnummer, und EDIT ist eine Nummer, die jedesmal erhöht wird, wenn die Quelldatei *imapd.c* bearbeitet wird. Wenn sich die Release-Nummer ändert, heißt das, daß das UW IMAP-Toolkit an irgendeiner Stelle verändert wurde. Ändert sich die Versionsnummer, wurde die Datei *imapd.c* geändert.

Wenn Sie auf einen Softwarefehler stoßen, werden Sie bestimmt in der letzten Version nachsehen wollen, ob sich bereits jemand mit diesem Fehler beschäftigt hat. Ist der Softwarefehler nicht beseitigt worden, hängt es von den Fähigkeiten einer bestimmten Revision ab, ob Sie auf eine neuere Version von UW IMAP umsteigen oder nicht. Eine gute Methode zum Vergleichen verschiedener Revisionen besteht darin, die *docs/RELNOTES*-Dateien der Distributionen gegenüberzustellen. Wurde eine Veränderung nicht in diese Datei aufgenommen, schauen Sie in die Archive der C-Client-Mailingliste. Wir gehen später näher darauf ein.

Es gibt zwei Methoden, um die Versionsnummer einer bestimmten Distribution des UW IMAP-Servers herauszufinden. Eine ist, den Server zu installieren, eine *telnet*-Verbindung zu dem Port herzustellen, den der Server benutzt, und darauf zu warten, was der Prompt sagt.

Hier ein Beispiel, in dem die Version 12.250 auf dem lokalen Rechner verwendet wird

```
% telnet localhost imap
Trying 127.0.0.1...
Connected to localhost.
Escape character is '^]'.
* OK localhost IMAP4rev1 v12.250 server ready
. logout
* BYE nec.unt.edu IMAP4rev1 server terminating connection
. OK Completed
Connection closed by foreign host.
```

und Version 10.231 auf einem externen UW-Server:

```
% telnet ftp.cac.washington.edu imap
Trying 140.142.4.227...
Connected to ftp.cac.washington.edu.
Escape character is '^]'.
* OK ftp2.cac.washington.edu IMAP4rev1 v10.231 server ready
```

```
. logout
* BYE ftp2.cac.washington.edu IMAP4rev1 server terminating connection
. OK Completed
Connection closed by foreign host.
```

Eine weniger aufwendige Methode besteht darin, in der Datei *src/imapd/imapd.c* Ihrer Distribution nach einer Zeile zu suchen, die die Zeichenkette »*version« enthält. Die Zeile

```
char *version = "12.250";        /* version number of this server */
```

stammt von der Version 12.250.

Wichtige neue Versionen werden immer auf der IMAP-Interessenliste angekündigt. Wir werden Ihnen später noch verschiedene Möglichkeiten zeigen, wie Sie an dieser Mailingliste teilnehmen können. Beschäftigen wir uns jedoch zuerst mit dem Übersetzen der Software.

Welche Systeme werden unterstützt?

UW IMAP unterstützt viele Plattformen. Mit wenigen oder gar keinen Veränderungen können Sie die UW-Software auf folgenden Systemen übersetzen:

A/UX
AIX (allgemein; 3.2; 4.1; AIX/370; 2.2.1 für RT)
Altos SVR4 (allgemein; mit GCC)
AmigaDOS (mit einem 68020+; mit AS225R2; mit einem 680x0 und der »neuen« Socket-Bibliothek)
AOS für RT
Atari ST Mint
BSD (allgemein; BSD/i386 3.0 und höher; FreeBSD; OpenBSD; NetBSD)
Bull DPX/2 B.O.S.
Convex
Data General DG/UX (bis 5.4)
Dynix, EP/IX
HP-UX (9.x mit und ohne GCC; 10.x mit und ohne GCC; 10.x mit DCE-Sicherheit)
ICL DRS/NX
Interactive Systems OS
Linux (mit Pluggable Authentication Modules (PAM) und mit herkömmlichen Paßwörtern und `crypt()` aus der C-Bibliothek)
LynxOS
MachTen, NEXTSTEP (3.x;)
OSF/1(Digital Unix) (Version 4)
PTX, Pyramid, SCO Open Server (5.0.x GCC 2.7.1[4])

4 Crispin bemerkt dazu im Makefile: »(Version 95q4 von Skunkware _nicht_ 98q2!)«. Er weiß zwar nicht genau, was das bedeuten soll, denkt aber, daß es für Sites mit SCO Open Servern vielleicht von Interesse ist.

Solaris mit GCC
Sun OS mit GCC
RISC Ultrix (DEC-5000) mit GCC

Welche Hardware?

Sie haben es erraten! Alles wird unterstützt, angefangen von Mainframes unter AIX/370; PCs mit verschiedenen Arten von BSD, Linux, SolarisX86, NextStep oder SCO Open Server; Macintoshs mit A/UX und natürlich eine große Anzahl »richtiger« Unix-Maschinen unter Solaris, AIX, HP/UX, Sun OS und vielen anderen. Es gibt sogar Bestrebungen, die Portierung nach Windows CE abzuschließen, für den Fall, daß Sie Ihren IMAP-Server immer dabei haben wollen.[5]

Was brauchen Sie sonst noch?

Sie benötigen einen Compiler.[6] Das ist alles. Natürlich ist es eher ungewöhnlich, einen IMAP-Server ohne einen Mail-Speicher zu betreiben, den er bedient. Im Grunde genommen steht dieser Vorgehensweise jedoch nichts entgegen. Eine mögliche Konfiguration wäre tatsächlich der Betrieb des UW IMAP-Servers als eine Art Multiplexer für andere IMAP- und NNTP-Server. Obwohl der UW-Server in seiner normalen Variante diese Betriebsart nicht direkt unterstützt, könnten die Ausgaben des Befehls CAPABILITIES Sie zu der Annahme verleiten, daß in den Quellen extra Platz für den Code derer gelassen wurde, die diese Funktion implementieren wollen. Wir werden später im Abschnitt über die Konfiguration auf dieses Thema zurückkommen.

Welche Bestandteile hat UW IMAP?

Nachdem Sie den UW IMAP-Server übersetzt haben, finden Sie die folgenden Programme in Ihren Quellverzeichnissen:

mtest
: Das C-Client-Testprogramm. Es handelt sich um ein ziemlich einfaches Programm, mit dem Sie von der Kommandozeile aus IMAP-Server testen können. Auf seine genaue Verwendung gehen wir im Kapitel über die Administration eines UW-Systems ein. *mtest* ist für Entwickler sehr nützlich, die mit der C-Client-Bibliothek neue Mailbox-Treiber entwickeln und diese testen wollen, für Systemadministratoren, die Probleme zwischen IMAP-Clients und -Servern beheben wollen und dafür

5 WinCE soll möglicherweise auch auf Desktop-Maschinen eingesetzt werden, aber es hat natürlich was, wenn Sie sagen können: »Ich hab' 'nen IMAP-Anschluß dabei, weil ich dachte, das wär' cool.«

6 Falls Sie sowieso gerade den Compiler wechseln wollten, sollten Sie zuerst einen Blick auf GCC werfen. Er kann C-, C++-, Objective C-, Ada 95-, Fortran 77- und Pascal-Programme übersetzen und funktioniert auf vielen unterschiedlichen Plattformen, darunter den meisten Unix- und Unix-ähnlichen Systemen, Windows NT/95 und VMS. Weitere Informationen finden Sie unter *http://gcc.gnu.org/*.

einen Protocol Analyzer benötigen, der das IMAP-Protokoll versteht, und für alle, die mehr darüber erfahren wollen, was »auf dem Draht« zwischen einem IMAP-Client und einem IMAP-Server vor sich geht.

ipop2d und ipop3d
: Server für die Versionen 2 und 3 des Post Office Protocol, mit denen Sie auch POP-Zugriffe auf Ihren IMAP-Server ermöglichen können. Erfolgt der Zugriff auf eine bestimmte INBOX zuerst über POP und dann über IMAP, bekommt IMAP nur Leserechte. Wird zuerst über IMAP zugegriffen und dann über POP, wird die POP-Verbindung mit einem Zugriffsfehler abgelehnt.

imapd
: Der IMAP4rev1-Dämon. Wahrscheinlich der Grund dafür, warum Sie sich mit all diesen Dingen herumschlagen. Ein vollkommen akzeptables Vorgehen für viele Leute, die nur Standardkomponenten in ihren Unix-Systemen verwenden, besteht darin, die Software zu übersetzen, einen entsprechenden Verweis in die Datei */etc/inetd.conf* aufzunehmen und damit einen IMAP-Server aufgesetzt zu haben.

Die C-Client-Bibliothek (c-client.a)
: Das Herzstück des IMAP-Pakets. Alle anderen Softwarekomponenten des Pakets benötigen diese Bibliothek, und ihre API ist für die Flexibilität und Erweiterbarkeit von UW IMAP in bezug auf Mailboxen verantwortlich.

Wichtige Dokumente

Die README im Hauptverzeichnis beschreibt die Installation auf einem Unix-System in fünf Schritten. Wenn Sie schon einmal *inetd*-Dienste installiert und Open Source Software übersetzt haben, können Sie diesen Schnelleinstieg benutzen. Sie können auch die weniger knappe Dokumentation *docs/BUILD* verwenden, um alles in etwa fünf Minuten einzurichten. Bei der Version imap-2000 sind außerdem die SSL-spezifischen Informationen in der Datei *docs/BUILDSSL* zu finden.

Wenn Sie vom vorgegebenen minimalistischen Pfad abweichen, werden Sie feststellen, daß einige Funktionen nicht so gut dokumentiert sind, wie Sie es sich wünschen würden. Eine Anfrage an die C-Client-Mailingliste wird in der Regel recht schnell beantwortet, meistens von Crispin selbst. Allerdings sind viele Teilnehmer bemüht, dafür zu sorgen, daß die Anzahl der Artikel auf dieser Liste überschaubar bleibt. Deshalb sollten Sie zuerst alle verfügbaren Dokumentationen und die Artikel im Archiv der Liste studieren, bevor Sie Ihre Anfrage auf die Mailingliste posten. Hier eine kommentierte Liste der Dokumentationen in Ihrer lokalen Quellhierarchie:

CONTENTS
: Übersicht darüber, was die Verzeichnishierarchie des IMAP-Toolkit enthält.

README
: Schnelleinstieg zum Übersetzen der Programme und verschiedene andere Informationen.

docs/BUILD
Informationen zum Übersetzen des Toolkits für die verbreitetsten Plattformen.

docs/BUILDSSL
Informationen zum Übersetzen des Toolkits im Hinblick auf den in imap-2000 hinzugekommenen SSL-Support.

docs/drivers.txt
Definitiv eine der wertvolleren Dokumentationen in diesem Toolkit. Sie erklärt Ihnen, wie C-Client vorgeht, um herauszufinden, welcher Treiber für bestimmte Mailboxen verwendet werden muß. Außerdem wird der Namensraum von UW IMAP erklärt und die Leistungsfähigkeit der einzelnen Mailbox-Treiber verglichen.

*docs/rfc/**
Kopien einiger relevanter und weniger relevanter RFCs.

docs/CONFIG
Hinweise, die Ihnen erklären, wie Sie vom vorgegebenen Plug-and-Play-Pfad abweichen können, indem Sie Quellcodes verändern und Authentifizierungsmodule und Mailbox-Treiber hinzufügen.

docs/calendar.txt
Die ausführlichste Antwort auf eine naive Frage, die wir oft gehört haben. Es lohnt sich, während der Installation eine kleine Pause einzulegen, eine Tasse Kaffee oder Tee zu trinken und dieses Dokument zum Vergnügen zu lesen.

docs/RELNOTES
Wahrscheinlich sehr alte Release-Hinweise, die nicht die aktuelle Ausgabe betreffen. Brauchbar, wenn Sie an historischen Informationen interessiert sind. Offizielle Informationen über die von Ihnen verwendete Version des UW IMAP-Toolkits finden Sie im C-Client-Archiv.

docs/bugs.txt
Für diese Datei gilt der gleiche Vorbehalt wie für *RELNOTES*. Sie enthält nützliche, aber veraltete Informationen. Sie werden feststellen, daß das Archiv der C-Client-Mailingliste eine gute Informationsquelle ist, in der Sie aktuellere Hinweise finden.

docs/naming.txt
Informationen über die Wahl von Mailbox-Namen für die verschiedenen Mailbox-Formate.

docs/imaprc.txt
Dokumentation über die Verwendung und die Gefahren der UW-spezifischen *imaprc*-Datei. Ein besserer Name wäre sicher »Büchse der Pandora«. Wir empfehlen Ihnen ebenso wie Mark Crispin, diese Datei nicht zu verwenden, es sei denn, Sie wollen UW IMAP an der University of Washington installieren. Diese Datei dient dem UW-eigenen Black-Box-Modus. Es werden unzählige nichtdokumentierte Annahmen über Eigenschaften und Ablageorte Ihres Mail-Speichers getroffen. Die

Verwendung dieser Datei ist der einfachste Weg, eine mühelose Plug-and-Play-Serverinstallation in einen steinigen und dornigen Pfad zu verwandeln, der direkt in die Systemadministrator-Hölle führt.

docs/internal.txt
: Genaue und vollständige Dokumentation der Interna der C-Client-API. Guter Ausgangspunkt für alle, denen es in den Fingern juckt, selbst einen Mailbox-Treiber zu entwickeln.[7]

Wie installieren Sie die Software?

Diese Schritte sind für alle, die es eilig haben. Später zeigen wir Ihnen mögliche Änderungen an diesem Vorgehen:

1. Wechseln Sie in das Hauptverzeichnis, das angelegt wurde, als Sie die Distributionsdatei ausgepackt haben. Für IMAP 4.7c heißt dieses Verzeichnis *imap-4.7c*.
2. Wählen Sie Ihre Betriebssystem/Compiler-Kombination aus der Liste im *Makefile*. Zum Beispiel *gso* für Solaris und GCC.
3. Führen Sie den Befehl *make <keyword>* aus, wobei <keyword> die gewählte Betriebssystem/Compiler-Kombination ist. Zum Beispiel *make gso*.
4. Erfreuen Sie sich am Wunder des reibungslosen Übersetzens von Open Source Software, während Ihr IMAP-Toolkit übersetzt wird (alternativ: Versuchen Sie herauszufinden, warum die Übersetzung fehlschlug oder warum Ihr Compiler nicht funktioniert usw.) Nachdem die Übersetzung abgeschlossen ist, sind alle Komponenten fertig und können in Betrieb genommen werden.
5. Melden Sie sich als *root* an, und kopieren Sie das *imapd*-Programm nach */usr/local/etc*. Linux-Administratoren ziehen das Verzeichnis */usr/local/sbin* vor.
6. Stellen Sie sicher, daß */etc/services* einen solchen Eintrag enthält:
   ```
   imap            143/tcp
   ```
7. Stellen Sie sicher, daß Ihre Datei */etc/inetd.conf* die benötigten Einträge enthält. Wenn Sie *keinen TCP Wrapper*[8] verwenden, lautet der Eintrag:
   ```
   imap   stream  tcp   nowait  root   /usr/local/etc/imapd   imapd
   ```
   Falls Sie den *TCP Wrapper* verwenden:[9]
   ```
   imap  stream  tcp  nowait  root  /usr/local/etc/tcpd  /usr/local/etc/imapd
   ```

7 Eigentlich ist es besser, einen neuen Mailbox-Treiber nicht völlig neu zu entwickeln, sondern ihn auf einem bereits vorhandenen und funktionierenden Treiber aufzubauen. Trotzdem sollten Sie diese Dokumentation parat haben.

8 TCP Wrapper (*ftp://ftp.win.tue.nl/pub/security*) ist ein Hilfsprogramm für *inetd*, das es ermöglicht, *inetd*-Dienste zu überwachen und zu filtern.

9 Wenn Sie unerklärliche Probleme beim Herstellen von Verbindungen zu Ihrem IMAP-Server haben und den TCP Wrapper verwenden, probieren Sie aus, ob das Entfernen des TCP Wrappers aus der *inetd*-Zeile hilft.

Es ist egal, ob Sie den Dienst *imap*, *imap4* oder *InternetMailAccessProtocol* nennen, solange der Name in */etc/services* exakt dem Namen aus */etc/inetd.conf* entspricht. Bevor Sie *inetd* ein HUP-Signal senden, sollten Sie sich eine Minute Zeit nehmen und überprüfen, ob der für die *imapd*-Software eingetragene Pfad richtig ist. Als Pfad muß entweder ein symbolischer Link auf die Binärdatei des Programms oder diese Datei selbst angegeben werden.

8. Zum Schluß senden Sie *inetd* das Signal, das ihn veranlaßt, seine Konfigurationsdatei neu einzulesen:

```
# ps -ef | grep inetd
root   170    1  0   Sep 27 ?       0:00 /usr/sbin/inetd -s
# kill -HUP 170
```

Die IMAP-Distribution enthält Dämonen für POP2 und POP3. Falls Sie nicht vorhaben, POP-Dienste anzubieten, müssen Sie keine Zeit mit der Installation der IPOP2d/IPOP3D-Server verschwenden. Hinweise auf POP in der IMAP-Dokumentation können Sie einfach ignorieren. POP wird für den Betrieb von IMAP nicht benötigt. Vor einiger Zeit war es unheimlich wichtig, POP3 statt oder wenigstens parallel zu IMAP anzubieten, da nur wenige der verbreiteten E-Mail-Clients IMAP unterstützten. Das ist jedoch schon lange nicht mehr der Fall. Alle großen Mail-Programme unterstützen inzwischen IMAP, so daß POP3 langsam zu den veralteten Protokollen gerechnet werden kann. Wenn Sie Benutzer haben, die auf der Verwendung von POP3 beharren, oder wenn Sie POP3 aus anderen Gründen benötigen, bieten die POP2- und POP3-Dämonen des UW IMAP-Pakets ein ziemlich elegantes Verfahren, um Ihren Mail-Speicher auch über diese alten Protokolle zugänglich zu machen. POP2 ist jedoch ein so altes Protokoll, daß Sie keine vernünftigen Gründe haben, einen POP2-Dämon zu installieren, es sei denn, Ihre Benutzer bitten Sie explizit darum.

Es sollte noch erwähnt werden ...

..., daß es nur wenige Dinge gibt, die Sie tun können, um die grundlegende Installation Ihres IMAP-Toolkits und der dazugehörenden Server zu beeinflussen. In den meisten Fällen müssen Sie überhaupt nichts an der Standardinstallation verändern. Wir empfehlen Ihnen, den Server lieber für eine Weile in seiner Standardkonfiguration zu betreiben und dann zu prüfen, welche Benutzerwünsche sich mit minimalen Veränderungen realisieren lassen, als zu versuchen, die Bedürfnisse Ihrer Benutzer im voraus erraten zu wollen.

Experimentieren mit den Makefiles

Ein Weg, Ihre Installation anzupassen, besteht darin, bestimmte Variablen in den Makefiles zu verändern. Legen Sie zuerst eine Kopie eines Original-*Makefile*s oder der letzten funktionierenden Version eines bereits veränderten *Makefile*s an, und verändern Sie dann die entsprechenden Variablen. Als nächstes rufen Sie Ihr »make <SystemType>« wie oben beschrieben erneut auf und übersetzen die angepaßte Version Ihres IMAP-Toolkits.

Im *Makefile* aus dem Hauptverzeichnis finden Sie drei interessante Zeilen:

```
EXTRAAUTHENTICATORS=
EXTRADRIVERS=mbox
PASSWDTYPE=std
```

Wie Sie vielleicht erraten haben, können Sie mit EXTRAAUTHENTICATORS und EXTRADRIVERS zusätzliche Authentifizierungsmodule und Mailbox-Treiber in die C-Client-Bibliothek einbinden, auf die dann auch der IMAP-Dämon zugreifen kann. Wir gehen darauf in Kapitel 12, *Administration eines UW-Systems*, detailliert ein. Beachten Sie, daß der *mbox*-Treiber hier explizit aktiviert wird. Alle anderen Treiber sind standardmäßig aktiviert und müssen daher an dieser Stelle nicht angegeben werden.

Der Variablen PASSWDTYPE kann ein Klartextpaßwort-Mechanismus übergeben werden. Die Liste möglicher Werte finden Sie im Makefile:

```
# afs   AFS-Authentifizierungsdatenbank
# dce   DCE-Authentifizierungsdatenbank
# nul   keine Klartext-Authentifizierung (Achtung: Das verursacht Probleme mit
#       einigen sicheren Authentifikatoren -- nicht ohne vorherige Tests
#       benutzen!!)
# std   Systemstandard (normalerweise Paßwort-Datei), wird durch den Port
#       festgelegt
```

Im Makefile aus dem Hauptverzeichnis können Sie außerdem eine Handvoll zusätzlicher Schalter angeben, z.B. für die Y4K-Schaltjahrkorrektur (genau, Jahr 4000), die der Regelung Rechnung trägt, daß alle durch 4000 teilbaren Jahre keine Schaltjahre sind, oder für die Europäische Sommerzeit. All diese Schalter sind gut dokumentiert, und Sie müssen lediglich das Kommentarzeichen am Anfang einer Zeile entfernen, um einen Schalter zu aktivieren.

Ein weiteres Makefile, das Sie vielleicht begutachten und verändern wollen, finden Sie unter *src/imapd/Makefile*. Auch hier sind es drei Zeilen, die für eine Veränderung in Frage kommen:

```
ALERT=/etc/imapd.alert
USERALERT=.imapalert
ANO=/etc/anonymous.newsgroups
```

ALERT ist der Name einer allgemeinen IMAP-Alarmdatei. Schreiben Sie eine einzeilige Mitteilung in diese Datei, die jeder Benutzer angezeigt bekommen soll, sobald er auf den IMAP-Server zugreift. Verschiedene Clients gehen unterschiedlich mit diesen Mitteilungen um, aber alle kompatiblen Clients müssen sie dem Benutzer irgendwie anzeigen. USERALERT ist der Name einer Datei, die Sie im Home-Verzeichnis (oder dem Verzeichnis, das Sie in den Quellen als *homedir* definiert haben) eines Benutzers ablegen können und deren Inhalt dann einem bestimmten Benutzer angezeigt wird. ALERT eignet sich für Informationen wie: »Der IMAP-Server wird am 4. November 2001 ab 3:00 Uhr für ca. drei Stunden nicht verfügbar sein.« USERALERT eignet sich für Meldungen wie: »Werter Benutzer jbk00234, Ihre E-Mails sind widerlich, werden Sie endlich erwachsen!«

Die Variable `ANO` enthält den Namen einer Datei. Existiert diese Datei, erlaubt der IMAP-Server auch anonyme Zugriffe auf Mailboxen. Mehr darüber finden Sie in Kapitel 12.

Verändern der Quellcodes

Wenn Sie Veränderungen an Quellcodes vornehmen wollen, um die Funktionsweise des UW IMAP an Ihre Bedürfnisse anzupassen, können Sie die Datei *src/osdep/unix/env_unix.c* bearbeiten, in der der allergrößte Teil der Funktionen zusammengefaßt ist, die Sie vielleicht ändern wollen. `env_init()` und `sysinbox()` sind Funktionen, die beide Werte enthalten, die Sie möglicherweise an Ihre Umgebung anpassen müssen. In der Dokumentation der Quellen steht außerdem, daß auch die Funktionen `mailboxdir()` und `mailboxfile()` solche Werte enthalten. Das können wir jedoch nicht bestätigen. Einzelheiten dazu finden Sie in *docs/CONFIG*.

`env_init()`

Wenn Sie nicht das Home-Verzeichnis eines Benutzers für die Top-Level-Mailbox verwenden wollen, suchen Sie in *env_unix.c* nach der Zeile

```
myHomeDir = cpystr (home);/* use real home directory */
```

und ändern Sie sie etwa folgendermaßen. In diesem Beispiel setzen Sie das Verzeichnis für jeden Benutzer auf *~/mail*:

```
sprintf (tmp,"%s/mail",home);
      myHomeDir = cpystr (tmp);
```

Es sorgt immer wieder für Verwirrung bei den Benutzern, wenn sie plötzlich alle Dateien in ihrem Home-Verzeichnis mitsamt ihren Mailboxen angezeigt bekommen. Setzen Sie `myHomeDir` auf einen anderen Wert, um dieses Problem zu beheben.

`sysinbox()`

Manchmal kann es vorteilhaft sein, wenn der MTA eingehende Nachrichten in eine andere Datei ausliefert als in die herkömmliche */var/spool/mail/USER*. Wenn Sie einen guten Grund dafür haben, so zu verfahren – vielleicht weil Sie möchten, daß die Mailbox für eingehende E-Mail auf die gleiche Quota angerechnet wird wie gespeicherte E-Mails in anderen Mailboxen –, müssen Sie die `sysinbox()`-Funktion entsprechend anpassen.

Das folgende Beispiel geht davon aus, daß Sie eingehende E-Mails statt in der üblichen Datei im Spool-Verzeichnis unter *~/.mailbox* im Home-Verzeichnis des Empfängers ablegen wollen. Ändern Sie einfach die Zeile

```
sprintf (tmp,"%s/%s",MAILSPOOL,myusername ());
```

in

```
sprintf (tmp,"%s/.mailbox",myhomedir ());
```

und die Posteingangs-Mailboxen Ihrer Benutzer werden in deren Home-Verzeichnisse verlegt.

Wo bekommen Sie Hilfe, wenn Sie nicht mehr weiterwissen?

Es gibt zwei gute Anlaufpunkte: die IMAP Connection unter *http://www.imap.org/* und das IMAP-Informationszentrum der University of Washington unter *http://www.washington.edu/imap/*. Beide Websites sind Portale, auf denen Sie Verweise auf weitere Websites und Archive finden. Die IMAP Connection beschäftigt sich hauptsächlich mit dem IMAP-Protokoll und der Software, die dieses nutzt. Das beste ist jedoch die interaktive Datenbank mit IMAP-Software: Clients, Server, Gateways, Hilfsprogramme usw. Das IMAP-Informationszentrum der UW ist auf die UW IMAP-Software spezialisiert.

Nun zu den Archiven: Es gibt zwei Mailinglisten, auf denen Sie hilfreiche, aktuelle Informationen finden: die IMAP-Mailingliste und die C-Client-Mailingliste. Informationen, wie Sie sich für die IMAP-Liste anmelden und wie Sie auf ihr Archiv zugreifen können, finden Sie unter *http://www.washington.edu/imap/imap-list.html*. Informationen über die C-Client-Liste und ihre Archive stehen unter *http://www.washington.edu/imap/c-client-list.html*.

Und schließlich können Sie auch auf lokalen Usenet-Servern oder bei Google Groups (*http://www.groups.google.com*) die *comp.mail.imap*-Gruppe lesen, um sich einen neutralen Überblick über den aktuellen Stand von IMAP-Clients und -Servern zu verschaffen.

12

Administration eines UW-Systems

Der UW IMAP-Server ist ein so ausgeprägtes Plug-and-Play-Paket, daß es eigentlich gar nicht viel zur Administration zu sagen gibt. Einige Dinge wollen wir trotzdem erwähnen, bevor wir uns größeren Aufgaben, wie der Sicherheit, widmen.

Allgemeine Probleme

Einige allgemeine Probleme wollen wir zuerst ansprechen. Wir haben bereits häufiger darauf hingewiesen, daß Sie wahrscheinlich eine völlig perfekte IMAP-Serverkonfiguration erhalten, wenn Sie einfach den Pfad des IMAP-Serverprogramms, das wahrscheinlich im Lieferumfang Ihres Systems enthalten war, in die Datei *inetd.conf* eingetragen und den Server so in Betrieb genommen haben. Da wir jedoch wissen, wie Unix-Administratoren normalerweise sind, würden wir unsere Pflicht vernachlässigen, wenn wir Ihnen nicht ein paar »fortgeschrittene Knöpfe« zeigen würden, an denen Sie ein wenig herumspielen können.

IMAP-Alarme

Der UW-Server unterstützt sogenannte IMAP-Alarme, Nachrichten wie *motd*, die alle IMAP-Benutzer angezeigt bekommen, wenn sie mit ihren IMAP-Clients die erste Verbindung zum Server herstellen.

Um einen solchen Alarm einzurichten, schreiben Sie eine Textnachricht in die Datei */etc/imapd.alert*.

Da nicht alle Clients IMAP-Alarme richtig behandeln, sollten Sie versuchen, den Alarmierungstext auf eine Zeile zu beschränken. Bedenken Sie außerdem, daß die Meldung jedesmal angezeigt wird, wenn ein Benutzer eine neue Verbindung zum Server aufbaut. Verwenden Sie diesen Alarmierungsmechanismus deshalb nur in Notfällen.

Deaktivieren des mbox-Treibers

Wenn Sie den UW-Server mit mbox-Unterstützung übersetzt haben (der mbox-Treiber ist standardmäßig aktiviert), kann es sein, daß das Verhalten des Servers beim Öffnen einer INBOX nicht so ist, wie Sie es erwarten oder wünschen würden. Wurde der mbox-Treiber eingebunden, prüft der Server beim Öffnen einer INBOX, ob es im Home-Verzeichnis des Benutzers die Mailbox *mbox* im Unix-Format gibt. Existiert diese Datei, wählt der Server diese als INBOX und überträgt alle Nachrichten des Benutzers aus dessen Mailspool-Datei in diese *mbox*-Datei.

Der mbox-Treiber kann deaktiviert werden, indem Sie mbox von der Liste der zusätzlichen Mailbox-Treiber (`EXTRADRIVERS`) im Makefile des Hauptverzeichnisses entfernen. Danach müssen Sie den UW-Server erneut übersetzen. Dieses Neuübersetzen und Neuinstallieren wirkt sich nicht auf die bereits übertragenen Nachrichten aus. Diese Nachrichten müssen Sie per Hand zurück in die Mailspool-Datei des Benutzers verschieben. Andernfalls kann der Benutzer nicht auf diese Nachrichten zugreifen, oder er muß explizit die Mailbox *mbox* öffnen.

Ändern des Standardverzeichnisses für Mailboxen Ihrer Benutzer

Viele Benutzer von hostbasierten Mail-Programmen legen ihre E-Mails unter *~/mail/* ab. Wenn Sie wollen, daß UW den IMAP-Clients standardmäßig dieses Verzeichnis als »~/« anzeigt, müssen Sie das im Quellcode der Funktion `env_init()` in der Datei *src/osdep/unix/env_unix.c* angeben.

In dieser Funktion finden Sie die folgende Zeile mit einer Zuweisung an die Variable `myHomeDir`:

```
myHomeDir = cpystr (home);        /* use real home directory    */
```

Fügen Sie dieser Zuweisung eine Zeile hinzu, um das Verzeichnis Ihren Wünschen anzupassen. Etwa so:

```
sprintf (tmp,"%s/mail",home) ;/* I'd rather have this value */
      myHomeDir = cpystr (tmp) ;/* original string copy line  */
```

Ändern des Pfads für die INBOX

Da der UW-Server keine IMAP-spezifischen Quotas unterstützt, ist der einzige Weg, um auch hier Quotas nutzen zu können, die Verwendung von Betriebssystem-Quotas. Aus diesem Grund möchten Sie vielleicht die Standard-INBOX Ihrer Benutzer irgendwo innerhalb ihrer Verzeichnishierarchie plazieren. So würde die gleiche Quota, die für alle anderen Dateien Ihrer Benutzer gilt, auch die INBOX umfassen.

Sie könnten z.B. Ihr Zustellprogramm so modifizieren, daß es Nachrichten nicht nach */var/spool/mail/Benutzer*, sondern nach *~Benutzer/mail/incoming* ausliefert. Dazu müssen Sie die Funktion `sysinbox()` in der Datei *env_unix.c* bearbeiten:

```
/*  Return system standard INBOX
 *  Accepts: buffer string
```

```
 */

char *sysinbox ()
{
  char tmp[MAILTMPLEN];
  if (!sysInbox) {              /* initialize if first time */
    sprintf (tmp,"%s/%s",MAILSPOOL,myusername ());
    sysInbox = cpystr (tmp);    /* system inbox is from mail spool */
  }
  return sysInbox;
}
```

Zudem müssen Sie die Zuweisung an `tmp` in der `sprintf`-Zeile etwa wie folgt abändern:

```
sprintf ( tmp,"%s/mail/incoming",myhomedir() );
```

Berechtigungen

Das Verzeichnis */tmp* muß für jeden schreibbar sein. Ist es das nicht, erzeugt der UW-Server syslog-Meldungen wie die folgenden, um anzuzeigen, daß er keine Sperrdateien für Mailboxen anlegen kann:

```
Apr  2 14:44:51 serverhost imapd[5759]: \
    Mailbox lock file /tmp/.80001d.29bc2 open failure: Permission denied
```

Wenn Sie Mailboxen im Unix-Format verwenden, können Sie diese Mailboxen nur schreibgeschützt öffnen, bis die Rechte entsprechend geändert sind. Verwenden Sie den folgenden Befehl, um die Zugriffsrechte für das Verzeichnis zu korrigieren:

```
# chmod 1777 /tmp
```

Die Zugriffsrechte auf individuelle Sperrdateien unter */tmp* müssen allen das Lesen und Schreiben erlauben (0666). Weichen die Berechtigungen von 0666 ab, wurden sie entweder versehentlich oder in böswilliger Absicht geändert (siehe auch den Abschnitt »Sicherheit« weiter hinten in diesem Kapitel).

Mailbox-Formate

Die Frage nach dem maildir-Format wird immer häufiger gestellt, seitdem sich MTA-Alternativen zu sendmail, wie z.B. Qmail, immer mehr durchsetzen. Obwohl UW eine ganze Reihe verschiedener Mailbox-Formate unterstützt, ist das maildir-Format von Qmail nicht dabei. Es gibt auch keine Pläne, Unterstützung für dieses Format hinzuzufügen.

Authentifizierung

Eine der Stärken von UW IMAP ist seine Flexibilität in bezug auf die Authentifizierung und den Umgang mit verschiedenen Mailbox-Formaten. In diesem Abschnitt geben wir Ihnen einen kurzen Überblick über allgemeine Aspekte der UW-Authentifizierung.

Deaktivieren von Klartextpaßwörtern

Es ist möglich, Klartextpaßwörter abzuschalten, bevor sie Ihnen schaden. Dafür wählen Sie eine alternative Authentifizierungsmethode, setzen den Paßwort-Typ auf null und übersetzen den Server neu:

```
% make lnx EXTRAAUTHENTICATORS=gss PASSWDTYPE=nul
```

Es muß mindestens ein `EXTRAAUTHENTICATOR` angegeben werden (im obigen Beispiel `gss`), oder der fertige Server wird keinen Mechanismus enthalten, der es Benutzern ermöglicht, sich anzumelden.

Aktivieren anonymer Anmeldungen

Standardmäßig ist keine anonyme Anmeldung am IMAP-Server möglich. Um anonyme Anmeldungen zuzulassen, müssen Sie eine leere Datei */etc/anonymous.newsgroups* anlegen. Beachten Sie, daß anonyme Anmeldungen nur für Mailboxen der Namensräume News (*#news/*), FTP (*#ftp/*) und Public (*#public/*) möglich sind.

Der Einsatz von PAM für Klartextpaßwörter

UW enthält auch Unterstützung für Linux-Distributionen, die PAM (Pluggable Authentication Modules) verwenden. Wenn Sie eine Linux-Distribution mit PAM einsetzen, dann sollten Sie die Linux-PAM-Variante des UW-Servers (`lnp`) übersetzen:

```
% make lnp
```

Solaris-Systeme vor Solaris 8 enthalten eine PAM-Implementierung, die sich leicht von der Linux-Version unterscheidet. Damit Sie unter Solaris auch Klartextpaßwörter mit PAM verwenden können, müssen Sie UW wie folgt neu übersetzen:

```
% make clean
% make sol PASSWDTYPE=pmb
```

Auf anderen Systemen sollten Sie zum Übersetzen `PASSWDTYPE=pam` verwenden:

```
% make systemtype PASSWDTYPE=pam
```

Es gibt zu viele verschiedene Systeme, um sie alle hier aufzuzählen. Sie finden sie alle auskommentiert im UW IMAP-Makefile im Hauptverzeichnis. Sie werden außerdem kurz in Kapitel 10, *Der UW IMAP-Server im Überblick*, vorgestellt.

CRAM-MD5

Der UW-Server unterstützt CRAM-MD5[1] (Challenge-Response Authentication Mechanism). Alles, was Sie tun müssen, um die CRAM-Authentifizierung zu nutzen, ist, eine CRAM-MD5-Authentifizierungsdatenbank zu erstellen. Wenn diese Datenbank vorhanden ist, werden für die Klartextpaßwort-Authentifizierung mit dem IMAP-Befehl LOGIN CRAM-MD5-Paßwörter statt Unix-Paßwörter verwendet.

---

1 *http://www.imap.org/docs/rfc2195.html*

Standardmäßig wird die CRAM-MD5-Authentifizierungsdatenbank unter */etc/cram-md5.pwd* gespeichert. Das Format dieser Datei ist in Beispiel 12-1 dargestellt. Das erste Feld jeder Zeile ist der Benutzername; das zweite enthält das dazugehörige Paßwort. Die Felder werden mit einem Tabulatorzeichen voneinander getrennt. Zeilen, die mit einem # beginnen, sind Kommentare.

Beispiel 12-1: CRAM-MD5-Authentifizierungsdatenbank

```
# CRAM-MD5-Authentifizierungsdatenbank
# Format: <Benutzername><tab><Passwort>
johndoe234&xx7
msmithmypasswd
qpublicbad!pass
```

Sie werden festgestellt haben, daß die Paßwörter in dieser Datei unverschlüsselt erscheinen. Um diese Datenbank zu schützen, müssen die Zugriffsrechte auf diese Datei so eingeschränkt werden, daß sie nur noch von root gelesen und geschrieben werden kann. Benutzen Sie den folgenden Befehl, um die Zugriffsrechte einzustellen:

```
# chmod 0400 /etc/cram-md5.pwd
```

Jeder Eintrag in der CRAM-MD5-Datenbank muß sich einem Eintrag in */etc/passwd* zuordnen lassen. Stellen Sie sich *cram-md5.pwd* als eine Art */etc/shadow* vor. Beide Dateien enthalten nur die Benutzernamen und die dazugehörigen Paßwörter. */etc/passwd* enthält die restlichen Informationen, wie UID, GID, GECOS und das Home-Verzeichnis. Es ist möglich und wird in einigen Konfigurationen empfohlen, einen Benutzer aus */etc/passwd* zu deaktivieren, indem sein Account in */etc/passwd* oder */etc/shadow* blockiert wird oder indem ihm eine nicht-funktionierende Shell, wie z.B. */bin/false*, zugewiesen wird.

Kerberos

Um einen UW-Server zu übersetzen, der Kerberos V5 unterstützt, verwenden Sie den Befehl:

```
% make systemtype EXTRAAUTHENTICATORS=gss
```

Das *gss*-Authentifizierungsmodul unterstützt Kerberos V5. Beachten Sie, daß sich Ihre Benutzer auch über die Unix-Klartext-Authentifizierung anmelden können, es sei denn, Sie deaktivieren diese Methode der Anmeldung (siehe weiter oben in diesem Kapitel). Kerberos V4 wird vom UW-Server nicht unterstützt.

Sicherheit

Wie für jedes andere Softwarepaket gibt es auch für den UW-Server einige sicherheitsrelevante Dinge, die Sie beachten sollten, wenn Sie ihn installieren.

SSL und TLS

SSL und TLS werden seit IMAP 2000 unterstützt, in früheren Versionen jedoch noch nicht. Die University of Washington bietet einen SSL-Patch für den UW IMAP-Server an, der dem Server SSL- und TLS-Funktionalität sowohl für POP als auch für IMAP hinzufügt. Leider durfte die University of Washington den Patch lange nicht allgemein verfügbar machen, da das durch die Exportbestimmungen der US-Regierung verboten war. Nach der Lockerung dieser Exportbestimmungen ist dieser Patch nun als *simap-4.7*-Datei auf deren ftp-Server erhältlich.

Als alternative Möglichkeit können Sie jedoch auch auf Open Source Software zurückgreifen, die es ermöglicht, IMAP über SSL oder SSH zu tunneln. Die benötigten Techniken werden in Anhang B, *Hinzufügen von SSL-Unterstützung zu IMAP*, besprochen.

Zugriffsrechte für Dateien unter /tmp

Wie bereits erwähnt wurde, müssen zum einen die Zugriffsrechte auf das */tmp*-Verzeichnis 1777 (`drwxrwxrwt`) betragen, und zum anderen müssen alle Sperrdateien, die IMAPD im */tmp*-Verzeichnis anlegt, die Rechte 0666 (`-rw-rw-rw-`) haben. Wir geben zu, daß das die Möglichkeit für versehentliche oder böswillige Denial-Of-Service-Angriffe mit sich bringt, indem Sperrdateien verändert oder gelöscht werden. Andere Zugriffsrechte verhindern jedoch den Betrieb von gemeinsam genutzten Mailboxen. Dieses Problem können Sie auf zwei Arten angehen. Erstens könnten Sie mit diesem Problem und dem Wissen leben, daß es recht einfach ist, »Sperrdatei-Vandalen« zu erwischen. Zweitens könnten Sie dieses Sicherheitsproblem als gute Ausrede benutzen, um einen dedizierten Mailserver ohne allgemeinen CGI- oder Shell-Zugang zu betreiben.

Zugriffsrechte für das Mailspool-Verzeichnis

Die C-Client-Bibliothek und der UW IMAP-Server, der diese benutzt, laufen vollkommen ohne besondere Berechtigungen. Deshalb ist es notwendig, daß für das Spool-Verzeichnis (meist */var/spool/mail*) die Rechte 1777 (`drwxrwxrwt`) gelten. Das aktiviert die Rechte Lesen, Schreiben und Ausführen für den Eigentümer, die Gruppe und alle anderen. Außerdem wird das Sticky-Bit für das Verzeichnis gesetzt. Das bedeutet, daß – obwohl jeder die Namen der Sperrdateien aller anderen sehen kann – man sie nicht verändern oder anderweitig an ihnen herumhantieren kann. Der einzig denkbare Angriff, den bösartige Benutzer ausführen können, ist das Anlegen großer Mengen Sperrdateien, um anderen Benutzern den Schreib/Lese-Zugriff auf ihre eigenen Mailboxen zu verwehren.

UW IMAP-Hilfsprogramme

In Kapitel 18, *IMAP-Werkzeuge*, finden Sie eine Liste mit verschiedenen Werkzeugen, mit denen Sie fast alle täglichen IMAP-Aufgaben lösen können. Die UW IMAP-Werkzeuge finden Sie unter *ftp://ftp.cac.washington.edu/imap/imap-utils.tar.Z*. Laden Sie sie herunter, und entpacken Sie sie im gleichen Verzeichnis wie Ihre UW IMAP-Distribution:

```
% lynx -dump ftp://ftp.cac.washington.edu/imap/imap-utils.tar.Z | uncompress |
tar xvf -
```

Dieser Befehl erzeugt mehrere Unterverzeichnisse. Jedes enthält die Quellen für ein anderes Hilfsprogramm. Wechseln Sie in das Unterverzeichnis eines Werkzeugs, und übersetzen Sie es:

```
% cd chkmail
% make
```

Beachten Sie, daß die Pfade zu den IMAP-Sourcen in den jeweiligen Makefiles fest eingetragen sind, das muß gegebenenfalls geändert werden.

In jedem Unterverzeichnis finden Sie eine Manpage, die den Zweck des entsprechenden Werkzeugs und seine Anwendung erklärt. Hier eine kurze Beschreibung der Hilfsprogramme:

chkmail
: *chkmail* ist ein Werkzeug, mit dem Sie überprüfen können, für wie viele Nachrichten einer bestimmten Mailbox das Recent-Flag gesetzt ist. Jede Mailbox, die sich in der C-Client-Mailbox-Syntax beschreiben läßt (wie in der PINE-Konfiguration), kann mit diesem Werkzeug auf neue Nachrichten geprüft werden.

dmail
: *dmail* ist ein vorübergehender Ersatz für *binmail*. Es kann in allen Fällen als lokales Zustellprogramm verwendet werden, *außer* als MDA für den MTA. Im Prinzip ist *dmail* zur Verwendung in Benutzerprozessen gedacht, während *tmail* in Serverprozessen verwendet werden soll. Insbesondere können Sie dmail einsetzen, um via procmail die Mails in eine Mailbox im mbx-Format auszuliefern.

icat
: IMAP-Version von */bin/cat*. Sie können *icat* verwenden, um alle Nachrichten eines angegebenen Ordners in einem einzigen Datenstrom auszugeben. Es ist auch möglich, mit *icat* nach bestimmten Flags, nach Daten oder nach anderen Header-Feldern zu filtern. *icat* eignet sich hervorragend, um Mailboxen aus einem proprietären Format oder aus monolithischen Mail-Speichern, die IMAP meist nur schlecht unterstützen, in ein anderes Format umzuwandeln.

ifrom
: *ifrom* erzeugt eine Übersicht für eine angegebene IMAP-Mailbox. Die Liste enthält für jede Nachricht ihre Nachrichtennummer, ihren Status, ihren Absender, ihr Datum und den Betreff.

imapcopy
: *imapcopy* und *imapmove* kopieren (oder verschieben) Nachrichten aus einer IMAP-INBOX in eine andere vorhandene lokale Mailbox.

imapxfer

Sie können das Hilfsprogramm *imapxfer* verwenden, um komplette Mailboxen per IMAP von einem Rechner auf einen anderen zu kopieren. Auf dem Zielrechner werden die Mailboxen nach Bedarf angelegt.

mbxcopy

mbxcopy und *mbxmove* kopieren (oder verschieben) Nachrichten aus einer Mailbox (IMAP oder lokal) in eine andere vorhandene Mailbox (IMAP oder lokal).

mbxcreate

mbxcreate erzeugt neue Mailboxen auf dem lokalen System.

mbxcvt

mbxcvt kopiert Nachrichten aus einer Mailbox (IMAP oder lokal) in eine neue Mailbox in einem beliebigen Format.

tmail

dmail ist das Programm der Wahl, wenn Ihre Benutzer mit Skripten und procmail-artigen Applikationen E-Mails zustellen wollen. *tmail* übernimmt die gleiche Aufgabe für Serverprozesse. *tmail* arbeitet als privilegiertes Programm und muß daher seine Argumente sehr genau überprüfen. *dmail* ist ein normales Programm und prüft seine Argumente nicht so kritisch.

Das folgende Beispiel zeigt, wie Sie *ifrom* verwenden können, um sich den Inhalt einer Mailbox anzeigen zu lassen:

```
% ./ifrom -s -n -t -l ~msmith/mail/test
John Doe <johndoe@theman.hoopie.net>   1-Feb-2000  Re: Career Option
```

Die Schalter *-s* und *-n* sorgen dafür, daß die Felder *Status* und *Nachrichtennummer* nicht mit ausgegeben werden. Wenn Sie diese Felder unterdrücken, erhöht sich automatisch die Breite der Felder *From* und *Subject*. Der Schalter *-t* verhindert die Ausgabe der Uhrzeit des Datumfelds, und der Schalter *-l* weist *ifrom* an, die Ausgabe nicht auf eine Breite von 80 Zeichen zu beschränken. Der Ordner *~msmith/mail/test* enthält eine einzige Nachricht von John Doe.

Hier noch ein Beispiel, das zeigt, wie Sie das Hilfsprogramm *mbxcopy* verwenden, um eine komplette Mailbox in eine neue Mailbox zu kopieren:

```
% ./mbxcopy INBOX ~johndoe/mail/saved-mail
%Mailbox vulnerable - directory /var/spool/mail must have 1777 protection
/var/spool/mail/johndoe [38 message(s)] => /home/johndoe/mail/saved-mail
[Ok]
%
```

V

Andere Themen

13

Sicherheitsaspekte Ihres IMAP-Servers

Die Sicherung Ihres IMAP-Servers unterscheidet sich nicht wesentlich von der Sicherung Ihrer anderen Ressourcen. Nun ja, halten wir einen Moment inne ... Sie können Ihren IMAP-Server nicht besser sichern als alles andere. Es gäbe selbstverständlich die Möglichkeit, Ihren Server in einen Titanium-Block einzuschließen und ihn in die Sonne zu schießen. Aber abgesehen davon, ist es das beste, wenn Sie Ihren Server so sicher wie *nötig* machen. Sie merken, ob Sie zu viel Zeit für die Sicherheit Ihres Servers aufwenden, wenn die Schwierigkeiten, in Ihr System einzudringen, ungleich größer sind als der Nutzen, den man daraus ziehen könnte. Selbstverständlich werden verbitterte, zu allem bereite Angestellte vermutlich keinen Aufwand scheuen, um in Ihr System einzudringen, deshalb werden wir uns dieser Angelegenheit verstärkt zuwenden.

Es gibt drei Dinge, die Sie immer beachten müssen:

- Seien Sie informiert!
- Seien Sie auf dem neuesten Stand!
- Seien Sie wachsam!

Um informiert zu sein, sollten Sie sich angewöhnen, laufend in Online-Ressourcen wie Mailinglisten, Usenet-Newsgroups und Websites nach Informationen über neuentdeckte Schwachstellen in den verschiedenen von Ihnen eingesetzten Betriebssystemen, Servern, Clients und Werkzeugen zu suchen. Wahrscheinlich wird Ihre Aufgabe vor allem darin bestehen, Ihren Benutzern Dienstleistungen zur Verfügung zu stellen; Sicherheit rangiert im besten Fall an zweiter Stelle. Deshalb werden Sie vermutlich nicht die erste Person sein, die Sicherheitslücken in Ihrem System aufdeckt oder bemerkt. Hacker[1] bewegen sich andererseits mit großer Wahrscheinlichkeit in einer Welt, in der

1 Die Presse hat die Bedeutung der Begriffe so durcheinandergeworfen, daß Cracker, Phreaks und Hacker inzwischen das gleiche bedeuten. Aus Gründen der Kürze und mit Ausnahme dieses kritischen Einwurfs werden wir uns ebenfalls diesem Brauch anschließen. Im Jargon-File unter der folgenden Adresse finden Sie ausgezeichnete Ausführungen zur Bedeutung des Wortes *hack* (*http://www.tuxedo.org/~esr/jargon/html/The-Meaning-of-Hack.html*).

sich *alles* um das Aufdecken von Schwachstellen in Ihrem System dreht und um das Hinterlassen von Spuren ihres unberechtigten Zugriffs darauf. Und schon haben Sie ein Szenario, in dem Ihre potentiellen Gegner viel motivierter sind als Sie. Sie können nur versuchen, rationaler als diese vorzugehen und beim Absichern Ihres Systems die beste Methode zu finden.

Vermutlich gibt es nur eine Sache, die schlimmer ist, als nicht von den Schwachstellen Ihres Systems zu wissen und diese nicht zu beheben, und das ist, davon zu wissen und sie nicht zu beheben. Es reicht einfach nicht zu wissen, daß es Schlupflöcher in Ihrem System gibt, die Sie möglicherweise irgendwann eines Tages, wenn Sie einmal Zeit haben, schließen werden. Wir sind stolz auf unsere Systeme und wollen sie erweitern, um sie weiter nach vorn zu bringen. Und wir wissen, daß Systemsicherheit zu den Aufgaben gehört, von denen man nichts merkt, wenn sie ordentlich erledigt werden. Oft arbeiten Sie nur an der Verbesserung der Sicherheit, anstatt wunderbare neue Funktionen hinzuzufügen. Irgendwann werden Sie froh darüber sein, daß Sie sich die Arbeit gemacht haben – wenn nämlich einer Ihrer Kollegen auf einer anderen Site wertvolle Tage damit zubringen muß, das System neu aufzubauen, weil er sich zuvor die Mühe nicht gemacht hat. Erkunden Sie nicht nur die Schwachstellen in Ihrem System – bleiben Sie dran und aktualisieren Sie auch regelmäßig Ihre Software. Setzen Sie die nötigen Patches, Workarounds und Updates ein, die notwendig sind, um Ihr System für Hacker uninteressant zu machen.

Sicherheitsressourcen

Die im Netz vorhandenen Informationen über Sicherheitsressourcen könnte man im Prinzip lose in drei Kategorien einteilen: Ressourcen von Hackern, neutrale Ressourcen und Ressourcen von Sicherheitsprofis. Wir werden nicht versuchen, irgendwelche Wertungen vorzunehmen, die nötig wären, um jede in diesem Kapitel erwähnte Site in diese Kategorien einzuordnen. Wir werden lediglich darauf hinweisen, daß das Wissen um diese unterschiedlichen Einordnungen Ihnen helfen könnte zu entscheiden, wie ernst Sie die Informationen nehmen sollten, die Sie in den verschiedenen Quellen finden.

Hacker-Ressourcen preisen sich oft selbst als freie »Dienste« an, während sie in Wirklichkeit Code präsentieren, mit dessen Hilfe viele Zwölfjährige Ihre Systeme lahmlegen könnten. Manche der professionellen Sites der »alten Garde« sind dagegen ein wenig übervorsichtig, wenn es um Sicherheit geht. Sie schicken erst dann eine Warnung über eine Schwachstelle heraus, nachdem jeder große Hersteller bereits die Möglichkeit hatte, seine »Version« durch die Marketing- und Rechtsabteilung zu schicken, wodurch die Warnung für Sie keinen großen Nutzen mehr hat, wenn Sie die Information schließlich einmal erhalten.

Computer Emergency Response Team/Coordination Center (CERT/CC)

http://www.cert.org/

Seit 1988 wacht das CERT von seiner Heimat-Site am Carnegie Mellon Software Engineering Institute über die Sicherheit im Internet. Das CERT wird zwar heutzutage als ein wenig langsam beim Veröffentlichen von Informationen angesehen, allerdings haben die Leute dort bereits die schwierige Aufgabe der zentralen Sicherheitskoordination durchgeführt, als noch niemand anderes daran dachte. CERT® wurde als Antwort auf die Schwachstellen gegründet, die durch den Angriff des Morris-Wurms zutage traten (siehe *http://www.worm.net/*). Viele Leute hörten aus diesem Anlaß zum erstenmal vom Internet. Das CERT gibt regelmäßige Reports heraus. Diese haben die Form von Hinweisen, Zusammenfassungen und Bulletins, die von Herstellern initiiert werden, und werden über die Mailingliste *cert-advisory@cert.org* verbreitet.

Advisories (Hinweise) sind dringende Benachrichtigungen über Ereignisse oder neuentdeckte Schwachstellen, die breite Aufmerksamkeit erfordern. *Summaries* (Zusammenfassungen) sind tiefergehende Analysen der aktuellen Bedrohungen im Internet mit Hinweisen darüber, wie diesen Bedrohungen am besten begegnet werden kann. *Vendor-initiated Bulletins* (von Herstellern herausgegebene Bulletins) sind Veröffentlichungen von Herstellern, die Sicherheitsinformationen über ihre eigenen Produkte bekanntmachen wollen.

L0pht Heavy Industries

http://www.l0pht.com/

L0pht Heavy Industries ist im Prinzip eine Hacker-Truppe, die eine aufgemotzte Aufklärungs-Website zusammengestellt hat, auf der Informationen über Schwachstellen veröffentlicht werden – welche Systeme betroffen sind und wie man diese Schwachstellen ausnutzen kann. Dieses Vorgehen ist eigentlich so, als würden Sie nukleare Abrüstung betreiben wollen, indem Sie die Raketencodes und die Schlüssel zu den Raketensilos regelmäßig in der Tageszeitung veröffentlichen.

Glücklicherweise oder leider – je nachdem, auf welchem Standpunkt Sie in dieser Beziehung stehen – sind solche Websites die besten Informationsquellen über neuentdeckte Schwachstellen. Normalerweise sind Hacker die ersten, die Schwächen bemerken. Diese wollen sie allerdings meist geheimhalten, um sich vor ihren Kumpels hervorzutun. Irgendwann jedoch sickern Informationen über die Schwachstellen zu den Aufklärungs-Sites wie L0pht, RootShell und Bugtraq durch, und schließlich auch zu den nicht ganz so offenen, industriefreundlicheren Sites wie CERT und CIAC.

Computer Incident Advisory Capability

http://ciac.llnl.gov/

Computer Incident Advisory Capability (CIAC) ist das Sicherheitsteam des US-Energieministeriums (Department of Energy; DOE). Seine Hauptaufgabe ist die Sicherung von

Einrichtungen dieses Ministeriums. Nichtsdestotrotz sind viele der von diesem Team durchgeführten Aktionen und der von ihm gesammelten Informationen von so großem Nutzen für die Internet-Gemeinschaft, daß diese Site mit der Zeit zu einer beliebten Informationsquelle im Internet geworden ist. Als eines der ersten Sicherheitsteams der Nach-Morris-Wurm-Ära ist das CIAC für Nicht-DOE-Leute vor allem als »Filterstelle« für Warnungen von Nutzen, die von anderen Sites veröffentlicht werden. Üblicherweise veröffentlicht das CIAC CERT- oder Hersteller-Warnungen, setzt diesen aber eigene Zusammenfassungen voran, in denen die ganze Angelegenheit noch einmal erläutert wird und die wichtigsten Informationen auf einer Seite dargestellt werden.

Zwei weitere interessante Listen auf der CIAC-Website sind die Liste der Hoaxes (Falschmeldungen) und die Liste der Kettenbriefe (zu finden unter *http://HoaxBusters.ciac.org*). Das CIAC sammelt Daten und Geschichten über viele Internet-Hoaxes und -Kettenbriefe und bewahrt sie zu Anschauungszwecken und als Warnungen auf.

RootShell

http://www.rootshell.com/

RootShell war mit Sicherheit lange Zeit die informativste, bekannteste Site über Schwachstellen und Vorkommnisse im Netz. Wie verlautbart wurde, gab das US-Verteidigungsministerium dieser Aufklärungssite teilweise die Schuld an der Zunahme von Hack-Versuchen gegenüber Einrichtungen dieses Ministeriums.

Inzwischen wird RootShell nicht mehr gepflegt, einige ältere Dokumente können aber durchaus noch »historisch« interessant sein.

Bugtraq und SecurityFocus.com

http://securityfocus.com/

Falls Ihre Zeit es lediglich zuläßt, sich mit einer Sicherheits-Website zu befassen, wäre *http://securityfocus.com* eine gute Wahl. Das Glanzstück der Site ist das Archiv der Bugtraq-Mailingliste. Der Inhalt von Bugtraq ähnelt dem von RootShell, es handelt sich bei beiden um Aufklärungssites. Bugtraq bedient aber eher die Systemadministratoren, während RootShell sich mehr an ein Hacker-Publikum wendet. Durchsuchen Sie zur Übung doch einmal das Bugtraq-Archiv nach Schlüsselwörtern zu den Systemen, die Sie betreiben (z.B. Solaris, sendmail, IMAP), und schauen Sie, welche Ergebnisse Sie erhalten.

Security Focus besitzt ebenfalls eines der besten Archive rund um das Thema Sicherheitssoftware. Sie können es sozusagen als das Tucows oder Hotfiles[2] der Sicherheitssoftware ansehen, mit ausführlichen Beispielen für Zugriffskontrolle, Überprüfung, Authentifizierung, Kryptographie, Intrusion-Detection, Netzwerküberwachung, Durchsetzung von Sicherheitsrichtlinien, Programmierung, Systemwiederherstellung, Ersatz-

2 *http://www.tucows.com/* und *http://www.hotfiles.com/*, zwei unserer bevorzugten Softwarearchive.

programmen, Sniffern, Systemsicherheit und anderen Hilfsmitteln. Als wir die Site untersuchten, fanden wir eine clevere MS-Windows-Portierung des Standard-Unix-Schnüffelprogramms *tcpdump,* das nahezu jedes Paket in Ihrem Netzwerk abfängt und auseinandernimmt.

Einige Sicherheitstips

Wir würden Ihnen hier zwar sehr gern vollständige Informationen liefern, aber das geht nicht. Wir können es einfach nicht. Niemand kann das. Es liegt im Wesen der Sicherheit, daß sie immer unvollständig sein wird. So unglaublich das sein mag, aber 100 % Betriebszeit ist viel einfacher zu erreichen als 100 % Sicherheit. Das Ziel dieses Kapitels ist es jedoch, Ihnen einige Richtungen zu weisen, die Ihnen dabei helfen können, möglichst nahe an 99 % Sicherheit heranzukommen.

Ein sicheres System hat viel mit dem Vermeiden dummer kleiner Fehler zu tun. Einer unserer Freunde hat einmal den Fehler gemacht, eine FTP-Session von einem Zugangs-Provider zu einem lokalen Firmennetzwerk aufzubauen, um seine *.cshrc*-Datei zu bekommen, während er bei einem nationalen ISP angestellt war. Diese eine Gelegenheit, bei der eine Datei übertragen wurde, führte dazu, daß einer meiner Zugänge geknackt, mein Paßwort benutzt und auf dem Zugang ein Eggdrop[3]-Server betrieben wurde. Diese fünf Sekunden währende Indiskretion verursachte mehreren Leuten viele Stunden Arbeit, da sie die Maschine aus dem Verkehr ziehen, das Betriebssystem und die gesamte Software neu installieren und die Maschine wieder in Betrieb nehmen mußten.

Nehmen Sie an, all Ihre unverschlüsselten Tastatureingaben befinden sich bereits in der Hand von Hackern. Wenn Ihnen bei dem Gedanken unwohl wird, dann ist das gut so, denn das sollte es. Nicht einmal alle gebräuchlichen Anwendungen unterstützen starke Verschlüsselung, ganz abgesehen von den *ungebräuchlichen* Anwendungen. Das beste wird es sein, Sie gehen gelegentlich davon aus, daß Ihre Systeme regelmäßig von Angreifern überwunden werden, und ergreifen Schutzmaßnahmen dagegen.

Tripwire

Ein gutes Beispiel für eine solche Maßnahme wäre es, Tripwire zu benutzen. Tripwire, ein Überwachungsprogramm für Dateisysteme, das ursprünglich an der Purdue University entwickelt wurde, führt eine Datenbank mit Prüfsummen und anderen Daten über Dateien, Verzeichnisse und Geräte in Ihrem System und benachrichtigt Sie, wenn sich eines der Elemente, die Sie überwachen, verändert. An der Purdue University gibt es

3 Eggdrop ist ein Dämon, mit dessen Hilfe der Betrieb eines IRC-Channels automatisiert werden kann. In diesem Fall wurde er wahrscheinlich als Dateiserver für Raubkopien und zum Cracken von Informationen verwendet. Unter dieser Adresse finden Sie viele Informationen über Eggdrop: *http://www.roon.org/eggdrop/*.

freie, alte Versionen von Tripwire unter *ftp://coast.cs.purdue.edu/pub/tools/unix/Tripwire/*. Kostenpflichtige, kommerzielle, neue Versionen finden Sie bei Tripwire Security, Inc. unter *http://www.tripwiresecurity.com/*.

Tripwire erfordert das Vorhandensein einer zuverlässigen schreibgeschützten Kopie seiner Datenbank, üblicherweise auf einer schreibgeschützten Diskette oder einer CD-ROM. Wenn es auf einem sauberen System installiert wurde, das noch nie am Netz war, kann es dazu verwendet werden, Sie zuverlässig über Dinge zu informieren, die ein Hacker tut, um seine Spuren zu verwischen. Dazu könnten zum Beispiel Modifikationen an den *utmp*- oder *wtmp*-Datenbanken oder an Programmen wie *finger*, *who*, *w* oder *ps* gehören oder Aktionen wie die Vergabe globaler Leserechte für */dev/kmem*[4].

Social Engineering

Eine weitere Schwachstelle, auf die Sie achten müssen, ist das sogenannte Social Engineering. Einer unserer Freunde, ebenfalls ein früherer Angestellter der Sicherheitsgruppe eines großen ISP, rief seinen Nachfolger an, der seine Stimme nicht erkannte, und gab vor, der Leiter der Unix-Systemverwaltergruppe zu sein. Unter höflichen Entschuldigungen erklärte er, daß er ein Stück Papier verloren hätte, auf dem seine root-Paßwörter aufgeschrieben waren, und bat den neuen Angestellten, doch so freundlich zu sein, ihm die Paßwörter über das Telefon mitzuteilen. Der frühere Angestellte erhielt nicht nur die vollständige Liste der root-Paßwörter, sondern schaffte es sogar, einen der Unix-Systemverwalter anzurufen und in einer Telefonkonferenz den neuen Angestellten dazu zu bringen, die Schreibweise eines der Paßwörter zu bestätigen. Das war ein wirklich interessanter Tag. Die Arbeit kam schließlich zum Erliegen, da alle damit beschäftigt waren, die root-Paßwörter auf den Maschinen zu ändern.

Es gibt Möglichkeiten, Ihr System so einzurichten, daß es weniger anfällig für Social Engineering ist. Anstatt zum Beispiel alle Systemadministratoren den *root*-Zugang benutzen zu lassen, weisen Sie jeder Person einen äquivalenten Zugang zu, der notfalls leicht deaktiviert werden kann, ohne den root-Zugang anderer Systemadministratoren zu beeinträchtigen.

Man-in-the-Middle

Jahrelang war eine der Hauptschwachstellen in den meisten Computeranlagen im lokalen Netzwerk selbst begründet: Ethernet. Ethernet ist ein Broadcast-Netzwerk, und jede Station im Netzwerk kann potentiell den Verkehr von und zu jeder anderen Station sehen. Für zwischengeschaltete Stationen ist es unwahrscheinlich einfach, Kopien des Verkehrs zwischen rechtmäßigen Hosts abzufangen und die Informationen für unrechtmäßige Zwecke zu nutzen. Ein »Man in the Middle«-Angriff bezeichnet den Mißbrauch von Informationen, die an jedem Punkt zwischen der Quelle und dem Ziel eines IP-Pakets verfügbar sind. Ein passiver Man-in-the-Middle-Angriff wäre beispielsweise das

4 Auf manchen Systemen ist */dev/kmem* eine Datei, die den direkten Zugriff auf den gesamten virtuellen Systemspeicher ermöglicht, in dem Sie alles im Prozeßraum lesen und schreiben können.

Sammeln der Paßwörter von unverschlüsselten Anmeldungen. Bei einem aktiven Man-in-the-Middle-Angriff werden dagegen zum Beispiel die SSL- oder SSH-Schlüssel absichtlich ausgetauscht oder ein Ende einer TCP-Sitzung abgefangen.

Tatsächlich sind die meisten Kabelmodem-Anlagen und selbst einige DSL-Einrichtungen anfällig gegenüber dieser Art von Angriff. Mit der weiteren Verbreitung von breitbandigen, ständig aktiven Internetzugängen kommt es immer häufiger vor, daß Benutzer bereits wenige Minuten, nachdem sie mit ihrem neuen Kabelmodem oder ihrer DSL-Verbindung online gegangen sind, Ziel eines Hack-Versuches werden. Selbst wenn Sie es schaffen, Ihr heimisches Netzwerk erfolgreich durch eine Firewall zu sichern, könnte der Verkehr, der zwischen Ihrem Netz und den anderen Stellen im Internet verläuft, für Hacker erreichbar sein. Am besten gehen Sie von vornherein davon aus, daß alles, was Sie unverschlüsselt ins Internet senden, von jemandem gelesen werden kann und wird.

Hier einmal ein kurzes Beispiel zur Illustration: Einer der Kollegen an der Universität, an der wir gearbeitet haben, bot einen Anfänger-Kurs für angehende Unix-Systemadministratoren an. Zur Übung mußten alle Paketschnüffel-Software ausprobieren, um die Paßwörter anderer Benutzer abzufangen, deren Verkehr durch das Netzwerk verlief, in dem sich der Computerraum befand. Dadurch wurde ziemlich deutlich, wie wenig Sicherheit ein Authentifizierungsschema mit Klartextpaßwörtern eigentlich bietet.

Es gibt ein paar Dinge, die Sie tun können, um die Anzahl der Übertragungen von Klartextpaßwörtern in Ihrem Netzwerk deutlich zu reduzieren. Eine Methode wird auf Ihrer Site möglicherweise bereits eingesetzt: die Verwendung von Switches. Bei einem Ethernet-Switch sieht – im Gegensatz zu einem Hub – ein bestimmter Port nur den Unicast[5]-Verkehr, der an Geräte an diesem Port gerichtet ist. Je näher Sie einem 1:1-Verhältnis zwischen Geräten und den Ports an einem Switch kommen, um so unempfindlicher wird Ihr System gegenüber dem Abfangen von Paketen von dazwischenliegenden Systemen. Dadurch verringert sich zwar nicht der Schaden, der Ihnen zugefügt wird, wenn es jemand schafft, Ihren Verkehr abzufangen, aber die Wahrscheinlichkeit, daß der Verkehr abgefangen werden kann, wird geringer.

Allerdings können selbst auf einem Netzwerk, das Switches einsetzt, bösartige Benutzer auf den Quell- oder Zielmaschinen heimlich Zugriffsrechte erlangen, alle Pakete abfangen, die an diese Maschine geschickt werden, und diese mißbrauchen. Im großen und ganzen ist es besser, mehrere mäßig ausgestattete Hosts zu haben, die jeweils einem einzigen Zweck dienen, als wenige Supermaschinen, die mehrere Aufgaben erfüllen. Das gilt schon aus dem einfachen Grund, daß eine kleinere Benutzergruppe auf jeder Maschine eine geringere Anzahl potentieller Quellen für lokale Angriffe darstellt.

5 Einige Hinweise für Uneingeweihte: Netzwerkverkehr kann in drei Arten unterteilt werden: Unicast, Broadcast und Multicast. Unicast-Verkehr verläuft zwischen einer Maschine und genau einer weiteren Maschine. Broadcast-Verkehr wird von einer Maschine an eine Gruppe von Maschinen in einem einzelnen lokalen Netzwerk geschickt. Multicast-Verkehr wird von einer Maschine an eine Gruppe von Maschinen gesandt, die sich in zwei oder mehr geographisch voneinander getrennten lokalen Netzwerken befinden können.

TCP Wrappers

Eine Möglichkeit, um die Sicherheit Ihres IMAP-Servers deutlich zu erhöhen, besteht darin, das TCP Wrappers-Paket einzusetzen.[6] Wir werden an dieser Stelle auf die bekannteren Anwendungen und Eigenschaften von TCP Wrappers eingehen, Sie sind aber gut beraten, die Manpages genau zu lesen, um ein tieferes Verständnis für dieses Paket zu erlangen.

Der Name TCP Wrappers ist eigentlich irreführend. Das TCP Wrappers-Paket ist eher ein Wachtposten als ein Wrapper. TCP Wrappers überwacht eingehende Anfragen für TCP-Dienste wie Telnet, FTP, POP und IMAP, die 1-zu-1 auf Programmdateien abgebildet werden. Wenn *inetd* eine Anfrage für einen Dienst empfängt, wird er dazu gebracht, das TCP Wrappers-Programm (*tcpd*) anstelle des Serverprogramms (zum Beispiel */usr/cyrus/bin/imapd*) auszuführen. Das TCP Wrappers-Programm protokolliert die Anfrage und überprüft seine Konfiguration, um festzustellen, ob es ihm erlaubt ist, die Anfrage zu bedienen oder nicht. Falls alles sauber aussieht, führt TCP Wrappers das Serverprogramm aus und beendet sich selbst.

Die Unterscheidung zwischen einem echten Wrapper und einem TCP Wrappers-artigen »Wachtposten« ist aus verschiedenen Gründen wichtig. Erstens besitzt TCP Wrappers keine Möglichkeit mehr, Ihre Anlagen zu schützen, nachdem es einmal beschlossen hat, einen Dienst zu starten. Wenn eine eingehende Anfrage allen Kriterien gerecht wird, die in *hosts.allow* und *hosts.deny* festgelegt wurden, hat TCP Wrappers seinen Zweck erfüllt, die Anforderung zu überprüfen und den Dienst zu starten.

Zweitens eignet sich TCP Wrappers nur sehr schlecht dafür, die Sicherheit von Dämonen zu verbessern, die während ihrer Lebensdauer Anforderungen von mehr als einem externen Prozeß bedienen können. Manche HTTPDs beispielsweise werden einmal vom *inetd* gestartet, bedienen die erste Anfrage und warten dann darauf, weitere Anfragen zu bedienen.

Basisinstallation

Wenn Sie das TCP Wrappers-Paket heruntergeladen, kompiliert und installiert haben, besteht der nächste Schritt darin, es zu konfigurieren. Es gibt mehr als eine Möglichkeit, TCP Wrappers einzurichten. Wir werden hier nur auf die robusteste und sicherste Methode eingehen. Zunächst müssen Sie die Datei */etc/inetd.conf* anpassen.

Als erstes muß *inetd* dazu gebracht werden, *tcpd* anstelle eines TCP-Dämons auszuführen. Um dies zu erreichen, ändern Sie eine Zeile in */etc/inetd.conf*. Falls zum Beispiel Ihr *imapd* vor der Installation von TCP Wrappers so aussieht wie die folgende Zeile

```
imap4  stream tcp nowait cyrus /usr/cyrus/bin/imapd imapd
```

würde die TCP Wrappers-Version in etwa folgendermaßen aussehen:

```
imap4  stream tcp nowait cyrus /usr/local/etc/tcpd /usr/cyrus/bin/imapd
```

6 Das TCP Wrappers-Paket finden Sie unter *ftp://coast.cs.purdue.edu/pub/tools/unix/tcp_wrappers*.

In der modifizierten Fassung werden eingehende Anforderungen für den *imap4*-Dienst an */usr/local/etc/tcpd* übergeben. Falls *tcpd* entscheidet, daß es in Ordnung ist, die *imap4*-Anfrage zu bedienen, startet es */usr/cyrus/bin/imapd*.

Beachten Sie, daß wir dem Prozeßnamen des *imapd*-Dämons in der veränderten Version den vollständigen Pfadnamen angehängt haben. Das ist zwar nicht unbedingt notwendig, aber wir wollen uns nicht darauf verlassen, daß sich der Dämon, den wir brauchen, irgendwo im Suchpfad befindet. Wenn der vorgegebene Pfad für root manipuliert wird (weil etwa jemand ».« in den Pfad eingefügt hat, um sich selbst das Leben zu erleichtern), wollen wir einfach eine Sache weniger haben, die wir erst herausfinden und reparieren müssen.

Nachdem Sie die *inetd.conf*-Datei verändert haben, tun Sie das, was auf Ihrem System nötig ist, um die neue *inetd.conf* in Betrieb zu nehmen. Auf den meisten Unix-Systemen müssen Sie zu diesem Zweck ein HUP-Signal an den *inetd*-Prozeß senden.

Bevor Sie *inetd* neu starten, stellen Sie sicher, daß Sie nicht bereits Dateien namens */etc/hosts.allow* oder */etc/hosts.deny* haben. Sollte das dennoch der Fall sein, dann sorgen Sie dafür, daß diese Dateien die Sicherheitspolitik widerspiegeln, die Sie auf dem betreffenden Host durchsetzen wollen. Falls Sie die Regeln in diesen Dateien noch nicht getestet haben, könnten Fehler dazu führen, daß Ihren Benutzern wichtige Dienste verweigert werden – nicht unbedingt das, was man sich auf einem Produktionssystem wünschen würde.

Wenn TCP Wrappers läuft und *tcpd* benutzt wird, um Ihre speziellen TCP-Dienstdämonen zu starten, sollte das Fehlen der Dateien */etc/hosts.allow* und */etc/hosts.deny* dazu führen, daß der *gesamte* Verkehr erlaubt wird, so als wäre TCP Wrappers nicht installiert. Der einzige Unterschied, der Ihnen an dieser Stelle auffallen müßte, wären syslog-Meldungen des *tcpd* in den Protokolldateien für verschiedene TCP-Prozesse, die anzeigen, wann Verbindungen von externen Hosts aufgebaut worden sind.

Die Zugangsdateien: /etc/hosts.allow und /etc/hosts.deny

Der Zugang, der externen Prozessen auf Ihrer Maschine durch TCP Wrappers gewährt wird, wird durch zwei Dateien gesteuert: */etc/hosts.allow* und */etc/hosts.deny*. Wenn diese Dateien nicht existieren oder leer sind, unterliegen eingehende Verbindungen keinerlei Beschränkungen. *hosts.allow* wird vor *hosts.deny* untersucht. Wenn das erste Mal eine Regel auf einen bestimmten Umstand einer Verbindung zutrifft, tritt *tcpd* auf den Plan, und die weitere Untersuchung wird abgebrochen. Das bedeutet beispielsweise: Falls Sie alle Hosts aus *usnd.edu* in der Datei *hosts.allow* zulassen und die Maschine *hoopal.usnd.edu* in *hosts.deny* verbieten, wird *tcpd* diese Regel niemals zu Gesicht bekommen und demzufolge *hoopal.usnd.edu* auch nicht verbieten können. Sobald eine Übereinstimmung für das Erlauben von *usnd.edu* auftritt, wird die Untersuchung der Regeln abgebrochen.

Dieser Abschnitt bietet nur einen knappen Einblick in die Einrichtung von TCP Wrappers. Die Manpages *hosts_access*(5) und *host_options*(5) enthalten eine Dokumentation der TCP Wrappers Host Access Control Language. Wir werden hier nur die wichtigsten Grundlagen ansprechen.

hosts.allow und *hosts.deny* haben beide das gleiche Format. Jeder Eintrag hat die Form:

```
Dämon_Liste : Client_Liste : Option : Option ...
```

Dämon_Liste ist eine Liste mit Diensten, auf die eine bestimmte Regel angewendet wird. Die Liste besteht aus Namen von Dämonprozessen, die als ganz rechts stehendes Argument in den Zeilen der *inetd.conf* auftauchen (*in.telnetd*, *in.ftpd*, *imapd*), und aus Wildcards wie `ALL`.

Client_Liste ist eine Liste der Quellnamen und/oder Adressen, auf die eine bestimmte Regel angewendet wird. Dazu können Hostnamen, Adressen, Muster und Wildcards gehören. Beispiele für gültige Einträge sind *vaxb.acs.unt.edu*, *.acs.unt.edu*, *.edu*, 10.0.1.2, 129.120.51.50/255.255.255.254, *root@ALL* und *kwm@cray23.themullets.net*. Gültig sind vollständige Domänennamen, Teile daraus, IP-Adressen, IP-Subnetze, die in Form von Adressen mit Netzmasken ausgedrückt werden, und Ausdrücke der Form *Benutzer@Adresse*. Im letzten Beispiel müßte der Benutzername über das IDENT-Protokoll überprüfbar sein. Denken Sie daran, daß IDENT keine wirklich zuverlässige Methode darstellt, um die echte Identität einer Person am anderen Ende des Kommunikationskanals zu ermitteln. Ein Benutzer könnte eine gehackte Version von IDENT ausführen oder sich mit einem Benutzernamen anmelden, der normalerweise auf den meisten Systemen existiert (z.B. *root*).

Option ist ein Modifikator für die Regel wie etwa *allow*, *deny*, *spawn*, *twist* und *severity*. *allow* bzw. *deny* erlauben oder verbieten das Bedienen der Anforderung durch Ihren Host. *twist* ermöglicht es Ihnen, Sessions, auf die eine Regel zutrifft, an einen alternativen Befehl zu übergeben. Dies würde es Ihnen beispielsweise erlauben, interne Anfragen an die Website Ihrer Firma an einen HTTP-Server zu übergeben, der standardmäßig für das Intranet zuständig ist, und externe Anfragen an den externen HTTP-Server Ihrer Firma.

severity erlaubt es Ihnen, die syslog-Dringlichkeit zu verändern, mit der ein bestimmtes Ereignis bzw. das Zutreffen einer Regel protokolliert wird. Sie können dies zum Beispiel als Schlüssel in */etc/syslog.conf* benutzen, um bestimmte Arten von Fehlermeldungen in eine eigene Datei umzuleiten.

Es ist interessant zu wissen, daß die Schlüsselwörter *allow* und *deny* es erlauben, einen kompletten Regelsatz in einer Datei abzulegen, so daß Sie die Wahl zwischen zwei Ansätzen für die Konfiguration haben. Um die Dinge so einfach wie möglich zu halten, werden wir die Datei *hosts.deny* benutzen. Nehmen Sie einmal an, Sie wollen *hosts.deny* so konfigurieren, daß folgende Aufgaben ausgeführt werden:

1. Verbiete alle *telnet*-Verbindungen von allen Sites, und zeige jedem, der versucht, mit *telnet* eine Verbindung zu Ihrer Maschine aufzubauen, eine entsprechende Bannernachricht an.
2. Verbiete *imapd*-Verbindungen von *hacker.someplace.org*.

Sie würden diese Einträge in Ihre *hosts.deny*-Datei einfügen:

```
in.telnetd: ALL: banner /etc/banners : DENY
imapd: hacker.someplace.org
```

Zugegeben, TCP Wrappers ist ein Sicherheitspaket, das ziemlich vielen Einschränkungen unterliegt, aber es führt alle Aufgaben, die von ihm verlangt werden, sehr gut aus. Es gibt kaum sekundäre Informationen über TCP Wrappers. Glücklicherweise sind die Manpages, die der Quelldistribution beiliegen, sehr gut geschrieben und bieten ausreichende Informationen.

Unsere Empfehlung lautet: Alle IMAP-Server (und am besten gleich alle Unix-Hosts) sollten das TCP Wrappers-Paket als eine Komponente eines breitgefächerten Sicherheitsnetzwerks benutzen.

Noch etwas gegen den Einsatz von Klartextpaßwörtern

Das vermutlich größte Sicherheitsrisiko auf Ihrem IMAP-Server ist die andauernde Übertragung vieler Benutzerpaßwörter über das Netzwerk. Wenn ein Benutzer auf seiner lokalen Maschine einen IMAP-Client ausführt, schickt der IMAP-Client jedesmal den Benutzernamen und das Paßwort unverschlüsselt über das Netz, wenn er den Server kontaktiert (vorausgesetzt, der Client und der Server unterstützen keine verschlüsselte Authentifizierungsmethode). Der Weg, den der Benutzername und das Paßwort zwischen dem Client und dem Server über das Internet zurücklegen, kann unter Umständen sehr lang sein, wodurch es sehr viele Möglichkeiten gibt, sie irgendwo auf der Strecke abzufangen und zu mißbrauchen. Alles, was Sie tun, um dieses Risiko zu verringern, kann die Lage nur verbessern. Sie können Ihre Paßwörter schützen, indem Sie IMAP durch SSL oder SSH tunneln oder indem Sie eine Authentifizierungsmethode wie Kerberos oder CRAM einsetzen.

SSL

Eine Möglichkeit, das Risiko zu verringern – vor allem, wenn Sie eine geschlossene Benutzergruppe haben wie in einem Firmenintranet –, besteht darin, SSL-fähige Clients zu verteilen und *ausschließlich* den SSL-Zugriff auf Ihren Server zu erlauben. In Anhang B, *Hinzufügen von SSL-Unterstützung zu IMAP*, werden wir beschreiben, wie Sie Ihren IMAP-Server um SSL-Unterstützung erweitern. Wenn Sie SSL zu Ihrem IMAP-Server hinzufügen, werden alle Paßwörter und Daten zwischen dem IMAP-Client und den Serverprozessen verschlüsselt. Die Einzelheiten der Verschlüsselung werden vor den Benutzern verborgen. Diese müssen lediglich wissen, daß ihr Mail-Verkehr vor dem Mißbrauch im Netzwerk geschützt ist, wenn sie bestimmte IMAP-Clients benutzen.

SSH

Eine weitere Methode für eine sichere Kommunikation zwischen dem IMAP-Client und dem Server ist das Tunneln der Kommunikation über das Secure Shell-Protokoll. Das ist allerdings so schwierig, daß wir Leuten davon abraten, diese Methode einzusetzen, die keine ausgesprochenen Experten sind oder keinen Zugriff auf solche Experten haben.

Das Vorgehen an sich ist einfach, es könnte sich aber als notwendig erweisen, einen Experten anzurufen, sobald zum erstenmal Probleme auftauchen.

Im Prinzip funktioniert es folgendermaßen: Zuerst installieren Sie einen SSH-Client auf der lokalen Maschine, auf der Sie Ihren IMAP-Client betreiben. Sie benutzen den SSH-Client, um eine SSH-Verbindung zu dem externen Host aufzubauen, auf dem der IMAP-Server läuft.[7] Außerdem etablieren Sie mit dem SSH-Client ein »listen« auf einem lokalen Port für IMAP-Anfragen. Jetzt kommt der coole Teil: Wenn Sie Ihren IMAP-Client starten, baut dieser eine Verbindung zum IMAP-Port auf dem *localhost* – Ihrer Maschine – auf, anstatt sich mit Port 143 auf einer externen Servermaschine zu verbinden.

Der SSH-Client leitet dann alles, was er auf dem lokalen IMAP-Port empfängt, durch die SSH-Sitzung oder den -Tunnel an den externen SSH-Dämon weiter, der die Daten dann an den IMAP-Port auf dem externen Host übergibt.

Woher weiß der SSH-Dämon auf der Empfängerseite, was er mit den ganzen IMAP-Informationen anfangen soll, die bei ihm ankommen? Nun, diese Information ist Teil der Port-Weiterleitungsvereinbarung, die Sie mit dem Dämon getroffen haben, als Sie die SSH-Sitzung das erste Mal gestartet haben. Beispielsweise würden Sie SSH von Ihrer Client-Maschine folgendermaßen starten:[8]

```
client# ssh -f -L 143:localhost:143 kwm@serverhost tail -f /dev/null
```

Der Befehl muß als *root* ausgeführt werden, da root-Rechte notwendig sind, um die Port-Weiterleitung einzurichten.[9] Die Option *-f* teilt SSH mit, daß es im Hintergrund laufen soll, nachdem die Port-Weiterleitung etabliert wurde. *-L lokaler_Port:externe_Adresse:externer_Port* legt fest, daß der angegebene Port auf dem lokalen (Client-)Host an den angegebenen Host und Port auf der anderen Seite weitergeleitet werden soll. In unserem Beispiel benutzen wir sowohl auf dem Client als auch auf dem Server Port 143, dies ist allerdings nur eine Vereinfachung. In der Realität können Sie auf dem Client jeden Port verwenden, der noch nicht anderweitig belegt ist. Der Server-Port muß derjenige Port sein, an dem IMAP-Anforderungen erwartet werden (auf den meisten Systemen Port 143). Je nachdem, welchen SSH-Client Sie benutzen, werden Sie beim Starten des Tunnelbefehls entweder gebeten, ein Paßwort einzugeben, um sich auf dem Server anzumelden, oder Sie müssen das Anmelden manuell durchführen, um die Sitzung zu starten. Auf jeden Fall müssen Sie SSH verwenden, um sich auf dem externen Host anzumelden, bevor Sie es benutzen können, um Ihre Verbindung zu schützen. Das komplette Port-Weiterleitungsszenario von IMAP ist in Abbildung 13-1 zu sehen.

7 Der SSH-Tunnel verschlüsselt nur vom Client zum externen Host. Wenn sich der IMAP-Server nicht auf dem externen Host befindet, werden die Pakete auf ihrem weiteren Weg vom externen SSH-Host zum IMAP-Server-Host nicht verschlüsselt.

8 Falls Sie einen Windows- oder Mac-SSH-Client wie TeraTerm benutzen, wird die Port-Weiterleitung durch die graphische Schnittstelle gestartet.

9 Das liegt daran, daß der lokale Endpunkt mit Port 143 zu den privilegierten Ports < 1024 gehört. Nimmt man einen Port > 1024 (z.B. 1234), benötigt man keine root-Rechte.

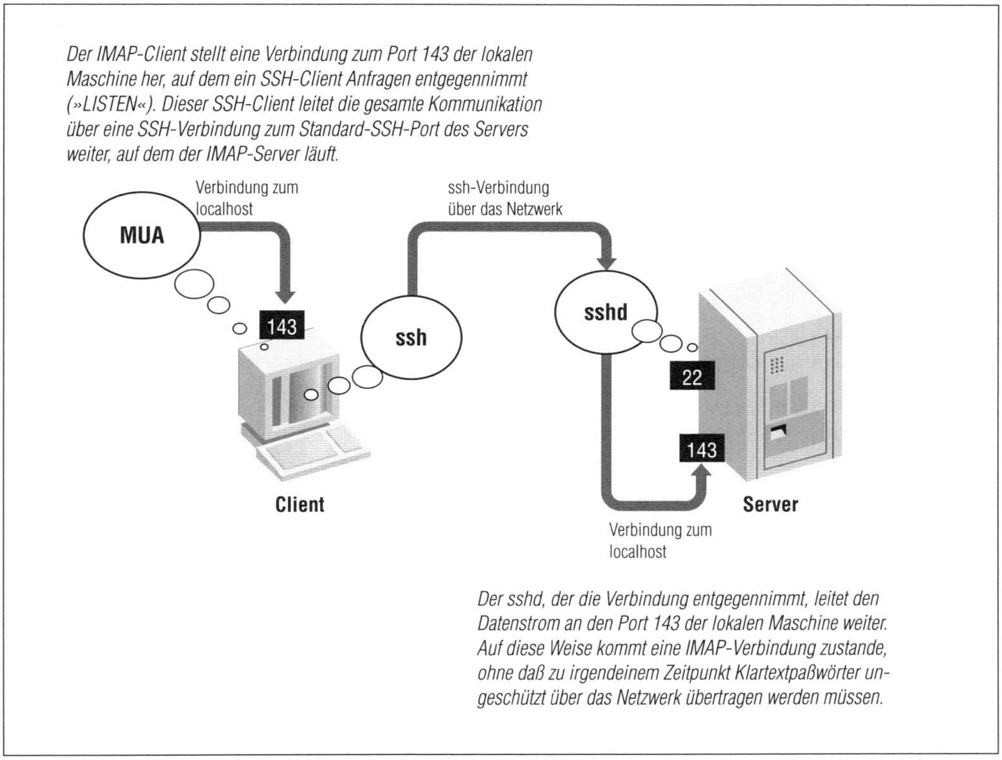

Abbildung 13-1: IMAP-Port-Weiterleitung durch SSH

Falls Ihnen das jetzt irgendwie Spanisch vorkommt, machen Sie sich keine Sorgen. Einige Beispiele sollten Ihnen weiterhelfen. Wir beginnen mit einem Kommandozeilenbeispiel. Zuerst benutzen wir *lsof*[10], um festzustellen, ob am lokalen TCP-Port 143 Software empfangsbereit ist. Dort ist nichts. Wir bestätigen das, indem wir versuchen, per *telnet* eine Verbindung zum lokalen Host an Port 143 aufzubauen – ohne Erfolg.

```
[kwm@clienthost]% lsof -i tcp:143            Gibt alle Aktivitäten an Port 143 aus
[kwm@clienthost]% telnet localhost 143
Trying 127.0.0.1...
telnet: Unable to connect to remote host: Connection refused
```

An dieser Stelle sind wir sicher, daß es auf Port 143 unserer lokalen Maschine keine Aktivität wie ein empfangsbereites Programm oder eine offene Verbindung gibt. Dieser Port kann also benutzt werden. Als nächstes richten wir die Port-Weiterleitung ein, indem wir einen SSH-Befehl ausführen. Denken Sie daran, dazu müssen Sie *root* sein:

10 *lsof* (list open files), ein Programm, das Ihnen mitteilt, welche offenen Dateien und Netzwerkverbindungen zu welchen Prozessen gehören, gibt es unter *ftp://vic.cc.purdue.edu/pub/tools/unix/lsof/*.

```
[kwm@clienthost] % su -
Password:
[root@clienthost]# ssh -f -L 143:localhost:143 kwm@serverhost tail -f /dev/null
kwm@serverhost's password:
[root@clienthost]# ^D
```

Die Syntax des SSH-Befehls entspricht SSH2, für SSH1 muß sie entsprechend geändert werden. Der Befehl *tail –f /dev/null*, den wir an das Ende des SSH-Befehls angehängt haben, dient nur dazu, die Sitzung offenzuhalten. Wir wollten keine Shell offenhalten und im Hintergrund laufen lassen, da wir eigentlich keine benötigen, und benutzten deshalb den Befehl *tail*.

Die Port-Weiterleitung wurde aktiviert. Wenn wir uns nun den Port 143 unserer lokalen Maschine ansehen, erkennen wir, daß er bereit ist, IMAP-Verbindungen anzunehmen:

```
[kwm@clienthost]% lsof -i tcp:143
COMMAND  PID USER   FD   TYPE DEVICE SIZE NODE NAME
ssh     1958 root   4u  IPv4  45438       TCP localhost:imap (LISTEN)
[kwm@clienthost]% telnet localhost 143
Trying 127.0.0.1...
Connected to localhost.
Escape character is '^]'.
* OK localhost IMAP4rev1 v12.250 server ready
. capability
* CAPABILITY IMAP4 IMAP4REV1 NAMESPACE IDLE SCAN SORT MAILBOX-REFERRALS
LOGIN-REFERRALS AUTH=LOGIN AUTH=ANONYMOUS THREAD=ORDEREDSUBJECT
. OK Completed
. logout
* BYE serverhost IMAP4rev1 server terminating connection
. OK Completed
Connection closed by foreign host.
```

Obwohl wir eine Verbindung zum Port des IMAP-Servers auf *clienthost* aufgebaut haben, identifiziert die Abschiedsmeldung des IMAP-Servers diesen als *serverhost*. Die Benutzer können ihre IMAP-Clients nun auf Port 143 auf *clienthost* ausrichten, und ihre IMAP-Sitzungen werden zwischen *clienthost* und *serverhost* verschlüsselt. Falls ihre IMAP-Clients tatsächlich auf *clienthost* laufen, wird ihr IMAP-Verkehr verschlüsselt. Ein solches Arrangement eignet sich beispielsweise für externe Firmen-Sites, die Verbindungen zu Firmen-Intranets benötigen, indem sie geheime Informationen (E-Mail über IMAP in diesem Fall) in verschlüsselten Kanälen tunneln (hier: SSH).

Verschlüsselte Authentifizierung: Kerberos und CRAM

Eine andere gute Maßnahme zum Schutz von Paßwörtern ist der Einsatz einer Verschlüsselungsmethode wie CRAM oder Kerberos. CRAM verschlüsselt nur das Paßwort, und Kerberos stützt sich auf die Verschlüsselung von Kerberos-Tickets, so daß Ihr Paßwort genaugenommen nicht über das Netz geschickt wird. CRAM ist weniger empfehlenswert als SSL, da die Übertragung eines offensichtlich verschlüsselten Paßwort-Strings durchaus Hacker anlockt, die die Werkzeuge haben, um die Verschlüsselung zu knacken. Kerberos ist deshalb weniger empfehlenswert als SSL, weil einfach noch zusätzlich die Notwendigkeit besteht, einen Kerberos-Server aufzusetzen.

Das »Kern«-Problem

Manche Implementierungen von IMAP lassen sicherheitsrelevante Informationen wie etwa Paßwörter im Speicherbereich des *imapd*-Prozesses zurück. Aus diesem Grund sollten Sie die maximale Größe des Coredumps für den *imapd*-Prozeß auf null setzen. Da *imapd* üblicherweise vom *inetd* gestartet wird, bedeutet dies, daß Sie das Limit im Start-Skript setzen müssen, das *inetd* startet. Auf einem Solaris-System finden Sie das Start-Skript zum Beispiel unter */etc/init.d*; es handelt sich dabei um ein Bourne Shell-Skript. In der Bourne Shell wird dies durch den Befehl

```
ulimit -c 0
```

erledigt. Danach ist es für Bösewichter und Spitzbuben nicht mehr möglich, einfach einen Coredump in einem *imapd*-Prozeß zu verursachen und die Paßwortinformationen aus dessen Inhalt zu ermitteln.

Die Sicherheit überwachen

Wir empfehlen eine zweigleisige Strategie für die Überwachung, die notwendig ist, um die Sicherheit in Ihrem Netzwerk und auf dem IMAP-Server zu gewährleisten. Verwenden Sie erstens eine Vielzahl von Werkzeugen, die es Ihnen erlauben, den Verkehr in Ihrem Netz auf einer niedrigen Netzwerkschicht zu beobachten. Lassen Sie zweitens niemals auch nur den Hauch eines Zweifels über den Zustand Ihrer Dienste aufkommen. Sie müssen immer absolut sicher wissen, ob jeder Ihrer Server läuft oder steht und ob darüber hinaus alle Dienste arbeiten oder ob welche ausgefallen sind. Idealerweise haben Sie die notwendigen Ressourcen, Ihre Internetdienste so zu organisieren, daß der Ausfall eines oder zweier Server den Status der Dienste, die diese Server anbieten, nicht negativ beeinflußt.

IP Watcher

http://www.engarde.com/software/ipwatcher/

IP Watcher ist eine clevere Anwendung, die als eine X- oder Curses-Anwendung eine Liste aller aktuellen TCP-basierten Sitzungen anzeigt und es Ihnen erlaubt, sie zu überwachen oder zu trennen. Möglicherweise müssen Sie IP Watcher nie einsetzen. Falls Sie jedoch einen Eindringling in Ihrem Netzwerk haben und der Hacker bereits auf dem Vormarsch ist, werden Sie sicher mehr Beweise sammeln können, wenn Sie IP Watcher bei der Hand haben.

NetLog

http://www.net.tamu.edu/ftp/security/TAMU/netlog.README

NetLog liegt am anderen Ende des Anwendungsspektrums von IP Watcher. Während IP Watcher sich hervorragend dafür eignet zu beobachten, was eine einzelne Person im Netzwerk tut, und es den Inhalt ihrer Telnet-Sitzung duplizieren kann, ermöglicht es

Ihnen NetLog, die Benutzung Ihres Netzwerks über eine bestimmte Zeitspanne zu verfolgen. Stellen Sie sich IP Watcher als einzelnen Telefonanschluß und NetLog als National Security Agency vor.

NetLog besteht aus vier Paketen: *tcplogger*, *udplogger*, *extract* und *NetWatch*. *tcplogger* und *udplogger* protokollieren TCP- und UDP-Sitzungen im lokal sichtbaren Netzwerk. *extract* zieht die Informationen aus den Protokolldateien, die diese erzeugen, und *NetWatch* ist ein Echtzeit-Monitor: eine eher statistisch ausgerichtete Version von IP Watcher.

Mit den Informationen von *tcplogger* und einem Paket, das die Protokollierung auslöst, wie *swatch* (siehe nächster Abschnitt) können Sie sich selbst eine Nachricht senden, sobald ein Port-Scan beginnt oder seltsamer Verkehr an Ihren Hosts auftaucht.

swatch

ftp://coast.cs.purdue.edu/pub/tools/unix/swatch/

swatch ist eines dieser Programme, die sich eigentlich auf jeder Unix-Maschine befinden sollten. Falls Sie einen Host bereits eine Weile administrieren, werden Sie das schon erfahren haben. Protokolldateien, Auszüge aus diesen und ihre Sicherheitskopien nehmen allmählich Ihre gesamte Festplatte in Besitz. Sie sind angefüllt mit nützlichen Informationen über Systemereignisse, doch häufig werden Sie erst am Montag herausfinden, daß am Freitag um 17:30 Uhr etwas schiefgegangen ist. *swatch* überwacht Ihre Protokolldateien, sucht nach regulären Ausdrücken, die Sie definieren, und benachrichtigt Sie auf irgendeine Weise, ohne es zu übertreiben. Wenn ein bestimmtes Ereignis z.B. 50 Protokolleinträge verursacht, können Sie dafür sorgen, daß Sie nur einmal benachrichtigt werden. Und – es überrascht nicht – *swatch* ist in Perl geschrieben.

Network Operations Center On-Line (NOCOL)

http://www.netplex-tech.com/software/nocol/

Wenn Sie Ihren Job auf einer Site verrichten, die bereits eine bestimmte Größe erreicht hat, werden Ihnen wahrscheinlich ausreichend Mittel für High-End-Netzwerkmanagementwerkzeuge wie HP Openview, SunNet Manager und Cabletron Spectrum zur Verfügung stehen. Diese Produkte sind ganz nett und eignen sich hervorragend zum Konfigurieren Ihrer verschiedenen Geräte oder zum Aufstellen von Statistiken über deren Betrieb. Falls Sie jedoch eigentlich nur eine Statusübersicht haben wollen, die Ihnen und Ihren Mitarbeitern auf einen Blick verrät, was läuft und was nicht, dann ist NOCOL genau das richtige für Sie.

NOCOL besteht aus Kommandozeilen-, Curses-, Web- und mehreren API-Schnittstellen zu einer Status-Engine. Diese Status-Engine enthält Monitore für ICMP-ping, RPC-portmapper, OSI-ping, die Ethernet-Auslastung, die TCP-Ports, Nameserver, Radiusserver, syslog-Meldungen, die Mail-Queue, NTP, die USV, die Unix-Host-Performance, BGP-Peers, SNMP-Variablen und den gesamten Datenausstoß der Hosts. Es ist recht einfach, Erweiterungen zu schreiben. Anstatt einfach nur binär über die Zustände UP (läuft) oder DOWN (läuft nicht) zu informieren, können die überwachten Dienste in verschiedene Zustandskategorien – z.B. Information (läuft), Warnung, Fehler oder kritisch – eingeteilt werden.

Zusammenfassung

Um für die Sicherheit Ihrer Hosts und Dienste sorgen zu können, müssen Sie im Prinzip sowohl Psychologe als auch Soziologe sein. Das gilt für Ihre Hosts, deren Benutzer sowie für diejenigen, die Mißbrauch damit treiben. Sie müssen wissen, wie ein Host mit den anderen Maschinen im Netzwerk zusammenarbeitet. Genauso wichtig ist es jedoch zu wissen, wie die Prozesse und Ressourcen in einem Host interagieren. Sie werden Ihre Zeit zum einen damit verbringen vorherzusehen, was Ihre Benutzer als nächstes tun werden, und zum anderen damit, den nächsten Angriff von Hackern abzuwehren, die zuviel Freizeit haben.

Vermutlich werden Sie entweder zuviel oder zuwenig Zeit für die Sicherheit aufbringen. Es gibt keine Möglichkeit, vorher zu wissen, ob die Risiken den Aufwand lohnen – das liegt in der Natur der Sache.

14

Betrieb eines dedizierten Servers

In diesem Kapitel wollen wir Ihnen Beweggründe und Herausforderungen im Zusammenhang mit dem Betrieb eines dedizierten Servers vorstellen.

Was ist ein dedizierter Server?

Eine der größten Stärken von Unix kann sich auch als eine Schwäche erweisen. Die Möglichkeit, eine Reihe verschiedener Dienste gemeinsam auf einem einzigen Server anzubieten, müssen Sie nicht unbedingt ausnutzen. Schränken Sie die Anzahl der Dienste, die Sie auf einem Server anbieten, auf ein oder zwei Dienste ein. Das verbessert die Verwaltbarkeit, die Zuverlässigkeit und auch verschiedene Sicherheitsaspekte. Auf Ihrem Mailserver wirkt sich das direkt auf die Zufriedenheit Ihrer Benutzer aus.

Mit dem Betrieb von dedizierten Servern wird das Ziel verfolgt, den Mehraufwand für Administration und Wartung auf ein Minimum zu beschränken, während gleichzeitig die Leistungsfähigkeit des angebotenen Dienstes maximiert wird. Was ist also ein dedizierter Server? Es ist ein Rechner, der so konfiguriert wurde, daß er nur einen einzigen Dienst zur Verfügung stellt. Ein dedizierter IMAP-Server bietet beispielsweise nur IMAP-Dienste an. Er bietet keine Shell-Zugänge (außer denen für die Verwaltung), kein IRC, keine Usenet-News und auch keine anderen Dienste an, die nicht unbedingt benötigt werden, um den IMAP-Dienst zur Verfügung stellen zu können. Einfacher ausgedrückt, hat ein dedizierter IMAP-Server die Aufgabe, Mails in Empfang zu nehmen, sie im Mail-Speicher abzulegen und Zugang zu diesem Mail-Speicher ausschließlich per IMAP zu gewähren.

Bereitstellung von Accounts

Wie können Benutzer alltägliche Aufgaben wie das Ändern ihres Paßworts oder die Konfiguration von Mail-Weiterleitungen erledigen, wenn auf dem dedizierten Server keine Shell-Zugänge zur Verfügung stehen? Dedizierte Server bieten per Definition nur Accounts für die Systemverwaltung an. Nachdem Sie alle anderen Shell-Accounts deaktiviert haben, müssen Sie einen Weg finden, wie Sie die Dienste der Shell auf eine andere Weise zur Verfügung stellen können. Ihre Lösung sollte benutzerfreundlich und einfach zugänglich sein, und sie sollte die verfügbaren Ressourcen verantwortungsvoll nutzen.

Wenn Sie sicher sind, daß Ihre Benutzer alle dieselbe Plattform verwenden, können Sie verschiedene plattformabhängige Zugangslösungen verwenden. Dazu gehören Applikationen, die auf X Window oder Windows aufbauen, Microsoft-Exchange-Formulare und andere, selbstgeschriebene Anwendungen. Glauben Sie uns aber, daß der langfristige Aufwand für die Wartung dieser Lösungen bei weitem die kurzfristige Anerkennung, die Sie erhalten, übersteigt.

Eine Weblösung

Ein guter Weg, um einen dedizierten Server zugänglich zu machen, ist die Schaffung einer Zugangsseite im Web.

Im Web finden Sie heute viele Unwägbarkeiten, das reicht von Webseiten, die sich auf Browser-spezifische Eigenschaften verlassen, bis zum Einsatz von Skriptsprachen, die in frühen Versuchen entstanden, Client-seitige Skriptsprachen zu standardisieren. Vermeiden Sie es, obskure und proprietäre Zugangsseiten zu entwickeln. Egal wie es andere handhaben, Sie sollten eine einfache Website entwickeln, auf der die Benutzer einfache Aufgaben erledigen können (beispielsweise Paßwörter ändern oder Quotas prüfen). Sie werden feststellen, daß selbst eine einfache Website das Verlangen Ihrer Benutzer nach Shell-Zugängen fast vollständig beseitigen wird. Für die restlichen Aufgaben, für die Benutzer Shell-Zugänge benötigen – vorausgesetzt, sie hängen nicht mit IMAP zusammen –, können Sie später einen geeigneten Zugangsserver einrichten, z.B. auf Basis eines Standard-PCs unter Linux.

Es gibt fünf grundlegende Probleme für jede frei zugängliche Website: Sicherheit, Authentifizierung, einfache Benutzbarkeit, Systembelastung und Beständigkeit.

Sicherheit

Sie wissen selbst am besten, welche Sicherheitsaspekte für Ihre Zugangs-Site im Vordergrund stehen. Zu den verbreiteten Sicherheitsaspekten gehören unter anderem die Sicherheit des Datenaustauschs zwischen dem Browser und dem Server, die Sicherheit der Daten innerhalb des Zugangssystems und die sichere Implementierung.

Zur Zeit besteht das praktischste Verfahren zur Sicherung des Datenaustauschs in der Übertragung der Daten über SSL (Secure Sockets Layer). Wenn Sie dafür sorgen, daß alle Benutzer einen SSL-fähigen Browser und Schlüssel mit einer Länge von 128 Bit oder länger verwenden, haben Sie Ihre Datenströme ausreichend gesichert. Der riesige Aufwand, der betrieben werden müßte, um unberechtigt auf die Daten in einem derartig verschlüsselten Datenstrom zuzugreifen, übersteigt bei weitem den Wert der so ermittelten Informationen. Durch den Einsatz von SSL haben Sie außerdem den Vorteil, daß die Paßwörter nur verschlüsselt vom Browser zum Server gesendet werden. Wenn Sie sich gegen den Einsatz von SSL entscheiden sollten, empfehlen wir Ihnen, Ihre Benutzer ausreichend zu warnen, daß ihre Paßwörter im Klartext über das Netzwerk übertragen werden.

Wenn Sie all diese Sicherheitsvorkehrungen getroffen haben, ist es ebenso wichtig, auch die Daten auf Ihrem Server zu sichern. Ein bekannter US-amerikanischer ISP erlangte vor ein paar Jahren zweifelhafte Berühmtheit, als es einem Hacker gelungen war, von einem seiner Server eine unverschlüsselte Textdatei herunterzuladen, die die Namen Hunderter Kunden und deren Kreditkartennummern enthielt.

Bei der Entwicklung von HTML-Formularen müssen Sie darauf achten, daß Sie die POST-Methode anstelle von GET verwenden. Die Methode GET übermittelt Variablen innerhalb der URL, so daß diese leicht zurückgewonnen werden können, wenn jemand die URL-History Ihres Browsers durchsieht. Die POST-Methode überträgt die Variablen hingegen im Eingangsdatenstrom für den Server. Wenn Sie POST benutzen, können aufeinanderfolgende Benutzer des gleichen Rechners nicht mehr einfach die URL-History des Browsers durchgehen, um nützliche Informationen für den Zugang zu anderen Benutzerkonten zu sammeln.

Einige Sites werden vielleicht HTTP-Cookies verwenden, so daß sich die Benutzer über die Zugangsseite anmelden und danach verschiedene Aufgaben ausführen können, ohne sich für jede einzelne Aufgabe authentifizieren zu müssen. Wenn Sie HTTP-Cookies einsetzen, sollten diese Cookies nach einer kurzen Zeit ungültig werden. Obwohl es für aufeinanderfolgende Benutzer einer Workstation trotzdem noch möglich ist, sich als ein anderer Benutzer auszugeben, wird dies durch abgelaufene Cookies erschwert. HTTP-Cookies besitzen ein Sicherheits-Flag. Wenn es gesetzt ist, sendet der Browser das Cookie nur dann an den Server, wenn die CGI-Anfrage über einen SSL-Kanal erfolgt. Sie sollten dieses Sicherheits-Flag verwenden, auch wenn es eigentlich nicht benötigt wird, wenn Sie Ihre Zugangsseite ausschließlich über SSL verfügbar machen.

Wir empfehlen Ihnen, so viele Sicherheitsschichten einzusetzen wie möglich, ohne daß Ihr System zu unhandlich wird. Es ist immer gut, schon während der Planung davon auszugehen, daß ein oder zwei Ihrer Sicherheitsschichten überwunden werden. Stellen Sie sich »Was wäre wenn«-Fragen. Fragen Sie sich z.B., ob die Zugriffsrechte für kritische Verzeichnisse und Dateien so eingestellt sind, daß es für jemanden, der sich unbefugt Shell-Zugang zu Ihrem Server verschaffen könnte, sich jedoch nur als normaler Benutzer anmelden kann, keine Vorteile bringt.

Authentifizierung

Eine Zugangs-Website muß in der Lage sein, ihre Benutzer zu authentifizieren. Es gibt zahlreiche Möglichkeiten, die Benutzer einer Website zu authentifizieren, z.B. HTTP-Cookies, HTML-Formularvariablen oder eher unangebrachte Verfahren, die beispielsweise davon ausgehen, daß sich ein bestimmter Benutzer immer von der gleichen IP-Adresse aus anmeldet. Die richtige Authentifizierungsmethode für Ihre Site ist jene, die Ihnen zum einen die größte Sicherheit bietet und sich zum anderen am besten in Ihre sonstigen Authentifizierungsverfahren einfügt. Außerdem möchten wir darauf hinweisen, daß Benutzer normalerweise eine Schnittstelle bevorzugen, die sich einfach bedienen läßt. In bezug auf die Authentifizierung bedeutet das meist, daß Sie es vermeiden sollten, einem Benutzer mehrere Paßwörter zuzuordnen, wo immer das möglich ist.

CGI-Skripten für häufige Aufgaben

In diesem Abschnitt stellen wir Ihnen einige Perl-CGI-Skripten vor, die Sie für einen Teil der angesprochenen Aufgaben einsetzen können. Die folgenden Beispiele setzen voraus, daß Sie einen Webserver, Perl 5 (*http://www.perl.com/*) und das Perl-Modul CGI.pm (*http://www.cpan.org/modules/by-module/CGI/CGI.pm-2.56.tar.gz*) installiert haben. CGI.pm ist eine Perl-Bibliothek, mit der Sie einfache CGI-Skripten entwickeln können. Die Dokumentation zu CGI.pm finden Sie unter *http://stein.cshl.org/WWW/software/CGI/*.

Es wird sehr empfohlen, daß Sie einen Webserver verwenden, der SSL beherrscht. Die Einzelheiten der Installation eines SSL-fähigen Webservers würden den Rahmen dieses Buchs sprengen. Am einfachsten und schnellsten ist es, wenn Sie den frei verfügbaren Apache-SSL (*http://www.apache-ssl.org/*) und OpenSSL (*http://www.openssl.org/*) einsetzen.

Ändern eines Paßworts

Das in diesem Abschnitt beschriebene Werkzeug zum Ändern des Paßworts benutzt das frei verfügbare CGI-Programm *chpasswd*. Sie können *chpasswd* von der Homepage seines Autors (*http://sic.popnet.pl/~mlody/chpasswd/chpasswd-1.3.tar.gz*) oder von FreshMeat (*http://freshmeat.net/appindex/web/tools.html*) herunterladen.

Im Netz finden Sie eine Vielzahl webbasierter Werkzeuge zum Ändern von Paßwörtern. Wir benutzen zur Erläuterung *chpasswd*, weil dieses Programm Standard-Unix-Paßwörter und Shadow-Paßwörter ändern kann und so den Ansprüchen von Sites genügt, die die Unix-Authentifizierung verwenden. Viele andere Werkzeuge, die wir gefunden haben, benutzen ein *setuid*-Perl- oder Shell-Skript, um das Paßwort zu ändern. Bei *chpasswd* handelt es sich im Gegensatz dazu um ein kompiliertes Programm. Und obwohl es auch ein *setuid*-Programm ist, bergen *setuid*-Programme weniger Risiken als *suid*-Skripten, die zusätzlich von externen Programmen abhängig sind, die beispielsweise durch eine Kopie der *bash* ausgetauscht werden könnten. Durch diesen Austausch könnten bösartige Benutzer leicht root-Berechtigungen erhalten. *chpasswd* bietet als zusätzliche Sicherheit die Auswertung einer *deny*-Datei (*/etc/www.deny*), bevor eine

Anfrage verarbeitet wird. Benutzer, die in */etc/www.deny* aufgeführt sind (z.B. *root*), dürfen ihr Paßwort nicht über das CGI-Programm ändern. *chpasswd* protokolliert die Ergebnisse jeder Paßwortänderung per syslog.

chpasswd wurde ursprünglich für Linux entwickelt, wir haben es jedoch auch erfolgreich unter Solaris installiert und eingesetzt. Da das *chpasswd*-Programm die systemeigene *crypt*-Funktion verwendet, sollte es ebenso unter anderen Unix-Varianten funktionieren. Denken Sie jedoch daran, daß *crypt* Kryptographie nur schwach unterstützt und daher auch nur geringe Sicherheit bietet.

Um *chpasswd* zu übersetzen, laden Sie die Quelldistribution herunter, entpacken Sie sie, und führen Sie das *configure.sh*-Skript aus. Das Skript fragt Sie nach dem Pfad zu Ihrem *cgi-bin*-Verzeichnis und dem HTTP-Pfad zum *chpasswd*-CGI-Skript. Nachdem Sie das *configure.sh*-Skript ausgeführt haben, führen Sie *make* und *make install* aus. *make install* kopiert das *chpasswd.cgi*-Programm in das *cgi-bin*-Verzeichnis und installiert im Quellverzeichnis ein rudimentäres HTML-Formular zum Ändern des Paßworts, das die eingegebenen Daten an das CGI-Skript sendet. Beispiel 14-1 enthält eine leicht veränderte Version dieses Formulars.

Beispiel 14-1: Formular zum Ändern des Paßworts

```
<HTML>
<HEAD>
<TITLE>Pa&szlig;wort &auml;ndern</TITLE>
</HEAD>
<BODY>

<H1>&Auml;ndern Sie Ihr Pa&szlig;wort</H1>

<form method="POST" action="https://themullets.net/cgi-bin/chpasswd.cgi">

<PRE>
Benutzername:              <input type="text" name="login">
Aktuelles Pa&szlig;wort:   <input type="password" name="password">
Neues Pa&szlig;wort:       <input type="password" name="newpassword">
Neues Pa&szlig;wort best&auml;tigen: <input type="password" name="newpassword2">
</PRE>

<P>
<input type="submit" value="OK"> <input type="reset" value="RESET"><BR>
</FORM>
</BODY>
</HTML>
```

Überprüfen der Quota

Sites, die den UW IMAP-Server einsetzen, konfigurieren den Server häufig so, daß er die privaten Ordner in den Home-Verzeichnissen der Benutzer speichert. Da UW die IMAP-Quota-Erweiterung nicht explizit unterstützt, wird normalerweise auf die Quota-Unterstützung des Betriebssystems zurückgegriffen. In diesem Fall ist es praktisch, wenn Sie

Ihren Benutzern ein Werkzeug zur Verfügung stellen, mit dem sie ihre Quotas überprüfen können. In Beispiel 14-2 und Beispiel 14-3 sehen Sie ein CGI-Formular und einen Handler, mit denen die Benutzer ihre Quotas überprüfen können.

Beispiel 14-2: CGI-Formular zum Überprüfen von Quotas

```
#!/usr/local/bin/perl

use CGI;

$query = new CGI;

print $query->header;
print $query->start_html(-title=>'Pr&uuml;fen der Quota');
print $query->startform(-action=>"quota_results.cgi");

print $query->h1($query->center("Pr&uuml;fen der Quota"));
print $query->hr;
print <<EOM;
<p>Bitte Benutzernamen und Pa&szlig;wort eingeben. Anschlie&szlig;end "Quota
Pr&uuml;fen" dr&uuml;cken.<p>
EOM
print "Benutzername: ", $query->textfield(-name=>'user'),          $query->br;
print "Pa&szlig;wort: ", $query->password_field(-name=>'password'), $query->p;
print $query->center($query->submit('action','Quota pr&uuml;fen'));
print $query->hr;

print $query->endform;
print $query->end_html;
```

Der Formular-Handler in Beispiel 14-3 authentifiziert einen Benutzer anhand des eingegebenen Benutzernamens und des Paßworts. Danach wird ein externes Programm aufgerufen, das die Quota-Informationen für den entsprechenden Benutzer ermittelt. Die Einzelheiten der Authentifizierung haben wir zugunsten der Allgemeingültigkeit weggelassen.

Beispiel 14-3: CGI-Formular-Handler zum Überprüfen der Quotas

```
#!/usr/local/bin/perl-T

use CGI qw(:standard);

$query = new CGI;
$user     = $query->param('user');
$password = $query->param('password');

print $query->header;
print $query->start_html(-title=>'Pr&uuml;fen der Quota');
print $query->center($query->h1("Quota-Ergebnisse"));
print $query->hr;

if (correct_pass("$user","$password") == 1) {
```

Beispiel 14-3: CGI-Formular-Handler zum Überprüfen der Quotas (Fortsetzung)

```
    $quota = `/opt/apache/cgi-bin/quota $user`;

    print <<EOF;
    Quotagrenzen und aktuelle Auslastung f&uuml;r $user:<p>

    <pre>$quota</pre>
EOF
} else {
    print "Login ung&uuml;ltig. Bitte versuchen Sie es erneut."
}

print $query->p,$query->hr;
print $query->end_html;
```

Das Programm, das die eigentliche Quota-Überprüfung innerhalb des CGI-Skripts vornimmt, ist ein kompiliertes C-Programm. Es handelt sich um ein *setuid*-Programm, das den Unix-Befehl *quota* ausführt. CGI-Skripten laufen fast immer unter der gleichen Benutzerkennung wie der Prozeß des Webservers. Im Normalfall ist das die nicht-privilegierte Benutzerkennung *nobody*, unter der *quota* keine Informationen anderer Benutzer ermitteln kann. Das *setuid*-Programm, auch Wrapper genannt, ändert den Eigentümer des Prozesses auf einen privilegierten Benutzer, bevor es den Unix-Befehl ausführt. Nachdem der Befehl ausgeführt wurde, ändert das Programm den Eigentümer des Prozesses wieder zurück auf den ursprünglichen Wert.

Es gibt noch andere Lösungen, um die Probleme zu beheben, die sich ergeben, wenn der Webserver unter einer nicht-privilegierten Benutzerkennung ausgeführt wird. Einige von ihnen können Sie verwenden (beispielsweise sorgfältig geschriebene setuid-Wrapper), und andere sollten Sie unbedingt meiden (z.B. es aufzugeben und den Webserver unter *root* zu betreiben). setuid-Programme haben ihre eigenen Sicherheitsprobleme, die Gefahren sind jedoch im Gegensatz zu anderen Lösungen überschaubar. Die Dokumentation der GNU-C-Bibliothek (*http://www.gnu.org/manual/glibc-2.0.6/html_mono/libc.html*) enthält ein paar hervorragende Richtlinien und Beispiele für das Schreiben guter setuid-Programme.

Der Quellcode des Wrappers *quota.c* ist in Beispiel 14-4 dargestellt. Achten Sie darauf, daß das setuid-Flag des fertigen Programms gesetzt und der Eigentümer des Programms *root* sein muß. Wenn eine der beiden Voraussetzungen nicht erfüllt ist, kann das Programm den Eigentümer des Prozesses nicht verändern und hat dann nicht die entsprechenden Rechte, um den *quota*-Befehl auszuführen:

```
# gcc -o quota quota.c
# chown root:other quota
# chmod 4755 quota
# ls -l quota
-rwsr-xr-x   1 root     other        8660 Jan  2 20:54 quota*
```

In Abbildung 14-1 und Abbildung 14-2 sehen Sie Screenshots des CGI-Formulars und der Ausgaben des Handlers.

Beispiel 14-4: Der setuid-Wrapper für den Quota-Befehl

```
#include <stdio.h>
#include <sys/types.h>
#include <unistd.h>
#include <stdlib.h>

static uid_t euid, ruid;

/* Setzt die effektive UID auf den Anfangswert zurück. */

void
do_setuid (void)
{
  int status;

  status = setreuid (ruid, euid);
  if (status < 0) {
    fprintf (stderr, "Kann uid nicht setzen.\n");
    exit (status);
    }
}

/* Setzt die effektive UID auf die reale UID. */

void
undo_setuid (void)
{
  int status;

  status = setreuid (euid, ruid);
  if (status < 0) {
    fprintf (stderr, "Kann uid nicht setzen.\n");
    exit (status);
    }
}

/* Hauptprogramm. */

int
main(int argc, char **argv)
{
    FILE *fp;
    int pid, pipefds[2];
    char *user = argv[1];
    static uid_t euid, ruid;

    if (argc != 2) { printf("Aufruf: %s Benutzer\n", *argv); exit(1); }

    /* Sichern der realen und der effektiven UIDs.  */
    ruid = getuid ();  euid = geteuid ();
    undo_setuid(); /*Zur Sicherheit wird die suid-Funktionalitaet disabled */
```

Beispiel 14-4: Der setuid-Wrapper für den Quota-Befehl (Fortsetzung)

```
    if (pipe(pipefds) < 0) {
        perror("pipe"); exit(1);
        }

    if ((pid = fork()) < 0) {
        perror("fork"); exit(1);
        }

    if (pid == 0) {
        close(0);
        dup(pipefds[0]);
        close(pipefds[0]);
        close(pipefds[1]);

        /* Setzt den Eigentuemer auf die reale UID (Dateieigentuemer) */

        do_setuid();
        execl("/usr/sbin/quota", "quota", "-v", user, (char *) 0);
        undo_setuid();

        perror("exec");
        exit(1);
    }

    close (pipefds[0]);
    exit(0);
}
```

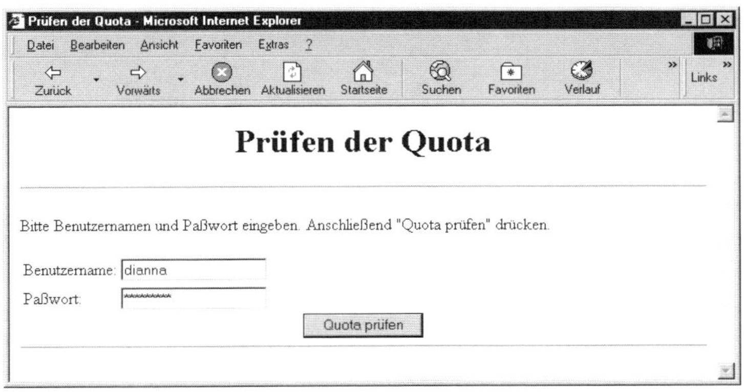

Abbildung 14-1: CGI-Quota-Formular

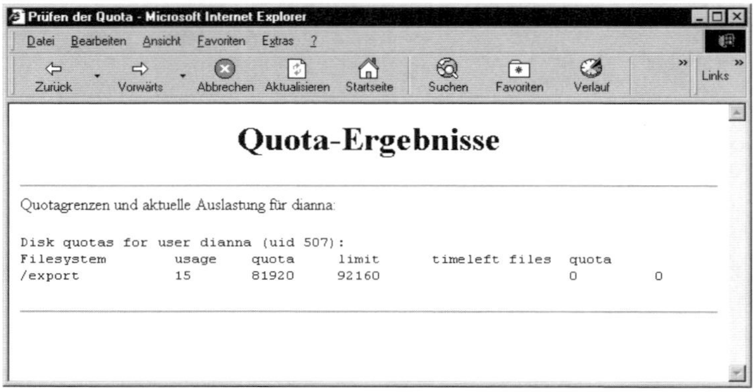

Abbildung 14-2: Ausgaben des CGI-Quota-Handlers

Überprüfen von IMAP-Quotas

Sites, die den Cyrus IMAP-Server einsetzen, können statt der Betriebssystem-Quotas von Unix auch die IMAP-spezifischen Quotas verwenden. Die Ermittlung von Quota-Informationen erfolgt dann entweder über das IMAP-Protokoll oder über das Administrationswerkzeug *cyradm*. Die folgenden Beispiele zeigen, wie die Quota-Informationen eines Benutzers über IMAP abgerufen werden können. Das CGI-Formular finden Sie in Beispiel 14-5.

Beispiel 14-5: CGI-Formular zum Überprüfen von IMAP-Quotas

```
#!/usr/local/bin/perl

use CGI;

$query = new CGI;

print $query->header;
print $query->start_html(-title=>'Pr&uuml;fen der IMAP-Quota');
print $query->startform(-action=>"imapquota_results.cgi");

print $query->h1($query->center("Pr&uuml;fen der IMAP-Quota"));
print $query->hr;
print <<EOM;
<p>Bitte Benutzernamen und Pa&szlig;wort eingeben. Anschlie&szlig;end "Quota
Pr&uuml;fen" dr&uuml;cken.<p>
EOM
print "Benutzername: ", $query->textfield(-name=>'user'),          $query->br;
print "Pa&szlig;wort: ", $query->password_field(-name=>'password'), $query->p;
print $query->center($query->submit('action','Quota pr&uuml;fen'));
print $query->hr;
print $query->endform;
print $query->end_html;
```

Beispiel 14-6 enthält den Handler für das CGI-Formular. Nachdem der Benutzer authentifiziert wurde, stellt das CGI-Skript eine Verbindung zum IMAP-Port her, meldet den Benutzer an und führt den IMAP-Befehl *getquotaroot* aus, um die Quota-Root des Benutzers zu ermitteln. Beachten Sie, daß der Handler das Perl-Modul Telnet.pm voraussetzt. Dieses Net::Telnet-Modul müssen Sie unter Umständen noch installieren, da es nicht in der Perl-Standarddistribution enthalten ist.[1]

Beispiel 14-6: CGI-Formular-Handler zum Überprüfen von IMAP-Quotas

```
#!/usr/local/bin/perl

use CGI qw(:standard);
unshift (@INC, '/usr/local/lib/perl5/site_perl/5.005/Net');
use Telnet;

$query = new CGI;
$user     = $query->param('user');
$password = $query->param('password');

print $query->header;
print $query->start_html(-title=>'Pr&uuml;fen der IMAP-Quota');
print $query->center($query->h1("IMAP-Quota-Ergebnisse"));
print $query->hr;

if (correct_pass("$user","$password") == 1) {

    $quotainfo = check_quota($user,$password);
    print <<EOF;
    IMAP-Quota-Grenzen und aktuelle Auslastung f&uuml;r $user:<p>

    <pre>$quotainfo</pre>
EOF
} else {
    print "Login ung&uuml;ltig. Bitte versuchen Sie es erneut."
}

print $query->p,$query->hr;
print $query->end_html;
## Funktion:    check_quota
##
## Zweck:       Meldet den Benutzer am IMAP-Server an und fuehrt
##                GETQUOTAROOT aus, gibt die Auslastung und die Grenzen zurueck
##
sub check_quota {

    my ($username, $passwd) = @_;
    my $hostname = "imap.unt.edu";

    my $imap = new Net::Telnet (Telnetmode => 0);
    $imap->open(Host => $hostname, Port => 143);
```

1 Bis zur Perl-Version 5.005_03.

Beispiel 14-6: CGI-Formular-Handler zum Überprüfen von IMAP-Quotas (Fortsetzung)

```
    ## Verbindungsstatus auslesen

    $line = $imap->getline;
    die $line unless $line =~ /OK/;

    ## Benutzer anmelden

    $imap->print("0 login $username $passwd");
    $line = $imap->getline;
    die $line unless $line =~ /OK/;

    ## Quota-Grenzen und Auslastung ermitteln

    $imap->print("0 getquotaroot inbox");
    @lines = $imap->getlines(Timeout => 30);

    foreach $line (@lines) {
        chop $line;

        if ($line =~ /STORAGE/) {
            ($junk, $remainder) = split (/\(/, $line);
            $remainder = substr ($remainder, 0, -1);
            ($resource, $usage, $quota) = split (' ', $remainder);
            last;
        }
    }

    return "Ihre IMAP-Quota ist $quota KBytes: Sie haben $usage KBytes belegt.\n";
    exit;
}
```

In Abbildung 14-3 und Abbildung 14-4 sehen Sie Screenshots des CGI-Formulars zur Abfrage der IMAP-Quotas und der Ausgaben des Handlers.

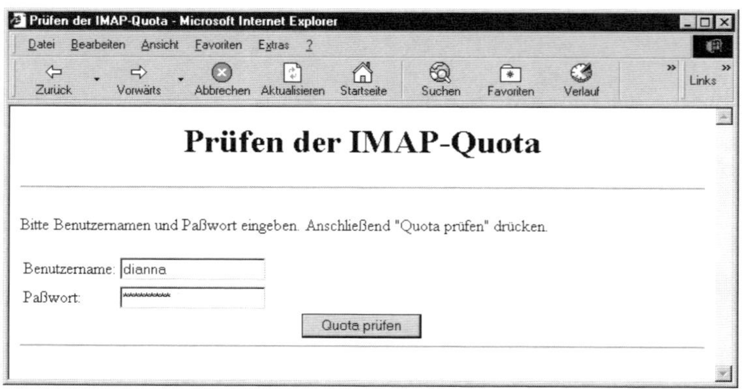

Abbildung 14-3: CGI-Formular für IMAP-Quotas

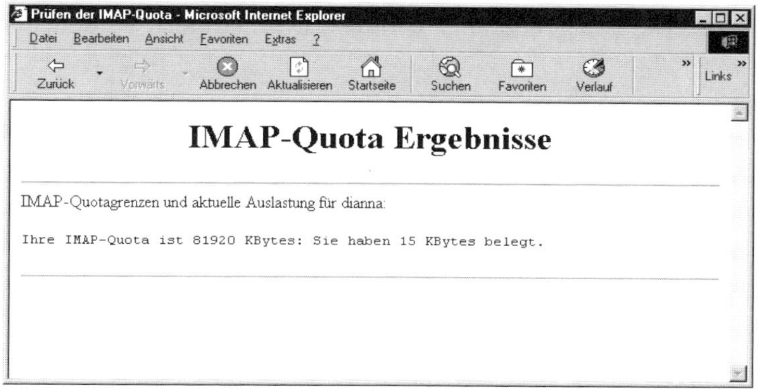

Abbildung 14-4: Ausgaben des CGI-Handlers für IMAP-Quotas

Einschränken der angebotenen Dienste

Wenn Sie sich entscheiden, einen dedizierten IMAP-Server aufzubauen, sollten Sie einige Dinge erledigen, die bei der Vorbereitung des Servers helfen und dazu beitragen, seine Aktivitäten auf die eigentliche Aufgabe – IMAP – zu beschränken. Die notwendigen Arbeiten lassen sich in Gruppen einteilen: die Begrenzung der Anzahl der Serverprozesse, die Entfernung oder Einschränkung nicht-administrativer Benutzer-Accounts und die Reduzierung unnötiger Serverbelastung.

Serverprozesse reduzieren

In der Konfiguration, in der Ihr Betriebssystem geliefert wird, unterstützt es wahrscheinlich eine Vielzahl von Diensten über den *inetd*-Superserver. Keiner dieser Dienste ist für den IMAP-Server notwendig. In den meisten Fällen können Sie die *inetd*-Dienste in Ihrer Konfigurationsdatei auf eine einzige Zeile einschränken, die für den jeweiligen IMAP-Server verantwortlich ist. Wenn sich keine nicht-privilegierten Benutzer auf Ihrem Mailserver anmelden müssen, ist es für Sie etwas einfacher, Annahmen darüber zu treffen, welche Client-Software diese Benutzer einsetzen. Wenn Sie beispielsweise davon ausgehen, daß

- interaktive Logins, falls überhaupt erlaubt, nur via Secure Shell (SSH) möglich sind und der SSH-Dämon nicht per *inetd* gestartet wird und
- der MTA als eigenständiger Dämon ausgeführt wird, genau wie sendmail,

dann gibt es keinen Grund dafür, mehr als eine Zeile in die Konfigurationsdatei *inetd.conf* aufzunehmen.

Nachdem Sie die *inetd.conf*-Datei bereinigt haben, senden Sie dem *inetd*-Prozeß ein HUP-Signal, um die veränderte Konfiguration zu aktivieren. Verwenden Sie danach *netstat*, um sich einen Überblick darüber zu verschaffen, welche Dienste nun noch auf eingehende Verbindungen warten (»listen«). Hier das Beispiel eines Rechners, auf dem die *inetd.conf*-Datei noch nicht vollständig bereinigt wurde (die Ausgaben wurden mit *egrep* gefiltert und damit gekürzt):

```
% netstat -a | egrep -i '(tcp|udp|listen|\*|local)'

UDP
   Local Address        State
      *.sunrpc          Idle
      *.*               Unbound
      *.32771           Idle
      *.32773           Idle
      *.32774           Idle
      *.tftp            Idle
      *.32776           Idle
      *.lockd           Idle
      *.32779           Idle
      *.syslog          Idle
      *.22370           Idle
      *.nfsd            Idle
      *.32800           Idle
      *.32801           Idle
      *.snmp            Idle
      *.*               Unbound
      *.erpc            Idle
      *.37407           Idle
      *.36161           Idle
      *.36629           Idle
      *.36798           Idle
      *.36799           Idle
      *.36805           Idle
      *.762             Idle
TCP
   Local Address        Remote Address     Swind Send-Q Rwind Recv-Q  State
      *.sunrpc             *.*                0      0      0      0 LISTEN
      *.32771              *.*                0      0      0      0 LISTEN
      *.imap               *.*                0      0      0      0 LISTEN
      *.cyrus              *.*                0      0      0      0 LISTEN
      *.ftp                *.*                0      0      0      0 LISTEN
      *.echo               *.*                0      0      0      0 LISTEN
      *.lockd              *.*                0      0      0      0 LISTEN
      *.32772              *.*                0      0      0      0 LISTEN
      *.22370              *.*                0      0      0      0 LISTEN
      *.nfsd               *.*                0      0      0      0 LISTEN
      *.32774              *.*                0      0      0      0 LISTEN
      *.32775              *.*                0      0      0      0 LISTEN
      *.pop-3              *.*                0      0      0      0 LISTEN
      *.7937               *.*                0      0      0      0 LISTEN
      *.3306               *.*                0      0      0      0 LISTEN
      *.80                 *.*                0      0      0      0 LISTEN
      *.smtp               *.*                0      0      0      0 LISTEN
      *.22                 *.*                0      0      0      0 LISTEN
```

Beachten Sie, daß einige Dienste zwar nach den Einträgen aus */etc/services* benannt sind, andere jedoch nicht. Außerdem erfahren Sie durch *netstat* nicht in jedem Fall, welches Serverprogramm den jeweiligen Port bedient (z.B. *httpd* oder *inetd*).

Der Befehl *lsof* (list open files – Anzeige offener Dateien) eignet sich viel besser für die Erstellung einer umfangreichen Übersicht aller Dienste und der dazugehörigen Serverprozesse auf Ihrem Rechner. Wenn Sie jemals IRIX benutzt haben, sind Sie wahrscheinlich mit einem ähnlichen Werkzeug namens *fuser* vertraut, das in etwa die gleiche Funktionalität bietet wie *lsof*. Neben den Prozessen, die eine bestimmte Datei verwenden, kann *lsof* Ihnen auch die Prozesse anzeigen, die bestimmte TCP- und UDP-Sockets geöffnet haben. Der folgende Befehl erstellt wie der vorangegangene *netstat*-Befehl eine ausführliche Übersicht aller Dienste, die auf einem Rechner angeboten werden, und zeigt zusätzlich die entsprechenden Serverprozesse und deren Eigentümer an:

```
% lsof -i | egrep -i '(command|listen|idle)' | sort

COMMAND      PID USER   FD  TYPE     DEVICE SIZE/OFF NODE NAME
automount    162 root   9u  inet 0xf5c4e968      0t0  UDP *:762 (Idle)
erpcd        284 root   3u  inet 0xf5f5e650      0t0  UDP *:erpc (Idle)
hpnpd        227 root   3u  inet 0xf5e0f1a0      0t0  UDP *:22370 (Idle)
hpnpd        227 root   4u  inet 0xf5e0f130      0t0  TCP *:22370 (LISTEN)
httpd       2934 root  20u  inet 0xf5e0f2f0      0t0  TCP *:80 (LISTEN)
httpd       4136  www  20u  inet 0xf5e0f2f0      0t0  TCP *:80 (LISTEN)
httpd      17981  www   5u  inet 0xf5e0f280   0t4051  TCP *:57651 (IDLE)
httpd      17981  www  20u  inet 0xf5e0f2f0      0t0  TCP *:80 (LISTEN)
httpd      21277  www  20u  inet 0xf5e0f2f0      0t0  TCP *:80 (LISTEN)
httpd      21425  www  20u  inet 0xf5e0f2f0      0t0  TCP *:80 (LISTEN)
httpd      23094  www  20u  inet 0xf5e0f2f0      0t0  TCP *:80 (LISTEN)
httpd      25665  www  20u  inet 0xf5e0f2f0      0t0  TCP *:80 (LISTEN)
httpd      26498  www  20u  inet 0xf5e0f2f0      0t0  TCP *:80 (LISTEN)
imapd      19062  kwm   6u  inet 0xf5f5e3b0      0t0  UDP *:36798 (Idle)
imapd      19069  kwm   6u  inet 0xf5f5e030      0t0  UDP *:36799 (Idle)
inetd        136 root   5u  inet 0xf5b302e8      0t0  TCP *:imap (LISTEN)
inetd        136 root   6u  inet 0xf5b30278      0t0  TCP *:cyrus (LISTEN)
inetd        136 root   7u  inet 0xf5b30208      0t0  TCP *:ftp (LISTEN)
inetd        136 root   8u  inet 0xf5b30198      0t0  UDP *:tftp (Idle)
inetd        136 root  12u  inet 0xf5b300b8      0t0  TCP *:echo (LISTEN)
inetd        136 root  21u  inet 0xf5e0f7c0      0t0  TCP *:pop-3 (LISTEN)
lockd        141 root   4u  inet 0xf5e0fc90      0t0  UDP *:lockd (Idle)
lockd        141 root   5u  inet 0xf5e0fc20      0t0  TCP *:lockd (LISTEN)
micq       17882  kwm   5u  inet 0xf5f5e1f0  0t81531  UDP *:36629 (Idle)
mountd       271 root   4u  inet 0xf5f5eb90      0t0  UDP *:32800 (Idle)
mountd       271 root   6u  inet 0xf5f5eab0      0t0  TCP *:32774 (LISTEN)
mysqld      8265 root   3u  inet 0xf5f5e500      0t0  TCP *:3306 (LISTEN)
nfsd         269 root   4u  inet 0xf5f5ed50      0t0  UDP *:nfsd (Idle)
nfsd         269 root   5u  inet 0xf5f5ece0      0t0  TCP *:nfsd (LISTEN)
nscd        5334 root  10u  inet 0xf5e0f3d0      0t0  UDP *:36161 (Idle)
nsrexecd    1377 root   3u  inet 0xf5f5ef10      0t0  TCP *:7937 (LISTEN)
rpc.bootp    276 root   0u  inet 0xf5f5e960      0t0  UDP *:32801 (Idle)
rpc.bootp    276 root   1u  inet 0xf5f5e8f0      0t0  TCP *:32775 (LISTEN)
rpcbind      112 root   3u  inet 0xf5b30d68      0t0  UDP *:sunrpc (Idle)
rpcbind      112 root   5u  inet 0xf5b30c88      0t0  UDP *:32771 (Idle)
```

```
rpcbind     112 root   6u  inet 0xf5b30c18     0t0  TCP *:sunrpc (LISTEN)
rpcbind     112 root   7u  inet 0xf5b30ba8     0t0  TCP *:61409 (IDLE)
sendmail  22010 root   7u  inet 0xf5e0f440     0t0  TCP *:smtp (LISTEN)
snmpd       279 root   0u  inet 0xf5f5e730     0t0  UDP *:snmp (Idle)
sshd        370 root   3u  inet 0xf5c4e658     0t0  TCP *:22 (LISTEN)
sshd      19112 root   8u  inet 0xf5f5e180     0t0  UDP *:36805 (Idle)
statd       139 root   3u  inet 0xf5e0fe50     0t0  UDP *:32776 (Idle)
statd       139 root   4u  inet 0xf5e0fd00     0t0  TCP *:32772 (LISTEN)
statd       139 root   9u  inet 0xf5e0f670     0t0  UDP *:32779 (Idle)
statd       139 root  10u  inet 0xf5c4ef18     0t0  UDP *:37407 (Idle)
syslogd     166 root   4u  inet 0xf5e0f4b0     0t0  UDP *:syslog (Idle)
ypbind      120 root   4u  inet 0xf5b30518     0t0  UDP *:32773 (Idle)
ypbind      120 root   6u  inet 0xf5b30588     0t0  UDP *:32774 (Idle)
ypbind      120 root  10u  inet 0xf5b304a8     0t0  TCP *:32771 (LISTEN)
```

Diese Auflistung zeigt das Serverprogramm, die Prozeß-ID, den Benutzer und den TCP- oder UDP-Port aller aktiven Dienste auf dem aktuellen Rechner an. Nachdem Sie den Befehl und den Benutzer kennen, können Sie herausfinden, wie der Dienst gestartet wird und wen Sie informieren müssen, wenn Sie den Dienst auf eine andere Maschine auslagern wollen.

Als nächstes müssen Sie die Benutzer auf Ihrem Rechner überprüfen und so viele wie möglich entfernen oder ihnen wenigstens die Möglichkeit nehmen, sich interaktiv anzumelden. Mit wachsender Verbreitung von NIS, Kerberos und einer Reihe weiterer Authentifizierungsmethoden, die die PAM-Schnittstelle nutzen können, liegt es im Bereich des Möglichen, daß Ihr Mailserver neben den Benutzern aus */etc/passwd* noch viele weitere Benutzer hat. Die Benutzer können an verschiedenen Stellen angegeben werden, beispielsweise in einer NIS-Password-Map oder in einer CRAM-Paßwort-Datenbank. Sie können auch den PAM-Konfigurationsdateien (auf vielen Systemen unter */etc/pam.d/*) Hinweise auf weitere Ablageorte für Zugangsdaten Ihrer Benutzer entnehmen.

Abschließend führen Sie *ps* auf Ihrem Rechner aus, überprüfen die *crontabs*, *at*-Queues (meist unter */var/spool/cron*) und die */etc/rc?.d/**-Dateien. Damit finden Sie nicht nur heraus, welche Prozesse zur Zeit auf Ihrem System laufen, sondern auch, was zukünftig bei jedem Systemstart oder zu beliebigen anderen Zeitpunkten gestartet wird. Wahrscheinlich ist Ihre erste Reaktion auf diese Hinweise, sie zu ignorieren, schließlich sind Sie der Systemadministrator des Mailservers und sollten selbst am besten über alle Dinge Bescheid wissen, die auf diesem Server vor sich gehen. Sollten jedoch mehrere Personen root-Zugriff auf den Server haben, ist es egal, wie ausgeklügelt Ihr Arbeitsablauf organisiert ist. Sie werden sicher einige kleine Überraschungen erleben, wenn Sie den Server genauer unter die Lupe nehmen.

Der letzte Schrei für dedizierte Server

Wir wollen noch kurz auf ein Konzept eingehen, bei dem auch SMTP von IMAP getrennt wird. Das bedeutet, daß verschiedene Maschinen für den IMAP-Zugang zum Mail-Speicher und für das SMTP-Routing eingesetzt werden. Im Schema, das Sie in Abbildung 14-5 sehen, benutzt der SMTP-Router das Local Mail Transport Protocol (LMTP), um mit dem IMAP-Server zu kommunizieren.

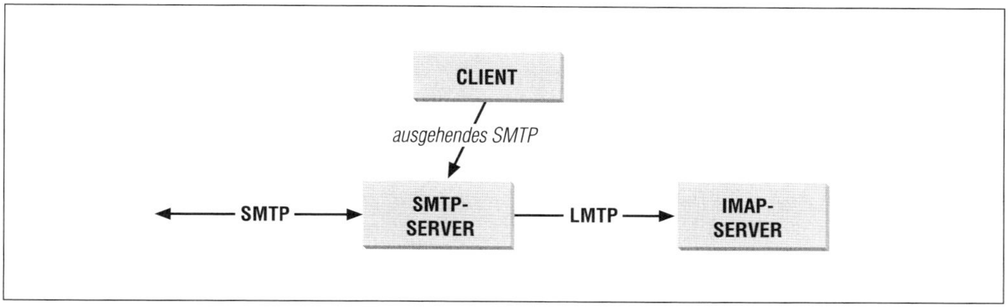

Abbildung 14-5: Trennung von SMTP- und IMAP-Server

Auf diese Weise verbraucht der IMAP-Server keine Rechenleistung und I/O-Bandbreite, um die SMTP-Queue abzuarbeiten. Dieses Verfahren wurde bereits von einigen Testpersonen erfolgreich angewandt und beginnt sich langsam zu verbreiten.

15

Serverseitige Mail-Filterung

Warum auf dem Server filtern?

Der alte Spruch »weniger ist mehr« gilt auch für E-Mails. Wenn Sie Mailinglisten abonnieren, ins Usenet posten oder Web-Sites besuchen, die Ihre Mail-Adresse als Teil eines Registrierungsprozesses abfragen, laufen der Charakter und die Menge der E-Mails, die Sie bekommen, schnell aus dem Ruder. Sie werden sich wünschen, bestimmte Arten von E-Mails, wie SPAM (unerwünschte Werbe-Mails), zu entsorgen, noch bevor Sie sie zu Gesicht bekommen. Quasi-unerwünschte E-Mails und das Mail-Aufkommen einiger Mailinglisten möchten Sie vielleicht sofort in bestimmte Mailboxen einordnen, um Ordnung zu bewahren.

Viele Benutzer verwalten ihre E-Mails mit clientseitigen Filtern. In diesen Fällen ist eine Filterung nur möglich, während der Client auf der Workstation läuft. Die E-Mails müssen auf den Client übertragen werden, bevor sie gefiltert werden können. Demgegenüber ist bei der serverseitigen Filterung die Übertragung der Nachrichten nicht erforderlich. Die Filterung findet auf dem Server statt und hält somit die raren Ressourcen der Clients für andere Aufgaben frei. Wenn Sie Ihre Workstation ausschalten und eine Woche Urlaub machen, wird die Filterung trotzdem fortgesetzt. Alle Mails, die Sie während Ihrer Abwesenheit bekommen, finden Sie bei Ihrer Rückkehr säuberlich sortiert vor.

Procmail und Sieve sind verbreitete Herangehensweisen an die serverseitige Filterung. Procmail ist der Urahn der Mail-Filtersoftware. Procmail ist das leistungsfähigere der beiden Produkte und auch das am schwierigsten zu verwendende. Es wird am häufigsten von ISPs unterstützt und hat die größte Anhängerschaft, weil es schon lange zur Verfügung steht. Außerdem ist Procmail flexibler, weil es mit ihm möglich ist, Nachrichten über eine Pipe an beliebige Programme oder Skripten weiterzuleiten. Die Alternative ist Sieve, das prototypische Standards aufgreift, die von verschiedenen Internet-Drafts definiert werden. Sie finden diese Vorschläge unter *http://www.cyrusoft.com/sieve/*. Sieve ist der neue Mitspieler, der die meisten Standards berücksichtigt und die größte Sicherheit bietet. Sieve hat das Potential, für die meisten Benutzer attraktiv zu sein. Sieve ist sicherer als Procmail, weil es sich auf spezielle Filteraufgaben konzentriert.

Lassen Sie uns beide Produkte näher betrachten.

Procmail

Für jede Art von Software, egal ob für Clients, Server und auch für Anwendungsprogramme, gibt es Implementierungen, die fast oder völlig kostenlos verfügbar sind. Interessanterweise sind die freien Implementierungen manchmal die besten und am meisten genutzten Versionen. Nehmen Sie beispielsweise sendmail, das der bekannteste MTA sein dürfte. Ein weiteres gutes Beispiel ist Procmail. Fast ein Jahrzehnt wird es nun schon von Mail-Experten und anderen Benutzern verwendet, die seine Fähigkeiten zu schätzen wissen. Als einfaches, aber leistungsfähiges Programm zum Umgang mit E-Mails kann Procmail noch mehr, als nur eingehende Mails filtern. Abhängig von verschiedenen Attributen kann es Mails in bestimmte Dateien speichern, sie weiterleiten, automatisch beantworten, löschen oder anderweitig verarbeiten, wenn Sie die Verarbeitungsschritte in Software fassen können, beispielsweise in Shell- oder Perl-Skripten.

Wenn Sie sendmail als universelles Hilfsmittel betrachten, um Mails von einem MTA zum nächsten zu transportieren, können Sie sich Procmail als universelles Programm für MDAs vorstellen. In den meisten Fällen lassen sich Personen, die mit Procmail in Berührung gekommen sind, in eine von zwei Klassen einordnen: diejenigen, die völlig begeistert von Procmail sind, und diejenigen, die es sein werden, wenn sie irgendwann die Zeit finden, sich näher mit Procmail zu befassen.

1990 begann Stephen R. van den Berg damit, Procmail zu entwickeln. In den letzten Jahren haben sich Freiwillige zusammengefunden, um ihre Kräfte zu vereinen und bei der Entwicklung von Procmail zu helfen. Aus einer Sammlung nützlicher Werkzeuge, die eine einzelne Person entwickelt hat, soll ein fortwährendes Softwareprojekt entstehen, das ohne weiteres alle beteiligten Entwickler überdauern kann.

Um Procmail zu verwenden, definieren und verändern Sie eine Reihe von Filterregeln, in denen üblicherweise reguläre Ausdrücke zur Beschreibung verschiedener Merkmale der Header von Mail-Nachrichten verwendet werden, die Sie irgendwie weiterverarbeiten wollen.[1] Diejenigen, denen danach ist, können Procmail als spektakuläre Methode zur Automatisierung aller Arbeitsschritte benutzen, die notwendig sind, um Mails auszuwählen, die sie behalten wollen, und um diese in bestimmten Ordnern abzulegen sowie um unerwünschte Mails zu verwerfen.

1 Reguläre Ausdrücke (auch *regex*) sind das Unix-Äquivalent zu Kauderwelsch, eine Art der Beschreibung von Textmustern mit einer Vielzahl von Tokens und Ersetzungsregeln. `[aeiou](2,3) $` steht zum Beispiel für alle Wörter, die aus zwei oder drei Vokalen bestehen. Für unser Thema eher relevant wäre der reguläre Ausdruck »`^Subject:\ .*(M|m)ake\ (M|m)oney\ (F|f)ast`«, der auf viele unerwünschte Nachrichten zutreffen würde, die an Ihre Mailbox gesendet werden. Weitere Informationen finden Sie in *Reguläre Ausdrücke* von Jeffrey E. F. Friedl (O'Reilly) oder in den Manpages zu *egrep*(1) oder *regexp*(5).

Eine der reizvollen Eigenschaften von Procmail besteht darin, daß Sie den Nachrichten-Header, den Inhalt einer Nachricht oder beides über eine Pipe an einen externen Prozeß weiterleiten können. Durch diese mögliche Weiterleitung einer Mail an ein Skript sind die Verarbeitungsmöglichkeiten, die Sie auf eine E-Mail anwenden können, nur durch Ihre Phantasie begrenzt. Procmail wird bereits mit speziellen Filtern ausgeliefert, mit denen Sie wahrscheinlich 99 % der Aufgaben erledigen können, die Sie ausführen müssen. Deshalb wird es nicht immer notwendig sein, eine Mail an ein Skript weiterzuleiten. Wenn Sie beispielsweise eine Regel aufstellen wollen, die auf eingehende Mails automatisch mit dem ARTE-Fernsehprogramm des Tages antwortet, dann ist Procmail genau das, was Sie brauchen.

Wie wird Procmail installiert?

Sie können Procmail auf zwei Arten ausführen: entweder als systemweiten MDA oder für einzelne Benutzer. Lassen Sie uns an dieser Stelle davon ausgehen, daß es aus irgendeinem Grund nicht praktikabel ist, Procmail als Standard-MDA einzusetzen, so daß es den Benutzern selbst überlassen bleibt, ob sie Procmail verwenden wollen.

Es gibt eine Vielzahl verschiedener Mirrors, von denen Sie die aktuelle Version von Procmail beziehen können. Zwei Informationsquellen sind die Procmail-Homepage (*http://www.procmail.org/*) und die Website zur Verarbeitung von Mails mit Procmail von Infinite Ink (*http://www.ii.com/internet/robots/procmail/*).

Auf der *procmail.org*-Website finden Sie einen Verweis auf die neueste stabile Version von Procmail (*ftp://ftp.procmail.org/pub/procmail/procmail.tar.gz*). Wenn Sie das Programmpaket heruntergeladen und entpackt haben, finden Sie im Hauptverzeichnis der Distribution die Datei INSTALL, in der empfohlen wird, die Dateien *config.h* und *Makefile* entsprechend anzupassen und danach ganz normal den Übersetzungsvorgang zu starten.

Wahrscheinlich kommen Sie auch ohne jede Veränderung der Dateien *config.h* und *Makefile* aus. Auf einem unserer Testsysteme, einer mäßig ausgelasteten Sun SPARC 10 unter Solaris 2.5.1 und mit *gcc*, führten wir *make* aus, ohne zuvor irgendwelche Veränderungen vorzunehmen. Der Übersetzungsvorgang war nach weniger als zwei Minuten und 40 Sekunden fehlerfrei abgeschlossen. Die Procmail-Entwickler haben viele Arbeitsschritte, die normalerweise von einem *configure*-Skript erledigt werden, in das Makefile integriert, so daß Sie für die Übersetzung von Procmail nicht viel mehr tun können, als Däumchen zu drehen und daran zu denken, daß »Spammer« bald nicht mehr Ihr Problem sein werden.

Der Übersetzungsvorgang von Procmail erzeugt die folgenden Programme:

Formail
: Formail ist fast ebenso nützlich wie Procmail. Sie können Formail nicht nur in Procmail-Regeln verwenden, sondern auch in Skripten, die eingehende E-Mails verarbeiten oder in andere Ablageformate umwandeln. Formail kann Nachrichten auf der Standardeingabe entgegennehmen und die Header-Felder *To:* und *From:* ver-

tauschen, um einen Rücksende-Header zu erzeugen. Formail kann veraltete Header-Felder mit »X-« entwerten oder völlig neue Felder hinzufügen. Es wird häufig am Anfang einer Procmail-Regeldatei benutzt, um Variablen, auf die später zugegriffen werden soll, mit den Werten wichtiger Felder der aktuellen Nachricht zu initialisieren.

Lockfile
: Die Verarbeitung von Internetnachrichten führt manchmal dazu, daß mehrere Prozesse gleichzeitig versuchen, ein und dieselbe Datei zu lesen oder in diese zu schreiben. Probleme mit dem Sperren von Dateien sind der Fluch aller, die sich mit Internet-Mail beschäftigen. Bei Lockfile handelt es sich um ein bombensicheres[2] Werkzeug, das Sie in Skripten zur Mail-Verarbeitung verwenden können. Es wird allerdings nicht direkt in Procmail-Regeln gebraucht. Wenn Sie jedoch ein Skript entwickeln müssen, das auf einem aktiven NFS-Dateisystem eine 10 Jahre alte VMS-Mail-Datei in das Unix-Mail-Format umwandeln soll, werden Sie vom Einsatz von Lockfile profitieren.

Procmail
: Das Schweizer Messer der E-Mail-Verarbeitung. Procmail liest jeweils eine Nachricht von seiner Standardeingabe ein und verarbeitet sie entsprechend den Regeln (»recipes«) einer Regeldatei. Diese Regeln können anhand unterschiedlicher Kriterien Nachrichten löschen, sie in flache Mailbox-Dateien oder in MH-Mailbox-Ordner speichern, an den Absender zurücksenden oder über Pipes an andere Programme zur weiteren Verarbeitung weiterleiten. Als Kriterien, anhand derer die durchzuführenden Aktionen ermittelt werden, kann fast alles dienen, beispielsweise Inhalte von Nachrichten-Headern, die Nachrichtengröße oder externe Faktoren wie die Systemzeit oder die Systemauslastung.

Mailstats
: Mailstats ist ein cleveres kleines Shell-Skript, das die Protokolldatei von Procmail auf Statistiken darüber reduziert, wie viele Nachrichten und Bytes (absolut und durchschnittlich) an welche Ziele geleitet wurden.

Wie funktioniert Procmail?

Um Procmail im »Pro Benutzer«-Modus zu betreiben, wird es aus der *.forward*-Datei aufgerufen. Procmail setzt zuerst Umgebungsvariablen auf ihre Vorgabewerte, liest eine Nachricht bis zum EOF-Zeichen ein, unterteilt die Nachricht in ihren Header und ihren Körper und prüft, wenn keine Kommandozeilenargumente angegeben wurden, ob es die Datei *.procmailrc* im Home-Verzeichnis des Benutzers ($HOME) finden kann. Die Filterregeln in *.procmailrc* bestimmen, wohin eine Nachricht weitergeleitet werden soll – normalerweise in einen Mail-Ordner, manchmal jedoch auch an einen anderen Empfänger, oder sie wird nach */dev/null* verbannt.

---

2 Zweifel sind immer angebracht, wenn es um Mechanismen zum Sperren von Dateien geht, egal wie gut sie sind.

Wird keine *.procmailrc*-Datei gefunden oder können keine Regeln aus dieser Datei auf eine bestimmte Nachricht angewandt werden, speichert Procmail die Nachricht im Posteingangsordner des Benutzers.

Einfache Beispiele

Lassen Sie uns zur Sache kommen. Mit guten Beispielen für den Einsatz von Procmail ließe sich ein ganzes Buch füllen. Wir wollen Ihnen hier aber nur zeigen, wie Sie anfangen können und welche Richtung Sie einschlagen sollten. Sehen wir uns die folgende *.procmailrc*-Datei an.

In Beispiel 15-1 sehen Sie drei Regeln: Eine Regel löscht Nachrichten, eine andere speichert sie in einem Ordner, und eine weitere Regel leitet die Nachrichten an eine andere Mail-Adresse weiter.

Beispiel 15-1: Beispieldatei mit Procmail-Regeln

```
MAILDIR=$HOME/mail              # Dieses Verzeichnis muss vorhanden sein!
PATH=$HOME/bin:/usr/local/bin:/usr/bin:/usr/sbin
MYADDR=johndoe@imap.unt.edu
LOGFILE=$MAILDIR/procmail.log   # Protokolldatei zur Fehlersuche

#  REGEL 1: Nervigen SPAM herausfiltern und dem Bit-Recycling zufuehren
:0 w:
* ^Subject: .*((M|m)(AKE|ake)) ((M|m)(oney|ONEY)) ((F|f)(AST|ast)).*
/dev/null

#  REGEL 2: Nachrichten der Mailingliste in  einem Ordner ablegen
#
:0 w:                           # Sperrdatei für private Mail-Ordner verwenden
* ^(To|Cc): .*info-cyrus.*
info-cyrus

#  REGEL 3: Wichtige Nachrichten an meinen Pager weiterleiten
:0 c
* ^Priority: Urgent
! mypager@myhost.mydomain
```

Beachten Sie, daß die Syntax für Ordner- und Mailbox-Namen auf Cyrus-Servern etwas anders ist. Beispiele für Cyrus-spezifische Procmail-Regeldateien finden Sie in Kapitel 9, *Administration des Cyrus-Systems*. Zur Vereinfachung nehmen wir an, daß das betrachtete System Mail-Ordner im Unix-Standardformat unter *$HOME/mail* benutzt und daß eingehende Mails der Benutzer unter */var/spool/mail/$LOGNAME* abgelegt werden.

Beispiel 15-2 zeigt eine SPAM-Nachricht, auf die die Regeln der Procmail-Datei angewandt werden.

Regel 1 aus der Procmail-Regeldatei (Beispiel 15-1) sucht nach Nachrichten, deren Betreffzeile »MAKE MONEY FAST« enthält. Da es sich bei Beispiel 15-2 um eine solche Nachricht handelt, wird sie von Procmail ausgefiltert und nach */dev/null* umgeleitet, so daß sie nicht ausgeliefert wird.

Beispiel 15-2: Spam-Mail

```
Date: Mon, 23 Mar 1998 05:48:11 +0100
From: Spamford and Son <spamford@junk.com>
To: <kwm@kwm.net>
Reply-To: spamford@junk.com
Subject: MAKE MONEY FAST!!!!!

Our new printing presses let YOU make money three times faster
than our previous printing presses. And NOW, a special offer! Buy
three printing presses, and get a FREE, yes FREE, bail bond.
Hurry, don't wait! Limited time offer.
```

Beispiel 15-3 zeigt eine Nachricht, die an eine Mailingliste gesendet wurde. Regel 2 sucht alle Mails, die entweder direkt oder als Kopie an die *info-cyrus*-Mailingliste gesendet wurden, und sammelt sie im Ordner *~/mail/info-cyrus*. Beachten Sie, daß die erste Zeile der Regel zwei Flags enthält: ein »w« und ein »:«. Das *w* teilt Procmail mit, daß es warten soll, bis die Filteranweisung abgearbeitet wurde, und danach deren Rückkehrcode überprüfen soll. Schlug der Filter fehl, wird die Nachricht als nicht gefiltert betrachtet. Das *:* weist Procmail an, daß der Ordner so lange gesperrt werden soll, bis die Nachricht vollständig ausgeliefert wurde.

Beispiel 15-3: Nachricht von einer Mailingliste

```
Return-Path: <owner-info-cyrus@lists.andrew.cmu.edu>
Date: Sat, 25 Sep 1999 14:13:21 +0200 (CEST)
To: info-cyrus@lists.andrew.cmu.edu
Subject: Sieve
MIME-Version: 1.0
Content-Type: TEXT/PLAIN; charset=US-ASCII
Sender: owner-info-cyrus@lists.andrew.cmu.edu
Precedence: bulk

Could somebody post a sample Sieve script?
```

In Beispiel 15-4 sehen Sie eine dringende Warnung, die von einem Systemüberwachungsprogramm erzeugt wurde. Sie können Procmail dazu verwenden, eine eingehende Nachricht an eine andere Mail-Adresse weiterzuleiten. Dazu gehören natürlich auch Mail-Adressen von Pagern. Die dritte Regel in unserer Procmail-Regeldatei sucht Nachrichten, die mit dem Flag »Urgent« (dringend) markiert sind. In Beispiel 15-4 sehen Sie eine solche Nachricht. Procmail erkennt das und leitet die Mail an die Adresse meines Pagers *mypager@myhost.mydomain* weiter.

Beispiel 15-4: Dringende Nachricht

```
Return-Path: <root@localhost>
Date: Sun, 26 Sep 1999 18:10:21 +0200 (CEST)
To: operator@localhost
Subject:
Priority: Urgent

Warning: /var is out of bounds (usage 95%).
```

Risiken

Wenn Sie große Mengen E-Mail bekommen, sollten Sie Ihre Procmail-Regeln gründlich testen. Falls Procmail mehrfach nicht in der Lage ist, Mails zuzustellen, weil die Filterregeldatei fehlerhaft ist, kann sich die Mail-Queue des Systems füllen und einen Systemausfall verursachen.[3] Das Ausprobieren einer vollkommen neuen *.procmailrc*-Datei ist ein bißchen wie die Szenen in Filmen, in denen der Held eine Bombe entschärfen muß, indem er entweder den roten oder den grünen Draht durchschneidet. Der Unterschied ist, daß es im Falle von Procmail einige Minuten dauern kann, bis Sie das Tosen von Hunderten oder Tausenden (je nachdem, wie groß das Mail-Aufkommen oder die Regeldatei ist, das bzw. die Sie versuchen zu verarbeiten) Nachrichten hören, die fehlerhaft ausgeliefert werden. Es gehört einfach dazu, daß jemand, der versucht, Procmail auszureizen, einige Tage damit verbringen muß, allen zu erklären, warum sie plötzlich pro Stunde 20 Kopien alter Mails zugestellt bekommen. Vertrauen Sie uns, wenn wir Ihnen empfehlen, neue Regeln an zwei oder drei Testnachrichten auszuprobieren.

In die Rubrik Risiken paßt auch der folgende Hinweis. Wenn Sie zwar einen Black-Box-Mailserver betreiben, allen Benutzern aber uneingeschränkten Zugriff auf ihre *.procmailrc*-Dateien erlauben, ist das, als ob Sie jedem von ihnen einen Shell-Account auf dem Mailserver geben. Tatsächlich kann es sogar noch schlimmer sein, je nachdem, wie Sie Procmail eingerichtet haben. Wenn Sie Ihren Mailserver auf einem allgemeinen Server betreiben, auf dem es Shell-Accounts und entsprechende Sicherheitsmaßnahmen gibt, ist es kein großes Problem, Ihren Benutzern auch beliebige Veränderungen ihrer *.procmailrc*-Dateien zu erlauben. Auf einem Black-Box-Mailserver empfehlen wir Ihnen jedoch sehr, die Änderungsfunktion in einem CGI-Skript zu implementieren, oder besser noch, Ihren Benutzern nur eine begrenzte Auswahl möglicher Einstellungen vorzugeben, aus denen sie das Verhalten von Procmail individuell zusammenstellen können. Das Skript sollte die *.procmailrc*-Datei stets völlig neu erzeugen.

An diesem Punkt sollte klargeworden sein, daß Procmail als vom Benutzer einzustellendes Filterprogramm zwar expertenfreundlich, aber eben nicht jedermanns Sache ist. An dieser Stelle kommt Sieve ins Spiel. Zugegeben, Sieve hat im Vergleich zu Procmail einen stark reduzierten Funktionsumfang, aber die meisten Benutzer sind auch nicht so anspruchsvoll wie Ihr durchschnittlicher Experte.

3 Die Autoren waren Zeugen, wie eine Maschine mit der Leistungsfähigkeit einer Sun Enterprise abrupt zum Stillstand kam, als ein Benutzer durch einen Fehler in seiner *.procmailrc*-Datei eine Lawine von Versuchen auslöste, nicht-zustellbare Nachrichten auszuliefern. Sie können sich etwas gegen einen solchen Vorfall schützen, indem Sie die Anzahl möglicher Prozesse pro Benutzer begrenzen.

Sieve

Sieve ist eine Sprache, die verwendet wird, um RFC 822-Nachrichten während der endgültigen Auslieferung zu filtern. Sie wird in RFC 3028 beschrieben. Sieve ist nicht zum Filtern von anderen Daten als RFC 822-Nachrichten vorgesehen, und es ist nicht von einer bestimmten Plattform, einem speziellen Protokoll oder einer Mail-Architektur abhängig.

Hintergrund

Es gibt momentan zahlreiche Filtermechanismen, alle mit eigener Syntax und Funktionalität, die nicht zusammenarbeiten können. Sehr zum Ärger für Benutzer und Systemadministratoren müssen vorhandene Mail-Filter angepaßt oder portiert werden, wenn ein Benutzer von einem Client auf einen anderen umsteigt oder von einem Server auf einen anderen verschoben wird. Wenn Sie jemals Benutzer von einem Unix-Mail-System auf ein Cyrus-System umgestellt haben, ist es wahrscheinlich, daß Sie die Schwierigkeiten mit Procmail-Benutzern bereits kennen. Procmail-Filter können nicht direkt von einem Unix-Mail-System auf ein Cyrus-System übernommen werden. Es gibt syntaktische Unterschiede, die aus den unterschiedlichen Mailbox-Formaten der beiden Systeme resultieren. Gäbe es eine standardisierte Filtersprache, könnten Softwareentwickler und -anbieter Filterschnittstellen schreiben, die gemeinsame Skripten verwenden können. Sieve soll genau dieser Standard sein.

Möglichkeiten

Sieve ist keine vollständige Programmiersprache. Mit Sieve können Sie kaum etwas anderes machen, als Mail-Filter zu schreiben. Sieve wurde so entworfen, daß es für Endanwender einfach ist, E-Mails zu filtern, während der Server gleichzeitig vor zerstörerischen Aktionen geschützt wird. Dieser Schutz wird möglich, da Benutzer weder Shell-Zugriffe durchführen noch Schleifen programmieren können. Sieve wurde außerdem so gestaltet, daß es sich einfach in graphische Mail-Clients einbinden läßt, wodurch es sich als plattform- und herstellerunabhängige Lösung anbietet. Trotz seiner Einfachheit umfaßt Sieve alle Eigenschaften, die ein Werkzeug zur Filterung von RFC 822-Nachrichten benötigt.

Sieve enthält außerdem einen Erweiterungsmechanismus, der es erlaubt, »fortgeschrittene« Funktionen zu implementieren. Einige Erweiterungen wurden bereits vorgeschlagen, dazu gehören:

- Der Mustervergleich mit regulären Ausdrücken.
- Die Möglichkeit zur detaillierten Adressierung. Diese Art der Adressierung ermöglicht es dem Absender einer Mail, die INBOX des Empfängers zu umgehen und die E-Mail direkt an einen bestimmten Ordner einer Mailbox zu schicken. Eine Nachricht, die beispielsweise an *kwm+sample@themullets.net* adressiert wäre, würde im Ordner *sample* des Benutzers *kwm@themullets.net* gespeichert werden, wenn es die entsprechende ACL zuläßt.

- Der *vacation*-Befehl.
- Die Möglichkeit, IMAP-Flags beim Ausliefern von Nachrichten zu setzen (beispielsweise \Deleted, \Answered oder \Seen).
- Der *include*-Befehl, um ein externes Sieve-Programm einzubinden.

Verfügbare Sieve-Implementierungen

Zur Zeit ist die einzige frei verfügbare Version einer Sieve-Implementierung die der Carnegie Mellon University (*ftp://ftp.andrew.cmu.edu/pub/cmu-sieve/*). Sieve ist Bestandteil aller Versionen des Cyrus IMAP-Servers ab Version 1.6.

Die aktuelle Implementierung sucht nach benutzerdefinierten Sieve-Skripten in den Home-Verzeichnissen der Benutzer. Wenn Sie die Black-Box-Version des Cyrus IMAP-Servers verwenden, muß Sieve offensichtlich in einem anderen Verzeichnis nach diesen Skripten suchen. Cyrus ab Version 1.6 verwendet zur Konfiguration dieses Verzeichnisses die Option *sievedir* in der Datei *imapd.conf*. In älteren Versionen müssen Sie zur Anpassung dieses Verzeichnisses den Quelltext ändern; diese Änderungen sind jedoch relativ trivial.

Andere Veränderungen, die zur Zeit noch in Arbeit sind, betreffen z.B. die Unterstützung der Ablage von Sieve-Skripten auf einem Server mit ACAP.

Sieve-Beispiele

Eine Auswahl einiger guter Beispiele für Sieve-Skripten finden Sie im RFC des Sieve-Standards (RFC 3028). Um Ihnen einen Eindruck von der Sieve-Syntax zu vermitteln, wollen wir im Anschluß eine Mail-Nachricht und einige Sieve-Skripten wiedergeben. Wir werden beschreiben, was mit der Nachricht geschieht, wenn sie von den einzelnen Sieve-Skripten verarbeitet wird. Die Beispielnachricht sehen Sie in Beispiel 15-5.

Beispiel 15-5: Beispielnachricht

```
Date: Tue, 8 Jul 1999 19:21:56 -0800 (PST)
From: niceguy@no.shame.org
To: johndoe@work.com
Subject: Make Money Fast!!!!!!!!!!

Wanted, 30 people earn $28 to lose 29 pounds in 31 days!!!
Guaranteed 100%! Don't delay!!! Go to http://www.over-18.com
immediately!!! Limited offer!!! Act now!!!
```

Eine *require*-Aktion deklariert eine Erweiterung, die in einem Sieve-Skript genutzt werden soll. Eine solche Erweiterung, die *vacation*-Erweiterung, haben wir bereits erwähnt. *fileinto* ist ebenfalls eine Erweiterung, deren Aufgabe es ist, Nachrichten in einem bestimmten Ordner zu speichern. Um eine Erweiterung nutzen zu können, muß sie vorher deklariert werden. Beispiel 15-6 speichert die Nachricht aus Beispiel 15-5 im Ordner *Spam* des Benutzers.

Beispiel 15-6: Die Aktionen require und fileinto

```
require "fileinto";
if header :contains ["from"] "niceguy" {
    fileinto "INBOX.Spam";
}
```

Die Aktion *reject* ermöglicht es Ihnen, die Auslieferung einer Nachricht zu verhindern und sie statt dessen an den Absender zurückzuschicken. Der zurückgesandten Nachricht wird eine erklärende Mitteilung hinzugefügt, der zu entnehmen ist, warum die Mail abgewiesen wurde. In Beispiel 15-7 wird unsere Nachricht an den Absender zurückgeschickt.

Beispiel 15-7: Die reject-Aktion

```
if header :contains "subject" "Make Money Fast" {
    reject "Tut mir leid, aber ich nehme keine Spam-Mail entgegen.";
}
```

discard verwirft einfach eine Nachricht, wie in Beispiel 15-8 zu sehen.

Beispiel 15-8: Die discard-Aktion

```
if header :contains ["from"] ["niceguy@no.shame.org"] {
    discard;
}
```

Dokumentationen zu Sieve

Hier noch einige Verweise auf Sites mit weiteren Informationen zu Sieve.

Die Sieve-Website

Die Sieve-Website wird direkt von Cyrusoft International, Inc. verwaltet und ist unter *http://www.cyrusoft.com/sieve/* zu erreichen.

Sieve-RFC und IETF-Drafts

Den Sieve-RFC finden Sie unter *http://www.ietf.org/rfc/rfc3028.txt*.

Verschiedene Vorschläge für Sieve-Erweiterungen finden Sie unter *http://search.ietf.org/search/brokers/internet-drafts/query.html*. Suchen Sie nach der Zeichenkette »sieve«, und Sie bekommen die entsprechenden Verweise etwa für die Vacation-Erweiterung und die IMAP-Flags-Erweiterung angezeigt. Beachten Sie jedoch, daß möglicherweise einige Erweiterungen zu offiziellen Standards erklärt werden. Eine Liste aller offiziellen RFCs finden Sie unter *http://www.ietf.org/iesg/1rfc_index.txt*.

Die Mailingliste und ihre Archive

Eine Diskusion zum Thema Sieve findet auf der »MTA Filters«-Mailingliste statt. Um sich für diese Liste anzumelden, schicken Sie eine Nachricht mit »subscribe« als Inhalt an die Adresse *ietf-mta-filters-request@imc.org*. Ein Archiv mit den Nachrichten aus der »MTA Filters«-Liste finden Sie unter *http://www.imc.org/ietf-mta-filters*.

Filtern oder Nicht-Filtern . . .

Es ist klargeworden, daß Procmail und Sieve leicht unterschiedliche Ziele verfolgen. Procmail ist flexibel genug, um die unterschiedlichsten Aufgaben zu erfüllen, angefangen von einem sich automatisch anpassenden Spam-Filter bis zu einem Dateiserver. Sieve dagegen bietet die Möglichkeit zur serverseitigen Filterung und ist dabei so einfach zu benutzen wie clientseitige Filter-Mechanismen. Ein Problem soll jedoch noch angesprochen werden, und zwar, ob überhaupt eine Filterung durchgeführt werden soll.

Es gibt einige ethische und rechtliche Probleme bei der Durchführung serverseitiger Filterung, vor allem dann, wenn sie durch den Service-Provider und nicht vom Endanwender vorgenommen wird. Wir überlassen Ihnen die Bewertung der einzelnen Probleme, wollen jedoch an dieser Stelle auf einige der Probleme eingehen, mit denen Sie sich beschäftigen sollten, bevor Sie beginnen, Filterdienste anzubieten.

Rundrufe zum Schweigen bringen

Die meisten unternehmensweiten Mail-Systeme haben einen Mechanismus, um sogenannte Broadcast-Nachrichten an alle Mitarbeiter im Unternehmen zu verschicken. Leider werden diese Mechanismen häufig dazu mißbraucht, um banale Nachrichten wie »Möchte jemand meinen fast neuen PC kaufen?« zu versenden, auf die dann meist eine Flut von E-Mails folgt, in denen sich die Absender über diese dumme Nachricht aufregen (worauf weitere Entrüstungsnachrichten auf diese Mails folgen usw.). Auf jeden Fall führen solche Vorkommnisse dazu, daß sich ein Teil der Empfänger mit den Filtermöglichkeiten ihrer Mail-Clients vertraut macht und diese dann auch nutzt. Der Haken an dieser Sache ist, daß wichtige Nachrichten wie »Eine große und gefährliche Wolke aus Benzol treibt auf den Campus zu!« nicht mehr alle Empfänger erreichen können.

Auf Sites, bei denen der Zugriff auf diese Broadcast-Mechanismen nicht kontrolliert werden kann oder kontrolliert werden soll, spricht dies für den Einsatz serverseitiger Filterung. Die meisten Benutzer werden nicht mit den Filtermöglichkeiten ihrer Mail-Clients herumprobieren, wenn sie wissen, daß sie einfach nur ein Webformular ausfüllen oder eine E-Mail an den Administrator senden müssen, in denen sie darum bitten, daß sie nur noch »offizielle« Broadcast-Nachrichten erhalten möchten. Auf diese Weise können die Betroffenen viel besser über gefährliche Benzol-Wolken informiert werden.

Mit solchen Freunden ...

Vorbeugende Maßnahmen, um Ihre Benutzer vor SPAM zu schützen, können leicht ins Auge gehen. Wenn Sie sich strikt an die Definition des Begriffs SPAM als unerwünschte Werbe-Mail halten, haben Sie eigentlich keine Möglichkeit herauszufinden, ob ein Benutzer eine Mail tatsächlich nicht empfangen möchte, außer den Benutzer zu fragen. Natürlich gibt es viele verräterische Anzeichen, die auf SPAM hindeuten, beispielsweise die Verteilung von Nachrichten an Benutzergruppen, deren Benutzeranzahl jeweils ein Vielfaches von 50 ist, Message-ID-Felder, die bestimmten Mustern entsprechen, oder

Empfängerlisten mit Namen, die jeweils nur zwei oder drei verschiedene Anfangsbuchstaben haben. Alles, was passieren muß, ist, daß Sie eine Nachricht verwerfen, die ein Benutzer eigentlich empfangen wollte, um all Ihre Versuche zunichte zu machen, Ihren Benutzern den Umgang mit Mails zu erleichtern.

Einige Systeme beginnen damit, einen »Spam zur Seite legen«-Ansatz zu verfolgen, bei dem Nachrichten, die bestimmte, genau festgelegte Verdachtsmomente erfüllen, in speziellen Ordnern gesammelt werden, die dem jeweiligen Empfänger gehören. Nachrichten, die älter als eine Woche sind, werden aus diesen Ordnern entfernt. Dieses System erweist sich auf solchen Servern als besonders wertvoll, die die Auslieferung von E-Mails an Empfängergruppen über Verweise realisieren. Dabei wird eine Nachricht nur einmal physisch auf dem Server gespeichert.

Unberechenbare Elemente und Prozesse

Dieses Problem betrifft eher Procmail als Sieve und ist eigentlich nur eine Warnung vor locker beschränkten Shell-Accounts für Benutzer. Ein Benutzer kann ziemlich einfach dafür sorgen, daß ein Prozeß außer Kontrolle gerät und gefährlich viele Systemressourcen verbraucht, indem er an seiner *.procmailrc*-Datei herumfummelt oder indem er seine Mailinglisten-Nachrichten automatisch so effektiv in verschiedenen Ordnern ablegt, daß er sie komplett vergißt und sie eine Menge Speicherplatz auf dem Server verbrauchen.

Es ist nicht einfach, diese Probleme zu vermeiden, es sei denn, Sie verzichten komplett auf die Filterung. Am besten ist es, wenn Systemadministratoren, die unbedingt serverseitige Filterung einsetzen wollen, ihre Server im Auge behalten und so viele zweckmäßige Beschränkungen wie möglich vornehmen, um die Auswirkungen von Problemen gering zu halten, die entstehen, wenn die Benutzer ihre Filterregeln bearbeiten.

16

Verbesserung der Serverleistung

Auch wenn Sie wahrscheinlich wollen, daß Ihr IMAP-Server für Ihre Benutzer eine Black-Box ist, darf er niemals für Sie selbst eine Black-Box sein. In diesem Kapitel werden wir uns auf einige Hinweise konzentrieren, die vor allem IMAP-Server betreffen.

Plattformen

Auf welcher Plattform sollten Sie Ihren IMAP-Server betreiben? Das ist die 100.000-Mark-Frage.

Ganz allgemein gesprochen, stellen IMAP-Server fast die gleichen Ansprüche wie andere Server auch. Ein IMAP-Server muß stabil genug laufen, um eine große Anzahl Verbindungen und Prozesse bewältigen zu können. Außerdem muß er 24 Stunden am Tag, 7 Tage die Woche verfügbar sein, damit die Benutzer Vertrauen in den Dienst haben. Er muß ausreichend Hauptspeicher und Festplattenplatz haben und große Mengen Mail verarbeiten können, ohne daß dabei spürbare Leistungsschwankungen auftreten.

Die Art der Serverplattform, die diese Bedingungen erfüllen kann, hängt von der Anzahl Ihrer Benutzer ab. Wie bereits früher erwähnt wurde, kann eine Desktop-Maschine (z.B. ein Intel Pentium II mit einer 9 GByte großen Festplatte und 64 MByte Hauptspeicher unter Solaris X86, Linux oder FreeBSD) unter bestimmten Bedingungen ausreichen, beispielsweise in einer kleinen Firma mit 100 oder 200 Mitarbeitern oder bei einem Service-Provider mit 500 oder 1.000 Kunden.

Kunden eines großen Service-Providers werden jedoch viel weniger nachsichtig sein, wenn regelmäßig Server wegen Wartungsarbeiten nicht zur Verfügung stehen, als die Mitarbeiter einer Firma, die einen Ausfall um 4 Uhr morgens vielleicht überhaupt nicht bemerken. Solange Sie keine Hochverfügbarkeitsmechanismen einsetzen, wie Lastverteilung auf IP-Ebene oder Server-Cluster, empfehlen wir Ihnen, daß Sie nur Rechner in

Serverqualität als Server einsetzen. Rechner in Serverqualität bestehen aus Bestandteilen, die höheren Ansprüchen genügen als normale Desktop-Rechner. Außerdem sind diese Maschinen so konstruiert, daß ausreichend Platz für Erweiterungen vorhanden ist sowie bestimmte Komponenten redundant ausgelegt sind und im Fall der Fälle während des Betriebs ausgetauscht werden können (»Hot-Swap«). Während es vielleicht für die Anschaffung reizvoll sein mag, auf preiswerte Komponenten zurückzugreifen, kann eine Maschine in Serverqalität Ihnen viele Ausfallstunden ersparen, die entstehen, wenn Sie ein billiges, aber fehlerhaftes Netzteil oder eine kaputte Festplatte in einer billigen Maschine austauschen müssen. Die Verwendung von Hardware in Serverqualität heißt nicht, daß Sie Abstand von der Intel-Architektur nehmen müssen. Unternehmen wie Compaq, Dell und HP bauen recht brauchbare Servermaschinen, die sich zusammen mit der richtigen Software und Peripherie mit der meisten ausschließlich unter Unix zu betreibenden Hardware wie Sun SPARC messen können. Zu der Zeit, als dieses Buch entstand, war einer der 200 besten Supercomputer der Welt ein Cluster aus einfachen PCs unter Linux[1] in den Sandia National Labs. Alle Einzelmaschinen waren über Fiber-Channel miteinander verbunden. Theoretisch wäre es sogar möglich, Linux auf Spitzenservern von Sun oder SGI einzusetzen, wir sind uns jedoch nicht sicher, ob Sie dann in einer guten Position sind, wenn Sie den Kundendienst um Hilfe bei Problemen bitten.[2]

Zu welcher Schlußfolgerung gelangen wir also?

Planen Sie für das Doppelte der erwarteten Belastung

Es kommt immer schlimmer, als man denkt. Das ist die einzige Garantie, die wir Ihnen in diesem Buch in bezug auf die Kapazitätsplanung geben können.

Wenn Sie die Überschrift beherzigen, sollte die normale Auslastung Ihres Servers niemals die Hälfte der möglichen Belastung übersteigen. Ausnahmebedingungen wie SPAM-Angriffe, Denial-of-Service-Angriffe oder Netzwerkfehler können jedoch die Auslastung stark erhöhen.

Wenn Sie als Service-Provider 12.000 Benutzer auf einer einzigen Maschine mit einem Pentium I-Prozessor, einer 10 Jahre alten Kopie des Xenix-Betriebssystems und einem IMAP-Server versorgen wollen, den Sie selbst mit Korn-Shell-Skripten realisiert haben, ist das in Ordnung, solange Sie bereit sind, ständig an der Konsole zu sitzen und Entscheidungen darüber zu treffen, welche Sitzungen beendet werden und wie Sie Ihre Mail-Queue als nächstes partitionieren sollen. Aber Sie haben einen IMAP-Server aufgebaut, der Sie nur 400 Mark gekostet hat, weil Sie nur die Festplatte kaufen mußten und den Rest des Servers in einer verlassenen Lagerhalle gefunden haben. Sobald jedoch Ihr

1 Es gibt bekannte Leistungsprobleme mit dem Standarddateisystem von Linux. Sie sollten überlegen, ob Sie es speziell anpassen oder ob Sie auf ein anderes Dateisystem umsteigen.

2 Auch wenn es wohl nicht die beste Idee ist, ein frei verfügbares Betriebssystem auf einem neuen Sun- oder SGI-Server zu installieren, könnte es interessante Perspektiven für »altertümliche« Maschinen öffnen, die ihr Leben eigentlich bereits hinter sich haben und wahrscheinlich vom Hersteller auch nicht mehr unterstützt werden (z.B. der NeXT-Cube, den Sie vielleicht in Ihrem Büro unter einem Stapel alter Computerzeitschriften aufbewahren).

Gehalt und die Projekte ins Spiel kommen, die Sie nicht realisieren konnten, weil Sie permanent damit beschäftigt waren, Ihren Server zu hüten, steigen die Kosten so weit, daß Sie auch einen erstklassigen Server hätten kaufen können, der außerdem um ein Vielfaches leistungsfähiger gewesen wäre.

Einer der Vorteile des Einsatzes von Open Source Software ist, daß Sie das Geld, das Sie nicht für weniger leistungsfähige kommerzielle Software aufbringen mußten, in die Hardware investieren können, wo es Ihnen einen besseren Dienst erweist.

Einen neuen Mailserver einzurichten ist immer ein bißchen wie Würfeln. Wenn Sie nicht von einem vorhandenen System umsteigen, haben Sie keine verläßlichen Zahlen, anhand derer Sie über die notwendige Leistungsfähigkeit entscheiden können. Der herkömmlichen Überzeugung nach ist es besser, das System eher zu groß als zu klein zu dimensionieren. Natürlich kann man auch übertreiben. Ein Service-Provider, den wir kennen, wollte Usenet-Newsserver kaufen. Er erwarb ein ausreichend großes RAID-System als Speicher und drei Origin 2000-Server als NNTP-Server. Zwei teilten sich die Arbeit als Newsserver, und der dritte wurde als Testsystem verwendet, bis man eine sinnvolle Verwendung für ihn fand.

Redundanz, Redundanz, Redundanz . . .

Die Idee eines Arrays aus mehreren wirklich unabhängigen IMAP-Servern steckt noch in den Kinderschuhen. Einige Betreiber von IMAP-Servern teilen ihre Benutzer auf zwei oder mehrere Server auf. Manche haben den Quelltext ihrer UW-Server so verändert, daß sie die Vorteile von Mailbox- oder Login-Weiterleitung nutzen können. Die meisten der wirklich soliden Produkte zur Lastverteilung zwischen redundanten IMAP-Servern scheinen in kommerziellen Produkten implementiert zu sein und führen eine sehr strenge Kontrolle über die Funktionsweise aller anderen Bestandteile des Mail-Systems – vom eingesetzten MTA bis zu serverseitigen MUAs. Hauptsächlich die NFS-Dateisperrmechanismen verhindern, daß mehrere IMAP-Server auf einen gemeinsamen Mail-Speicher im Netzwerk zugreifen können. Ein solches Vorgehen würde nämlich ein hohes Risiko bergen, daß sich IMAP-nahe Prozesse wie *sendmail*, */bin/mail*, Cyrus-*deliver*, *procmail* und *imapd* gegenseitig in die Quere kommen und die Integrität des Mail-Speichers beeinträchtigen.[3] Es gibt jedoch noch eine Menge anderer Stellen, an denen Sie Ihrem Mail-System Redundanzen hinzufügen können.

Die offensichtlichste Stelle, an der Sie Redundanz hinzufügen können, ist das Medium für den Mail-Speicher. RAID ist der kostengünstigste Weg, das zu erreichen, wie wir später zeigen werden. Eine Technologie, die sich besonders für große Mail-Speicher eignet, ist Storage Area Network oder SAN. In einem SAN-fähigen Netzwerk sind die Compute-Server fast vollständig von ihren Gegenstücken, den Datenservern, getrennt. Eine beliebige Anzahl Server mit einem gemeinsamen Betriebssystem teilt sich große Festplattensysteme, die über Gigabit- oder Multi-Gigabit-Netzwerke miteinander ver-

3 Das *maildir*-Format von Qmail (*http://www.qmail.org/*) ist das einzige frei verfügbare Format, das wir kennen, das durch sein Design das Schreiben eines Mail-Speichers auf einem NFS-Dateisystem erlaubt.

bunden sind. Viele Standards werden zur Zeit noch ausgearbeitet, genau wie die Pläne zur besten Vermarktungsstrategie für diese Technologie. Viele Hersteller spezieller Hardware-Komponenten für Server bieten Möglichkeiten, wie zwei oder mehr Server auf ein gemeinsames Festplatten-Array zugreifen können, so daß es auf jedem angeschlossenen Server wie eine lokale Festplatte erscheint. All das, bis auf die RAID-Systeme, sind die Art Hardware-Komponenten, die dafür sorgen, daß sich Ihr Budget mindestens verdoppelt, wenn Sie versuchen, die Verfügbarkeit von 99,9 auf 99,99 oder 99,999 Prozent zu erhöhen. Die Stellen hinter dem Komma sind im allgemeinen sehr teuer.

Behalten Sie die Spaghetti auf Ihrem Teller . . .

. . . nicht in Ihrem Mail-System. Die klassische Anleitung für gutes Schreiben von Strunk und White, *Elements of Style*, beginnt mit der Regel »Vermeiden Sie überflüssige Worte«. Ein ähnlicher Text über ordentliches System-Design würde mit den Worten »Vermeiden Sie unnötige Abhängigkeiten« beginnen.

Ein gutes Beispiel dafür wäre der Betrieb eines Caching-only-Nameservers auf jedem Ihrer Mailserver, vor allem auf den SMTP-Servern. Für den Preis einer gelegentlich auftretenden minimalen Verringerung der Systemleistung würden Ihre Server auf diese Weise vor kurzzeitigen DNS-Ausfällen geschützt. Ein anderes Beispiel ist der Einsatz eines Authentifizierungssystems, das bis zu einem bestimmten Grad ausfallsicher oder redundant ausgelegt ist.

Jetzt sind Sie bestimmt bereit, sich mit den einfachen, aber grundlegenden Hinweisen in diesem Kapitel zu beschäftigen. Gehen wir zu einigen handfesten Parametern über, die Sie auf Ihrem System prüfen und ändern können, um mehr aus dem herauszuholen, was Sie haben.

Verbesserung des I/O-Systems

Die erforderliche Festplattenkapazität kann sich jedes Jahr fast verdoppeln. Je mehr dieser notwendige Speicherplatz wächst, um so wichtiger wird es, daß zuverlässig auf die abgelegten Daten zugegriffen werden kann. Damit Sie diesen Zugriff wirtschaftlich und zuverlässig realisieren können, ist es wichtig, sowohl die Skalierbarkeit als auch eine hohe Verfügbarkeit im Auge zu behalten. Dieser Abschnitt erläutert Faktoren, die Sie beachten müssen, wenn Sie ein Festplattensystem für Ihren IMAP-Server auswählen.

Die Festplatten-Schnittstelle

Integrated Drive Electronics (IDE)

Vermeiden Sie IDE-Festplatten. IDE-Festplatten sind billig, ermöglichen jedoch keine besonders gute Skalierung. Die maximale Anzahl der IDE-Festplatten, die Sie an einen Bus anschließen können, ist geringer als bei SCSI. Außerdem sind die Datenübertragungsraten im allgemeinen niedriger als bei Hochleistungs-SCSI-Festplatten und -Controllern.

Spezielle Überlegungen zur I/O von Cyrus- und UW-Systemen

Auf Cyrus-Servern ist die Festplatten-Konfiguration der ausschlaggebende Faktor für die Systemleistung. Der Cyrus-Server ist I/O-lastig, und wenn die Festplatten-Konfiguration nicht stimmt, verbringt das System zuviel Zeit mit I/O-Wartezyklen. Die Grundidee ist, daß die Protokoll-Partition, der Mail-Speicher, die Mailbox-Datei und die Mail-Queue so weit wie möglich verteilt sind, am besten über verschiedene Festplatten an verschiedenen Controllern. Hinweise zum Optimieren der Leistung eines Cyrus-Systems finden Sie im Abschnitt »Performance Notes« in der Installationsanleitung des Cyrus-Servers.

Das gleiche gilt auch für UW-Server. Versuchen Sie, die Protokoll-Partition, die Mailbox-Dateien und die Mail-Queue über mehrere Festplatten an mehreren Controllern zu verteilen. Das zweite, was Sie bei UW-Servern beachten müssen, ist der Hauptspeicher. Im Zweifelsfall sollten Sie zusätzlichen RAM in den UW-Server einbauen, jedoch erst, wenn Sie die Festplatten-Konfiguration entsprechend optimiert haben.

Small Computer Systems Interface (SCSI)

Fast-Wide- und Ultra-SCSI-Festplatten sind bezahlbar und liefern die erforderliche Leistung, die ein IMAP-Server benötigt. Fast-Wide- und Ultra-SCSI erlauben bis zu 15 Geräte pro Bus und bieten so eine bessere Skalierbarkeit. Fast-Wide-SCSI bietet eine Datenübertragungsrate von 20 MByte/s, Ultra-SCSI leistet das Doppelte. Wenn Sie einen Cyrus-Server betreiben und sich für SCSI entscheiden, ist der Geschwindigkeitszuwachs, den Ultra-SCSI bringt, die Mehrkosten wert. Obwohl SCSI weit verbreitet ist und bestimmt noch einige Jahre verfügbar sein wird, sollten Sie daran denken, daß Fibre-Channel die 15 Jahre alte SCSI-Technologie bezüglich Effizienz, Leistungsfähigkeit und Skalierbarkeit abgelöst hat.

Fibre Channel Arbitrated Loop (FC-AL)

Fibre-Channel ist nichts anderes als eine serielle Hochgeschwindigkeitsverbindung, die nicht vom Format der übertragenen Daten abhängig ist. FC-AL ist eine Erweiterung der Fibre-Channel-Spezifikation, die eine einfache Schleifen-Topologie einsetzt. FC-AL-Festplattensysteme übertragen Daten normalerweise mit Hilfe von SCSI-Protokollen, da diese Daten jedoch über Hochgeschwindigkeitsverbindungen übertragen werden, ermöglicht FC-AL Datenübertragungsraten von bis zu 100 MByte/s. An einen Hostadapter können bis zu 126 FC-AL-Geräte angeschlossen werden, so daß FC-AL noch besser erweiterbar ist als SCSI. FC-AL-Festplatten-Arrays unterstützen Hot-Pluggable-Komponenten und können an mehrere Hosts gleichzeitig angeschlossen werden.

RAID versus einzelne Festplatten

Redundant Array of Inexpensive Disks (RAID) war ursprünglich dafür gedacht, kleine und preiswerte Laufwerke so miteinander zu verbinden, daß sie die Zuverlässigkeit und Leistung einer einzigen großen und teuren Festplatte erreichen. Heutzutage liefern die Festplattenhersteller große (80 GByte) und *preiswerte* Festplatten, so daß die Kapazität nicht mehr der hauptsächliche Vorteil von RAID ist. Statt dessen stehen nun höhere Leistung und Zuverlässigkeit im Vordergrund, wenn Sie sich ein RAID-System zulegen. RAID-Systeme werden so entworfen, daß sie die höhere Leistung gegenüber einzelnen Festplatten durch Replikation und/oder Verteilung der Daten auf mehrere Festplatten erzielen.

RAID-Systeme sind sehr leistungsfähig, wenn Sie die richtige Konfiguration wählen. Bei falscher Konfiguration kann RAID die Leistung sogar vermindern. Die verbreitetsten RAID-Level sind RAID 0, RAID 1, RAID 1+0 und RAID 5. Nachfolgend erklären wir die einzelnen Level und vergleichen sie in Tabelle 16-1 miteinander:

RAID 0 (Striping, Aufteilen)
: Striping teilt den Datenstrom in Datenblöcke (Chunk) gleicher Länge auf und schreibt eine Reihe dieser Chunks (Stripe) nacheinander auf aufeinanderfolgende Festplatten im Array. Jeder Stripe verteilt sich über sämtliche Laufwerke im Array, vom ersten bis zum letzten. Da jede Festplatte eines solchen Stripes über einen eigenen unabhängigen Datenkanal verfügt, ist die effektive Datentransferrate bei RAID 0 annähernd die Summe der Transferraten der einzelnen Laufwerke. RAID 0 bietet eine hohe Leistung für jede Transaktion, weil die Daten auf viele Festplatten verteilt werden, was eine I/O-Lastverteilung bewirkt. RAID 0 bietet keine zusätzliche Ausfallsicherheit gegenüber einzelnen Festplatten: Ist eine Platte bei RAID 0 defekt, dann funktioniert das gesamte RAID 0-Array nicht mehr.

RAID 1 (Mirroring, Spiegeln)
: RAID 1 oder Mirroring (Spiegeln) wurde entworfen, um zusätzliche Datenredundanz zu schaffen. Ein Mirror besteht aus zwei Festplatten. Jede Schreiboperation erfolgt auf beide Festplatten, d.h., jede Festplatte ist eine identische Kopie der jeweils anderen. Die Leseleistung von RAID 1 leidet unter diesem Vorgehen nicht, da die Daten normalerweise nur von einer der beiden Festplatten gelesen werden. Schreibzugriffe erfolgen jedoch etwas langsamer, da beide Festplatten in eine Schreiboperation einbezogen werden. RAID 1 ist außerdem teuer, weil die Daten zu 100 Prozent dupliziert werden müssen.

RAID 1+0 (mirroring and striping, Spiegelung und Aufteilung)
: RAID 1+0 kombiniert Spiegelung und Aufteilung und bietet so hohe Redundanz und verbesserte Leistung. Die Daten werden zunächst gespiegelt, um die Redundanz zu erzeugen, danach werden sie zusätzlich aufgeteilt, um die Leistung zu steigern. RAID 1+0 toleriert mehrere Festplattenfehler, ohne daß dabei die Leistung stark oder überhaupt beeinträchtigt wird. Genau wie RAID 1 ist RAID 1+0 teuer, weil auch hier die Daten zu 100 Prozent dupliziert werden müssen.

RAID 5 (striping and distributed parity, Aufteilen und Verteilung der Parity-Information)

Bei RAID 5 werden die Daten aufgeteilt, und die Fehlertoleranz wird erhöht, indem den Daten Fehlerkorrekturinformationen hinzugefügt werden. Sowohl die Daten als auch die Parity-Informationen werden über mehrere Festplatten verteilt. RAID 5-Systeme bieten normalerweise gute Leistung bei Lesezugriffen, jedoch nur bescheidene für Schreibzugriffe, da bei jedem Schreibzugriff zunächst vier I/O-Operationen und im Anschluß noch zwei Berechnungen für die Parity-Informationen durchgeführt werden müssen. Der Hauptvorteil von RAID5 sind die Kostenersparnisse. Je nach der Anzahl der Festplatten im RAID-System liegt der Mehraufwand nur bei 20 bis 30 Prozent, viel niedriger als beim Spiegeln.

Tabelle 16-1: Vergleich der RAID-Level

RAID-Level	Stärken	Schwächen
RAID 0	• Verbesserte I/O-Leistung • Preiswert (Kosten = Summe der benötigten Festplatten)	• Keine Datenredundanz; ist eine Festplatte fehlerhaft, fällt das komplette RAID aus
RAID 1	• Verbesserte Leseleistung in den meisten Fällen • Datenredundanz	• Teuer (Kosten = 2 × Summe der benötigten Festplatten) • Verminderte Schreibleistung
RAID 1+0	• Hohe Ausfallsicherheit • Keine Leistungseinbußen • Toleriert mehrere Festplattenfehler	• Teuer (Kosten = 2 × Summe der benötigten Festplatten)
RAID 5	• Billiger als Spiegelung • Datenredundanz	• Schlechte Schreibleistung • Überlebt nur den Ausfall einer Festplatte

Die empfohlene Konfiguration eines Cyrus IMAP-Servers ist entweder RAID 1+0 oder Hardware-RAID 5. Für UW IMAP-Server wird Spiegeln empfohlen, da zum Schreiben das Berkeley-Format verwendet wird. Die Verbesserung der Leistung ist vor allem für große Systeme eine Notwendigkeit.

Tuning von Dateisystemen

Wenn Sie in Ihrem System große UFS-Dateisysteme verwenden, können Sie die Geschwindigkeit der Dateiablage und die I/O-Leistung steigern, indem Sie die Dateisystemparameter anpassen. Dateisystemparameter werden beim Erzeugen des Dateisystems mit *newfs* festgelegt.

Inode-Dichte

Die Inode-Dichte eines Dateisystems wird als Anzahl der Kilobytes definiert, die eine Inode in Anspruch nimmt. Außerdem legt die Inode-Dichte fest, wie viele Inodes auf einem Dateisystem angelegt werden. Sie können sich die Inode-Dichte auch als Wert vorstellen, der in etwa angibt, wie groß eine durchschnittliche Datei auf einem bestimmten Dateisystem ist. Je geringer diese Dichte ist, um so größer werden die Dateien. Ist die Inode-Dichte z.B. 1 KByte/Inode, bedeutet das, daß die durchschnittliche Größe von Dateien auf diesem Dateisystem rund 1 KByte ist.

Hinsichtlich einer guten Systemleistung ist es entscheidend, eine möglichst genaue Vorhersage der Anzahl benötigter Inodes zu machen. Noch wichtiger ist das für die Kapazitätsplanung. Wenn Sie sich nach unten verschätzen und irgendwann keine Inodes mehr zur Verfügung haben, ist das, als ob das Dateisystem seine Kapazitätsgrenze erreicht hätte. Prozesse, wie beispielsweise das Programm, das Mails zustellt, können dann keine neuen Dateien auf dem Dateisystem anlegen. Cyrus- und UW-Systeme haben unterschiedliche Ansprüche bezüglich der Inode-Dichte:

- Im Mail-Speicher eines Cyrus-Systems werden viele kleine Dateien angelegt. Die standardmäßige Inode-Dichte eines UFS-Dateisystems (2 KByte pro Inode) reicht für die Ansprüche eines solchen Systems aus.
- In einem UW-System werden weniger »durchschnittlich« große Dateien angelegt, so daß die standardmäßige Inode-Dichte eines UFS-Dateisystems ein bißchen zu hoch ist. Sie sollten den Mail-Speicher eines UW-Systems auf einem Dateisystem mit mindestens 8 KByte pro Inode anlegen.

Das folgende Beispiel erstellt ein UFS-Dateisystem mit einer Inode-Dichte von 8 KByte pro Inode:

```
# newfs -v -i 8192 /dev/rdsk/md/raid5a
```

Und hier ein Beispiel[4] der Ausgaben von */usr/ucb/df –i* und */usr/ucb/df –lk* für ein typisches Cyrus-System:[5]

```
% /usr/ucb/df -i
Filesystem          iused   ifree  %iused  Mounted on
/dev/md/dsk/d0    2509146 3847846    39%   /var/spool/imap

% /usr/ucb/df -lk
Filesystem              kbytes    used    avail capacity  Mounted on
/dev/md/dsk/d0        52222520 25546655 26153640     50%    /var/spool/imap
```

Wie Sie sehen können, sind im Mail-Spool-Verzeichnis etwa 50 % des verfügbaren Speicherplatzes und etwa 40 % der verfügbaren Inodes verbraucht. In der Praxis ist das durchaus angemessen, aber nicht optimal. Betrachten Sie das Beispiel, und stellen Sie sich vor, die Benutzer ändern plötzlich ihr Verhaltensmuster. Die durchschnittliche Größe einer Nachricht sinkt, während gleichzeitig die Anzahl der Nachrichten zunimmt. Das würde das Dateisystem gefährlich nahe an den Punkt bringen, an dem die Inodes aufgebraucht sind. Wenn Sie sich an die Regel: »Planen Sie so, daß die ständige Auslastung niemals über 50 % ansteigt« erinnern, wäre es besser, wenn im obigen Beispiel der Inode-Verbrauch um die 25 Prozent liegen würde.

4 Auf einem durchschnittlichen Solaris-System gibt es verschiedene Varianten von *df*. Außerdem hat *df* auf anderen Unix-Systemen eine andere Syntax, daher können sich Ihre Zahlen von den hier gezeigten unterscheiden. Schauen Sie in die Manpage von *df*.

5 Die Ausgabe der Daten für andere Partitionen haben wir zugunsten der Übersichtlichkeit weggelassen.

Reservierter Speicherplatz

Der reservierte Speicherplatz wird in Prozent des verfügbaren Speicherplatzes angegeben und liegt zwischen 1 % und 99 %. Dieser Speicherplatz wird vom Betriebssystem freigehalten und steht auch dann noch zur Verfügung, wenn das Dateisystem seine Kapazitätsgrenze erreicht. Normale Benutzer dürfen diesen reservierten Speicherbereich nicht beschreiben, wenn sich das Dateisystem füllt. Nur der Superuser hat dieses Recht. Eine alte Regel besagt, daß man den reservierten Speicherbereich auf 10 % der Gesamtgröße eines Dateisystems setzen sollte. Diese Regel geht jedoch auf die Zeit zurück, als Dateisysteme nur ein paar MByte groß waren und nicht mehrere GByte wie heutzutage. Heute, da Dateisysteme selten unter einem GByte groß sind, sollten Sie etwas anders verfahren. Einige Betriebssysteme optimieren automatisch den reservierten Speicherbereich für große Dateisysteme. Sollte Ihr Betriebssystem nicht dazugehören, stellen Sie die Größe des reservierten Speicherplatzes auf 1 % der Größe des Dateisystems ein, wenn das Dateisystem größer als 2 GByte ist. Auf diese Weise wird weniger Platz verschwendet. Das folgende Beispiel zeigt, wie Sie ein Dateisystem anlegen, auf dem 1 % des Speicherplatzes reserviert wird:

```
# newfs -v -m 1 /dev/rdsk/md/raid5a
```

Mit dem folgenden Befehl können Sie die Größe des reservierten Speicherplatzes eines bereits vorhandenen Dateisystems anpassen, das momentan nicht eingehängt ist:

```
# tunefs -m 1 /dev/rdsk/md/raid5a
```

Speicheroptimierung

Wieviel RAM ist ausreichend?

Den tatsächlichen Speicherbedarf zu ermitteln ist eine komplizierte Aufgabe und außerdem von der eingesetzten Plattform abhängig. Auf einem IMAP-System ist der Bedarf an physischem Speicher direkt von der Anzahl der Benutzer abhängig, die gleichzeitig auf ihre Mails zugreifen. IMAP-Prozesse sind langlebig und normalerweise lange Zeit inaktiv. Ein Benutzer kann beispielsweise während einer Verbindung 10 Minuten benötigen, um eine Nachricht zu lesen und zu beantworten. In einem solchen Fall ist es nicht nötig, den IMAP-Prozeß während der Verbindung ständig im Speicher zu halten. Es ist absolut akzeptabel, ihn in den Swap auszulagern.

Eine Umfrage unter großen Betreibern von UW- oder Cyrus IMAP-Servern zeigt, daß ein IMAP-System mit etwa 1 bis 2 MByte physischem Speicher pro aktivem IMAP-Prozeß ausgestattet sein muß. Diese 1 bis 2-MByte-Regel gilt auch für UW-Server, es ist jedoch empfehlenswert, in Richtung 2 MByte zu tendieren. Ein UW IMAP-Prozeß wächst auf die Größe an, bei der er die größte Nachricht einer Mailbox aufnehmen kann, d.h., eine 40 MByte große Nachricht resultiert in einem 40 MByte oder in einem größeren IMAP-Prozeß. Für Cyrus-Server ist 1 MByte pro aktivem Server ausreichend, so daß Sie nur ausreichend Auslagerungsspeicher zur Verfügung stellen müssen.

Optimierung der Leistung des Auslagerungsspeichers

Die Konfiguration Ihres Swap-Speichers ist ebensowichtig wie die Menge verfügbaren physischen Speichers in Ihrem System. Swapping findet statt, wenn das Betriebssystem einen inaktiven Prozeß aus dem RAM auf die Festplatte auslagert, um Platz für aktive Prozesse zu schaffen. Hier einige Hinweise, wie Sie Ihren Auslagerungsspeicher konfigurieren sollten, um die beste Leistung zu erzielen:

- Legen Sie den Swap auf einer eigenen Festplattenpartition an, um Probleme bei der Fragmentierung eines Dateisystems zu umgehen.
- Legen Sie Swap-Partitionen auf getrennten physischen Festplatten an. Damit erzielen Sie einen sehr großen Leistungsvorteil, da die I/O auf mehrere Kanäle verteilt wird.
- Legen Sie die Swap-Partitionen auf der schnellsten Festplatte Ihres Systems an.
- Eine weise Regel besagt, daß Sie die Größe des Swap-Speichers mindestens doppelt so groß wählen sollten wie die Größe des installierten RAM. Wählen Sie die Größe des Swap-Speichers niemals kleiner als die Größe Ihres physischen Speichers. Nachdem das System den kompletten Swap aufgebraucht hat, steht für *keinen* Prozeß im System noch Speicher zur Verfügung.
- Wenn Sie an einen Controller mehr als eine Festplatte angeschlossen haben, sollten Sie niemals auf mehr als einer dieser Festplatten Swap-Partitionen anlegen.
- Benutzen Sie zum Auslagern von Speicher niemals per NFS aufgesetzte Partitionen.

Kernel und Netzwerktreiber anpassen

Die Erhöhung der Systemleistung und speziell der des Kernels, der von Treibern und des Dateisystems ist eine sehr heikle Angelegenheit. Der beste Ratschlag, den wir Ihnen geben können, ist es, konservativ vorzugehen. Bevor Sie umfangreiche Systemveränderungen in Angriff nehmen, sollten Sie etwa eine Woche lang immer wieder einmal einen Blick auf das Systemverhalten werfen, danach kleinere Veränderungen vornehmen und das veränderte Systemverhalten wiederum mindestens eine Woche im Auge behalten. Allzuoft verändern Systemadministratoren fünf oder zehn voneinander unabhängige Faktoren gleichzeitig und erliegen dann dem Trugschluß, daß eine dieser Einstellungen die erhebliche Leistungssteigerung verursacht hat. Diese könnte natürlich auch dadurch verursacht worden sein, daß es der 20. Dezember ist und sich ein großer Teil der Benutzer bereits in die Weihnachtsferien verabschiedet hat.

Probleme erkennen

Ihr System läuft mit einer mäßigen Auslastung. Es müssen fast keine Speicherseiten ausgelagert werde. Sie haben noch massenweise freien Speicherplatz, und auch die I/O-Kanäle Ihrer Festplattensysteme sind nicht ausgelastet. Ihr IMAP-Server bringt eine hervorragende Leistung, wenn Sie PINE auf dem Server selbst anwerfen und als IMAP-Server Localhost angeben. Alles sollte wunderbar sein, ist es aber nicht. Sie bekommen immer mehr Beschwerden von Benutzern, die behaupten, daß die IMAP-Leistung vollkommen in die Knie gegangen sei. Es sieht so aus, als hätten Sie ein Netzwerkproblem am Hals.

Das klingt nach einem Job für *netstat*. *netstat* ist eine der Dreingaben, die mit allen Unix-Systemen ausgeliefert werden. Eigentlich verfügen die meisten Systeme, die TCP/IP unterstützen, über *netstat*, selbst MS-Windows.

Die Verwendung von netstat

Wenn wir einmal davon ausgehen, daß es möglich ist, zwischen Ihren Clients und Servern Daten auszutauschen,[6] können Sie mit Hilfe von *netstat* feststellen, wie hoch die Belastung eines Rechners in bezug auf das Netzwerk ist, und Entscheidungen darüber treffen, wie seine Netzwerktreiber einzustellen sind. An dieser Stelle sei noch einmal darauf hingewiesen, daß wir hier nicht über Probleme mit Ihrem zugrundeliegenden Netzwerk sprechen. Wenn Ihr eigentliches Netzwerk der Flaschenhals ist, können Sie auf dem Mailserver selbst nicht viel tun, um seine Leistung zu verbessern.

Falls Sie jedoch feststellen, daß sich die Leistungsdaten bezüglich der Netzwerkaktivitäten verschiedener Rechner im gleichen Netzwerk widersprechen, wird es Zeit, daß Sie versuchen, dem Problem mit *netstat* auf die Spur zu kommen. Mit *netstat* können Sie beispielsweise herausfinden, ob der IMAP-Server noch Anfragen auf dem IMAP-Port entgegennimmt. In Beispiel 16-1 sehen Sie, wie Sie vorgehen müssen. Wir verwenden in diesem Beispiel statt »imap« die numerische Repräsentation des Dienstes, um Probleme mit der Datei */etc/services* auszuschließen, in der die symbolischen Dienstnamen gespeichert sind.

Beispiel 16-1: Überprüfen Ihres IMAP-Servers mit Netstat (Solaris-Syntax)

```
% netstat -na | egrep '(TCP|Remote|\.143\ )'
TCP
   Local Address         Remote Address      Swind Send-Q Rwind Recv-Q  State
      *.143                 *.*                  0      0     0      0 LISTEN
129.120.210.4.32816  129.120.210.4.143    32768      0  8192      0 ESTABLISHED
129.120.210.4.143    129.120.210.4.32816   8192      0 32768      0 ESTABLISHED
129.120.210.4.32926  129.120.210.4.143    32768      0  8192      0 TIME_WAIT
```

In diesem Beispiel (von einer Workstation auf einem unserer Schreibtische) können Sie dem *.143 im Abschnitt TCP entnehmen, daß Anfragen auf TCP/143 entgegengenommen werden. Wir werden annehmen, daß es sich dabei um einen Socket handelt, den *inetd* bei Bedarf einem *imapd*-Server übergibt.

6 Damit meinen wir, Sie können diese Rechner vom jeweils anderen anPINGen (falls das allgemein erlaubt ist), per *telnet* eine Verbindung von einem Client auf den IMAP-Port des Servers herstellen oder anderweitig sicherstellen, daß jeder, der Ihre(n) IMAP-Server erreichen soll, das auch tatsächlich kann.

Wenn Sie die »State«-Spalte auf der rechten Seite betrachten, sehen Sie, daß sich die Verbindung in der letzten Zeile im Zustand TIME_WAIT befindet. Das bedeutet, daß die dazugehörige Sitzung vor einiger Zeit beendet wurde. Die mit dieser Sitzung verbundenen Socket-Nummern werden jedoch eine Zeitlang in eine Art IP-»Hölle« verbannt, um zu verhindern, daß ein Prozeß die Verbindung wieder aufnehmen kann, bevor sich der entsprechende *imapd*-Prozeß beenden konnte.

Auf einem Produktionssystem eines Mehrbenutzer-IMAP-Servers sollte die Ausgabe natürlich viele, viele Zeilen lang sein. Auf unserem IMAP-Server sind beispielsweise in diesem Moment einige Verbindungen mehr aktiv, wie Sie den Ausgaben des Befehls in Beispiel 16-2 entnehmen können.[7]

Beispiel 16-2: Ein schnelles Verfahren zum Ermitteln offener Verbindungen auf Ihrem IMAP-Server

```
imapServer% netstat -na | egrep '\.143\ ' |\
        awk '{print $7}' | sort | uniq -c | sort -rn

 128 ESTABLISHED
  61 TIME_WAIT
   5 FIN_WAIT_2
   5 FIN_WAIT_1
   1 LISTEN
   1 CLOSING
```

In diesem Beispiel sehen Sie, daß

- es 128 aktive Sitzungen gibt (Zustand ESTABLISHED),
- 61 Sitzungen komplett beendet sind und nur noch zu Kontrollzwecken aufgeführt werden (Zustand TIME_WAIT),
- fünf Sitzungen von der Serverseite beendet wurden und nun auf das Schließen durch den Client warten (FIN_WAIT_2),
- fünf Sitzungen von beiden Seiten beendet wurden und in den Zustand TIME_WAIT überführt werden (FIN_WAIT_1),
- ein Eintrag vorhanden ist, der *inetd* repräsentiert, der auf eingehende IMAP-Anfragen wartet (LISTEN), und
- eine Sitzung gerade geschlossen wird (CLOSING).

Meistens brauchen Sie nur auf die Anzahl aktiver Verbindungen zu achten (Zustand ESTABLISHED). Wenn Sie jedoch eine ungewöhnlich hohe Zahl Verbindungen in nicht-aktiven Zuständen beobachten, läßt das auf eine von zwei Erklärungen schließen. Entweder hatten Sie vor kurzem einen Netzwerkausfall, bei dem viele IMAP-Verbindungen nicht richtig beendet wurden, oder Ihr System könnte besser auf das Benutzerverhalten abgestimmt werden. Wenn nach ein paar Stunden mit stabiler Netzwerkleistung

7 Zumindest unter Solaris. Auf anderen Systemen müssen Sie vielleicht den *awk*-Befehl anpassen.

keine Verbesserung des Verhältnisses von aktiven (ESTABLISHED) zu nicht-aktiven Verbindungen zu erkennen ist, sollten Sie damit beginnen, die Einstellungen Ihres Kernels zu verbessern.

Wenigstens unter Solaris gibt es die Möglichkeit, sich mit *netstat* auch bemerkenswert viele Netzwerkstatistiken der Schicht 2 und niedrigerer Schichten anzeigen zu lassen. Das geschieht mit *netstat –k*, wie in Beispiel 16-3 dargestellt.

Beispiel 16-3: »netstat -k« zur Anzeige von Schnittstellenstatistiken (nicht dokumentiert)

```
% netstat -k | sed -n /^hme0:/,/^nfs_client:/qfe0:
ipackets 563551 ierrors 0 opackets 15511 oerrors 0 collisions 153
 0 framing 0 crc 0 sqe 0 code_violations 0 len_errors 0
 0 buff 0 oflo 0 uflo 0 missed 0 tx_late_collisions 0
retry_error 0 first_collisions 0 nocarrier 0 inits 25 nocanput 0
allocbfail 0 runt 0 jabber 0 babble 0 tmd_error 0 tx_late_error 0
rx_late_error 0 slv_parity_error 0 tx_parity_error 0 rx_parity_error 0
slv_error_ack 0 tx_error_ack 0 rx_error_ack 0 tx_tag_error 0
rx_tag_error 0 eop_error 0 no_tmds 0 no_tbufs 0 no_rbufs 0 rx_late_collisions 0
```

Hier einige häufig auftretende Probleme im Zusammenhang mit Netzwerken und mögliche Lösungen:

Symptom:
: Dauerhafte IMAP-Sitzungen werden nach längeren inaktiven Abschnitten (mehreren Stunden oder Tagen) auf unerklärliche Weise beendet.

Lösung:
: Es kann sein, daß sich zwischen Ihren Clients und den Servern eine zustandsgesteuerte Firewall[8] befindet. Ein Weg, um dafür zu sorgen, daß TCP-Sitzungen nicht einfach beendet werden, wie es normalerweise der Fall wäre, besteht darin, auf dem Mailserver TCP-Keepalive zu aktivieren. TCP enthält keinen integrierten Mechanismus, der dafür sorgt, daß die jeweils andere Seite einer Verbindung in bestimmten Abständen »angepingt« wird, um sicherzustellen, daß sie noch erreichbar ist. Einige Betriebssysteme, darunter Solaris und Linux, enthalten jedoch entsprechende Funktionen im Kernel. Auf einem Solaris-Host können Sie dafür sorgen, daß alle 50 Minuten TCP-Keepalives gesendet werden, indem Sie den folgenden Befehl in ein entsprechendes Startskript schreiben:

```
solaris# /usr/sbin/ndd -set /dev/tcp tcp_keepalive_interval 3000000
```

Die Werte werden unter Solaris in Mikrosekunden angegeben.

8 Einige Firewalls, besonders solche, die über Network Address Translation-(NAT-) oder IP-Masquerading-Fähigkeiten verfügen, und solche, die private IP-Adreßbereiche einrichten, führen Zustandstabellen, um festzuhalten, wer mit wem kommuniziert. Timeouts sind essentiell für das Funktionieren solcher Firewalls. Ohne diese Timeouts würden die Zustandstabellen anwachsen, bis die Firewall wegen Ressourcenmangels ausfällt.

Unter Linux werden die Werte in Sekunden angegeben. Führen Sie einen der beiden folgenden Befehle aus:

```
linux# sysctl -w net.ipv4.tcp_keepalive_time=3000
```

oder:

```
linux# echo 3000 > /proc/sys/net/ipv4/tcp_keepalive_time
```

Symptom:
Verbindungen von langsamen Clients (normalerweise über Wählleitungen) erzeugen ein ungewöhnlich hohes Datenaufkommen auf Ihrem IMAP-Server.

Lösung:
Es kann sein, daß Ihr TCP-Treiber ein bißchen zu ungeduldig ist. Bei TCP handelt es sich um ein zuverlässiges Protokoll, das auf einem unzuverlässigen Protokoll aufbaut (IP). Einer der Mechanismen für diese zusätzliche Garantie ist das TCP ACK-Flag, eine Art Empfangsbestätigung für jedes eingegangene TCP-Segment. Da Wählverbindungen im Vergleich zu direkten Internetverbindungen ziemlich langsam sein können, ist es möglich, daß die Timeouts Ihres TCP-Treibers für diese Fälle unangemessen niedrig eingestellt sind. Unter Solaris können Sie die Werte mit den folgenden Befehlen beispielsweise auf drei Sekunden erhöhen:

```
solaris# /usr/sbin/ndd -set /dev/tcp tcp_keepalive_interval_min 3000
solaris# /usr/sbin/ndd -set /dev/tcp tcp_keepalive_interval_initial 3000
```

Schreiben Sie diese Befehle am besten in das entsprechende Startskript.

Unter Linux können Sie den folgenden Befehl verwenden, um den Timeout auf drei Sekunden einzustellen:

```
linux# sysctl -w net.ipv4.tcp_keepalive_time=3
```

Symptom:
Viele Verbindungen von durchschnittlich schnellen und schnellen Geräten zu Ihrem IMAP-Server verursachen unerklärliche Netzwerkverzögerungen.

Lösung:
Sie könnten das maximale TCP-Retransmit-Intervall *verringern*. Auf diese Weise erhöht sich die Anzahl gleichzeitig möglicher Verbindungen, die Ihre Maschine verarbeiten kann. Der folgende Befehl stellt den Wert unter Solaris auf eine Minute ein:

```
solaris# /usr/sbin/ndd -set /dev/tcp tcp_rexmit_interval_max 60000
```

Unter Linux müssen Sie den Standardwert für *tcp_fin_timeout* von 180 auf 30 Sekunden und den Standardwert für *tcp_keepalive_time* von 10.800 auf 1.800 Sekunden verringern:

```
linux# echo 30 > /proc/sys/net/ipv4/tcp_fin_timeout
linux# echo 1800 > /proc/sys/net/ipv4/tcp_keepalive_time
```

tcp_fin_timeout ist die Zeit in Sekunden, die gewartet wird, bevor das Schließen einer »eingeschlafenen« Verbindung erzwungen wird. *tcp_keepalive_time* ist die Zeit in Sekunden, nach der ein Keepalive-Paket über eine Verbindung gesendet wird.

Wie erkennen Sie, daß es Zeit ist, Ihr System zu erweitern?

Wenn Sie diesen Abschnitt lesen, stehen die Chancen nicht schlecht, daß Sie einen Engpaß in Ihrem System ausgemacht haben und den Grund dafür herausfinden müssen. Ein guter Weg, das Problem einzugrenzen, besteht darin, die Auslastung der folgenden Ressourcen zu überprüfen:

- CPU
- physischer Hauptspeicher
- I/O
- Netzwerkschnittstellen

Dieser Abschnitt zeigt, wie Sie Unix-Standardwerkzeuge einsetzen, um Ihre Systemauslastung zu bestimmen.

CPU-Nutzung

Um die CPU-Nutzung Ihres Systems zu bestimmen, können Sie den Befehl *vmstat* verwenden. Ein Beispiel für den *vmstat*-Befehl und seine Ausgabe zeigt Beispiel 16-4. Das Argument »3« weist *vmstat* an, die Systemauslastung alle 3 Sekunden anzuzeigen.

Beispiel 16-4: vmstat

```
# vmstat 3
 procs      memory            page            disk          faults      cpu
 r b w   swap  free  re  mf pi po fr de sr f0 s0 s1 s6   in    sy   cs us sy id
 0 0 0 328912 40008  0   0  0  0  0  0  0  0  0  0  0  142 40479  47 77 23  0
 0 0 0 328912 40008  0   0  0  0  0  0  0  0  0  0  0  147 40425  44 83 17  0
 0 0 0 329160 40224  0 256  0  5  5  0  0  0  3  0  0  160 38942  84 79 21  0
 0 0 0 331000 40792  0   2  0  0  0  0  0  0  1  0  0  143 40485  49 83 17  0
 0 0 0 331000 40792  0   0  0  0  0  0  0  0  0  0  0  142 40463  47 87 13  0
```

Die letzten drei Spalten unter der Überschrift »cpu« geben die CPU-Belastung aller Prozessoren des Systems wieder. Die Spalte »us« gibt den Anteil von Benutzerprozessen an der Auslastung eines Prozessors in Prozent an, die »sy«-Spalte den Anteil von Systemprozessen und die »id«-Spalte die Prozentzahl für die Leerlaufzeit (Idle). Wenn Sie das Programm *top* auf Ihrem System installiert haben, können Sie auch dieses benutzen, um in etwa die gleichen Informationen zu erhalten wie mit *vmstat*.

Was ist eine hohe CPU-Auslastung?

Für IMAP-Server stellt eine durchschnittliche Auslastung mit einem Wert größer 1 eine hohe Auslastung dar. In einem solchen Fall können Sie sich überlegen, ob Sie auf eine schnellere CPU umsteigen, Ihrem System eine zusätzliche CPU hinzufügen oder andere Bestandteile Ihres Systems aufrüsten wollen.

Wenn es so aussieht, als wäre die CPU-Belastung zu hoch, liegt das fast nie daran, daß die CPU zu langsam ist. Es ist viel wahrscheinlicher, daß die CPU überhaupt keine sinnvollen Aufgaben erledigen kann, weil z.B. die Festplattenbandbreite oder der Hauptspeicher nicht ausreichen. Wenn Sie sich nicht sicher sind, sollten Sie dem System eine zusätzliche Festplatte hinzufügen und einige Daten von einer ausgelasteten Festplatte auf diese neue Festplatte verschieben. Verbessert sich die Situation dadurch nicht, können Sie auch zusätzlichen Speicher einbauen. Speicher ist billig, und wenn Sie ihn im Moment noch nicht brauchen, dann ganz bestimmt zu einem späteren Zeitpunkt.

Es gibt verschiedene Wege, den Wert für die CPU-Auslastung zu ermitteln, und jede Menge unterschiedlicher Ansichten darüber, welcher Wert als oberster Grenzwert anzusehen ist. Die Ausgaben von *vmstat* enthalten alle benötigten Informationen für eine Entscheidung.

Eine Zahl, die Sie sich ansehen sollten, ist die Leerlaufzeit, die *vmstat* meldet (»id«). Im letzten Beispiel lief die CPU nie im Leerlauf. Wäre die Maschine optimal ausgelastet, müßten die Zahlen stets größer null sein. Werte um die 15 Prozent sind ideal.

Ein weiterer wichtiger Wert gibt die Anzahl der Jobs an, die sich im lauffähigen Zustand (»run«) befinden. Ein Abbild dieser Zahl finden Sie unter »r« in der Spalte »procs« der *vmstat*-Ausgaben. Eine aussagekräftigere Darstellung erhalten Sie mit einem der beiden Befehle *uptime* oder *w -u*. Diese Befehle zeigen die Durchschnittswerte für die Anzahl der Jobs in der Run-Queue während der letzten ein, fünf und 15 Minuten an. Die Ausgaben von *uptime* und *w -u* sehen häufig gleich aus:

```
% w -u
 10:54pm  up 4 day(s),  3:40,  1 user,  load average: 1.14, 1.16, 1.16
```

Diesen Wert benutzt *sendmail* als Schwellwert, anhand dessen es entscheidet, Mails nur noch in die Queue einzureihen oder die Entgegennahme neuer Verbindungen komplett einzustellen. Wir haben Maschinen gesehen, die mit Werten von 20 oder 30 noch funktionierten, jedoch nur noch im Schneckentempo. Werte von 3 oder 4 mit gelegentlichen Spitzen von 6 oder 7 sind normalerweise akzeptabel. Denken Sie jedoch daran, daß bei einigen Multiprozessorsystemen dieser Wert als Jobzahl aller Prozessoren angegeben wird. Das heißt, daß ein Wert von 16 auf einer 4-Prozessormaschine dem Wert 4 auf einer Maschine mit nur einem Prozessor entspricht. Diese Tatsache ist uns einmal zum Verhängnis geworden, als wir auf einer Mehrprozessormaschine diesen Schwellwert für *sendmail* viel zu niedrig gewählt hatten.

Wie kann man die Auslastung verringern?

Als erstes sollten Sie prüfen, ob es »CPU-Streitigkeiten« gibt. Das erkennen Sie an der Zahl unter »r« in der »procs«-Spalte. Diese Zahl gibt an, wie viele Prozesse sich in der Run-Queue befinden. Ist sie null, wie in Beispiel 16-4, dann gibt es keinen solchen Streit. Ist die Zahl jedoch größer null, dann gibt es CPU-Streitigkeiten, und das Hinzufügen eines zusätzlichen Prozessors würde diese Situation verbessern.

Gibt es keine CPU-Streitigkeiten, können Sie die Leistung des Systems auch durch den Austausch des aktuellen Prozessors durch eine schnellere CPU verbessern.

Auslastung des physischen Speichers

Wenn es so aussieht, als würde sich die Auslastung Ihrer CPU innerhalb normaler Parameter bewegen, sollten Sie sich als nächstes der Auslastung des vorhandenen physischen Speichers zuwenden. Einige Hinweise darauf, wie stark der Speicher ausgelastet ist, bekommen Sie durch *vmstat*. In Beispiel 16-4 beschäftigen sich die Spalten »memory« und »page« mit der Speichernutzung.

»swap« zeigt an, wie viele Kilobyte Auslagerungsspeicher genutzt werden, während »free« angibt, wieviel freier physischer Speicher noch zur Verfügung steht. Auf den meisten Unix-Systemen sind diese Informationen nicht sehr nützlich, wenn Sie herausfinden wollen, wieviel Speicher tatsächlich belegt ist, da *vmstat* auch den Speicher als belegt angibt, den der Kernel als Zwischenspeicher für Dateien reserviert hat. Dieser Speicherbereich ist jedoch auch für andere Anwendungen verfügbar und daher frei. Unter Linux kann der effektiv verwendete Speicher durch *free* angezeigt werden.

Um den Speicherbedarf Ihres Systems besser zu ermitteln, sollten Sie sein Auslagerungsverhalten beobachten.

I/O-Belastung

Verwenden Sie den Befehl *iostat*, um herauszufinden, wie sich die I/O-Aktivitäten auf die einzelnen Geräte verteilen. In Beispiel 16-5 wird der *iostat*-Befehl auf einem System mit vier Festplatten ausgeführt, von denen eine (md3) zur Zeit nicht genutzt wird. Die Option *-D* weist *iostat* an, die Auslastung in Lese- und Schreibzugriffen pro Sekunde und in Prozent der möglichen Auslastung anzugeben. Mit der Option *-M* stellen Sie ein, daß der Datendurchsatz in MByte/Sekunde und nicht wie per Voreinstellung in KByte/Sekunde ausgegeben wird. Der Parameter 3 sorgt dafür, daß *iostat* die entsprechende Statistik alle drei Sekunden ausgibt.

Beispiel 16-5: iostat

```
# iostat -DM 3
          md0            md1            md2            md3
 rps wps util   rps wps util   rps wps util   rps wps util
   8   9 14.7     4   9 11.6     4   9 10.7     0   0  0.0
   0   1  0.8     0   1  0.7     0   1  0.7     0   0  0.0
   5   9 17.2     3   9 14.1     3   9 11.8     0   0  0.0
   4  41 40.2     2  41 37.3     2  41 34.0     0   0  0.0
   4  11 16.2     2  11 12.7     2  11 11.6     0   0  0.0
   0   0  0.0     0   0  0.0     0   0  0.0     0   0  0.0
   2   6  7.3     1   6  5.8     1   6  5.9     0   0  0.0
^C
#
```

Die zwei am häufigsten auftretenden Probleme, auf die Sie achten sollten, sind:

Unausgeglichene Festplattennutzung
: Wenn sich die prozentuale Auslastung zwischen verschiedenen Festplatten zu einem bestimmten Zeitpunkt stark unterscheidet, dann können Sie die I/O-Performance dadurch verbessern, daß Sie ein RAID 0-System einsetzen, auf dem die Daten über mehrere Festplatten verteilt werden.

Ausgelastete Festplatten
: Wenn eine Festplatte mehr als die Hälfte der Zeit konstant belastet ist, können Sie die Performance verbessern, indem Sie Ihre Daten auf mehrere Festplatten verteilen.

Networking

Wenn Ihr Server Anfragen nicht so schnell beantworten kann, wie sie ihn über das Netzwerk erreichen, dann werden Pakete verworfen und müssen erneut übertragen werden. Diese wiederholten Übertragungen belasten das Netzwerk noch zusätzlich und verursachen weitere Staus.

Wie können Sie herausbekommen, ob Ihr Netzwerk der Flaschenhals ist?

Mit dem Befehl *netstat* erhalten Sie Informationen über die Leistungsfähigkeit Ihres Netzwerks. Es gibt zwei Faktoren, auf die Sie achten müssen. Das sind die Kollisionsrate und die Anzahl der Ein-/Ausgabefehler. In Beispiel 16-6 finden Sie die Kollisionen in der Spalte »Collis« und die Ein-/Ausgabefehler in den Spalten »Ierrs« und »Oerrs«. Auf einem »geswitchten« Vollduplex-Kabel sollte es keine Kollisionen geben.

Beispiel 16-6: Die Verwendung von netstat für einfache MAC-Schicht-Statistiken

```
% netstat -i
Name  Mtu  Net/Dest       Address        Ipkts  Ierrs Opkts  Oerrs Collis Queue
lo0   8232 loopback       localhost      1570   0     1570   0     0      0
le0   1500 129.120.210.0  nec.unt.edu    13489  0     6689   1     56     0
```

Die Probleme, auf die Sie achten sollten, sind:

Collis/Opkts > 10%
: Wenn die Kollisionsrate mehr als 10 % von »Opkts« (ausgehende Pakete) beträgt, gibt es Staus in Ihrem Netzwerk.

Oerrs/Opkts > 0,025%
: Ist das Verhältnis von Oerrs zu Opkts größer als 0,025 %, dann liegt ein Hardwareproblem vor.

Ierrs/Ipkts > 0,025%
: Ist das Verhältnis von Ierrs zu Ipkts größer als 0,025 %, dann gibt es zu wenige Empfangspuffer.

Mit vielen frei verfügbaren Protokollanalyse-Paketen können Sie zwischen 90 und 95 Prozent der Aufgaben erledigen, die sonst die sehr teuren Pakete erfüllen. *tcpdump* ist ein verbreitetes Programm (bei einigen Unix-Arten ist es im Lieferumfang enthalten), genau wie *snoop*, das Sie im Lieferumfang aller Solaris-Systeme finden. Wenn Sie *snoop* wie in Beispiel 16-7 anwenden, können Sie den kompletten IMAP-Verkehr zu und von Ihrer Maschine beobachten.

Beispiel 16-7: Der Befehl snoop zum Abfangen zweier Pakete des IMAP-Protokolls

```
# snoop -c2 -vv proto imap
Using device /dev/le (promiscuous mode)
________________________________
imap.themullets.net -> nec.unt.edu  ETHER Type=0800 (IP), size = 193 bytes
imap.themullets.net -> nec.unt.edu  IP  D=129.120.210.4 S=181.100.100.101 LEN=179,
 ID=12184
imap.themullets.net -> nec.unt.edu  TCP D=32907 S=143     Ack=2835991927
Seq=2841518292 Len=139 Win=8760
________________________________
 nec.unt.edu -> imap.themullets.net ETHER Type=0800 (IP), size = 85 bytes
 nec.unt.edu -> imap.themullets.net IP  D=181.100.100.101 S=129.120.210.4 LEN=71,
ID=19460
 nec.unt.edu -> imap.themullets.net TCP D=143 S=32907     Ack=2841518431
Seq=2835991927 Len=31 Win=8760
```

In diesem Beispiel haben wir *snoop* nur benutzt, um zwei Pakete mit sehr wenigen Details anzuzeigen. Aus dem Beispiel geht lediglich hervor, daß ein Host tatsächlich in der Lage war, eine Verbindung zum IMAP-Server eines anderen Hosts herzustellen. Mit *snoop* haben Sie jedoch auch die Möglichkeit, sehr viele Details eines Pakets anzuzeigen, das Sie vom Netzwerk abhören. Noch viel nützlicher ist die Fähigkeit von *snoop*, über eine Reihe von Optionen Pakete in einer Datei »mitzuschneiden« und sie dann zu einem späteren Zeitpunkt zu untersuchen.

imapd ausführen: inetd versus eigenständig

Die Frage, ob es besser ist, den *imapd*-Prozeß – vor allem auf stark belasteten Systemen – eigenständig (standalone) auszuführen oder den *inetd* zu veranlassen, *imapd*-Prozesse zu erzeugen, wird von Zeit zu Zeit aufs neue gestellt. Sowohl der UW-Server als auch alle Versionen des Cyrus-Servers vor Release 2.0 werden über *inetd* gestartet. Die Version 2.0 des Cyrus-Servers läuft als eigenständiger Dämon.

Hat ein Dämon beim Starten viele Aufgaben zu erledigen (muß er z.B. viele Konfigurationsinformationen verarbeiten), dann ergeben sich beim eigenständigen Ausführen bessere Verbindungszeiten für die Benutzer. *sendmail* ist ein gutes Beispiel für einen Dämon, der besser nicht über *inetd* gestartet wird – die zu Beginn einzulesende Konfigurationsdatei ist sehr umfangreich. *imapd* liest beim Starten jedoch nur eine kurze Konfigurationsdatei ein.

Die Lebensdauer einer Verbindung und der mit ihr verbundene Zusatzaufwand durch *inetd* sind weitere Faktoren, die es zu beachten gilt. Werden Verbindungen zu einem Dämon eine längere Zeit benutzt, gibt es weniger Startphasen und dadurch weniger Mehraufwand, den *inetd* verursacht. Damit ist der jeweilige Dämon ein guter Kandidat, um von *inetd* gestartet zu werden. Andererseits sollten Dämonen, die nur kurze Verbindungen unterhalten, lieber nicht von *inetd* gestartet werden, weil ein Starten über *inetd* mehr Zusatzaufwand verursacht. *imapd* ist ein Beispiel für einen Dämon, der langlebige Verbindungen unterhält, ganz im Gegensatz zu vielen kurzen Verbindungen, wie sie von *sendmail* und *popd* verursacht werden.

Auch auf einem stark belasteten System (z.B. mit 1.000 aktiven Prozessen) wird jeder *imapd*-Prozeß einmal gestartet und bleibt während der kompletten IMAP-Sitzung eines Benutzers aktiv. Da die Anzahl der Verbindungen in jedem Zeitintervall im Vergleich zu Dämonen wie *sendmail* und *popd* gering ist, würde es keine besonderen Vorteile bringen, *imapd* eigenständig zu betreiben.

Die passende graphische Darstellung

Ein Bild sagt mehr als tausend Worte. Das trifft auch dann zu, wenn Sie Performance-Analysen durchführen oder die Systemauslastung darstellen wollen. Eines der verbreitetsten Pakete zur graphischen Umsetzung und Sammlung von Leistungsdaten ist der Multi Router Traffic Grapher (MRTG) von Tobias Oetiker und Dave Rand.[9] Ein anderes verbreitetes Vorgehen verwendet eine Kombination aus Gnuplot[10] und dem NetPBM-Paket.[11]

MRTG ist besser integriert und genügt professionelleren Ansprüchen als das zweite Paket. Man könnte es auch als »eierlegende Wollmilchsau« unter den graphischen Statistikprogrammen bezeichnen. Es ermittelt die Daten, archiviert sie und erzeugt HTML-Seiten mit den Statusinformationen Ihres Systems. Es erzeugt Ihnen sogar die entsprechenden Diagramme.

Falls Sie bereits einen eigenen Mechanismus verwenden, um die benötigten Daten zusammenzutragen (oder eine bestimmte Vorstellung für ein entsprechendes Vorgehen haben), dann ist die Kombination aus Gnuplot und NetPBM eine gute Wahl. Gnuplot ist sehr flexibel, wenn es darum geht, Diagramme zu zeichnen, und NetPBM eignet sich hervorragend zum Konvertieren dieser Grafiken.

9 *http://ee-staff.ethz.ch/~oetiker/webtools/mrtg/mrtg.html*
10 *http://www.cs.dartmouth.edu/gnuplot_info.html*
11 *http://wuarchive.wustl.edu/graphics/graphics/packages/NetPBM/*

17

Externe Ablage von Konfigurationsinformationen

Zwei Protokolle, die ihren Ursprung in der akademischen Welt haben, vervollständigen IMAP. Es handelt sich dabei um das Application Configuration Access Protocol (ACAP) und um das Internet Message Support Protocol (IMSP). Beide Protokolle dienen der Ablage von Benutzereinstellungen und Adreßbuchinformationen auf einem entfernten Server und tragen so zur weiteren Verbreitung sogenannter Internet-Desktops bei.

Websites, die einst Suchmaschinen waren, nennen sich heute »Portal«. Der Unterschied zwischen einer Suchmaschine und einem Portal besteht darin, daß eine Suchmaschine allen Benutzern die gleichen Ressourcen zur Verfügung gestellt hat, während sich ein Portal individuell an seine Benutzer anpassen läßt, z.B. durch benutzerdefinierte Mail-Einstellungen, Terminkalender, zentrale Bookmarks und Adreßbuchfunktionen.

Diese externen Konfigurationen sind alle Teil der Bestrebung, das Internet weniger an einen bestimmten physischen Ort zu binden, z.B. den Schreibtisch an Ihrem Arbeitsplatz, Ihren PC zu Hause oder das Notebook in Ihrer Aktentasche. Während die persönlichen Einstellungen mehr und mehr ins Internet verlagert werden, muß sich der Benutzer immer weniger um die teilweise komplizierte Konfiguration bestimmter Internetsoftware oder Betriebssysteme kümmern. Was die Funktion von schlanken Clients überhaupt erst ermöglicht, ist die Tatsache, daß Sie jederzeit alles und an jedem Ort tun können. Externe Konfiguration und Personalisierung bilden die Grundlage für dieses Vorgehen.

Warum Informationen zur Konfiguration von Clients auf dem Server ablegen?

Ihre Einrichtung könnte von einer zentralisierten Konfigurationsverwaltung profitieren. Diese ist auf jeden Fall für Benutzer sinnvoll, die von mehr als einem Ort auf ihre E-Mails zugreifen wollen, vor allem für diejenigen, die sich einen Rechner mit anderen teilen. Und schließlich haben wir alle unsere Lektion aus der Total-Cost-of-Ownership (TCO; sämtliche in Verbindung mit einem PC anfallenden Kosten) von PCs am Arbeitsplatz gelernt, so daß eine zentralisierte Verwaltung von Konfigurationseinstellungen auch finanziell gesehen sinnvoll ist.

Vorteile einer zentralisierten Konfigurationsverwaltung

Je leichter Internetanwendungen werden, desto wahrscheinlicher wird es, daß sie von der zentralen Verwaltung ihrer Voreinstellungen abhängig sind. Hier einige Beispiele von Umgebungen, die aus der zentralen Verwaltung von Benutzereinstellungen Vorteile ziehen können:

Allgemein zugängliche Rechnerlabors
: Benutzer, die ihre E-Mails an allgemein zugänglichen Rechnern lesen, wollen immer die gleichen Einstellungen verwenden, egal an welcher Workstation sie an einem bestimmten Tag arbeiten. Diese Benutzer wollen sicher keine Disketten mit sich herumtragen, um überall auf ihre Mail-Einstellungen zugreifen zu können.

Umgebungen, in denen mobile Computer eingesetzt werden
: Mobile Benutzer haben meist mehr als einen Computer, normalerweise einen im Büro, einen zu Hause und ein Laptop. Manchmal steht auch eine Anzahl Laptops für mehrere Benutzer zur Verfügung, die sich im Bedarfsfall ein beliebiges Gerät ausleihen. Die mobilen Benutzer haben weder die Zeit, die Einstellungen jedesmal zu ändern, wenn sie ihren Rechner wechseln, noch wollen sie ihre Einstellungen auf einem Datenträger herumtragen und riskieren, diesen zu verlieren.

Hardware-Händler und Wiederverkäufer
: Geschäfte, die Computer in großen Stückzahlen vertreiben, können dafür sorgen, daß sich Clients eine allgemeingültige Mail-Konfiguration über das Netzwerk herunterladen, diese Konfiguration im entsprechenden Mail-Client auf dem neuen Gerät einstellen und sich so die Zeit und der Aufwand für den Kunden verringern. DHCP wird auf die gleiche Weise benutzt, um dafür zu sorgen, daß sich die Kunden nicht mit der Konfiguration von IP-Parametern beschäftigen müssen. ACAP und IMSP gestatten es den Benutzern, auch ihnen völlig unbekannte MUAs sofort zu verwenden.

Umgebungen, die eine zentrale Backup-Strategie verfolgen
: Werden die Benutzereinstellungen an einem zentralen Ort gespeichert, ist es leicht, diese zu sichern, ohne die bestehende Infrastruktur aufwendig anpassen zu müssen.

Umgebungen, in denen es möglich ist, PDAs zu verwenden
Benutzer wollen häufig auch auf ihren PDAs (Personal Digital Assistants) die gleichen Mail-Einstellungen wie auf ihren »großen« Computern. PDAs und Sub-Notebooks verfügen in der Regel nicht über Diskettenlaufwerke oder vergleichbare Speichermöglichkeiten (wie z.B. Flash-ROMs), sie sind sehr klein (leicht zu verlieren) und teuer. Diese Geräte können mit einem Netzwerk verbunden werden und die benötigten Einstellungen aus einer Datenbank im Internet herunterladen. Diese Fähigkeit ist außerdem sehr nützlich, wenn man den relativ begrenzten Speicher auf einem PDA in Betracht zieht.

Tatsächlich ist die externe Ablage von Konfigurationsprofilen per IMSP oder ACAP für eine unternehmensweite Infrastruktur noch nützlicher als für die Produktivität eines einzelnen. Für einen einzelnen ist es bestenfalls angenehm, wenn er sich Konfigurationsarbeit ersparen kann, weil solche Profile zentral abgelegt sind. Die Einsparungen für eine zentrale IT-Abteilung sind jedoch ungleich höher. In dem Maße, wie der Arbeitsaufwand für die Betreuung jeder einzelnen Maschine gesenkt werden kann, in dem Maße sinkt auch die Total-Cost-of-Ownership.

Sehr zur Freude von langjährigen Verfechtern der zentralen Datenverarbeitung hat sich die Desktop-Lösung als die kostenintensivste Art herausgestellt, Benutzern Rechentechnik zur Verfügung zu stellen. Obwohl die Einstiegskosten gering sein mögen, hat die Schwerfälligkeit manches Desktop-Betriebssystems dafür gesorgt, daß zum einen die Beinarbeit der Administratoren und der benötigte Aufwand zur Anpassung der Maschinen der Endanwender exponentiell angestiegen sind und zum anderen diese Systeme nicht sonderlich stabil funktionieren.

IMSP, ACAP oder LDAP?

Vergleicht man die zentrale Verwaltung von Benutzereinstellungen mit einem Nagel, so ist bisher noch nicht entschieden, welcher Hammer benötigt wird. Zwei Methoden bieten sich offensichtlich an: IMSP und ACAP. Eine nicht: LDAP.

Es gibt zwei Gründe, die in dieser Situation gegen LDAP sprechen. Der weniger bedeutende ist, daß LDAP vor allem für Umgebungen optimiert ist, in denen hauptsächlich Lesezugriffe durchgeführt werden. ACAP wurde dagegen so entworfen, daß es in gemischten Umgebungen mit Lese- und Schreibzugriffen funktioniert. Eine solche Umgebung ist beispielsweise eine, in der die Benutzer ständig ihre Voreinstellungen verändern.

Der gewichtigere der beiden Gründe ist, daß unter LDAP die Struktur der möglichen Konfigurationsinformationen, wie Bookmarks oder Adressen, durch den Administrator festgelegt wird und nicht verändert werden kann. Unter ACAP bestimmt der Benutzer die Struktur und kann sie jederzeit verändern. LDAP eignet sich für unternehmensweite Informationssysteme und ist nicht unbedingt die beste Wahl zum Speichern von Mail-

Konfigurationsinformationen, weil jeder Benutzer dazu tendiert, sich angepaßte Strukturen zu schaffen.

Benutzer werden LDAP-basierte Dienste sicher verwenden, um eine bestimmte Mail-Adresse ausfindig zu machen. Nachdem sie sie jedoch erhalten, werden sie versuchen, sie in ihr eigenes Adreßbuch aufzunehmen, um bestimmte Operationen mit ihr durchzuführen, die nicht unbedingt von LDAP unterstützt werden:

- Verbinden der Adresse mit einem leichter zu tippenden Kürzel
- Nutzen der Auto-Vervollständigung in ihren Clients
- Hinzufügen zusätzlicher Informationen, die nicht immer in die Struktur eines zentralen Verzeichnisses passen, z.B. Notizen des letzten Treffens, private Telefonnummern, die Namen des Ehegatten und der Kinder usw.

Kurz gesagt, ACAP ist das Protokoll, das seinen Benutzern die Verwaltung von Konfigurationsinformationen ermöglicht. In Tabelle 17-1 finden Sie einen kurzen Vergleich der Eigenschaften von IMSP, ACAP und LDAP. Die Tabelle enthält viele Angaben, die zur Auswahl eines geeigneten Protokolls für die Verwaltung von benutzerdefinierten Einstellungen benötigt werden. LDAP ist auf dem Gebiet der Ablage von Konfigurationsinformationen Ihrer Benutzer schwach. IMSP und ACAP dagegen haben auf diesem Gebiet ihre Stärken. ACAP scheint besser skalierbar und flexibler zu sein als sein älteres Gegenstück IMSP, da es serverseitiges Suchen unterstützt und umfangreiche Datenbestände ermöglicht.

Tabelle 17-1: Vergleich zwischen IMSP, ACAP und LDAP

Eigenschaft	IMSP	ACAP	LDAP
Optimiert für Lese- und Schreibzugriffe	✓	✓	✗
Daten können vom Client geschrieben werden	✓	✓	✓
Serverseitiges Suchen	✗	✓	✓
Unterstützung umfangreicher Datenbestände	✗	✓	✓
Unterstützung des verbindungslosen Modus	✓	✓	✗[a]
Unterstützung clientdefinierter Attribute	✓	✓	✗
Offener Standard (nicht-proprietär)	✓	✓	✓
Unterstützung für ACLs (Listen zur Zugriffssteuerung)	✓	✓	✓
Authentifizierung pro Benutzer	✓	✓	✓
Unterstützung der Informationsablage auf Benutzerbasis	✓	✓	✓
Hierarchische Organisation von Informationen der Benutzer	✗	✓	✗

a. Der verbindungslose Modus wird von LDAP nicht in dem Sinn unterstützt, den wir in diesem Buch verwenden. LDAP kennt jedoch ein mehrschichtiges Äquivalent (Multitier) zum verbindungslosen Modus, bei dem Teile von Verzeichnissen bzw. Datenbanken an Zweit- oder Dritt-LDAP-Server delegiert werden. Verlieren diese Server ihre Verbindung zum Top-Level-LDAP-Server, werden Transaktionen in Warteschlangen eingereiht, bis die Verbindung wieder hergestellt wird.

Sie sollten sich merken, daß bei herkömmlichen Verzeichnisdiensten die Protokolle so entworfen wurden, daß der Administrator weitreichende Kontrolle hat. Unter IMSP und ACAP gehören die Daten normalerweise den Benutzern, und die Protokolle wurden so entworfen, daß die Benutzer die Kontrolle darüber haben. Die Benutzer haben nicht nur die Freiheit, ihre Daten direkt über ihren Client zu verändern, sondern auch neue Hierarchien anzulegen und ihre Daten innerhalb dieser Hierarchien hin- und herzuverschieben, genau wie sie es tun könnten, wenn die Daten auf einer lokalen Festplatte gespeichert wären.

Um die Worte Matt Walls, des früheren Managers des Cyrus-Projekts und Mitbegründers der Firma Cyrusoft, Inc., über IMSP und ACAP zu zitieren: »Wir glauben an das Konzept des richtigen Werkzeugs für die richtige Aufgabe. Wir haben zwar nichts dafür übrig, das Rad neu zu erfinden, aber im Rahmen des Cyrus-Projekts sind wir auf einen bestimmten Typ Präzisionsschraubenzieher gestoßen. Wenn Sie eines der anderen Protokolle [zur zentralen Ablage von Einstellungsinformationen] benutzen, ist das, als wollten Sie diese bestimmte Schraube mit einem Vorschlaghammer oder einem Schraubenschlüssel festdrehen.«

Nachdem wir unsere Auswahl auf die beiden Protokolle IMSP und ACAP eingeschränkt haben, wollen wir die beiden genauer betrachten.

IMSP

IMSP ist ein Internetprotokoll, das es Anwendungsprogrammen erlaubt, Programmeinstellungen und Benutzerinformationen, wie private oder gemeinsame Adreßbücher, auf einem Server im Netzwerk abzulegen. IMSP ermöglicht es so einem Client, seine Einstellungen, die normalerweise auf einer lokalen Festplatte gespeichert werden, aus dem Netzwerk zu beziehen.

Die ursprüngliche IMSP-Spezifikation wurde von Mitgliedern des Cyrus-Projekts an der CMU geschrieben. Der erste IMSP-Server wurde 1994 ebenfalls von der CMU freigegeben. Die Entwicklung von IMSP wurde 1995 eingestellt, als deutlich wurde, daß man ein Protokoll brauchte, mit dem nicht nur die Einstellungen von Mail-Clients, sondern auch die Einstellungen anderer Internetanwendungen gespeichert werden konnten. Zu diesem Zeitpunkt wurde IMSP noch einmal von Grund auf überarbeitet und in Application Configuration Access Protocol (ACAP) umbenannt. ACAP behandeln wir später in diesem Kapitel. IMSP erreichte nie den Status eines Standards, sondern war immer nur ein experimenteller Vorschlag (»Experimental Draft«). Trotz dieses Umstands existiert IMSP noch und wird in den Produktionsumgebungen von über 1.000 Einrichtungen mit zusammen mehr als einer Million Benutzern eingesetzt. Da es bis jetzt nur wenige ACAP-fähige MUAs und ACAP-Server gibt, stellt IMSP auch heute noch eine gute Variante zur Ablage der Konfigurationsinformationen von Mail-Clients dar. Es gibt sowohl stabile IMSP-Clients als auch entsprechende Server, und das Protokoll hat bewiesen, daß es funktioniert.

Die IMSP-Spezifikation

Den IMSP-Internet-Draft finden Sie auf den Webseiten der CMU unter *http://asg.web.cmu.edu/cyrus/rfc/imsp.html.*

Der Cyrus IMSP-Server

Als IMSP-Server wird der von der CMU frei erhältliche Cyrus IMSP-Server in der Version 1.6a1 empfohlen. Trotz der Alpha-Release-Nummer wurde diese Ausgabe des Servers lange Zeit umfangreichen Tests unterzogen und hat sich dabei als stabil erwiesen.

Woher bekommen Sie IMSP?

Sie können die Quelldistribution des Servers von der Adresse *ftp://ftp.andrew.cmu.edu/pub/cyrus-mail/cyrus-imspd-v1.5a6.tar.gz* beziehen.

So installieren und konfigurieren Sie IMSP

Entpacken Sie die Quelldistribution in einem Verzeichnis Ihrer Wahl:

```
% zcat cyrus-imspd-v1.5a6.tar.gz | tar xvf -
```

Als nächstes übersetzen Sie die Quellen und installieren die Software. IMSP wird standardmäßig unter */usr/local* installiert. Es gibt einige Konfigurationsoptionen, die Sie vielleicht explizit angeben sollten, z.B. die Authentifizierungsmethode. Um herauszufinden, welche Optionen möglich sind, geben Sie *configure --help* ein:

```
% ./configure -with-login=unix_shadow
% make all
# make install
```

Nachdem Sie IMSP übersetzt und installiert haben, müssen Sie noch einige abschließende Konfigurationsschritte durchführen. Erstellen Sie als erstes ein Verzeichnis, in dem IMSP seine Daten ablegen kann:

```
# mkdir /var/imsp
```

Passen Sie als nächstes die Datei */etc/services* an, so daß sie einen Eintrag für IMSP enthält. Die entsprechende Zeile in */etc/services* sollte folgendermaßen aussehen:

```
imsp 406/tcp        # Internet Message Support Protocol
```

Für IMSP gibt es eine globale Konfigurationsdatei (*/var/imsp/options*) und für jeden einzelnen Benutzer eine weitere individuelle Konfigurationsdatei. Die Benutzeroptionen werden unter */var/imsp/user/Benutzername/* gespeichert.

Erstellen Sie die globale IMSP-Datei *options*. Sie können nun damit beginnen, die Datei *options.sample*, die der IMSP-Distribution beiliegt, in das Datenverzeichnis zu kopieren:

```
# cp options.sample /var/imsp/options
```

IMSP-Optionen werden als Attribut/Werte-Paare mit optionalen Flags angegeben: *Attribut [Flag] Wert*. Mögliche Flags sind:

R Schreibgeschütztes Attribut

N Schreibgeschütztes Attribut; für Benutzer nicht sichtbar, mit ihm können Optionen markiert werden, die ausschließlich Administratoren vorbehalten sind

W Schreibbares Attribut; der Wert kann von Clients verändert und in den persönlichen Optionsdateien der Benutzer gespeichert werden

Fügen Sie die folgende Zeile hinzu, um es den Benutzern zu erlauben, automatisch ein neues persönliches Optionsverzeichnis anzulegen, falls es noch nicht vorhanden ist:

```
imsp.create.new.users N +
```

Die folgenden Zeilen enthalten weitere Einträge, die Sie häufig in globalen IMSP-Optionsdateien finden:

```
common.date R                              Aktuelles Datum und aktuelle Uhrzeit
common.delivery.hosts R smtp.blah.edu      Lokaler SMTP-Server
common.sent.mailbox R (INBOX.sentmail)     Standardmässiger Name des sent mail-Ordners
common.domain R yourdomain.edu             Lokale Mail-Domain
imsp.admin.all N (johndoe)                 Benutzername des IMSP-Administrators
imsp.user.quota r 2048                     Quota fuer Benutzeroptionen
```

Wenn Sie alle Schritte abgearbeitet haben, können Sie IMSP starten.

So führen Sie IMSP aus

Der Cyrus IMSP-Server wird als selbständiger Dämon ausgeführt und empfängt Anfragen auf Port 406. Um den IMSP-Server zu starten, geben Sie den Befehl

```
# ./imspd
```

ein.

Wenn Sie den IMSP-Server testen wollen, stellen Sie mit Telnet eine Verbindung zum IMSP-Port her und geben die Befehle aus der folgenden Beispielsitzung ein. Falls Sie nach dem Start und dem Login die Antwort OK erhalten, funktioniert alles:

```
% telnet localhost imsp
Trying 127.0.0.1...
Connected to localhost.
Escape character is '^]'.
* OK Cyrus IMSP version 1.5a6 ready
001 login johndoe xxxxxxxx
001 OK user johndoe logged in
001 logout
```

Wo bekommen Sie Hilfe?

Der Cyrus IMSP-Server wird von der Mailingliste *info-cyrus* betreut. Um diese Liste zu abonnieren, senden Sie eine Nachricht mit dem Text »subscribe info-cyrus« an die Adresse *info-cyrus-request@andrew.cmu.edu*. Es existiert auch ein Archiv der *info-*

cyrus-Liste, und es ist eine gute Idee, zuerst dieses Archiv durchzusehen, bevor Sie eine Frage an die Mailingliste posten. Das Archiv können Sie mit Ihrem IMAP-Client unter der Adresse *cyrus.andrew.cmu.edu* lesen. Verwenden Sie anonymous als Benutzernamen, und geben Sie Ihre E-Mail-Adresse als Paßwort an. Der Name des Ordners ist *archive.info-cyrus*.

Die Dokumentation »The Cyrusoft Guide to IMSP« von Cyrusoft ist nützlich, wenn es darum geht, IMSP-Optionen zu konfigurieren. Sie enthält unter anderem Informationen, wie Sie globale Adreßbücher über IMSP zur Verfügung stellen können. Woher Sie eine Kopie dieses Handbuchs erhalten, erfahren Sie unter *http://www.cyrusoft.com/support/faq/mulbpapers.html*.

IMSP-Clients

Zwei IMAP-Clients unterstützen IMSP: *Mulberry* von Cyrusoft und *Execmail* von MessagingDirect. Auch Cyrusofts *SilkyMail*, ein Webmail-Client, enthält Unterstützung für IMSP. *M-Mail*, der kommerzielle Nachfolger von MessagingDirects Webmail-Client *Execmail Web*, unterstützt ebenfalls IMSP. Die Beliebtheit der Kombination von webbasierter E-Mail und IMSP hat die Entwicklung einer IMSP-Client-Bibliothek beschleunigt, die Teil der PHP-Distribution[1] ist.

ACAP

Auch ACAP ist ein Internetprotokoll, das Clients verwenden können, um Informationen wie Bookmarks, Adreßbücher und Programmeinstellungen zu sichern und zurückzulesen. Mit ACAP können Sie von überall auf diese Informationen zugreifen. Es kann nicht nur von Mail-Clients, sondern auch von jeder anderen Internetanwendung genutzt werden.

Genau wie IMSP ist ACAP *kein* Verzeichnisdienst, sondern ein Protokoll für verschiedene Zwecke. ACAP soll harmonisch mit Verzeichnisdiensten zusammenarbeiten und nicht in Konkurrenz zu diesen treten. Es füllt die Lücke zwischen Verzeichnisdiensten wie LDAP und Protokollen wie IMSP, die nicht allgemein verwendbar sind. Außerdem enthält ACAP spezielle Funktionen, die Verzeichnisdienste nicht bieten können:

Externe Ablage von E-Mail-Zugangsdaten

Es ist zunehmend üblich, daß E-Mail-Benutzer im Internet mehr als einen Account haben (z.B. einen Account für ihre Arbeit und einen zu Hause bei einem beliebigen ISP). Die Benutzer greifen auf mehrere Accounts von derselben Maschine oder auf dieselben Accounts von verschiedenen Maschinen aus zu. Sie könnten auch mehr als ein Programm benutzen, das Konfigurationsinformationen für die E-Mail-Accounts benötigt. ACAP unterstützt die Ablage dieser Zugangsdaten.

1 PHP (*http://www.php.net/*) ist eine serverseitige Skriptsprache zur Erstellung dynamischer Webseiten und wird in einigen verbreiteten webbasierten IMAP-Clients verwendet.

Externe Ablage von Bookmarks
Das Speichern von Lesezeichen-URLs ist in Internetanwendungen wie Webbrowsern und FTP-Clients üblich. Ihre Benutzer müssen auf die gleichen Bookmarks mit unterschiedlichen Programmen und von mehreren Maschinen aus zugreifen können. ACAP ermöglicht die Synchronisation der Bookmarks verschiedener Programme und Systeme. Darüber hinaus erlaubt es verschiedenen Benutzern, auf eine gemeinsame Bookmark-Liste zuzugreifen.

Externe Ablage sogenannter Rollen
Es ist normal geworden, daß Mail-Benutzer verschiedene Rollen oder »Persönlichkeiten« zum Empfangen und Versenden von E-Mails verwenden. Ein Benutzer könnte als eine Person z.B. die dienstliche Kommunikation betreiben und in einer anderen Rolle mit Freunden und Verwandten kommunizieren. ACAP bietet ein Verfahren, um Informationen zum Erstellen von E-Mails abzulegen.[2]

Externe Ablage einer gemeinsamen MOTD
Mit ACAP können Sie eine »Message of the Day« (MOTD; Nachricht des Tages) zentral ablegen und darauf zugreifen. Dies wird normalerweise von Systemadministratoren benutzt, um allen Benutzern wichtige Informationen mitzuteilen, sobald diese beginnen, mit dem System zu arbeiten. Das ist besonders für die Systemadministratoren wichtig, die Black-Box-Systeme betreiben, auf denen sich Benutzer nicht direkt anmelden können und daher die herkömmliche Unix-»motd« nicht angezeigt bekommen.

Externe Ablage von Mailbox-Informationen
Hiermit können Sie die Informationen über die Mailboxen von den eigentlichen Mailboxen trennen. Clients und Server, die ACAP auf diese Weise verwenden, führen Listen über Mailboxen, ihre neuen Nachrichten, ihre Zustände und sogar die Informationen, auf welchen Servern sie zu finden sind, komplett von den tatsächlichen Mailboxen getrennt.

ACAP entwickelte sich aus IMSP als Teil des Cyrus-Projekts an der CMU. IMSP ist auf seinem Gebiet sehr erfolgreich, das sich damit beschäftigt, Konfigurationsinformationen von E-Mail-Clients in begrenztem Umfang zu verwalten. Als IMSP jedoch verbreitet eingesetzt wurde, stellte sich heraus, daß Bedarf bestand, die grundlegenden Funktionen von IMSP auch für andere Internet-Clients nutzen zu können und nicht nur für E-Mail-Clients. Um es klarer auszudrücken: Es war die Zeit gekommen, allgemeine Internetkonfigurationen zentral abzulegen. Im Januar 1998 wurde der ACAP-RFC veröffentlicht, dicht gefolgt vom Cyrus ACAP-Server zwei Monate später.

Was für IMAP zutrifft, wird auch derjenige merken, der versucht, ACAP zu implementieren: ACAP befindet sich noch in der Weiterentwicklung. Der Cyrus ACAP-Server beispielsweise ist die Großmutter aller ACAP-Server und hat seit seiner ersten Veröffentlichung bereits eine Vielzahl »Schönheitsoperationen« hinter sich.

2 Wir haben einen Fall gesehen, in dem LDAP verwendet wurde, um einem Benutzer mehrere Rollen zuzuordnen. Der Workaround (oder besser der Hack) bestand darin, dem Benutzer für jede Rolle einen eigenen Benutzernamen zuzuordnen.

Die ACAP-Spezifikation

Die ACAP-Spezifikation finden Sie auf der Website der IETF im RFC 2244 (*http://ietf.org/rfc/rfc2244.txt*).

RFCs und Vorschläge im Zusammenhang mit ACAP

Die Stärke eines guten Internetprotokolls liegt nicht nur in der Entwicklung seines Standards, der in einem RFC festgelegt wird, sondern auch in seiner Erweiterbarkeit. Genau wie Telnet, IMAP und SNMP MIBs ist ACAP ein Standard, für den häufig Erweiterungen definiert und implementiert werden. Hier eine Übersicht über die bedeutenderen Erweiterungen.

Der Internet-Draft ACAP Dataset Model (*http://ietf.org/internet-drafts/draft-ietf-acap-dataset-model-01.txt*) ist hauptsächlich für die Entwickler von ACAP-Clients gedacht und enthält Richtlinien darüber, wie ACAP-Datenstrukturen entwickelt werden und wie auf diese zugegriffen wird. Er erklärt die Zusammenhänge zwischen ACAP-Attributen, -Einträgen, -Datenstrukturen und -Klassen.

Der Internet-Draft ACAP Bookmarks Dataset Class (*http://ietf.org/internet-drafts/draft-ietf-acap-book-02.txt*) definiert ACAPs Standardklasse zur Ablage von Bookmark-URLs.

Der Internet-Draft ACAP Email Account Dataset Class (*http://ietf.org/internet-drafts/draft-ietf-acap-email-02.txt*) definiert ACAPs Standardklasse für E-Mail-Accounts und eine Option zum Markieren des Standard-Accounts.

Der Internet-Draft ACAP Email Personality Dataset Class (*http://ietf.org/internet-drafts/draft-ietf-acap-pers-02.txt*) definiert ACAPs Standardklasse zur Verwaltung von E-Mail-Identitäten (auch Rollen oder Persönlichkeiten) und eine Option zum Markieren der Standardidentität.

Der Internet-Draft ACAP Message of the Day Dataset Class (*http://ietf.org/internet-drafts/draft-ietf-acap-motd-dataset-00.txt*) beschreibt das allgemeine Format zur Ablage von MOTD-Informationen unter ACAP. Er erläutert außerdem, wie Administratoren MOTD konfigurieren müssen, um unterschiedlichen Benutzergruppen angepaßte MOTD-Informationen anzuzeigen, und wie Clients auf diese Informationen zugreifen müssen und sie benutzen können.

Der Cyrus ACAP-Server

Der erste freie ACAP-Server wurde an der CMU entwickelt. Er ist auch weiterhin der Referenzserver und eine hervorragende Wahl für alle, die sich mit ACAP beschäftigen wollen.

Woher bekommen Sie ACAP?

Die aktuelle Version des Cyrus ACAP-Servers finden Sie unter *ftp://ftp.andrew.cmu.edu/pub/cyrus-mail/*. Als dieses Buch entstand, war die Version 0.3 aktuell. Cyrus ACAP gibt es als Quell- und als Binärdistribution (für Solaris und Linux).

Cyrus ACAP 0.3 benötigt verschiedene Voraussetzungen:

CMU SASL
: CMU-*acapd* braucht die SASL-Bibliothek (*ftp://ftp.andrew.cmu.edu/pub/cyrus-mail/cyrus-sasl-1.5.5.tar.gz*) für die Authentifizierung.

SML/NJ
: Das Backend des Cyrus ACAP-Servers wurde in SML geschrieben, einer höheren Programmiersprache. SML/NJ (Standard ML/New Jersey-Implementierung) ist der SML-Compiler der Bell Labs. Es wird die SML/NJ-Version 110.0.6 empfohlen. SML/NJ finden Sie unter *ftp://ftp.research.bell-labs.com/dist/smlnj/release/110/*. Falls Sie eine Binärdistribution verwenden, müssen Sie SML/NJ übrigens nicht installieren.

GNU Make
: Die ACAP-Dokumentation empfiehlt die Verwendung von GNU Make (*ftp://ftp.gnu.org/gnu/make/*).

So installieren und konfigurieren Sie ACAP

Die hier angegebenen Arbeitsschritte beziehen sich auf die Installation der Quelldistribution.

GNU Make, SML/NJ und SASL müssen auf Ihrem System installiert sein, bevor Sie mit der Installation von ACAP beginnen können. Stellen Sie sicher, daß sich das Programm *sml* in Ihrem Suchpfad befindet, damit es vom configure-Skript gefunden werden kann. Entpacken Sie die Quelldistribution:

```
% zcat cyrus-sml-acapd-0.3.tar.gz | tar xvf -
```

Führen Sie das *configure*-Skript und anschließend *make* und *make install* aus, um *acapd* auf Ihrem System zu installieren.[3] Das Präfix für das Installationsverzeichnis ist */usr/local/*.

```
% ./configure
% make
# make install
```

Falls ACAP nicht in Ihrer */etc/services*-Datei definiert sein sollte, fügen Sie die Zeile

```
acap 674/tcp        # Application Configuration Access Protocol
```

hinzu. Fügen Sie die folgende Zeile in die Datei */etc/inetd.conf* ein, und starten Sie *inetd* neu:

```
acap stream tcp nowait root /usr/cyrus/bin/frontend frontend
```

3 In einer Version fanden wir einen Fehler im Makefile. Nachdem Sie das configure-Skript ausgeführt haben, müssen Sie vielleicht die folgende Zeile für das Ziel »install« einfügen: `@for d in $(SUBDIRS); \`.

Erstellen Sie die ACAP-Verzeichnisse:

```
# mkdir /var/acap
# mkdir /var/spool/acap
```

Zum Schluß starten Sie den ACAP-Backend-Prozeß:

```
# cd backend
# backend-acapd &
```

So benutzen Sie ACAP

Der Cyrus ACAP-Server läuft als selbständiger Dämon und nimmt Verbindungen auf Port 674 entgegen. Um ACAP zu testen, stellen Sie mit *telnet* eine Verbindung zum ACAP-Port her und geben die Befehle des folgenden Beispiels ein. Wenn Sie nach dem Anmelden die Antwort * erhalten, funktioniert alles:

```
% telnet localhost acap
Trying 127.0.0.1...
Connected to localhost.
Escape character is '^]'.
* Acap (Implementation "SML Frontend, Carnegie Mellon Project Cyrus") (Context
Limit "100") (Sasl "PLAIN" "ANONYMOUS")
0 AUTHENTICATE "ANONYMOUS" "johndoe"
0 Ok "Welcome"
1 LOGOUT
* BYE "have a nice day"
1 OK "LOGOUT completed"
Connection closed by foreign host.
```

Woher bekommen Sie Hilfe?

Die Mailingliste *info-cyrus* ist die beste Anlaufstelle für technische Fragen zum Cyrus ACAP-Server. Um diese Liste zu abonnieren, schicken Sie eine Nachricht mit dem Inhalt »subscribe info-cyrus« an die Adresse *info-cyrus-request@andrew.cmu.edu*. Es existiert auch ein Archiv der *info-cyrus*-Liste. Bevor Sie eine Frage an die Mailingliste posten, sollten Sie zuerst dieses Archiv durchsehen. Das Archiv können Sie mit Ihrem IMAP-Client unter der Adresse *cyrus.andrew.cmu.edu* lesen. Verwenden Sie anonymous als Benutzernamen, und geben Sie Ihre E-Mail-Adresse als Paßwort an. Der Name des Ordners ist *archive.info-cyrus*.

ACAP-Clients

Momentan unterstützen die folgenden Clients ACAP:

- Mulberry von Cyrusoft
- Execmail 5.0 von MessagingDirect
- Eudora Pro von Qualcomm

Die University of Washington plante zwar, ACAP in den Versionen 4.x des verbreiteten E-Mail-Client PINE zu unterstützen, dies war jedoch bis zur Version 4.20 noch nicht der Fall.

18

IMAP-Werkzeuge

Ein großer Vorteil des Einsatzes von Open Source Software und Produkten, die sich an offene Standards halten, ist die Tatsache, daß Sie die vielen kleinen – und manche nicht ganz so kleinen – Eigenschaften, die Sie gerne nutzen würden, aber nicht zur Verfügung haben, mit einer Handvoll freier Softwareprodukte nachrüsten können. Einige dieser Werkzeuge erfordern Anpassungen am Quellcode Ihres Servers, während andere nur das IMAP-Protokoll benötigen, um ihre Aufgaben zu erfüllen. Letztere funktionieren daher auch mit kommerziellen Produkten. Alle diese Hilfsprogramme schlagen die Brücke zwischen den Leistungsmerkmalen Ihres Servers und den Erfordernissen Ihres Arbeitsablaufs.

Werkzeuge zur IMAP-Administration

Wenige Dinge können Ihre Möglichkeiten zur Verwaltung eines Mailservers so positiv beeinflussen wie eine gute Auswahl administrativer Werkzeuge. Wir haben einige Pakete gefunden, die Sie als Schweizer Taschenmesser für Ihren IMAP-Server betrachten können. Sie sollten sie immer greifbar haben, um jederzeit in der Lage zu sein, administrative Eingriffe vorzunehmen. Diese Werkzeuge haben wir in zwei Gruppen unterteilt: allgemeine Werkzeuge zur Serveradministration und Werkzeuge zur Administration verschiedener Schemata zum Lastausgleich.

Allgemeine Werkzeuge zur Administration von IMAP-Servern

Diejenigen unter Ihnen, die von POP3 auf IMAP umsteigen wollen, wissen, daß es auf POP3-Servern nicht viel zu administrieren gibt. Fast alles, was es auf einem POP3-Server zu tun gibt, können Sie durch ein einfaches Telnet auf den POP3-Port des Servers und die manuelle Eingabe von POP3-Befehlen erreichen. Da IMAP jedoch ein viel umfangreicheres Protokoll ist als POP3, können Programmpakete Ihnen bei der Verwaltung Ihres IMAP-Servers sehr behilflich sein. Die Pakete in diesem Abschnitt sollen diese Rolle übernehmen.

IMAP-Admin

Autor
: Eric Estabrooks

URL
: *http://www.cpan.org/modules/by-module/IMAP/*

Haupteigenschaften
: Enthält die Methoden *create*, *delete*, *list*, *capability*, *get_quotaroot*, *get_quota*, *set_quota*, *get_acl*, *set_acl* und *delete_acl*.

Installation
: Standardinstallation für Perl-Module. Siehe *http://www.cpan.org/modules/INSTALL.html*.

Dokumentation
: Die Dokumentation ist im Modul enthalten oder unter *http://theoryx5.uwinnipeg.ca/CPAN/by-name/IMAP-Admin.html* verfügbar.

Status
: Die aktuelle Version ist 1.4.3 (November 2000).

Lizenz
: Artistic License.

IMAP-Admin ist ein Perl-Modul zur grundlegenden Verwaltung eines IMAP-Servers. Es sind Funktionen zum Anlegen, Löschen und zum Einstellen verschiedener Optionen (z.B. ACLs und Quotas) von Mailboxen vorhanden. Das Modul ist kompatibel zum RFC 2060 und unterstützt daher sowohl den Cyrus- als auch den UW-Server. Wenn Sie sich besser mit Perl als mit Tcl auskennen, ist IMAP-Admin ein guter Ersatz für *cyradm*, das Tcl-basierte Programm zur Systemverwaltung, das mit dem Cyrus IMAP-Server geliefert wird. Ein Beispielskript zum Anlegen eines IMAP-Accounts mit dem IMAP-Admin-Modul ist in Beispiel 18-1 zu sehen.

Beispiel 18-1: Beispielskript für IMAP-Admin

```
#!/usr/local/bin/perl

use IMAP::Admin;

$imap = IMAP::Admin->new('Server' => 'imap.themullets.net',
                         'Port' => 143,
                         'Login' => 'admin',
                         'Password' => 'XXXXXXXX');

#  Anlegen einer Mailbox fuer johndoe
#
$rc = $imap->create("user.johndoe");
if ($rc != 0) {
  #print "$imap->{'Error'}\n";
}
```

Beispiel 18-1: Beispielskript für IMAP-Admin (Fortsetzung)

```
#  Sicherstellen, dass johndoes Mailbox vorhanden ist
#
@list =  $imap->list("user.johndoe");

#  Einstellen der Quota fuer johndoes Mailbox auf 5 MByte
#
$rc =   $imap->set_quota("user.johndoe", 5120);
@quota = $imap->get_quotaroot("user.johndoe");

#  ACL fuer johndoes Mailbox festlegen
#
$rc =   $imap->set_acl("user.johndoe", "admin", "d", "mary", "lrs");
@acl =   $imap->get_acl("user.johndoe");

print "Benutzer angelegt: "; print join ' ', @list, "\n";
print "Quota: ";        print join ' ', @quota, "\n";
print "ACL: ";          print join ' ', @acl, "\n";

# IMAP-Verbindung schliessen
#
$imap->close;
```

Die Ausgaben des Beispielskripts sehen folgendermaßen aus:

```
Benutzer angelegt: user.johndoe
Quota: user.johndoe 0 5120
ACL: johndoe lrswipcda admin d mary lrs
```

PHP Cyrus-Tools

Autoren
: Didi Rieder (*adrieder@sbox.tu-graz.ac.at*) und Gernot Stocker

URL
: *ftp://ftp.hr.vc-graz.ac.at/cyrus-tools/*

Haupteigenschaften
: Führt die meisten Aufgaben zur Systemverwaltung eines Cyrus IMAP-Servers über das Web aus.

Installation
: Die Installation besteht aus dem Auspacken der Distribution in das Hauptverzeichnis Ihres Webservers (Document Root), dem Anpassen der Konfigurationsdatei und dem Hinzufügen eines Benutzernamens und eines Paßwortes für Ihren IMAP-Administrator in die Authentifizierungsdatei Ihres Webservers.

Dokumentation
: Die Dokumentation befindet sich in der Datei *INSTALL* der Distribution.

Status
: Die aktuelle Version ist 2.0.0 (August 2000).

Abhängigkeiten
: PHP 3.0.11 oder größer mit IMAP-Unterstützung und ein Webserver, der PHP unterstützt (beispielsweise Apache).

Lizenz
: Public Domain.

Die PHP Cyrus-Tools bestehen eigentlich aus zwei Paketen: *php-cyradm* und *php-mailsettings*. *php-cyradm* ermöglicht die Verwaltung eines Cyrus IMAP-Servers über eine Webschnittstelle. Es umfaßt die von *cyradm* gewohnten Funktionen zur Verwaltung von Mailboxen (Anlegen, Umbenennen, Löschen und Verändern der ACLs) und erlaubt darüber hinaus die Konfiguration des Cyrus-Servers durch Veränderung der *imapd.conf*-Datei. *php-mailsettings* ermöglicht es Cyrus IMAP-Benutzern, das Weiterleiten von E-Mails und das automatische Antworten in Abwesenheit (Vacation Auto-Responding) über das Web einzustellen. Wir empfehlen Ihnen, auf Ihrem Webserver SSL zu aktivieren, damit verhindert wird, daß das Paßwort des Administrators im Klartext über das Netzwerk übertragen wird.

Gleichmäßiges Verteilen der Benutzer über mehrere Cyrus-Partitionen

move_imap_users

Autor
: J.T. Chiodi (*squeegy@squeegy.org*)

URL
: *http://www.squeegy.org/programs/move_imap_users.tar.gz*

Haupteigenschaften
: Gleicht die Verteilung Ihrer Cyrus IMAP-Benutzer auf mehreren IMAP-Partitionen aus und erlaubt es, eine Gruppe von Benutzern manuell von einer Partition auf eine andere zu verschieben.

Installation
: Das Paket besteht aus zwei einzelnen Skripten. Es ist keine besondere Installation erforderlich.

Dokumentation
: Eine *README*-Datei ist im Paket enthalten.

Status
: Die aktuelle Version ist 1.1 (Februar 2000).

Lizenz
: GNU General Public License.

Ein absolutes Muß für alle Cyrus-Administratoren. Das *move_imap_users*-Paket enthält zwei Werkzeuge, mit denen Benutzer zwischen verschiedenen IMAP-Partitionen eines Cyrus IMAP-Systems verschoben werden können.

balance.imap
: *balance.imap* können Sie verwenden, um auf der Grundlage des jeweils zur Verfügung stehenden Speicherplatzes eine Anzahl existierender Benutzer-Mailboxen zwischen zwei Cyrus IMAP-Partitionen »auszubalancieren«. Die Mailboxen werden so lange von der Partition mit dem wenigsten freien Speicherplatz auf die Partition mit dem meisten freien Speicherplatz verschoben, bis ein festgelegter Grenzwert erreicht ist.

fast.imap
: *fast.imap* wird verwendet, um manuell eine oder mehrere existierende Mailboxen von einer Partition auf eine andere zu verschieben.

fast.imap verlangt drei Argumente: die Quellpartition, die Zielpartition und einen Bereich von Benutzernamen. Dieser Bereich kann entweder ein einzelner Buchstabe (»a« verschiebt beispielsweise alle Benutzer, deren Benutzernamen mit »a« beginnen) oder ein richtiger Bereich (»[a-m]« verschiebt beispielsweise alle Benutzer, deren Namen mit einem Buchstaben zwischen »a« und »m« beginnen) sein. Falls Sie einen richtigen Bereich angeben, müssen Sie die eckigen Klammern vor einer Fehlinterpretation durch die Shell schützen:

```
% cyradm -file fast.imap imap1 imap2 a
% cyradm -file fast.imap imap1 imap2 \[a-m\]
```

balance.imap kann regelmäßig von *cron* ausgeführt werden, um sicherzustellen, daß die Mailboxen auf mehreren Partitionen gleichmäßig verteilt sind.

Mehrere Instanzen eines Cyrus-Servers auf einer einzigen Maschine betreiben

cyrus-imapd-configfiles

Autor
: David M. Zendzian (*dmz@dmzs.com*)

URL
: *http://www.dmzs.com/~dmz/projects/cyrus-config/cyrus-config.diff*

Haupteigenschaften
: Ermöglicht es Cyrus, mehr als eine Konfigurationsdatei zu verwenden.

Installation
: *cyrus-imapd-configfiles* ist ein Patch, der auf den Quellcode des Cyrus-Servers angewendet wird.

Dokumentation
: Eine Dokumentation, die beschreibt, wie Sie Cyrus konfigurieren müssen, um mehr als eine Konfigurationsdatei verwenden zu können, finden Sie unter *http://www.dmzs.com/~dmz/projects/cyrus-config/cyrus-virtual.txt*.

Status
: Die aktuelle Version ist 1.0 (Januar 2000).

Abhängigkeiten
: Beruht auf Cyrus 1.6.20.

Lizenz
: Unbekannt (frei).

cyrus-imapd-configfiles ist ein Patch, der es ermöglicht, dem Cyrus-*imapd* mit einem Kommandozeilenschalter die zu verwendende Konfigurationsdatei mitzuteilen, z.B.:

```
imapd -c /usr/local/etc/virtual/domain1.imapd.conf
imapd -c /usr/local/etc/virtual/domain2.imapd.conf
```

Mehrere Konfigurationsdateien verwenden zu können ist besonders dann von Vorteil, wenn Sie IMAP-Server für mehrere Domänen auf einer einzigen Maschine betreiben müssen, aber die Konfigurationsdaten der Domänen voneinander trennen wollen. Die angegebene Dokumentation behandelt nur die grundlegende Konfiguration eines solchen Szenarios, jedoch nicht, wie Sie Ihre Benutzer auf die entsprechenden Gruppen eines bestimmten IMAP-Servers abbilden.

Obwohl es sich hierbei eigentlich um ein Netzwerkproblem handelt, dessen Darstellung über den Rahmen dieses Buchs hinausgeht, wollen wir trotzdem an dieser Stelle einige Lösungsmöglichkeiten kurz umreißen. Beide Methoden erfordern es, daß Sie eine Variante von *inetd* installieren, die es ermöglicht, einen Dienst an eine bestimmte IP-Adresse zu binden und den Zugriff darauf – basierend auf der Quelladresse einer Anfrage – zu steuern. Hierfür gibt es verschiedene freie Programme, wir verwenden in unserem Beispiel *xinetd* (*http://www.xinetd.org/*).

Bevor wir fortfahren, betrachten Sie bitte Abbildung 18-1, in der Sie eine abstrakte Darstellung des Setups sehen, das wir empfehlen.

Der IP-Verkehr wird durch *inetd* – abhängig von der Quelladresse der Anfrage – an einen der beiden *imapd* weitergeleitet. Jeder der beiden *imapd*-Server bedient einen eigenen Mail-Speicher.

Methode 1: Eine IP-Adresse, ein Port, mehrere Mail-Speicher. Definieren Sie zwei IMAP-Dienste in der Konfigurationsdatei von *inetd*. Schränken Sie einen der beiden IMAP-Server auf eine Domäne und den anderen auf die andere Domäne ein. Die IP-Adresse und die Portnummer sind für beide Server gleich. Der einzige Unterschied ist, daß sie nur IMAP-Anfragen von einem bestimmten Subnetz entgegennehmen und verschiedene Konfigurationsdateien einlesen. Die Konfiguration von *xinetd* sollte etwa wie in Beispiel 18-2 aussehen.

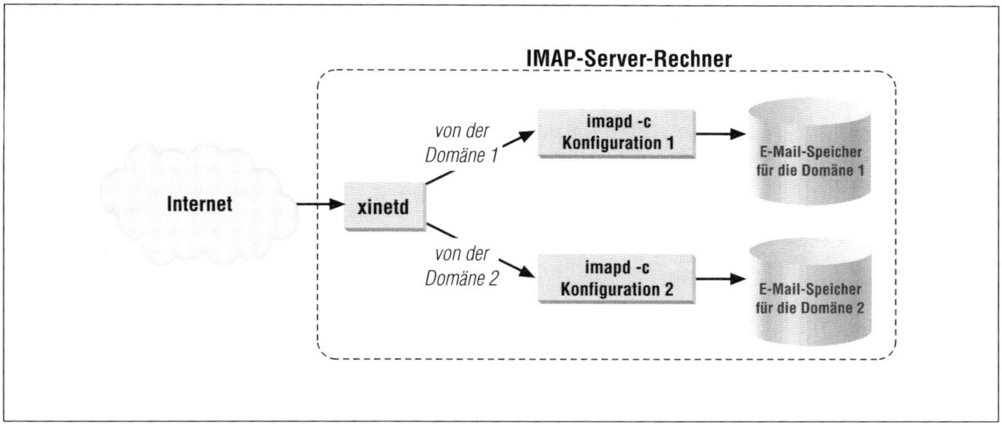

Abbildung 18-1: Mehrere Cyrus-Konfigurationen auf einer Maschine

Beispiel 18-2: xinetd-Konfiguration (IP/Port gleich, mehrere Konfigurationen)

```
service imap
{
    socket_type     = stream
    protocol        = tcp
    wait            = no
    user            = cyrus
    only_from       = 129.120.1.0 localhost
    server          = /usr/cyrus/bin/imapd
    server_args     = -c /usr/local/etc/imap.subnet1.conf
}

service imap
{
    socket_type     = stream
    protocol        = tcp
    wait            = no
    user            = cyrus
    only_from       = 129.120.2.0 localhost
    server          = /usr/cyrus/bin/imapd
    server_args     = -c /usr/local/etc/imap.subnet2.conf
}
```

Methode 2: Virtuelle IP-Adressen für jeden Server. Diese Methode erfordert es, daß Sie für jede Domäne, für die Sie einen eigenen IMAP-Dienst anbieten wollen, eine virtuelle Schnittstelle anlegen. Beispiel 18-3 zeigt eine *xinetd*-Konfiguration mit Einträgen für zwei virtuelle Domänen.

Beispiel 18-3: xinetd-Konfiguration für zwei virtuelle Domänen

```
service imap
{
    socket_type     = stream
```

Beispiel 18-3: xinetd-Konfiguration für zwei virtuelle Domänen (Fortsetzung)

```
    protocol        = tcp
    wait            = no
    user            = cyrus
    only_from       = 129.120.1.0 localhost
    server          = /usr/cyrus/bin/imapd
    server_args     = -c /usr/local/etc/imap.subnet1.conf
    bind            = 129.120.1.1
}

service imap
{
    socket_type     = stream
    protocol        = tcp
    wait            = no
    user            = cyrus
    only_from       = 129.120.2.0 localhost
    server          = /usr/cyrus/bin/imapd
    server_args     = -c /usr/local/etc/imap.subnet2.conf
    bind            = 129.120.1.2
}
```

Die Möglichkeiten, den Speicherbedarf auszubalancieren und verschiedene serverseitige Konfigurationen für verschiedene Benutzerklassen einzustellen, werden häufig bei großen IMAP-Installationen benötigt. Ein weiteres Element, das in großen Systemen sehr häufig in Anspruch genommen wird, ist die Benutzer-Authentifizierung. Durch die Verwendung anderer Authentifizierungsmechanismen als der einfachen Unix-Authentifizierung steigern Sie die Leistung Ihres Systems und gewinnen zusätzliche Sicherheit.

Authentifizierungswerkzeuge

Es wird immer populärer, sich gegen die Standard-Unix-Authentifizierung zu entscheiden und statt dessen eine datenbankbasierte Authentifizierungsmethode einzusetzen. Alternative Authentifizierungsmethoden bieten zahlreiche Vorteile. In vielen Fällen wollen Sie wahrscheinlich Ihren Benutzern gar keinen vollwertigen Unix-Account auf Ihrem IMAP-Server einrichten. Wenn Sie die Benutzernamen und Paßwörter in einer alternativen Datenbank ablegen, müssen Sie auch nicht für jeden Benutzer einen Unix-Account anlegen. Ein weiterer Vorteil im Falle des UW-Servers ist, daß Sie den IMAP-Dämon als nicht-privilegierter Benutzer betreiben können. Dieser Abschnitt stellt einige Werkzeuge vor, die Ihnen alternative Authentifizierungsmethoden zur Verfügung stellen.

Authentifizierung gegen eine SQL-Datenbank (UW)

getpg/UW-IMAP

Autor

Alex Howansky (*alex@wankwood.com*)

URL

http://www.wankwood.com/getpg/uw-imap-latest.tar.gz

Haupteigenschaften

Ermöglicht es einem UW IMAP-Server, seine Benutzer gegen eine PostgreSQL-Datenbank zu authentifizieren.

Installation

Der Patch muß auf die Quellcodes der UW IMAP-Quelldistribution angewendet werden.

Dokumentation

Eine Dokumentation finden Sie in der Datei *README*, die dem *getpg/UW-IMAP*-Paket beiliegt.

Status

Die aktuelle Version ist 0.66 (März 2001).

Abhängigkeiten

PostgreSQL, UW IMAP. Wir haben es mit *qmail* als MTA getestet.

Lizenz

Unbekannt (frei).

Der *getpg/UW-IMAP*-Patch nutzt die *getpg*-Funktionen, um es dem UW IMAP-Server zu ermöglichen, seine Benutzer gegen eine PostgreSQL-Datenbank zu authentifizieren. *getpg*, das im *getpg/UW-IMAP*-Paket enthalten ist, besteht aus zwei C-Funktionen, die als Ersatz für die beiden Standardfunktionen `getpwnam` und `getpwuid` dienen, die normalerweise die Unix-Authentifizierung übernehmen. Die beiden Ersatzfunktionen `getpgnam` und `getpguid` authentifizieren die Benutzer gegen eine PostgreSQL-Datenbank. Außer um IMAP-Server anzupassen, können Sie diese Ersatzfunktionen auch in allen anderen Anwendungen einsetzen, die normalerweise die Benutzer-Authentifizierung anhand der Unix-Paßwortdatei durchführen. Weitere Informationen über die *getpg*-Funktionen finden Sie unter *http://www.wankwood.com/getpg/*.

Authentifizierung gegen eine SQL-Datenbank (Cyrus)

Authcheck

Autor

Vladimir Ivaschenko (*vi@maks.net*)

URL

http://www.hazard.maks.net/cyrus/sql-auth.tar.gz

Haupteigenschaften

Das Paket enthält Werkzeuge, mit denen Cyrus-Benutzer gegen eine PostgreSQL-Datenbank authentifiziert werden können, und CGI-Skripten zur Administration.

Installation
: Es handelt sich um Perl-Skripten, die keine spezielle Installation benötigen. Es sind jedoch einige IMAP-Konfigurationen erforderlich.

Dokumentation
: Die Dokumentation finden Sie in der Datei *INSTALL*, die in der Distribution enthalten ist.

Status
: Die aktuelle Version ist 0.01 (Juli 2000).

Abhängigkeiten
: Es werden benötigt: Cyrus IMAP 1.6.20 oder neuer, Cyrus SASL mit Unterstützung für *pwcheck* und die Perl-Module IO::Socket, DBI, Unix::Syslog, Digest::MD5 und POSIX.

Lizenz
: GNU General Public License.

Authcheck ist ein Dämon, der in Perl entwickelt wurde und der Authentifizierung von IMAP-Benutzern gegen eine PostgreSQL-Datenbank dient.

Authcheck erfordert Cyrus in einer Version 1.6.20 oder höher und Cyrus SASL in der Version 1.5.13 oder höher, in der die Unterstützung für die *pwcheck*-Authentifizierung enthalten ist. Fertige RPMs (sowohl für den Quellcode als auch für die Binärversion), die Unterstützung für *pwcheck* enthalten, finden Sie unter *http://www.hazard.maks.net/cyrus/*.

Authcheck geht davon aus, daß der Server den MD5-Algorithmus für die Paßwörter verwendet. Der Authcheck-Distribution liegen zwei CGI-Skripten bei, die die Verwaltung von MD5-Paßwörtern vereinfachen. *imap-chpasswd.cgi.pl* ist eine CGI-Schnittstelle, über die Benutzer ihre MD5-Paßwörter ändern können. *imapadmin.cgi.pl* ist eine CGI-Schnittstelle, die MD5-Paßwörter unterstützt, über die IMAP-Accounts verwaltet werden können. Die Administrationsskripten setzen voraus, daß ein Eintrag für den Benutzer, der als Cyrus-Administrator gilt, in der SQL-Datenbank vorhanden ist.

Die Konfiguration von Authcheck beschränkt sich auf den Authcheck-Dämon (*authcheck.pl*) selbst. Er muß so angepaßt werden, daß er Ihren DBI DSN, den Benutzernamen für die Datenbank und das entsprechende Paßwort kennt. Verwendet Ihr Cyrus-Server die *pwcheck*-Authentifizierung nicht, müssen Sie folgende Zeile in Ihre */etc/imapd.conf* aufnehmen:

```
sasl_pwcheck_method: pwcheck
```

---

authcheck.pl muß als *cyrus*-Benutzer und darf niemals als *root* ausgeführt werden.

---

cyrus-sasl-mysql patch

Autor
: David M. Zendzian (*dmz@dmzs.com*)

URL
: *http://www.dmzs.com/~dmz/projects/cyrus-sasl-mysql/*

Haupteigenschaften
: Erlaubt es einem Cyrus-Server, seine Benutzer per SASL gegen eine MySQL-Datenbank zu authentifizieren.

Installation
: Die SASL-Bibliothek muß modifiziert und neu übersetzt werden.

Dokumentation
: *http://www.dmzs.com/~dmz/projects/cyrus-sasl-mysql/*

Status
: Die aktuelle Version ist 0.8.0 (März 2000).

Abhängigkeiten
: Cyrus SASL 1.5.13 und Cyrus IMAP in der Version 1.6 oder höher.

Lizenz
: Unbekannt (frei).

cyrus-sasl-mysql ist ein Patch für die Cyrus SASL-Bibliothek, der es einem Cyrus IMAP-Server ermöglicht, seine Benutzer gegen eine MySQL-Datenbank zu authentifizieren. Die Möglichkeit, Benutzer über SASL zu authentifizieren, steht erst ab den Versionen 1.6 des Cyrus IMAP-Servers zur Verfügung. Einrichtungen, die Cyrus 1.5.x verwenden und eine alternative Authentifizierungsmethode einsetzen wollen, seien auf die *pwcheck*-Variante (*pwcheck_mysql*) verwiesen, die wir auch in diesem Abschnitt behandeln.

Wenn Sie den *cyrus-sasl-mysql*-Patch verwenden wollen, müssen Sie diesen installieren und danach die SASL-Bibliothek neu übersetzen. Den Cyrus IMAP-Server müssen Sie nicht neu übersetzen, da die SASL-Bibliothek vollkommen unabhängig von Cyrus IMAP ist und auch keine Abhängigkeiten zwischen diesen beiden Produkten bestehen. Nachdem Sie den Patch in die SASL eingespielt und diese übersetzt haben, gibt es keine Möglichkeit mehr, diesen Schritt rückgängig zu machen. Daher ist es ratsam, eine Kopie des Original-Quellcodes anzulegen, bevor Sie mit dem Einspielen des Patches beginnen. Der Autor dieses Patches hat vor, eine Konfigurationsoption anzubieten, damit Sie einstellen können, ob die MySQL-Unterstützung aktiv sein soll oder nicht.

Die Konfiguration der MySQL-Authentifizierung verläuft vollständig innerhalb der Datei */etc/imapd.conf*. Die möglichen Optionen werden unter *http://www.dmzs.com/~dmz/projects/cyrus-sasl-mysql/* beschrieben.

pwcheck_mysql

Autor
: Aaron Newsome (*anewsome@anewsome.com*)

URL
: *http://www.mysql.com/Contrib/pwcheck_mysql-0.1.tar.gz*

Haupteigenschaften
: Ermöglicht es, IMAP-Benutzer gegen eine MySQL-Datenbank zu authentifizieren.

Installation
: Spielen Sie einfach eine Quelldatei in die Cyrus-Distribution ein, führen Sie *configure* aus, und übersetzen Sie Cyrus neu.

Dokumentation
: Die Dokumentation finden Sie in der *README*-Datei, die Bestandteil der Distribution ist.

Status
: Die aktuelle Version ist 0.1 (Juni 1999).

Lizenz
: GNU General Public License.

Mit *pwcheck_mysql* können Sie Ihre IMAP-Benutzer gegen eine MySQL-Datenbank authentifizieren. Die Installation ist unkompliziert. Kopieren Sie die Datei *pwcheck_mysql.c* in das Unterverzeichnis *pwcheck/* des Hauptverzeichnisses mit den Cyrus-Quellen.

Konfigurieren Sie den Übersetzungsvorgang des Cyrus IMAP:

```
% ./configure --with-pwcheck=mysql --with-login=unix_pwcheck
```

Bearbeiten Sie die Datei *pwcheck/Makefile* so, daß die CPPFLAGS-, LIBS- und LDFLAGS-Definitionen etwa folgendermaßen aussehen (das genaue Aussehen dieser Definitionen kann sich bei den einzelnen Betriebssystemen leicht unterscheiden):

```
CPPFLAGS = -I/usr/local/include/mysql -I. -I$(srcdir) \
    -I$(srcdir)/../lib -I$(srcdir)/../et
LIBS = -lmysqlclient -ldb -lndbm -ldl
LDFLAGS = -g -L/usr/local/lib/mysql
```

Führen Sie schließlich die folgenden Befehle aus:

```
% make depend
% make
# make install
```

pwcheck_pgsql

Autor
: Maxim Gorkov

URL
: *ftp://ftp.kstu.edu.ru/pub/unix/cyrus/pwcheck_pgsql-0.1.tgz*

Haupteigenschaften
: Erlaubt es Cyrus, seine Benutzer gegen eine PostgreSQL-Datenbank zu authentifizieren.

Installation
: Kopieren Sie eine C-Quelldatei in das Cyrus-Quellverzeichnis, passen Sie das Makefile an, konfigurieren Sie den Übersetzungsprozeß, und übersetzen Sie anschließend Cyrus.

Dokumentation
: Eine *README*-Datei ist im Paket enthalten.

Status
: Die aktuelle Version ist 0.1 (Februar 2000).

Abhängigkeiten
: PostgreSQL, Cyrus IMAP.

Lizenz
: Freeware.

pwcheck_pgsql ist ein Ersatz für den externen Authentifizierungsdämon des Cyrus-Servers *pwcheck*. *pwcheck_pgsql* authentifiziert die Benutzer gegen eine PostgreSQL-Datenbank statt gegen eine Shadow-Paßwortdatei.

Wenn Sie *pwcheck_pgsql* benutzen wollen, kopieren Sie die Datei *pwcheck_pgsql.c* in das Unterverzeichnis *pwcheck* der Quellhierarchie des Cyrus-Servers. Konfigurieren Sie anschließend den Übersetzungsvorgang:

```
% ./configure -with-pwcheck=pgsql -with-login=unix_pwcheck
```

Öffnen Sie die Datei *pwcheck/Makefile*, und passen Sie die Definitionen für `LIBS` und `LDFLAGS` so an, daß sie die PostgreSQL-Bibliotheken enthalten (die genauen Definitionen können sich bei den einzelnen Betriebssystemen leicht unterscheiden):

```
LIBS =  -lsocket -lnsl -lcrypt -lutil -lpg
LDFLAGS = -L/usr/local/lib -R/usr/local/lib -L/usr/local/pgsql/lib -L
```

Führen Sie abschließend die folgenden Befehle im Top-Level-Verzeichnis der Cyrus-Quellen aus:

```
% make
# make install
```

Authentifizierung gegen ein LDAP-Verzeichnis (Cyrus)

pwcheck_ldap

Autor
: Clayton Donley (*donley@cig.mot.com*)

URL
: *http://www.linc-dev.com/Files/pwcheck_ldap.c.txt*

Haupteigenschaften
: Ersatz für *pwcheck* aus dem Cyrus-Paket, das die Benutzer per LDAP gegen einen Verzeichnisdienst authentifiziert.

Installation
: Kopieren Sie die C-Quelldatei in das Quellverzeichnis des Cyrus-Servers, passen Sie die Präprozessorbefehle und das Makefile an, konfigurieren Sie den Übersetzungsprozeß, und übersetzen Sie anschließend Cyrus neu.

Dokumentation
: Eine Dokumentation finden Sie unter *http://www.linc-dev.com/Files/using-pwcheck.html*.

Status
: Die aktuelle Version ist 1.01 (Februar 2000).

Lizenz
: Unbekannt (frei).

pwcheck_ldap ist ein Ersatz für *pwcheck*, den externen Authentifizierungsdämon des Cyrus IMAP-Servers. *pwcheck_ldap* authentifiziert die Benutzer gegen ein LDAP-Verzeichnis statt gegen eine Unix-Shadow-Paßwortdatei.

Um *pwcheck_ldap* zu installieren, laden Sie die Datei *pwcheck_ldap.c* herunter und kopieren Sie sie in das Unterverzeichnis *pwcheck* der Quellhierarchie des Cyrus IMAP-Servers.

Bearbeiten Sie die folgenden beiden Zeilen der Datei *pwcheck_ldap.c* so, daß sie die Gegebenheiten Ihrer Installation widerspiegeln:

```
#define MY_LDAP_SERVER "localhost"
#define MY_LDAP_BASEDN "o=Motorola, c=US"
```

Suchen Sie die Definition für `DEPLIBS` in der Datei *pwcheck/Makefile.in*, und ändern Sie sie wie dargestellt:[1]

```
DEPLIBS = ../lib/libcyrus.a -lldap -llber @DEPLIBS
```

1 Falls Sie die Netscape-LDAP-Bibliotheken verwenden, geben Sie `-lldap10` an.

Abschließend konfigurieren und übersetzen Sie Cyrus neu:

```
% ./configure -with-pwcheck=ldap -with-login=unix_pwcheck
% make
# make install
```

Alle Benutzer mit den Attributen *uid* und *userPassword* des LDAP-Verzeichnisses können sich am IMAP-Server anmelden.

Überwachungs- und Testwerkzeuge

Bis jetzt haben Sie einen IMAP-Server installiert, der seine Lasten gut verteilt, Benutzer über SQL authentifiziert und beeindruckend leistungsfähig ist (zumindest glauben *Sie*, daß seine Leistung beeindruckend ist). Nun wäre es sicher schön, wenn Sie Ihre Behauptungen über die fast ständige Verfügbarkeit und die beachtliche Leistungsfähigkeit mit etwas Handfesterem untermauern könnten als nur mit ein paar Geschichten, wie gut der Server für Sie und das Dutzend Benutzer funktioniert, die Sie seit der letzten größeren Aktualisierung des Servers begeistern konnten. An dieser Stelle kommen Überwachungs- und Testwerkzeuge ins Spiel. Diese nehmen die Performance (wie Sie und Ihre Benutzer sie verstehen) und verwandeln sie in Statistiken (die die Vorgesetzten verstehen) und Ausfallmeldungen (die Sie und Ihre technische Abteilung verstehen). Weitere Informationen über die Performance-Überwachung finden Sie in Kapitel 16, *Verbesserung der Serverleistung*.

SMT

Autoren
: Brian Hill und Joel Loudermilk

URL
: *http://www.doodlabs.com/smt/smt-1.05.tar.gz*

Haupteigenschaften
: Überwacht IMAP-, POP-, SMTP-, DNS- und HTTP-Dienste und informiert seine Benutzer bei Dienstausfällen.

Installation
: Standardinstallation für GNU-artige Software.

Dokumentation
: Die allgemeinen Eigenschaften werden unter *http://www.doodlabs.com/smt/* erläutert. Einzelheiten finden Sie auch in der mitgelieferten Online-Hilfe der SMT-Distribution.

Status
: Die aktuelle Version ist 1.05 (Februar 2000).

Lizenz
GNU General Public License.

SMT ist ein Dämon, der Dienste wie IMAP oder SMTP testet, indem er Testprogramme ausführt. SMT enthält vorgefertigte Testprogramme für die Überwachung von IMAP, POP3, SMTP, DNS und HTTP. SMT kann auch benutzerdefinierte Tests durchführen, solange diese von einem Shell-Prompt aus gestartet werden können.

Falls ein Testprogramm einen Fehler meldet, führt der SMT-Dämon ein konfigurierbares Alarmierungsprogramm aus, mit dem jemand über diese Fehlersituation informiert werden kann. SMT verwaltet Zustandsinformationen und sendet bei Zustandsänderungen Benachrichtigungen aus. Diese Änderungen müssen nicht unbedingt Fehler sein. Mit anderen Worten heißt das, daß eine Benachrichtigung nur einmal erzeugt wird, nämlich dann, wenn der Ausfall zum erstenmal beobachtet wird.

SMT verbraucht wenig Ressourcen und benötigt eigentlich nur die Ressourcen, die für die Tests erforderlich sind. Es können auch mehrere Tests gleichzeitig durchgeführt werden.

Um SMT zu übersetzen und zu installieren, müssen Sie die Distribution entpacken und im so erzeugten Verzeichnis die folgenden Befehle ausführen:

```
% ./configure
% make
# make install
```

Standardmäßig wird der *smt*-Dämon unter */usr/local/bin/* installiert, die Tests unter */usr/local/share/smt/* und die Seiten für die Online-Hilfe unter */usr/local/man/*. Sie müssen eine eigene Konfigurationsdatei und ein Benachrichtigungsskript erstellen. In Beispiel 18-4 sehen Sie eine mögliche Konfigurationsdatei, mit der IMAP und SMTP überwacht werden.

Beispiel 18-4: SMT-Konfigurationsdatei zur Überwachung von IMAP und SMTP

```
logfile "/var/log/smt.log"
logdetail 4                         # Anzeigen der Ergebnisse im Protokoll

test "IMAP server" {
     command "/usr/local/share/smt/imap imap.themullets.net"
     message "Der IMAP-Server ist %U"
     successcode 0
     timeout 25
}

test "SMTP" {
     command "/usr/local/share/smt/smtp mail.themullets.net"
     message "Der SMTP-Server ist %U"
     successcode 0
     timeout 25
}
```

Beispiel 18-4: SMT-Konfigurationsdatei zur Überwachung von IMAP und SMTP (Fortsetzung)

```
group "Mail_Tests" {
     notification "/usr/local/etc/notify.pl dianna@pager.themullets.net"
     frequency 300
     test "SMTP"
     test "IMAP server"
}
```

Beispiel 18-5 zeigt ein Benachrichtigungsskript, wie es in der Konfigurationsdatei im letzten Beispiel definiert wurde.

Beispiel 18-5: SMT-Benachrichtigungsskript

```
#!/usr/bin/perl
# Aufruf: notify.pl Benutzer@Adresse Nachrichtendatei
#
# Die Nachrichtendatei wird dem Benachrichtigungsskript
# von SMT als letztes Argument der Aufrufliste übergeben.

$addressee     = "$ARGV[0]";
$messagefile   = "$ARGV[1]";

if (! $addressee && ! $messagefile) {

    print "Aufruf: notify Benutzer\@Adresse Nachrichtendatei\n";
    exit;
}

`/usr/bin/elm -s IMAPtest $addressee < $messagefile`;
```

Um den SMT-Dämon zu starten, geben Sie den folgenden Befehl ein:

```
# smt /etc/smt.conf
```

tcpflow

Autor
: Jeremy Elson (*jelson@circlemud.org*)

URL
: *ftp://ftp.circlemud.org/pub/jelson/tcpflow/tcpflow-0.20.tar.gz*

Haupteigenschaften
: Zeichnet die Konversation TCP-basierter Protokolle in einem Format auf, das leichter zu lesen ist als die standardmäßig von *snoop* oder *tcpdump* erzeugten Ausgaben. Kann nur zur Fehlersuche und Analyse von TCP-basierten Protokollen verwendet werden.

Installation
: Standardinstallation für GNU-artige Software.

Dokumentation
: Eine Dokumentation finden Sie unter *http://www.circlemud.org/~jelson/software/tcpflow/*.

Status
: Die aktuelle Version ist 0.20 (Februar 2001).

Abhängigkeiten
: Es wird die LBL Packet Capture-Bibliothek (*libpcap.a*) benötigt. Sie finden sie unter *ftp://ftp.ee.lbl.gov/libpcap.tar.Z*.

Lizenz
: GNU General Public License.

Ein ausgezeichnetes Werkzeug zur Beobachtung, Analyse und Fehlersuche von bzw. in Verbindungen zwischen IMAP-Clients und IMAP-Servern. *tcpflow* sammelt und archiviert die Daten, die über eine TCP-Verbindung übertragen werden. Es ist zwar ein spezialisierteres Werkzeug, kann aber als Alternative zu *tcpdump* in Betracht gezogen werden. Beide Produkte basieren auf der LBL Packet Capture-Bibliothek, aber mit *tcpflow* haben Sie die Möglichkeit, die gesammelten Daten in verschiedenen Dateien zu speichern, deren Namen sich aus der Quelle, dem TCP-Port und der Ziel-IP-Adresse ergeben. Daten, die z.B. über eine IMAP-Verbindung vom Client 129.120.156.155, Port 2156, zum Server 129.120.1.1, Port 143, übertragen werden, würden in einer Datei namens 129.120.156.155.02156-129.120.001.001.00143 gespeichert.

In Beispiel 18-6 wird *tcpflow* benutzt, um zu beobachten, wie sich ein IMAP-Client (Mulberry) am IMAP-Server auf dem lokalen Host anmeldet, eine Nachricht als »important« markiert und sich dann wieder abmeldet. *diannapc.themullets.net* ist der Hostname des Client.

Beispiel 18-6: tcpflow

```
localhost# tcpflow 'host diannapc.themullets.net and (port imap)'
129.120.210.004.00143-129.120.217.045.02516: * OK localhost IMAP4rev1 v12.250
server ready

129.120.217.045.02516-129.120.210.004.00143: A00001 CAPABILITY

129.120.210.004.00143-129.120.217.045.02516: * CAPABILITY IMAP4 IMAP4REV1
NAMESPACE IDLE SCAN SORT MAILBOX-REFERRALS LOGIN-REFERRALS AUTH=LOGIN
AUTH=ANONYMOUS THREAD=ORDEREDSUBJECT
A00001 OK Completed

129.120.217.045.02516-129.120.210.004.00143: A00002 LOGIN johndoe "XXXXXXXX"

129.120.210.004.00143-129.120.217.045.02516: A00002 OK Completed

(verschiedene Details ausgelassen ...)

129.120.217.045.02529-129.120.210.004.00143: A00008 STORE 1 +FLAGS (\Flagged)
```

Beispiel 18-6: tcpflow (Fortsetzung)

```
129.120.210.004.00143-129.120.217.045.02529: * 1 FETCH (FLAGS (\Seen \Flagged))
A00008 OK Completed

129.120.217.045.02529-129.120.210.004.00143: A00009 LOGOUT

129.120.210.004.00143-129.120.217.045.02529: * BYE localhost IMAP4rev1 server
terminating connection
A00009 OK Completed
```

tm: ein Belastungstester

Autoren

Andrew Sutton (*Andrew.Sutton.1@ohio.edu*)
Todd Acheson (*acheson@ohio.edu*)

URL

http://redbud.cats.ohiou.edu/tm/tm.tar

Haupteigenschaften

Dieses Programm kann als Belastungstester für einen Cyrus IMAP-Server eingesetzt werden.

Installation

Entpacken Sie das *tar*-Archiv, und übersetzen Sie das Programm.

Dokumentation

Eine technische Beschreibung finden Sie unter *http://redbud.cats.ohiou.edu/tm/*.

Status

Die aktuelle Version ist 1.1 (März 2000).

Abhängigkeiten

Es wird die *pthread*-Bibliothek[2] benötigt.

Lizenz

Kann für nicht-kommerzielle Zwecke frei verteilt werden (*http://redbud.cats.ohiou.edu/tm/copyright.html*).

tm ist ein Werkzeug, das testet, wie sich ein Cyrus IMAP-Server unter Belastung verhält. Es wurde entwickelt, um die Stabilität eines Cyrus-Systems zu testen, indem es übermäßige Beanspruchung simuliert. Die Ergebnisse eines *tm*-Tests können verwendet werden, um vorherzusagen, wie sich ein Cyrus-System unter starker Belastung verhält und an welchen Stellen mit Engpässen auf dem Server zu rechnen ist. Bisher wurde *tm* nur für Sun OS, IRIX und DGUX umgesetzt.

2 Die GNU-*pthread*-Bibliothek finden Sie unter *ftp://ftp.cis.ohio-state.edu/mirror/gnu/pth/*.

> Bevor Sie sich entschließen, *tm* auf einem Ihrer Produktionssysteme auszuprobieren, sollten Sie bedenken, daß die Belastung, die *tm* erzeugt, bei weitem die normale Benutzung übertrifft und es dadurch zu Ausfällen kommen kann.

Um zu simulieren, wie mehrere Benutzer Ressourcen gemeinsam nutzen, muß *tm* in der Lage sein, IMAP-Operationen asynchron auszuführen. Um diese Bedingung zu erfüllen, ist *tm* multithreaded und verwendet für jede Schreiben-Lesen-Prüfen-Operation einen eigenen Thread. Die Anzahl der Threads kann in der *tm.conf*-Datei eingestellt werden. Eine einfache *tm.conf*-Datei ist in Beispiel 18-7 dargestellt.

Beispiel 18-7: tm.conf

```
# Beispiel für eine tm.conf-Datei

{write1 read1}
{write2 read2}

# 10 Noise-Threads erzeugen
10 {noise}
```

Die Notation {writer reader} stellt ein Schreiber-Leser-Skriptpaar dar. Der Schreiber führt Aktionen aus, z.B. SETACL. Der Leser liest das Ergebnis einer solchen Aktion, indem er eine entsprechende Leseoperation durchführt (hat der Schreibprozeß beispielsweise eine SETACL-Operation durchgeführt, würde der Leser eine GETACL-Operation durchführen). Der »noise«-Thread (Rauschen) ruft das Skript *noise* auf, das Aktivität auf dem IMAP-Server simuliert, z.B. Benutzer, die sich an- und abmelden, Clients, die CAPABILITY- oder NOOP-Anfragen stellen, oder Benutzer, die den Inhalt ihrer Mailboxen herunterladen.

Die Namen der Bestandteile der Schreiber-Leser-Paare stimmen mit den Namen der Skripten überein, die die IMAP-Befehle enthalten, die ausgeführt werden sollen. In unserem Beispiel sehen Sie vier Skripten: *write1*, *write2*, *read1* und *read2*. Die beiden Skripten *write1* und *read1* finden Sie in Beispiel 18-8 und Beispiel 18-9.

Beispiel 18-8: write1 (Beispiel eines »Schreiber«-Skripts)

```
open imap imap.themullets.net
command login testuser xxxxxxxx
loop 20
command setacl mailbox inbox johndoe lprs
command setacl mailbox inbox johndoe lwci
end
logout
```

Beispiel 18-9: read1 (Beispiel eines »Leser«-Skripts)

```
open imap imap.themullets.net
command login testuser xxxxxxxx
```

Beispiel 18-9: read1 (Beispiel eines »Leser«-Skripts)

```
loop 20
command getacl mailbox inbox
command getacl mailbox inbox
end
logout
```

Das *tm*-Programm vergleicht die Ergebnisse des Schreib- und des Leseskripts und protokolliert die Ergebnisse dieses Vergleichs in der Datei *tm.log*. Die IMAP-Befehle und ihre Ausgaben werden für Analysezwecke in einer weiteren Protokolldatei, *out.log*[3], gespeichert. Ein Test ist vollständig, wenn alle Skripten abgearbeitet und die letzten Operationen protokolliert wurden.

Natürlich ist der Einsatz eines Programms zum Erzeugen von Systemlast am sinnvollsten, wenn Sie auch die Möglichkeit haben, der entstehenden Systembelastung zu begegnen. Eine Methode dafür ist der Aufbau von IMAP-Server-Clustern.

IMAP-Server-Cluster

Leider gibt es kein allumfassendes Open Source-Paket, das es ermöglicht, IMAP-Server-Cluster zu erzeugen. Wir haben bis jetzt in diesem Kapitel bewußt darauf verzichtet, auch kommerzielle Softwaresysteme zu betrachten, aber es gibt nun mal nicht viele freie Programme zur Verwaltung von IMAP-Server-Clustern, und deshalb brechen wir an dieser Stelle mit der Tradition und widmen uns sowohl einem kommerziellen als auch einem frei verfügbaren Softwareprodukt für diese Zwecke.

BLUETAIL Mail Robustifier

Autor
: Bluetail AB

URL
: *http://www.bluetail.com/products/*

Haupteigenschaften
: Ermöglicht Lastverteilung, Skalierung und Ausfallsicherung von IMAP-Diensten.

Installation
: *http://www.bluetail.com/big/common/bmr11.pdf*

Dokumentation
: Sie finden ein Whitepaper auf den Webseiten von Bluetail AB unter *http://www.bluetail.com/big/common/wp11.pdf*. Es sind auch eine Übersicht über das Produkt

3 Verwenden Sie beim Aufruf von *tm* die Option *-n*, um die Protokollierung von Debugging-Nachrichten in der Datei *out.log* zu unterdrücken.

(*http://www.bluetail.com/big/common/wpm.pdf*) und eine Benutzerreferenz (*http://www.bluetail.com/big/common/bmr11.pdf*) verfügbar.

Status
: Die aktuelle Version ist 2.2 (März 2001).

Lizenz
: Kommerziell (kostenlose 30-Tage-Testversion verfügbar).

BLUETAIL Mail Robustifier ist ein Software-Proxy-System, das IMAP-, POP- und SMTP-Diensten auf Unix-Plattformen die Möglichkeit zur Lastverteilung und Eigenschaften wie Skalierbarkeit und Ausfallsicherheit hinzufügt. Unterstützte Plattformen sind Linux, Solaris, FreeBSD, BSDi und Windows 2000.

Die Software läuft auf zwei dedizierten Proxy-Servern, die zwischen einer IMAP-Serverfarm und den IMAP-Clients aufgestellt werden. Sie verteilen die Last auf die einzelnen Server der Farm. Fällt einer der Proxy-Server aus, übernimmt der andere seine Aufgaben.

BLUETAIL vereinfacht die Skalierung eines IMAP-Systems, da der Serverfarm während des Betriebs zusätzliche IMAP-Servermaschinen transparent hinzugefügt werden können. Ebenso ist es möglich, Maschinen zu entfernen oder aufzurüsten, während sämtliche IMAP-Dienste verfügbar bleiben. Fällt einer der IMAP-Server aus, kann der Datenverkehr entweder auf einen anderen Server umgeleitet oder zurückgewiesen werden, je nachdem, welche Konfiguration Sie wählen. BLUETAIL kann dynamisch konfiguriert werden, und das komplette Softwaresystem kann während des Betriebs aktualisiert werden.

Ein vorhandener Überlastungsmechanismus kann so konfiguriert werden, daß eine Aktion ausgeführt wird, wenn der Datenverkehr einen bestimmten Grenzwert erreicht. Beim Erreichen dieses Grenzwerts werden weitere Verbindungswünsche abgelehnt. Mit diesem Überlastungsmechanismus haben Sie auch die Möglichkeit, bestimmte Benutzergruppen gesondert zu behandeln, z.B. könnten Premium-Benutzer normalen Benutzern vorgezogen werden, wenn das System die eingestellte Belastungsgrenze erreicht.

Weitere Eigenschaften von BLUETAIL beinhalten z.B. die SPAM-Filterung nach RFC 2505, GUI und Kommandozeilenschnittstellen, Systemüberwachung und das Aufstellen von Statistiken.

Von besonderem Interesse für Einrichtungen, die Cyrus verwenden, ist, daß BLUETAIL sowohl die Infrastruktur mit einem gemeinsam genutzten Mail-Speicher für mehrere IMAP-Server als auch die Infrastruktur mit einem eigenen Mail-Speicher für jeden IMAP-Server benutzen kann. Wird der Mail-Speicher gemeinsam genutzt, verteilt Robustifier die Anfragen auf die einzelnen Server. Wenn jeder IMAP-Server über einen eigenen Mail-Speicher verfügt, leitet BLUETAIL die Anfragen anhand der Benutzer oder Domänen an den entsprechenden Server weiter.

Cyrus IMAP-Aggregator

Autor
: Project Cyrus

URL
: *http://asg.web.cmu.edu/cyrus/ag.html*

Haupteigenschaften
: Verteilt IMAP-Anfragen an den Mail-Speicher auf beliebig viele Server. Damit läßt sich für die Verarbeitung von IMAP-Anfragen fast Hochverfügbarkeit erreichen (siehe unten).

Installation
: Bestandteil des Cyrus IMAP-Servers ab Version 2.0.

Dokumentation
: *http://asg.web.cmu.edu/cyrus/ag.html*

Status
: Gleiche Version wie der Cyrus IMAP-Server.

Lizenz
: Frei verfügbar.

Als die amerikanische Version dieses Buchs in den Druck ging, war nur eine Pre-Alpha-Version verfügbar, die nicht öffentlich zugänglich war. Bei seiner Freigabe verspricht der IMAP-Aggregator jedoch, IMAP-Systemen eine stabile Mehrschicht-Architektur (Multitier) zur Verfügung zu stellen.

Ein IMAP-Aggregator besteht aus zwei Reihen mit IMAP-Servern. Die vordere Reihe enthält die Frontend-Server, die alle eingehenden Anfragen von IMAP-Clients entgegennehmen und ausschließlich als Proxies zwischen den Endanwendern und den Bakkend-Servern fungieren. Die Reihe mit den Backend-Servern hat direkten Zugriff auf den Mail-Speicher. Auch wenn Sie einen oder mehrere Server aus der ersten Reihe verlieren, sind Sie weiterhin in der Lage, Ihre IMAP-Dienste in vollem Umfang zur Verfügung zu stellen, solange noch einige der Frontend-Server funktionieren. Jeder Backend-Server ist für den Mail-Speicher eines Teils aller Benutzer zuständig. ACAP oder LDAP helfen den Frontend-Servern, die als Proxies arbeiten, die Mailbox eines bestimmten Benutzers zu finden.

Für ein echtes Hochverfügbarkeitssystem wäre es erforderlich, daß der IMAP-Aggregator redundante Mail-Speicher auf allen Backend-Servern zur Verfügung stellt, anstatt einen Mail-Speicher einfach zu multiplexen.

IMAP-APIs

Vielleicht sind Sie ein Typ, der sich nur mit IMAP-Werkzeugen zufriedengibt, die er selbst entwickelt hat. Oder Sie haben ein Problem, das nicht zufriedenstellend mit einem der anderen angegebenen Pakete gelöst werden kann. Für beide Fälle finden Sie in diesem Abschnitt einige IMAP-APIs, die Ihnen Ihre Arbeit ein wenig erleichtern und Ihre Entwicklungszeiten etwas verkürzen.

C-Client-API

Autor
: Mark Crispin (*mrc@cac.washington.edu*)

URL
: *ftp://ftp.cac.washington.edu/imap/imap.tar.Z*

Haupteigenschaften
: Diese IMAP-API und weitere unterstützende Bibliotheken zur Entwicklung von Applikationen zur Übertragung von Internetnachrichten sind in der UW IMAP-Serverdistribution enthalten.

Installation
: Es ist keine spezielle Installation erforderlich (*make <platform>*).

Dokumentation
: Eine Dokumentation über C-Client finden Sie in der UW IMAP-Distribution in der Datei *docs/internal.txt*.

Status
: Die aktuelle Version ist 2001-Beta (März 2001).

Lizenz
: Frei, kann mit eingeschränktem Copyright auch weiterverteilt werden (weitere Einzelheiten finden Sie in den Kommentaren in den Quelldateien).

C-Client ist der Urahn aller IMAP-APIs. Sie wurde von Mark Crispin, dem Erfinder von IMAP, geschrieben und dient als Fundament für viele IMAP-Server und -Clients (nicht nur PINE und UW-IMAP). Es ist sicher gerechtfertigt zu sagen, daß C-Client als Referenz-API für die meisten Eigenschaften des IMAP-Protokolls angesehen werden kann und sich als solche besser für große Projekte eignet als schnell zusammengeschusterte Werkzeuge.

C-Client finden Sie im Verzeichnis *src/c-client* der UW IMAP-Distribution, und eine ausführliche und gut geschriebene Dokumentation befindet sich unter *docs/internal.txt*.

Perl-APIs

Mail-IMAPClient

Autor
: David J. Kernen (*kernen@erols.com*)

URL
: *http://www.perl.com/CPAN/authors/id/D/DJ/DJKERNEN/Mail-IMAPClient-1.08.tar.gz*

Haupteigenschaften
: Die Perl-API vereinfacht die Kommunikation zwischen Perl-Skripten und IMAP-Servern.

Installation
: Standardinstallation für Perl-Module. Siehe *http://www.cpan.org/modules/INSTALL.html*.

Dokumentation
: *http://search.cpan.org/doc/DJKERNEN/Mail-IMAPClient-1.08/README*

Status
: Die aktuelle Version ist 2.1.0 (Februar 2001).

Abhängigkeiten
: Das Paket benötigt das Perl-Modul IO::Socket.

Lizenz
: Artistic License.

Mail-IMAPClient (siehe Beispiel 18-10) ist eine RFC 2060-kompatible API, die die Interaktion zwischen einem Perl-Skript und einem IMAP-Server vereinfacht. Es werden so gut wie alle Client-Befehle unterstützt, die in RFC 2060 beschrieben werden. Mail-IMAPClient wurde erfolgreich mit Cyrus- und UW IMAP-Servern getestet.

Um zu überprüfen, ob auf Ihrem System das Modul IO::Socket installiert ist, geben Sie folgenden Befehl ein:

```
% perl -e 'use Socket; use IO::Socket;'
```

Die Quelldistribution des Moduls Mail-IMAPClient enthält auch Beispiele, wie etwa *imap-to-inbox.pl*, das einen Ordner eines Benutzers liest und ihn in das *mbox*-Format konvertiert. Sie können *imap-to-inbox.pl* als Zwischenschritt verwenden, wenn Sie von einem proprietären IMAP-Server auf einen Server aus dem Public-Domain-Lager umsteigen wollen.

Beispiel 18-10: Mail-IMAPClient

```
#!/usr/local/bin/perl

use Mail::IMAPClient;
$| = 1;

$server = "imap.themullets.net";
$port   = 143;
$user   = "johndoe";
$password = "XXXXXXXX";

&connect;
&count_messages;

sub connect {

    $imap = Mail::IMAPClient->new(
        Server      => "$server",
        User        => "$user",
        Password    => "$password",
        Port        => "$port",
    )
    || die ("Kann Verbindung zu $server:$port nicht herstellen: $! $?");
}

sub count_messages {

    my (@folders, $folder, $count);

    @folders = $imap->folders;
    push(@folders, "INBOX");

    foreach $folder (@folders) {

        $count = $imap->message_count($folder);

        if (! $count) {
                print "$folder ist leer.\n";
                next;
        }
       print "$count Nachrichten im Ordner $folder.\n";
    }
}
```

Net-IMAP-Simple

Autor
: Joao Fonseca (*joao_g_fonseca@yahoo.com*)

URL
: *http://www.perl.com/CPAN/authors/id/J/JP/JPAF/Net-IMAP-Simple-0.93.tar.gz*

Haupteigenschaften
Perl-IMAP-API, die nur einen beschränkten Satz IMAP-Befehle enthält.

Installation
Standardinstallation für Perl-Module. Siehe *http://www.cpan.org/modules/INSTALL.html*.

Dokumentation
http://search.cpan.org/doc/JPAF/Net-IMAP-Simple-0.93/Simple.pm.

Status
Die aktuelle Version ist 0.93 (Dezember 1999).

Lizenz
Nicht angegeben (frei).

Dieses Modul bietet eine einfache Methode, um auf einen IMAP-Account zuzugreifen. Net-IMAP-Simple ist auf die folgenden Befehle beschränkt:

login	*create_mailbox*
select	*rename_mailbox*
seen	*delete_mailbox*
get	*copy*
getfh	*quit*
mailboxes	

In Beispiel 18-11 sehen Sie ein Beispielskript, das Net-IMAP-Simple verwendet.

Beispiel 18-11: Beispielskript für Net-IMAP-Simple

```
#!/usr/local/bin/perl

use Net::IMAP::Simple;

# Oeffnen einer Verbindung zum IMAP-Server
#
$server = new Net::IMAP::Simple( 'imap.unt.edu' );

# Anmelden am Server
#
$server->login( 'johndoe', 'XXXXXXXX' );


# Eine Liste aller Ordner ermitteln
#
@folders = $server->mailboxes();

foreach $folder (@folders) {

    $number_of_messages = $server->select( $folder );
```

Beispiel 18-11: Beispielskript für Net-IMAP-Simple (Fortsetzung)

```
    if ($number_of_messages) {
        print "Es sind $number_of_messages Nachrichten im Ordner $folder.\n";
    } else {
        print "$folder ist leer.\n";
    }
}

# Verbindung beenden
$server->quit();
```

NetxAP

Autor
: Kevin Johnson (*kjj@pobox.com*)

URL
: *http://www.perl.com/CPAN/authors/id/KJOHNSON/NetxAP-0.02.tar.gz*

Haupteigenschaften
: Diese Perl-API enthält alle IMAP-Befehle, die im RFC 2060 beschrieben sind, und zudem viele Befehle für verschiedene IMAP-Erweiterungen (z.B. Namensräume, ACL und Quota).

Installation
: Standardinstallation für Perl-Module. Siehe *http://www.cpan.org/modules/INSTALL.html*.

Dokumentation
: *http://search.cpan.org/doc/KJOHNSON/NetxAP-0.02/Net/IMAP.pm*

Status
: Die aktuelle Version ist 0.02 (Oktober 1999).

Abhängigkeiten
: Dieses Paket benötigt die Module MIME::Base64 und Digest-MD5.

Lizenz
: Freeware.

Das Net::IMAP-Perl-Modul ist im NetxAP-Paket enthalten. Es besteht aus der Menge aller grundlegenden RFC 2060-Befehle und einigen Erweiterungen. Eine komplette Liste wäre an dieser Stelle zu umfangreich, Sie finden sie jedoch unter *http://search.cpan.org/doc/KJOHNSON/NetxAP-0.02/Net/IMAP.pm*. Die NetxAP-Module befinden sich noch im Alpha-Stadium. Obwohl sie sehr vielversprechend aussehen, rät der Autor von ihrem Einsatz auf Produktionssystemen ab. Zwei Beispiele, die zeigen, wie Net::IMAP verwendet wird, sind in der NetxAP-Distribution enthalten.

PHP

Autoren
: Viele Beteiligte (*http://www.php.net/credits.php3*)

URL
: *http://www.php.net/*

Haupteigenschaften
: Hierbei handelt es sich um eine PHP-IMAP-API, die auf der C-Client-Bibliothek basiert.

Installation
: Standardinstallation für GNU-artige Software.

Dokumentation
: *http://www.php.net/manual/ref.imap.php3*

Status
: Die aktuelle Version ist 4.0.4pl1 (März 2001).

Abhängigkeiten
: Benötigt die C-Client-Bibliothek.

Lizenz
: GNU General Public License (*http://www.php.net/license.html*).

PHP enthält eine eingebaute IMAP-API auf Basis der C-Client-Bibliothek. Um IMAP-Funktionen zu nutzen, müssen Sie zunächst die C-Client-Bibliothek installieren (Informationen, woher Sie diese bekommen, finden Sie weiter oben in diesem Kapitel im Abschnitt, der die C-Client-Bibliothek beschreibt). Übersetzen Sie die C-Client-Bibliothek, und kopieren Sie die Datei *c-client/c-client.a* in das Verzeichnis */usr/local/lib/* (oder in ein anderes Verzeichnis, das Sie für Ihre lokalen Programmierbibliotheken vorgesehen haben). Kopieren Sie *c-client/rfc822.h*, *c-client/mail.h* und *c-client/linkage.h* nach */usr/local/include* (oder in ein anderes Verzeichnis in Ihrem Include-Pfad). Nachdem Sie die C-Client-Bibliothek installiert haben, müssen Sie PHP mit der Option *--with-imap* übersetzen. Eine komplette Dokumentation aller API-Funktionen finden Sie im PHP-Handbuch unter *http://www.php.net/manual/ref.imap.php3*.

JavaMail

Autor
: Sun Microsystems

URL
: *http://www.javasoft.com/products/javamail/index.html*

Haupteigenschaften
: Umfangreiche API zur Entwicklung von Mail-Clients in Java. Sie unterstützt neben SMTP, POP und IMAP auch noch andere Protokolle.

Installation
Standard-Java-Installation.

Dokumentation
http://www.javasoft.com/products/JavaMail-1.1.pdf (diese Dokumentation ist auch in einer Online-Variante verfügbar)

Status
Die aktuelle Version ist 1.2 (Dezember 2000).

Abhängigkeiten
Benötigt das JavaBeans Activation Framework (*javax.activation*).

Lizenz
SCSL (Sun Community Source License).

VI

Anhänge

A

Umstellung vom Berkeley-Mail-Format auf Cyrus: Werkzeuge

Die Vorgehensweise zur Umstellung einer ganzen Reihe von Benutzern vom traditionellen (Berkeley-)Format für E-Mail auf Cyrus wurde kurz in Kapitel 9, *Administration des Cyrus-Systems*, dargestellt. In diesem Anhang stellen wir den Quellcode für die Werkzeuge vor, die für eine solche Umstellung benutzt werden.

bsd2cyrus

bsd2cyrus ist ein Perl-Skript, das in Kapitel 9 schon eingeführt wurde und das die E-Mail-Ordner einer Reihe von Benutzern aus dem Berkeley-Format in den Cyrus-Namensraum überführt. Die Ausgabe des Skripts *bsd2cyrus* wird als Eingabe für andere Skripten benutzt, die zur Umstellung von Benutzern vom Mail-System im Berkeley-Stil auf ein Cyrus-System verwendet werden. Die Eingabe für *bsd2cyrus* ist der Name einer Textdatei, die eine Liste mit Benutzernamen enthält. Beispiel A-1 zeigt das *bsd2cyrus*-Skript.

Beispiel A-1: bsd2cyrus

```
#!/usr/local/bin/perl
    eval 'exec /usr/local/bin/perl -S $0 ${1+"$@"}'
        if $running_under_some_shell;

require "find.pl";

$inputfile  = "$ARGV[0]";
if (! $inputfile) { die "Usage: $0 inputfile\n"; }
```

Das Skript ermittelt für jeden Benutzer dessen Home-Verzeichnis aus der Datei *passwd* und sucht nach den Namen aller Dateien unter dem Verzeichnis *~/mail* des Benutzers. Die Subroutine `find` bringt diese Dateien in ein Array. Beachten Sie, daß alle Dateien in ein einziges großes Array geschrieben werden, nicht in ein Array pro Benutzer – wir nehmen an, daß Sie eine große Anzahl von Benutzern gleichzeitig umstellen und daß Sie nichts Benutzerspezifisches tun müssen.

```
open (DATA, $inputfile) || die "can't open $inputfile";
while (<DATA>) {
    chop;
    ($user,$pw,$uid,$gid,$quota,$cmnt,$gcos,$home) = getpwnam $_;
    next if $home eq "";
    &find("$home/mail");
}

close DATA;
```

Die nächsten Zeilen schränken die Liste der Dateien im Unterverzeichnis *~/mail* auf Ordner ein, die ausschließlich E-Mail enthalten. Sollten Ihre Benutzer ihre E-Mail in Verzeichnissen aufbewahren, die anders heißen als *~/mail*, dann müssen Sie das Skript ändern, um auch diese Verzeichnisse zu berücksichtigen:

```
foreach (@folders) {

    ($user,$folder) = split(/:/,$_,2);
```

Bevor wir auf dem Cyrus-Server eine Mailbox erzeugen, müssen wir überprüfen, ob der Inhalt des BSD-Ordners auf dem alten System RFC 822 entspricht. Im *bsd2cyrus*-Skript nehmen wir an, daß der Ordner keinen Inhalt entsprechend RFC 822 enthält, wenn er eines der folgenden Dinge ist:

- ein Verzeichnis
- eine ausführbare Datei
- eine binäre Datei
- ein Archiv
- eine leere Datei

Wenn Sie bei sich strengere oder weniger strengere Kriterien einsetzen wollen – wir wollen dieses Beispiel einfach halten, um das Konzept zu illustrieren –, dann könnten Sie das *bsd2cyrus*-Skript auch dahingehend ändern, daß es ein Protokoll über die übersprungenen Dateien führt, die Sie sich dann später genauer ansehen können. Aus unserer eigenen Erfahrung bei der Umstellung von 20.000 Accounts vom Berkeley-Format auf einem UW IMAP-System auf Cyrus IMAP kommt der heuristische Ansatz in diesem Beispiel mit 99,9 % der »Problem«-Ordner klar. Das häufigste Problem, das wir antrafen, waren Benutzer, die ihre E-Mail-Ordner an einem ungewöhnlichen Platz auf dem System speicherten, wie z.B. in ihren Home-Verzeichnissen, im temporären Systemraum oder in einem versteckten Unterverzeichnis.

```
        if (! rfc822($folder) ) { next; }

        @tokens = split(/\//, $folder);
        $mailbox = $tokens[$#tokens];

        ## Sanity checks - frühere Tests sollten diese abgefangen haben

        next if ($mailbox =~ /\.gz$/);      # überspringe gezippte Dateien
        next if ($mailbox =~ /\.Z$/);       # überspringe komprimierte Dateien
        next if ($mailbox =~ /^\./);        # überspringe versteckte Dateien
```

Aus Kapitel 6, *Der Cyrus IMAP-Server im Überblick*, erinnern Sie sich vielleicht daran, daß Cyrus IMAP in Mailbox-Namen keine speziellen Zeichen erlaubt, wie z.B. Metazeichen für Unix-Shells oder Zeichen, die nicht im ASCII-Zeichensatz enthalten sind. Die Subroutine *rm_badchars* bearbeitet solche Zeichen, indem sie sie in ihre ASCII-Repräsentation für den neuen Mailbox-Namen umwandelt und diesen mit einem Unterstrich beginnt:

```
        ## Ersetze "falsche" Zeichen durch einen Unterstrich, gefolgt von
        ## der ASCII-Darstellung des Zeichens.

        $mailbox = rm_badchars($mailbox);
        print "$user:user.$user.$mailbox:$folder\n";
    }

    sub rfc822 {

        my ($file) = @_;
        my ($rc) = 1;
        if (-d $file || -z $file || -B $file || -x $file) {
            $rc = 0;
        }
        return $rc;
    }

    sub rm_badchars {

        my ($mailbox) = @_;
        $mailbox =~ s/ /_040/g;
        $mailbox =~ s/\!/_041/g;
        $mailbox =~ s/\"/_042/g;
        $mailbox =~ s/\#/_043/g;
```

In diesem Beispiel haben wir den Rest der Zeichenumsetzungen weggelassen, aber im tatsächlichen Skript sollte es für jedes Zeichen, das nicht erlaubt ist, eine Anweisung in der Subroutine *rm_badchars* geben, die das Zeichen in seine ASCII-Repräsentation umsetzt. Nach den Umsetzungen wird der Name der neuen Mailbox an das Hauptprogramm zurückgegeben:

```
        return $mailbox;
    }
```

createfolders

createfolders (dargestellt in Beispiel A-2) ist ein Tcl-Skript, das in Kapitel 9 dazu benutzt wurde, eine leere Cyrus-Mailbox anzulegen. Es benutzt die Ausgabe von *bsd2cyrus* als Eingabe. Die Ausgabe von *bsd2cyrus* enthält den Benutzernamen, den Pfadnamen eines Mail-Ordners im Berkeley-Stil und dessen Abbildung in den Namensraum von Cyrus (also den Namen einer Cyrus-Mailbox). Jedoch verwendet *createfolders* nur den Namen der Cyrus-Mailbox.

Beispiel A-2: createfolders

```
#!/usr/local/bin/cyradm -file
set inputfile [lindex $argv 0]

eval cyradm connect cyr_conn localhost imap
puts stdout "Connected to IMAP server. Authenticating..."

if [catch {eval cyr_conn authenticate -pwcommand {{
    set adminid "cyrus"
    set adminpw "xxxxxxxx"
    list $adminid $adminpw
}} } result ] {
    puts stderr "$result (cleartext)"
    return -code error $result
} else {
    puts "Authentication successful."
}

## $inputfile ist eine Textdatei mit dem Benutzernamen und dem Pfad
## des Berkeley-Ordners sowie der entsprechenden Cyrus-Mailbox

if [catch {open $inputfile r} fileId] {
    puts stderr "Error: cannot open $inputfile"
} else {

    while {[gets $fileId line] >= 0} {

        ## Die Cyrus-Mailbox ist das zweite Feld auf der Eingabezeile
        ## (Arrayindizes beginnen mit 0).

        set mailbox [lindex [split $line ":"] 1]

        if [catch {cyr_conn createmailbox $mailbox} result] {
            puts stderr $result
        } else {
            puts "Created mailbox $mailbox"
        }
    }
}
```

inboxfer

inboxfer ist ein Perl-Skript, das in Kapitel 9 dazu benutzt wurde, die Nachrichten von einer Inbox im Berkeley-Format (z.B. */var/mail/johndoe*) in eine Cyrus-Inbox zu verschieben. Das Skript (dargestellt in Beispiel A-3) setzt voraus, daß die Cyrus-Mailbox schon vorhanden ist und daß auf der Maschine, auf der das Skript läuft, *formail* zur Verfügung steht.[1] Als Eingabe verwendet *inboxfer* den Namen der Datei, die die Benutzernamen enthält, und zwar einen pro Zeile.

Beispiel A-3: inboxfer

```
#!/usr/local/bin/perl

## Zweck: Hole die Nachrichten aus der Mailbox /var/mail
##         und fülle die Cyrus-INBOX.

$scripts   = "/home/cyrus/bin";       # Ort dieses Skripts
$mailstore = "/var/spool/imap/user";  # Cyrus-Mail-Speicher
$oldspool  = "/var/oldmail";          # Alte Mail-Spool

$cmd       = "/usr/local/bin/formail -n 20 -s $scripts/cpmsg";

$users = "$ARGV[0]";
if (!$users) { die "Usage: $0 $users\n"; }

open(USERS,"$users") || die "can't open $users";

while (<USERS>) {
    chop;
    $inbox = "$oldspool/$_";
    system("/usr/bin/cat $inbox | $cmd $mailstore/$_");
}
```

Der `system`-Aufruf öffnet eine Pipe, die den Inhalt des Mail-Ordners für eingehende E-Mails in einen *formail*-Befehl weiterleitet. Der *formail*-Befehl unterteilt den Ordner in einzelne Nachrichten und öffnet für jede Nachricht eine neue Pipe zu einem weiteren Perl-Skript, nämlich *cpmsg*, zur Weiterverarbeitung. *cpmsg* ist das Skript, das dann die Nachricht tatsächlich in die Cyrus-Mailbox kopiert. *cpmsg* zeigen wir in Beispiel A-4.

formail erhöht den Wert der Umgebungsvariable FILENO immer dann, wenn es eine neue Nachricht in dem Berkeley-Ordner findet. *cpmsg* wiederum verwendet die Variable FILENO für eine eindeutige Numerierung der Nachrichten innerhalb eines einzelnen Berkeley-Mail-Ordners. Die FILENO-Werte haben das Format NNN, das durch führende Nullen aufgefüllt wird. Da Cyrus mit Ordinalzahlen arbeitet, denen ein Punkt folgt, muß *cpmsg* die führenden Nullen entfernen und den Punkt hinzufügen, um einen zulässigen Dateinamen für die Cyrus-Nachricht zu erzeugen.

1 *formail* ist Teil der Distribution von *procmail*, die Sie unter *http://www.procmail.org* finden.

> Benutzen Sie *inboxfer* nicht, um Mail in Cyrus-Mailboxen zu kopieren, die schon Nachrichten enthalten!

inboxfer startet seine Numerierung immer mit »1«. Sollte die Mailbox bereits Nachrichten enthalten, deren Nummern zwischen »1« und der Anzahl der zu kopierenden Nachrichten liegen, dann werden diese Nachrichten überschrieben.

cpmsg benutzt den vollen Pfad der Cyrus-Mailbox als Argument (als Beispiel: Der volle Pfad zur INBOX von Benutzer *johndoe* wäre auf den meisten Cyrus-Systemen */var/spool/imap/user/johndoe*).

Beispiel A-4: cpmsg

```
#!/usr/local/bin/perl

## Dies soll von formail aufgerufen werden. Formail ruft dieses Programm
## einmal für jede Nachricht auf, wenn es mit der Option -s gestartet wird.
## z.B.:
##          cat mailbox.txt | formail -s thisscript.pl
##
## maildir - Zielverzeichnis der Mailbox.

$maildir  = "$ARGV[0]";
if (!$maildir) { die "Usage: $0 $maildir"; }

## Formail inkrementiert diese Zahl für jede Nachricht.
## Führende Nullen müssen entfernt werden (aus 001 wird 1).

$filenum  = ($ENV{FILENO} - 0) + 1;

open (OUTFILE,">$maildir/$filenum.");
while (<STDIN>) {
    chop;
    print OUTFILE "$_\015\012";  ## Jeder Zeile CRLF hinzufügen!
}
close OUTFILE;
```

folderxfer

folderxfer ist *inboxfer* sehr ähnlich, mit der Ausnahme, daß es anstelle einer Liste von Benutzernamen die Ausgabe von *bsd2cyrus* als Eingabe verwendet und Nachrichten aus dem Berkeley-Format für Mail-Ordner in die entsprechenden Cyrus-Mailboxen kopiert. Das Skript *folderxfer* wird in Beispiel A-5 gezeigt.

Beispiel A-5: folderxfer

```
#!/usr/local/bin/perl

## Zweck: Wandelt den Inhalt von Ordnern im Berkeley-Format
##          in Cyrus-Mailboxen um
##
## Voraussetzungen: (1) Die  Root-Mailbox und leere Cyrus-Ordner müssen
##                  vorhanden sein, bevor die Umwandlung stattfindet.
##
##                  (2) Die Eingaben wurden von illegalen Zeichen gesäubert
##                  sowie von Dateien, die keinen Mail-Inhalt enthalten.
##
## Eingabe:  Eine Liste mit folgenden Informationen in jeder Zeile:
##
##
##      <benutzername>:<ordnername im cyrus-format>:<pfad zum BSD-ordner>

$scripts     = "/home/cyrus/bin";       # Ort dieses Skripts
$mailstore   = "/var/spool/imap/user";  # Cyrus-Mail-Speicher
$cmd         = "/usr/local/bin/formail -n 20 -s $scripts/cpmsg";

$folders = "$ARGV[0]";
if (!$folders) { die "Usage: $0 filename"; }

open (MB,"$folders") || die "can't open $folders";
while (<MB>) {

    chop;

    ## Seien Sie bei dieser Teilung vorsichtig - das letzte Element könnte
    ## Whitespace enthalten, den wir erhalten wollen.

    ($user,$cyrusfolder,$folder) = split(/:/,$_,3);
    @fields = split(/\./,$cyrusfolder);
    $cyrfol = $fields[$#fields];

    $cat = "/usr/bin/cat \"$folder\"";
    system ("$cat | $cmd '$mailstore/$user/$cyrfol'");
}
close MB;
```

batchreconstruct

batchreconstruct ist ein Perl-Skript, das für jede neu erzeugte Cyrus-Mailbox den Cyrus-Befehl *reconstruct* ausführt. Als Eingabe verwendet es einen Dateinamen oder eine Liste mit Benutzernamen. Das Skript *batchreconstruct* wird in Beispiel A-6 gezeigt.

Beispiel A-6: batchreconstruct

```
#!/usr/local/bin/perl

chop ($whoami = `/usr/ucb/whoami`);
if ($whoami ne "cyrus" ) {
    die "You must be cyrus to run this script!\n";
}

$cmd   = "/usr/cyrus/bin/reconstruct -r";
$users = "$ARGV[0]";
if (!$users) { die "Usage: $0 input_file\n"; }

open(MB,"$users") || die "can't open $users";
while (<MB>) {
    chop;
    system("$cmd user.$_");
}
close MB;
```

B

Hinzufügen von SSL-Unterstützung zu IMAP

Viele Benutzer verwenden den E-Mail-Client, der in ihrem Webbrowser eingebaut ist, um ihre IMAP-Mail zu lesen. Viele Browser, wie z.B. Netscape und Internet Explorer, können SSL verwenden, da jedoch die in diesem Buch beschriebenen Distributionen von UW und Cyrus SSL nicht unterstützen, können die Benutzer in diesem Fall auch die SSL-Unterstützung ihrer Browser nicht einsetzen. Hierfür gibt es jedoch eine Lösung. Sie können das frei verfügbare OpenSSL-SSL-Toolkit und *stunnel*, einen Wrapper für SSL-Verschlüsselung, einsetzen, um IMAP in SSL einzupacken. Das Vorgehen zur SSL-Erweiterung von IMAP wird in diesem Anhang dokumentiert. Es beinhaltet das Herunterladen einiger kostenloser Software, deren Kompilierung und Installation, die Erzeugung eines Zertifikats und die Änderung Ihrer Konfiguration für *inetd*. UW 2000 und die Version 2.0 von Cyrus haben ihre eigene SSL-Unterstützung.

Beschaffung der Software

Der erste Schritt ist die Beschaffung der neuesten Versionen der OpenSSL- und *stunnel*-Quellen.

OpenSSL

http://www.openssl.org/

OpenSSL ist eine freie Implementierung von Netscapes Secure Socket Layer – dem Protokoll zur Softwareverschlüsselung, das hinter dem Netscape Secure Server und dem Netscape Navigator-Browser steht. OpenSSL implementiert Secure Sockets Layer *SSLv2* (Version 2) und *SSLv3* (Version 3) sowie Transport Layer Security (TLSv1).

Laden Sie die neueste Version der Quelldistribution von OpenSSL herunter (Version 0.9.6.A zum Zeitpunkt der Übersetzung), und entpacken Sie sie dort, wo Sie normalerweise kostenlose Software kompilieren. Die URL am Anfang dieses Abschnitts ist der Hauptort für die Quellen von OpenSSL. Unter dieser URL finden Sie auch eine hilfreiche

Dokumentation. Eine gute und vollständige Informationsquelle ist auch die FAQ-Liste für OpenSSL, die in den Quellen von OpenSSL enthalten ist und die auch Anweisungen enthält, wie man Schlüssel, Zertifikate und Paßwörter erzeugt.

stunnel

http://mike.daewoo.com.pl/computer/stunnel

stunnel öffnet eine verschlüsselte Pipe zwischen dem SSL-Client und dem IMAP-Server. Es entschlüsselt die Daten, die der Client durch die Pipeline sendet, und schickt sie im Klartext über das Loopback-Interface an den IMAP-Server weiter. Hierbei sind die Daten vor Lauschern aus dem Netzwerk sicher. Laden Sie sich die letzte Version der Quelldistribution (als wir diesen Anhang schrieben, war das *stunnel-2.4a.tar.gz*) an einen Platz in Ihrem System herunter, an dem Sie normalerweise kostenlose Software kompilieren, und machen Sie mit dem nächsten Abschnitt weiter, der Anweisungen zum Kompilieren von *stunnel* enthält.

Alles zusammenfügen

Der nächste Schritt ist das Kompilieren und die Installation der Software, die Erzeugung eines Zertifikats und die Anpassung der Konfigurationsdatei für Ihren *inetd*.

Installation von OpenSSL

OpenSSL unterstützt die RSA-Verschlüsselung, die von den meisten Webbrowsern in SSL-Sitzungen verwendet wird.[1]

Standardmäßig wird OpenSSL unter */usr/local/ssl* installiert (und nicht in */usr/local*, wie es möglicherweise in der Dokumentation steht). Wenn Sie es dort nicht installieren wollen, dann lesen Sie die Datei *INSTALL*, die der Distribution beiliegt, um Anweisungen zu erhalten, wie der Ort der Installation zu ändern ist.

Entpacken Sie die Distribution:

```
% zcat openssl-0.9.5a.tar.gz | tar xvf -
```

Lassen Sie das Skript *config* im Wurzelverzeichnis der entpackten Distribution laufen:

```
% ./config
```

Als nächstes kompilieren Sie OpenSSL:

```
% make
% make test
# make install
```

1 In den Vereinigten Staaten hatte RSA.com lange Zeit ein Patent auf die RSA-Verschlüsselungsalgorithmen, das die Verwendung von OpenSSL mit seiner normalen Unterstützung für RSA illegal machte. Dieses Patent ist inzwischen abgelaufen.

Abschließend editieren Sie die Datei */usr/local/ssl/lib/openssl.cnf* nach Bedarf. Die Kommentare in dieser Datei sind selbsterklärend.

Installation von stunnel

Entpacken Sie die Distribution von *stunnel*:

```
% zcat stunnel-2.4a.tar.gz | tar xvf -
```

Lassen Sie das Skript `configure` laufen:

```
% ./configure
```

Danach kompilieren Sie *stunnel*:

```
% rm config.cache
% make clean
% make
# make install
```

Beachten Sie, daß die Verwendung von *stunnel* mit Threads nur wenig Ressourcen verbraucht. Die Zahl Ihrer Datei-Deskriptoren limitiert Ihre IMAP-Sitzungen, so daß Sie diese auf einem großen System zuerst erhöhen sollten.

Erzeugung eines Zertifikats

Der nächste Schritt ist die Erzeugung eines neuen Zertifikats für *stunnel*. Ein Pseudo-Zertifikat reicht – ein privater Schlüssel und Zertifikatfunktionalität werden nicht benötigt:

```
# cd /usr/local/ssl/certs
# ../bin/openssl req -new -x509 -nodes -out stunnel.pem -keyout \
  stunnel.pem -days 999
# chown cyrus:mail stunnel.pem
# chmod 0600 stunnel.pem
```

Auf Cyrus-Servern muß das Zertifikat dem Benutzer *cyrus* gehören, oder aber der Client wird nicht in der Lage sein, das Zertifikat zu verifizieren. Beachten Sie auch, daß *stunnel* unter Umständen mit einer Kopie von *stunnel.pem* ausgeliefert wird – sollte Ihre Distribution von *stunnel* ein Zertifikat enthalten, sollten Sie es löschen und ein neues bauen.

Änderung der Services-Konfigurationsdatei

Fügen Sie in */etc/services* folgende Zeile ein:

```
simap       993/tcp      simap       # SSL enabled IMAP
```

Warten auf sichere IMAP-Verbindungen

Port 993 ist der Standardport, auf dem Anforderungen für offene, sichere IMAP-Verbindungen (*simap*) erwartet werden. Es gibt zwei Arten, auf *simap*-Verbindungen zu warten: entweder, indem *stunnel* aus *inetd* heraus gestartet wird, oder indem es als selbständiger Dämon läuft.

stunnel als selbständiger Dämon

Dies ist die bevorzugte *stunnel*-Methode. Lassen Sie *stunnel* aus *inetd* heraus starten, verursachen Sie auf Ihrem System eine zusätzliche Belastung, da SSL für jede Verbindung initialisiert werden muß. Außerdem unterstützt *stunnel* bei Betrieb aus *inetd* heraus keine Zwischenspeicherung der Sitzung und verbraucht bei großer Last mehr Speicher.

Um *stunnel* selbständig laufen zu lassen, benutzen Sie einen der folgenden Befehle. Für Cyrus-Server:

```
# stunnel -d 993 -l /usr/cyrus/bin/imapd -r imapd
```

Für UW-Server:

```
# stunnel -d 993 -l /usr/local/sbin/imapd -r imapd
```

---

stunnel muß von *root* gestartet werden, um sich mit dem Port 993 verbinden zu können. Cyrus-Server werden weiterhin alle IMAP-Operationen unter der Benutzerkennung ausführen, die für den *imapd*-Service in */etc/inetd.conf* definiert ist (meist Benutzer *cyrus*).

Benutzung von stunnel aus inetd

Editieren Sie */etc/inetd.conf*. Wenn Sie einen Cyrus-Server verwenden, fügen Sie folgende Zeile hinzu:

```
simap stream tcp nowait cyrus /usr/local/bin/stunnel stunnel -l \
    /usr/cyrus/bin/imapd imapd
```

Das Argument *-l* teilt *stunnel* mit, welchen Typ von *inetd*-Programmen es ausführen soll.

Für UW-Server benutzen Sie:

```
simap stream tcp nowait root /usr/local/bin/stunnel stunnel -l \
  /usr/local/sbin/imapd imapd
```

Abschließend starten Sie *inetd* neu:

```
# ps -ef | grep inetd
root   150      1   TS  48   Apr 21 ?      0:01 /usr/sbin/inetd -s
# kill -hup 150
```

Die FAQ-Liste zu *stunnel*, die der Quelldistribution von *stunnel* beiliegt, enthält viele Vorschläge zum Testen und zur Problemlösung für Ihre *stunnel*-Installation.

C

IMAP-Befehle

Dieser Anhang behandelt die IMAP-Befehle, die in RFC 2060 (IMAP4rev1) beschrieben werden. Einige Befehle sind nur in bestimmten Verbindungszuständen zulässig. Wir haben die Liste nach den Zuständen geordnet, in denen die Befehle zulässig sind. Die Antwortcodes des Servers (Antworten ohne Tags) werden hier nicht einzeln aufgeführt. Sie müssen diese Antwortcodes auch nicht unbedingt kennen, um eine IMAP-Sitzung zu verfolgen oder deren Probleme zu lösen. Sollten Sie detaillierte Informationen über die Antwortcodes benötigen, sehen Sie sich Abschnitt 7.1 des RFC 2060 (*http://www.ietf.org/rfc/rfc2060.txt*) an.

In allen Zuständen zulässige Befehle

CAPABILITY

Der Befehl CAPABILITY gibt eine Liste der Fähigkeiten des Servers zurück (zum Beispiel unterstützte Authentifizierungsmechanismen und IMAP-Erweiterungen).

Benutzung

`CAPABILITY`

Argumente

Keine

Serverantwort ohne Tags

Eine CAPABILITY-Antwort ohne Tag

Ergebnisse

OK (Befehl erfolgreich ausgeführt)

BAD (unzulässige Argumente oder unbekannter Befehl)

Beispiel

```
A00001 CAPABILITY
* CAPABILITY IMAP4REV1 MAILBOX-REFERRALS LOGIN-REFERRALS AUTH=CRAM-MD5
A00001 OK Completed
```

LOGOUT

Der Befehl LOGOUT weist den Server an, die Netzverbindung zu trennen.

Benutzung

LOGOUT

Argumente

Keine

Serverantwort ohne Tags

Eine BYE-Antwort ohne Tag

Ergebnisse

OK (Logout erfolgreich ausgeführt)

BAD (Befehl fehlgeschlagen oder unzulässige Argumente)

Beispiel

```
A00003 logout
* BYE localhost IMAP4rev1 server terminating connection
A00003 OK Completed
```

NOOP

Der Befehl NOOP bewirkt neben dem Zurücksetzen des Timers für ein automatisches Logout bei Inaktivität auf dem Server auch ein Hin- und Zurücksenden des Protokolls, was seinerseits die Bekanntgabe neuer Mail zur Folge haben kann. NOOP wird oft benutzt, um den Zustand der Mailbox abzufragen, wenn der Client gerade nichts anderes zu tun hat.

Benutzung

NOOP

Argumente

Keine

Serverantwort ohne Tags

Keine

Ergebnis des Befehls

OK (NOOP erfolgreich ausgeführt)

BAD (unzulässige Argumente oder unbekannter Befehl)

Beispiel

```
A00002 NOOP
A00002 OK Completed
```

Im nicht-authentifizierten Zustand zulässige Befehle

AUTHENTICATE

Der Befehl AUTHENTICATE authentifiziert den Benutzer beim Server unter Verwendung des angegebenen SASL-Authentifizierungsmechanismus.

Benutzung

`AUTHENTICATE` ***`Mechanismus`***

Argumente

Der zu verwendende Authentifizierungsmechanismus

Serverantwort ohne Tags

Optionale Rückfrage des Servers (der Server sendet die Antwort + ohne Tag, und der Client antwortet mit einer in BASE64 codierten Antwort, die nur für den angegebenen Authentifizierungsmechanismus gilt).

Ergebnisse

OK (erfolgreiche Authentifizierung)
NO (Authentifizierung fehlgeschlagen)
BAD (unbekannter Befehl oder unzulässige Argumente)

Beispiel

```
A00004 authenticate anonymous
+

A00004 OK Completed
```

LOGIN

Der Befehl LOGIN meldet den Benutzer unter Verwendung des Paßwortes im Klartext beim Server an.

Benutzung

`LOGIN` ***`Benutzername Paßwort`***

Argumente

Benutzername und Paßwort

Serverantwort ohne Tags

Keine

Ergebnisse

OK (erfolgreich eingeloggt)
NO (Login fehlgeschlagen)
BAD (unbekannter Befehl oder unzulässige Argumente)

Beispiel

```
A00005 LOGIN JOHNDOE "XXXXXXXX"
A00005 NO LOGIN failed
A00006 LOGIN JOHNDOE "YYYYYYYY"
A00006 OK Completed
```

Im authentifizierten Zustand zulässige Befehle

APPEND

Der Befehl APPEND hängt an das Ende der angegebenen Mailbox eine neue Nachricht an. Sollten als Argumente Flags oder eine Zeichenkette mit Datum und Zeit angegeben worden sein, werden in der angehängten Nachricht die Flags und das Datum entsprechend eingestellt.

Benutzung

APPEND *Mailbox (Flags) Datum {Größe der Nachricht}*

Argumente

Name der Mailbox

(Optional) Liste der Flags in runden Klammern, die in der angehängten Nachricht gesetzt werden sollen

(Optional) Zeichenkette mit Datum bzw. Zeit, auf die die internen Daten der Nachricht gesetzt werden sollen

Größe der Nachricht (Größe der folgenden Nachricht in Oktets nach RFC 822)

Serverantwort ohne Tags

Keine spezielle Antwort

Ergebnisse

OK (erfolgreich angehängt)

NO (APPEND wegen Fehlern in den *Flags*, dem *Datum* oder dem Text der Nachricht fehlgeschlagen)

BAD (unbekannter Befehl oder unzulässige Argumente)

Beispiel

```
A00159 APPEND tmp (\Seen \Draft) {1259}
+ Ready for argument
From: "Kevin W. Mullet" <kwm@unt.edu>
To: "'kwm@unt.edu'" <kwm@unt.edu>
Subject: Case HD0000000019310, Request Urgency: Cannot access network
Message-ID: <2767191894.951954964@kwm.unt.edu>
X-Mailer: Mulberry/2.0.0b9 (Win32)
MIME-Version: 1.0
Content-Type: text/plain; charset=us-ascii; format=flowed
Content-Transfer-Encoding: 7bit
```

```
Fall HD0000000019310 wurde Ihrer Gruppe zugeordnet.  Kurze
Beschreibung: HD: Hier nicht aufgeführtes Problem.  Öffnen Sie
die Support Console auf remedy.unt.edu, um den Fall einzusehen.
A00159 OK Completed
```

Der Befehl APPEND in diesem Beispiel teilt dem Server mit, daß eine Nachricht an die Mailbox *tmp* angehängt werden soll, für die die Flags *\Seen* und *\Draft* gesetzt sind, und daß eine Nachricht mit einer Größe von 1259 Oktets folgen wird. Der Client sendet dann den rohen Text der Nachricht nach RFC 822.

CREATE

Der Befehl CREATE erzeugt eine Mailbox mit dem angegebenen Namen. Wurde der Name mit einem Hierarchietrennzeichen am Ende angegeben, erzeugt der Befehl nur ein Verzeichnis und keine Mailbox.

Benutzung

CREATE *Mailbox*

Argumente

Name der Mailbox

Serverantwort ohne Tags

Keine

Ergebnisse

OK (Mailbox erfolgreich erzeugt)

NO (Mailbox konnte nicht erzeugt werden)

BAD (unbekannter Befehl oder unzulässige Argumente)

Beispiel

```
A00009 CREATE saved-messages
A00009 OK Completed
```

DELETE

Der Befehl DELETE entfernt die angegebene Mailbox endgültig.

Benutzung

DELETE *Mailbox*

Argumente

Name der Mailbox

Serverantwort ohne Tags

Keine

Ergebnisse

OK (erfolgreich gelöscht)

NO (Löschen der Mailbox fehlgeschlagen)

BAD (unbekannter Befehl oder unzulässige Argumente)

Beispiel

```
A00004 DELETE sent-mail.old
A00004 OK Completed
```

EXAMINE

Der Befehl EXAMINE entspricht dem Befehl SELECT, nur daß die Mailbox nur zum Lesen angewählt wird.

Benutzung

```
EXAMINE Mailbox
```

Argumente

Name der Mailbox

Serverantwort ohne Tags

Die Antworten FLAGS, EXISTS und RECENT ohne Tag sind vorgeschrieben. Die Antworten UNSEEN und PERMANENTFLAGS ohne Tag sind optional.

Ergebnisse

OK (EXAMINE erfolgreich ausgeführt, die Mailbox wurde ausgewählt)

NO (EXAMINE fehlgeschlagen, und die Mailbox wurde nicht ausgewählt)

BAD (unbekannter Befehl oder unzulässige Argumente)

Beispiel

```
A00008 EXAMINE inbox
* 0 EXISTS
* 0 RECENT
* OK [UIDVALIDITY 951200840] UID validity status
* OK [UIDNEXT 26] Predicted next UID
* FLAGS (\Answered \Flagged \Deleted \Draft \Seen)
* OK [PERMANENTFLAGS ()] Permanent flags
A00008 OK Completed
```

Das Protokoll schreibt dem Server das Senden der Antworten EXISTS und RECENT ohne Tag vor, bevor das Ergebnis OK gesendet werden kann. Die Antwort FLAGS bezieht sich auf die Flags, die für die Mailbox definiert und weiter oben in diesem Anhang erwähnt wurden. EXISTS gibt die Anzahl der Nachrichten in der Mailbox an. RECENT gibt die Anzahl der Nachrichten an, für die das Flag *\Recent* gesetzt wurde (das heißt, daß dies die erste Sitzung ist, die die Nachrichten gesehen hat). *\Recent* bedeutet nicht »ungelesen«. Nicht alle ungelesenen Nachrichten sind erstmalig, und nicht alle erstmaligen Nachrichten sind ungelesen. Neue Nachrichten sind ungelesen *und* erstmalig. Nachdem sie gelesen wurden, sind sie immer noch erstmalig in dieser Sitzung. Sollten sie in dieser Sitzung nicht gelesen werden, sind sie in den folgenden Sitzungen ungelesen, aber nicht mehr erstmalig.

Jede Mailbox hat einen UIDVALIDITY-Wert. UIDVALIDITY ist ein vor Fehlern sicherer Mechanismus für IMAP-Clients, um Annahmen darüber zu treffen, ob sich die UID-Nummern in einer gegebenen Mailbox geändert haben. Sollte das der Fall sein, wird der Wert für UIDVALIDITY um irgendeinen Betrag heraufgesetzt. Dieses Attribut ist besonders für Clients im verbindungslosen Modus von großer Bedeutung – so können sie herausbekommen, ob die UIDs der Nachrichten in einer gegebenen Mailbox von einer Sitzung zur nächsten vertrauenswürdig sind.

LIST

Der Befehl LIST gibt eine Liste mit Namen von Mailboxen zurück, auf die die angegebenen Argumente zutreffen.

Benutzung

LIST *Referenzname Mailbox*

Argumente

Referenzname des Teils des Namensraums, in dem die *Mailbox* angesiedelt ist.

Name der Mailbox (Wildcard-Zeichen zulässig).

Serverantwort ohne Tags

Eine oder mehrere LIST-Antworten ohne Tag

Ergebnisse

OK (erfolgreicher LIST-Befehl)

NO (LIST-Befehl fehlgeschlagen)

BAD (unbekannter Befehl oder unzulässige Argumente)

Beispiel

```
A00001 LIST "" "~/mail/*"
* LIST (\NoSelect) "/" ~/mail
* LIST (\NoInferiors) "/" ~/mail/saved-mail
* LIST (\NoInferiors) "/" ~/mail/sent-mail
A00001 OK Completed
```

Die Benutzung des Befehls LIST hängt ein wenig von der Implementierung des Servers ab. Wurde das Argument für den Referenznamen nicht angegeben, dann wird der Mailbox-Name auf die gleiche Weise interpretiert wie beim Befehl SELECT. Im vorigen Beispiel, für einen UW IMAP-Server, werden die Mailboxen per Voreinstellung relativ zum Home-Verzeichnis des Benutzers ausgewählt:

```
A00002 LIST "user.johndoe.sent-mail" "*"
* LIST () "." "user.johndoe.sent-mail"
* LIST () "." "user.johndoe.sent-mail.oldmail"
A00002 OK Completed
```

Sollte das Argument für den Referenznamen eine Zeichenkette enthalten, dann gibt es üblicherweise eine Ebene der Mailbox-Hierarchie an. Im obigen Beispiel, das von einem Cyrus IMAP-Server stammt, fordert das Referenzargument den Server auf, alle Mailboxen aufzulisten, die in der Hierarchie unterhalb von *user.johndoe.sent-mail* liegen.

LSUB

Der Befehl LSUB gibt eine Liste mit Namen von Mailboxen zurück, für die der Benutzer angemeldet ist.

Benutzung

LSUB *Basisname Mailbox*

Argumente

Basisname des Teils des Namensraums, in dem die *Mailbox* angesiedelt ist.

Name der Mailbox (Wildcard-Zeichen zulässig).

Serverantwort ohne Tags

Eine oder mehrere LSUB-Antworten ohne Tag

Ergebnisse

OK (LSUB erfolgreich ausgeführt)

NO (LSUB fehlgeschlagen)

BAD (unbekannter Befehl oder unzulässige Argumente)

Beispiel

```
A00002 LSUB "~/mail" "*"
* LSUB () "/" ~/mail/saved-messages
A00002 OK Completed
```

RENAME

Der Befehl RENAME ändert den Namen der angegebenen Mailbox.

Benutzung

RENAME *Alte_Mailbox Neue_Mailbox*

Argumente

Alter Name der Mailbox

Neuer Name der Mailbox

Serverantwort ohne Tags

Keine

Ergebnisse

OK (Mailbox erfolgreich umbenannt)

NO (Umbenennung fehlgeschlagen)

BAD (unbekannter Befehl oder unzulässige Argumente)

Beispiel

```
A00020 RENAME sent-mail sent-mail.old
A00020 OK Completed
```

SELECT

Der Befehl SELECT wählt die angegebene Mailbox aus, so daß auf die Nachrichten in der Mailbox zugegriffen werden kann. SELECT versucht, einen Lese-und-Schreib-Zugriff zu erhalten, wertet aber auch einen reinen Lesezugriff als Erfolg.

Benutzung

SELECT *Mailbox*

Argumente

Name der Mailbox

Serverantwort ohne Tags

Die Antworten ohne Tag FLAGS, EXISTS und RECENT sind vorgeschrieben. UNSEEN und PERMANENTFLAGS sind optionale Antworten ohne Tag.

Ergebnisse

OK (SELECT erfolgreich ausgeführt)

NO (kann nicht auf Mailbox zugreifen oder Mailbox existiert nicht)

BAD (unbekannter Befehl oder unzulässige Argumente)

Beispiel

```
A00003 SELECT INBOX
* 14 EXISTS
* 5 RECENT
* OK [UIDVALIDITY 951200840] UID validity status
* OK [UIDNEXT 22] Predicted next UID
* FLAGS (\Answered \Flagged \Deleted \Draft \Seen)
* OK [PERMANENTFLAGS (\Answered \Flagged \Deleted \Draft \Seen)] Permanent flags
A00003 OK Completed
```

Das Protokoll schreibt dem Server das Senden der Antworten ohne Tag EXISTS und RECENT vor, bevor das Ergebnis OK gesendet werden kann. Die Antwort FLAGS bezieht sich auf die Flags, die für die Mailbox definiert und weiter oben in diesem Anhang erwähnt wurden. EXISTS gibt die Anzahl der Nachrichten in der Mailbox an. RECENT gibt die Anzahl der Nachrichten an, für die das Flag *\Recent* gesetzt wurde (das heißt, daß dies die erste Sitzung ist, die die Nachrichten gesehen hat). *\Recent* bedeutet nicht »ungelesen«. Nicht alle ungelesenen Nachrichten sind erstmalig, und nicht alle erstmaligen Nachrichten sind ungelesen. Neue Nachrichten sind ungelesen *und* erstmalig. Nachdem sie gelesen wurden, sind sie immer noch erstmalig in dieser Sitzung. Sollten sie in dieser Sitzung nicht gelesen werden, sind sie in den folgenden Sitzungen ungelesen, aber nicht mehr erstmalig.

Jede Mailbox hat einen UIDVALIDITY-Wert. UIDVALIDITY ist ein vor Fehlern sicherer Mechanismus für IMAP-Clients, um Annahmen darüber zu treffen, ob sich die UID-Nummern in einer gegebenen Mailbox geändert haben. Sollte das der Fall sein, wird der Wert für UIDVALIDITY um irgendeinen Betrag heraufgesetzt. Dieses Attribut ist besonders für Clients im verbindungslosen Modus von großer Bedeutung – so können sie herausbekommen, ob die UIDs der Nachrichten in einer gegebenen Mailbox von einer Sitzung zur nächsten vertrauenswürdig sind.

STATUS

Der Befehl STATUS gibt die Statusinformationen über die angeforderten Elemente einer angegebenen Mailbox zurück. Der Befehl STATUS wird verwendet, um Informationen über eine andere als die gerade angewählte Mailbox zu erhalten, ohne sie anwählen zu müssen. Beachten Sie, daß Sie nie einen STATUS-Befehl für die aktuell angewählte Mailbox ausführen müssen, weil IMAP die Informationen für die angewählte Mailbox automatisch sendet und auffrischt.

Benutzung

`STATUS` *`Mailbox Element`*

Argumente

Name der Mailbox
Name der Statusdaten (siehe Tabelle C-1)

Serverantwort ohne Tags

Eine oder mehrere STATUS-Antworten ohne Tag

Ergebnisse

OK (STATUS erfolgreich ausgeführt)
NO (Befehl STATUS fehlgeschlagen)
BAD (unbekannter Befehl oder unzulässige Argumente)

Beispiel

```
A00004 STATUS "~/mail/sent-mail" (MESSAGES)
* STATUS ~/mail/test3 (MESSAGES 122)
A00004 OK Completed
```

Tabelle C-1: Datenelemente für STATUS

Element	Bedeutung
MESSAGES	Anzahl der Nachrichten in der Mailbox
RECENT	Anzahl der Nachrichten mit dem Flag *\Recent* (also erstmalige Nachrichten)
UIDNEXT	Die nächste UID, die einer neuen Nachricht in der Mailbox zugeordnet wird
UIDVALIDITY	Eindeutige Kennzeichnung der Mailbox
UNSEEN	Anzahl der Nachrichten, deren Flag *\Seen* nicht gesetzt wurde (also ungelesene Nachrichten)

SUBSCRIBE

Der Befehl SUBSCRIBE fügt die angegebene Mailbox der Liste der »abonnierten« Mailboxen des Benutzers hinzu. Unter IMAP entspricht eine »abonnierte« Mailbox dem Lesezeichen für eine URL in einem Webbrowser.

Benutzung

```
SUBSCRIBE Mailbox
```

Argumente

Name der Mailbox

Serverantwort ohne Tags

Keine

Ergebnisse

OK (Mailbox wurde erfolgreich abonniert)

NO (Abonnieren fehlgeschlagen)

BAD (unbekannter Befehl oder unzulässige Argumente)

Beispiel

```
A00032 SUBSCRIBE saved-messages
A00032 OK Completed
```

UNSUBSCRIBE

Der Befehl UNSUBSCRIBE entfernt die angegebene Mailbox aus der Liste der »abonnierten« Mailboxen des Benutzers.

Benutzung

```
UNSUBSCRIBE Mailbox
```

Argumente

Name der Mailbox

Serverantwort ohne Tags

Keine

Ergebnisse

OK (erfolgreich abgemeldet)

NO (Abmelden fehlgeschlagen)

BAD (unbekannter Befehl oder unzulässige Argumente)

Beispiel

```
A00033 UNSUBSCRIBE saved-messages
A00033 OK Completed
```

Im angewählten Zustand zulässige Befehle

CHECK

Der Befehl CHECK führt Verwaltungsfunktionen aus, die vom Server oder dem Mail-Speicher abhängig sind und normalerweise nicht als Teil eines jeden IMAP-Befehls ausgeführt werden (auch als *checkpoint* bekannt).

Benutzung

CHECK

Argumente

Keine

Serverantwort ohne Tags

Keine

Ergebnisse

OK (CHECK ausgeführt)

BAD (unbekannter Befehl oder unzulässige Argumente)

Beispiel

```
A00002 CHECK
A00002 OK Completed
```

CLOSE

Der Befehl CLOSE entfernt aus der aktuell angewählten Mailbox alle Nachrichten, deren Flag *\Deleted* gesetzt wurde, und setzt den Zustand des Benutzers von »angewählt« zurück auf »authentifiziert«. Im Unterschied zu dem Befehl EXPUNGE sendet der Befehl CLOSE keine EXPUNGE-Antworten ohne Tag für die entfernten Nachrichten.

Benutzung

CLOSE

Argumente

Keine

Serverantwort ohne Tags

Keine

Ergebnisse

OK (CLOSE erfolgreich ausgeführt)

NO (keine Mailbox ausgewählt: CLOSE fehlgeschlagen)

BAD (unbekannter Befehl oder unzulässige Argumente)

Beispiel

```
A00008 CLOSE
A00008 OK Completed
```

COPY

Der Befehl COPY kopiert die angegebenen Nachrichten aus der ausgewählten Mailbox in die angegebene Mailbox.

Benutzung

COPY Nachrichten *Mailbox*

Argumente

Zu kopierende Nachrichten

Name der Mailbox, in die kopiert werden soll

Serverantwort ohne Tags

Keine

Ergebnisse

OK (erfolgreich kopiert)

NO (COPY fehlgeschlagen)

BAD (unbekannter Befehl oder unzulässige Argumente)

Beispiel

```
A00322 COPY 1:5 saved-messages
A00322 OK Completed
```

EXPUNGE

Der Befehl EXPUNGE entfernt alle Nachrichten, deren Flag *\Deleted* gesetzt wurde, endgültig aus der angegebenen Mailbox.

Benutzung

```
EXPUNGE
```

Argumente

Keine

Serverantwort ohne Tags

Eine oder mehrere EXPUNGE-Antworten ohne Tag

Ergebnisse

OK (EXPUNGE erfolgreich ausgeführt)

NO (EXPUNGE fehlgeschlagen)

BAD (unbekannter Befehl oder unzulässige Argumente)

Beispiel

```
A00010 EXPUNGE
* 1 EXPUNGE
* 4 EXPUNGE
* 0 EXISTS
* 0 RECENT
A00010 OK Expunged 2 messages
```

FETCH

Der Befehl FETCH gibt Nachrichtendaten zurück, die zu einer Nachricht oder einer Reihe von Nachrichten gehören. Die für den Befehl FETCH definierten Datenelemente sind in Tabelle C-2 aufgeführt.

Benutzung

`FETCH Nachrichten Elemente`

Argumente

Nachrichten

Namen der Nachrichtenelemente, die geholt werden sollen

Serverantwort ohne Tags

Eine oder mehrere FETCH-Antworten ohne Tag

Ergebnisse

OK (FETCH erfolgreich ausgeführt)

NO (FETCH fehlgeschlagen)

BAD (unbekannter Befehl oder unzulässige Argumente)

Beispiel

```
A00003 FETCH 2:4 (FLAGS)
* 2 FETCH (FLAGS (\Flagged))
* 3 FETCH (FLAGS (\Flagged \Seen))
* 4 FETCH (FLAGS ())
A00003 OK Completed
```

Tabelle C-2: Datenelemente für FETCH

Element	Bedeutung
`ALL`	Kürzel zur Angabe der Elemente FLAGS, ENVELOPE, INTERNALDATE und RFC 822.SIZE
`BODY`	Alte Form von BODYSTRUCTURE, die nicht erweiterbar war
`BODY [`*`Abschnitt`*`]` (*`Angabe des MIME-Teils`*) *`<Ausschnitt>`*	Text in *Abschnitt* des Nachrichteninhalts. *<Ausschnitt>*, wenn angegeben, ist der Offset und die Anzahl eines Teils des gewünschten Textes in Oktets
`BODY.PEEK [`*`Abschnitt`*`]` *`<Ausschnitt>`*	Wie BODY [Abschnitt], aber dieser Befehl setzt das Flag *\Seen* nicht
`BODYSTRUCTURE`	Die Darstellung der in der Nachricht enthaltenen MIME-Informationen
`ENVELOPE`	Die geparste Darstellung des RFC 822-Rahmens
`FAST`	Kürzel zur Angabe der Elemente FLAGS, INTERNALDATE und RFC 822.SIZE
`FLAGS`	Flags, die für die Nachricht gesetzt wurden
`FULL`	Kürzel zur Angabe der Elemente FLAGS, INTERNALDATE, RFC 822.SIZE, ENVELOPE und BODY
`INTERNALDATE`	Datum, an dem der IMAP-Server die Nachricht erhalten hat
`RFC822`	Holt die gesamte RFC 822-Nachricht
`RFC822.HEADER`	Holt den Header der RFC 822-Nachricht

Tabelle C-2: Datenelemente für FETCH (Fortsetzung)

Element	Bedeutung
`RFC822.SIZE`	Holt die Größe der RFC 822-Nachricht
`RFC822.TEXT`	Holt den Inhalt der RFC 822-Nachricht
`UID`	Der eindeutige Identifier der Nachricht

SEARCH

Der Befehl SEARCH gibt eine Liste mit den Nummern der Nachrichten zurück, die den angegebenen Suchkriterien entsprechen. Die definierten Suchkriterien sind in Tabelle C-3 aufgeführt.

Benutzung

`SEARCH (Zeichensatz) Kriterien`

Argumente

(Optional) Angabe des Zeichensatzes

Suchkriterien

Serverantwort ohne Tags

Eine SEARCH-Antwort ohne Tag ist vorgeschrieben.

Ergebnisse

OK (SEARCH erfolgreich ausgeführt)

NO (SEARCH fehlgeschlagen)

BAD (unbekannter Befehl oder unzulässige Argumente)

Beispiel

```
00000007 SEARCH ALL 1:80 SUBJECT "key largo"
* SEARCH 69 70 71
00000007 OK Completed
```

Tabelle C-3: Kriterien für SEARCH (Suchkriterien)

SEARCH-Schlüssel	Bedeutung
Nummernbereich (z.B. `1:5`)	Nur Nachrichtennummern, die Teil der angegebenen Sequenz sind
`ALL`	Alle Nachrichten in der angewählten Mailbox
`ANSWERED`	Nachrichten, deren Flag *\Answered* gesetzt wurde
`BCC` *`Zeichenkette`*	Nachrichten, deren Header BCC die *Zeichenkette* enthält
`BEFORE` *`Datum`*	Nachrichten, die vor dem internen *Datum* empfangen wurden
`BODY` *`Zeichenkette`*	Nachrichten, deren Inhalt die *Zeichenkette* enthält
`CC` *`Zeichenkette`*	Nachrichten, deren Header CC die *Zeichenkette* enthält
`DELETED`	Nachrichten, deren Flag *\Deleted* gesetzt wurde

Tabelle C-3: Kriterien für SEARCH (Suchkriterien) (Fortsetzung)

SEARCH-Schlüssel	Bedeutung
`DRAFT`	Nachrichten, deren Flag *\Draft* gesetzt wurde
`FLAGGED`	Nachrichten, deren Flag *\Flagged* gesetzt wurde
`FROM` *`Zeichenkette`*	Nachrichten, bei denen *Zeichenkette* im Header FROM vorkommt
`HEADER` *`Feldname Zeichenkette`*	Nachrichten, bei denen *Zeichenkette* im Header *Feldname* vorkommt
`KEYWORD` *`flag`*	Nachrichten, für die das *Flag* gesetzt wurde
`LARGER` *`n`*	Nachrichten, die größer sind als *n* 8-Bit-Bytes
`NEW`	Nachrichten, deren Flag *\Recent*, jedoch nicht *\Seen* gesetzt wurde
`NOT` *`Schlüssel`*	Nachrichten, die nicht *Schlüssel* entsprechen
`OLD`	Nachrichten, deren Flag *\Recent* nicht gesetzt wurde
`ON` *`Datum`*	Nachrichten, die am internen *Datum* empfangen wurden
`OR` *`Schlüssel1 Schlüssel2`*	Nachrichten, die *Schlüssel1* oder *Schlüssel2* entsprechen
`RECENT`	Nachrichten, deren Flag *\Recent* gesetzt wurde
`SEEN`	Nachrichten, deren Flag *\Seen* gesetzt wurde
`SENTBEFORE` *`Datum`*	Nachrichten, deren RFC 822-Header *Date:* vor *Datum* liegt
`SENTON` *`Datum`*	Nachrichten, deren RFC 822-Header *Date:* mit *Datum* übereinstimmt
`SENTSINCE` *`Datum`*	Nachrichten, deren RFC 822-Header *Date:* nach *Datum* liegt
`SINCE` *`Datum`*	Nachrichten, deren internes Datum nach *Datum* liegt
`SMALLER` *`n`*	Nachrichten, die kleiner sind als *n* 8-Bit-Bytes
`SUBJECT` *`Zeichenkette`*	Nachrichten, bei denen *Zeichenkette* im Header SUBJECT vorkommt
`TEXT` *`Zeichenkette`*	Nachrichten, die *Zeichenkette* im Header oder im Inhalt enthalten
`TO` *`Zeichenkette`*	Nachrichten, bei denen *Zeichenkette* im Header TO vorkommt
`UID` *`Nachrichten`*	Nachrichten, deren eindeutiger Identifier UID in *Nachrichten* vorkommt
`UNANSWERED`	Nachrichten, für die *\Answered* nicht gesetzt wurde
`UNDELETED`	Nachrichten, für die *\Deleted* nicht gesetzt wurde
`UNDRAFT`	Nachrichten, für die *\Draft* nicht gesetzt wurde
`UNFLAGGED`	Nachrichten, für die *\Flagged* nicht gesetzt wurde
`UNKEYWORD`	Nachrichten, für die ein angegebenes Flag nicht gesetzt wurde
`UNSEEN`	Nachrichten, für die *\Seen* nicht gesetzt wurde

STORE

Der Befehl STORE wird verwendet, um Flags für die Nachricht zu setzen oder zurückzusetzen.

Benutzung

`STORE Nachricht Daten`

Argumente

Nachrichten
Name des Nachrichtenelements
Wert des Nachrichtenelements

Serverantwort ohne Tags

Eine oder mehrere FETCH-Antworten ohne Tag

Ergebnisse

OK (STORE erfolgreich ausgeführt)
NO (STORE fehlgeschlagen)
BAD (unbekannter Befehl oder unzulässige Argumente)

Beispiel

```
A00009 STORE 1:3 +FLAGS (\Deleted)
* 1 FETCH (FLAGS (\Seen \Deleted \Flagged))
A00009 OK Completed
```

UID

Der Befehl UID sorgt für die Verwendung von UID-Nummern für eine Auswahl von Nachrichten, die von den Befehlen COPY, FETCH, STORE oder SEARCH angefordert wurden. Normalerweise geben diese Befehle Sequenznummern zurück, keine UID-Nummern.

Benutzung

`UID Befehl Befehlsargumente`

Argumente

Name des Befehls (COPY, FETCH, STORE oder SEARCH)
Befehlsargumente (Argumente für den jeweiligen Befehl)

Serverantwort ohne Tags

Der Server antwortet mit FETCH und SEARCH ohne Tags

Ergebnisse

OK (Befehl erfolgreich ausgeführt)
NO (Fehler bei Befehlsausführung)
BAD (unbekannter Befehl oder unzulässige Argumente)

Beispiel

```
A000002 UID SEARCH ALL 1:80 SUBJECT "key largo"
* SEARCH 151 152 153
A000002 OK Completed
```

Index

Über die Autoren

Dianna und Kevin Mullet sind ein verheiratetes Autorenteam, das sein Zuhause mit den Katzen awk und Lavender und den Beagles Milo und Goldie teilt. Während der Zeit, in der beide an der University of North Texas arbeiteten, haben sich Dianna und Kevin kennengelernt, geheiratet und dieses Buch ans Licht der Welt gebracht.

Dianna ist leitende Unix-Systemadministratorin bei einem führenden Anbieter für Flugsimulations-, Trainings- und Verteidigungskommunikationssysteme. Sie pflegt dort die Unix-Infrastruktur und arbeitet maßgeblich am generellen IT-Systemdesign mit. Während ihrer vorherigen Karriere als Wissenschaftlerin hat Dianna auf dem Gebiet der physikalischen Chemie geforscht und viel veröffentlicht. Dianna ist Rettungstaucherin und genießt jede Gelegenheit, mit Kevin zu Tauchurlauben aufzubrechen, wobei dieser darauf besteht, sein Notebook und eine digitale Kamera mitzunehmen, um seine Nabelschnur zum Netz nicht zu kappen.

Kevin macht unermüdlich Wortspiele und wurde 1982 vom Computervirus befallen, als er sich einen Timex/Sinclair 1000 kaufte. Derart infiziert, änderte er seine berufliche Laufbahn vom Photographen zum Computer-Geek. (Zufällig kaufte auch Dianna zur selben Zeit einen TS 1000, auch bei ihr der erste Computer.) Eins kam zum anderen, und so fand sich Kevin auf einmal als Netzwerkanalyst und Unix-Systemadministrator für lokale, regionale und nationale Internet-Service-Provider wieder und war außerdem Netzwerksicherheitsmanager an der University of North Texas.

Kevin glaubt, daß Open Source eher eine Religion als eine Lizenz ist, daß das Internet die meisten nationalen Regierungen ersetzen wird, daß die meisten Wirtschaftsbranchen durch die Nanotechnologie verdrängt, wenn nicht gar eliminiert werden, und daß das ISO-7-Schichten-Modell und das Sanskrit-Chakrasystem im wesentlichen das Gleiche sind.

Auch Kevin ist zertifizierter Flaschentaucher und ein begeisterter Photograph. Wenn er mit Dianna in Urlaub fährt, besteht diese darauf, ihre analoge Kamera und keinen Computer mitzunehmen, um so den unverdrahteten Pioniergeist des Familienurlaubs zu bewahren – zumindest bis auf die letzten ein, zwei Stunden des Tages. Dianna und Kevin haben die Firma Atomic Consulting gegründet, die Unix- und Netzwerkberatung für kleine und mittlere Unternehmen im Raum Dallas anbietet. Wenn Sie nicht damit beschäftigt sind, das Netz besser, sicherer und spannender zu machen, vernetzen sie ihr eigenes neues Zuhause von Grund auf. Da sie in einer der seltenen Gegenden mit hervorragendem digitalen Telephonanschluß gelandet sind, kann es sein, daß sie nie wieder umziehen werden.

Über die Übersetzer

Conny Espig sammelte bereits während seiner Arbeit als studentische Hilfskraft am Rechenzentrum der Technischen Universität Ilmenau Erfahrungen mit der Wartung und

Sicherung von Netzwerken. Mit dem druckfrischen Informatik-Diplom in der Tasche widmet er sich jetzt in der eigenen kleinen Firma dem informationstechnischen Allerlei – Systementwurf, Programmierung, Consulting – sowie der Aufgabe, unbescholtenen Mitmenschen die Vorzüge von Unix nahezubringen. Außerdem wartet er auf den Tag, an dem sich seine Freundin endlich einen neuen Mac kauft, damit er auf dem alten Linux installieren kann ;-).

Dimitrij Surmeli ist wissenschaftlicher Mitarbeiter an der Technischen Universität Ilmenau und bastelt Roboter, die mit ihrem adaptiven Verhalten zeigen sollen, ob die Arbeitsgruppe einen längeren Faden aus dem Knoten der Gehirnfunktionen ziehen konnte. Zwischen seinen Arbeiten an der Neuroinformatik hatte er diverse Intermezzi, u.a. Zusatzstudium in Boston, technischer Autor, Bildverarbeitung in Magdeburg und Ilmenau. Ansonsten und besonders, wenn in Ilmenau mal die Sonne scheint, frönt er auch der ultimativen Hatz nach der Frisbeescheibe.

Kolophon

Auf dem Einband von *Mailmanagement mit IMAP* ist eine Schirrantilope (*Tragelaphus scriptus*) abgebildet, mit 25 bis 90 Kilogramm Körpergewicht und weniger als einem Meter Schulterhöhe die kleinste der afrikanischen Schraubenantilopen. Die Männchen besitzen gerade Hörner von 30 bis 55 Zentimetern Länge. Schirrantilopen sind rotbraun bis fast schwarz gefärbt mit weißen Flecken und Streifen. Am lebhaftesten gestreift sind Schirrantilopen aus dem Senegal und aus Kamerun, sie besitzen senkrechte und waagerechte Streifen. Von dieser Streifung, die an das Geschirr eines Pferdes erinnert, leitet sich auch der Name Schirrantilope ab.

Schirrantilopen leben in den afrikanischen Wäldern und Savannen südlich der Sahara, meist in der Nähe von Wasserstellen. Als hervorragende Schwimmer haben sie auch Inseln besiedelt, zum Beispiel im Victoriasee. Obzwar Einzelgänger, sind Schirrantilopen nicht wirklich territorial, so daß ihre Reviere friedlich überlappen können. Sie sind eigentlich recht scheu, bewohnen aber trotzdem oft die Randgebiete der Städte und können Zäune von fast zwei Metern Höhe überwinden. Schirrantilopen ernähren sich von Blättern, Knospen und jungen Trieben, Früchten, Kräutern und Gräsern. Ihre Rufe erinnern an das Bellen der Paviane oder an eine Reihe von Grunzlauten.

Der Umschlagsentwurf dieses Buches basiert auf dem Reihenlayout von Edie Freedman und stammt von Ellie Volckhausen, die hierfür einen Stich des *Dover Pictorial Archive* aus dem 19. Jahrhundert verwendet hat. Das Coverlayout der deutschen Ausgabe wurde von Pam Spremulli und Risa Graziano mit Quark XPress 3.33 unter Verwendung der Schriftart ITC Garamond von Adobe erstellt. Das Innenlayout, basierend auf einem Seriendesign von Nancy Priest, wurde von Alicia Cech und David Futato gestaltet. Die in diesem Buch enthaltenen Abbildungen wurden von Robert Romano mit Adobe Photoshop 5 und Macromedia Freehand 8 erstellt. Für den Einband wurde die Spezialbindung »Freier Rücken« verwendet. Das Kolophon wurde von Joachim Kurtz übersetzt.